U0525915

总 策 划：石佑启
主　　编：何传添
执行主编：陈　平
编　　委：
　　语言学：章宜华　黄忠廉　冉永平
　　外国文学：刘　岩　刘茂生
　　经济学：陈伟光　申明浩
　　管理学：李　青　余鹏翼
　　法　学：陈云良　陈小君
　　国际关系学：周方银
　　党史党建：谢迪斌
　　中国文学：李　斌
　　新闻学与传播学：侯迎忠
　　教育学：魏海苓
　　秘　书：赵德强

语言学及应用语言学系列丛书

本书为广东省哲学社会科学规划后期资助项目（批准号 GD17HWW02）

西班牙语变迁与展望

卢晓为 主编

商务印书馆
The Commercial Press

图书在版编目（CIP）数据

西班牙语变迁与展望/卢晓为主编.—北京：商务印书馆，2022
ISBN 978-7-100-19736-6
Ⅰ.①西… Ⅱ.①卢… Ⅲ.①西班牙语—研究 Ⅳ.①H34

中国版本图书馆CIP数据核字（2021）第053833号

权利保留，侵权必究。

西班牙语变迁与展望
卢晓为　主编

商务印书馆出版
（北京王府井大街36号　邮政编码100710）
商务印书馆发行
北京虎彩文化传播有限公司印刷
ISBN 978-7-100-19736-6

2022年12月第1版　　　　开本 889×1194 1/16
2022年12月第1次印刷　　　印张 23
定价：118.00元

"广外学术文库"出版说明

习近平总书记多次强调，要讲好中国故事、传播好中国声音，向世界展现真实、立体、全面的中国，提高国家文化软实力和中华文化影响力。

广东外语外贸大学是一所具有鲜明国际化特色的广东省属重点大学，是华南地区国际化人才培养和外国语言文化、对外经济贸易、国际战略研究的重要基地。广外作为外语院校在如何讲好中国故事，传播好中国声音上大有可为。

学校秉承"全人教育、追求卓越"的教育理念和"卓越、诚信、包容、自信"的广外价值观，以国家"双一流"建设、广东省高水平大学建设、深化自主办学综合改革和"创新强校"工程实施等为契机，坚持内涵发展，加快改革创新，大力推进教育国际化战略，力将学校建设成为特色鲜明，品质精良的国际化高水平大学。

建校以来，梁宗岱、桂诗春、李筱菊、黄建华等名师大家荟萃学校，执教治学，为学校积累了丰厚的人文精神。广外新一代学者秉承老一辈严谨的治学传统，深植素养根基，厚蓄学术积淀，不断向前推进广外一流学科的建设。学校一方面加强外国语言文学学科建设，鼓励学者们从不同的语种、运用不同的理论方法向人们展示独特的研究视角和思想观念；一方面加强经、管、法等学科研究，聚焦国家和地区战略发展需要，在区域国别、经济、法律和社会管理等领域产出高质量研究成果。

近年来，为将我校外语语种的资源优势转化为发展优势，鼓励我校教师发挥专业优势，凝聚主攻研究方向，充分发挥优秀人才和优秀成果的示范带动作用，产出高水平学术专著，加强各领域话语体系建设，学校逐步尝试汇聚学者们的优秀学术成果。学校正式推出了"广外学术文库"建设方案，旨在有组织、成体系、成规模地在国内外一流出版社出版系列丛书，集中推出优秀成果。

为此，学校科研处两年前开始策划"文库"的组织和出版事宜，协调商讨项目的选题、组稿、审稿和筛选等工作，并与商务印书馆提出了合作出版意向。征集到70余份选题，经专家评审初步确定了40项作为候选项目，随后组织专家对这些书稿进行"一对一"指导，从主题凝练、方法创新、内容特色、格式规范等方面提出了修改和充实的具体意见。经过作者修改和专家复审，最后才向商务印书馆提交著作稿。

为进一步凸显广外学术文库核心品牌，光大学术出版传统，提升学术出版质量，改善学术出版环境，更好地服务学术发展、服务学者，学校成立了以书记和校长为首的编辑委员会，按年度征求和遴选学术研究新著，列入"广外学术文库"出版。文库崇尚朴实严谨，论说有据，力避浮泛陈言，既重视实证研究，亦强调现代视角和问题意识，方法不拘一格，风格兼收并蓄。以期接续学术传统，彰显学术精神，鼓励学术创新，开辟学术新境。"广外学术文库"注重原创性、科学性和前沿性，力争携手打造一套文科精品力作。译著、论文集、再版著作、普及读物及教科书、工具书等一般不予收录。

本丛书专著的内容包括语言学、文学、经济学、管理学、法学、国际关系学、党史党建和新闻与传播学等多个门类。丛书作者都是具有博士学位、分布在各学院的教学和科研骨干，这些著作都是他们省部级、国家级课题或博士阶段的研究成果，其中一些内容已经发表在国际、国内的权威刊物上。

丛书作者都有厚实的理论积淀，他们站在国际理论前沿观察和探讨问题，在书中提出的观点，兼具前沿理论高度，更与各领域的学术实践紧密联系，为我们观察学术世界提供了新角度新视野，引人入胜。需要指出的是，虽然"广外学术文库"的建设刚刚启动，选题的顶层设计尚未完善，但第一批推出的丛书均为作者的精品力作，经过学校以及商务印书馆的层层遴选，具有较强的可读性，"广外学术文库"将在丛书的系统性和连贯性方面持续加强，着力打造有组织、系统性、成体系、高质量的系列丛书。

广东外语外贸大学
2022年8月6日

"广外学术文库"总序

广东外语外贸大学正式推出了"广外学术文库"建设方案，旨在有组织、成体系、成规模地在国内外一流出版社出版系列丛书，集中推出优秀成果。为此，学校科研处两年前开始策划"文库"的组织和出版事宜，有关领导也多次与我联系商讨项目的选题、组稿、审稿和筛选等工作。科研处组织专家对书稿进行"一对一"指导，从主题凝练、方法创新、内容特色、格式规范等方面提出了修改和充实的具体意见。经过作者修改和专家复审、优中选优，向出版机构提交著作稿。由此可见，广东外语外贸大学对这套丛书十分重视，力争打造一套文科精品力作。

广东外语外贸大学是一所具有鲜明国际化特色的广东省属重点大学，建校以来，梁宗岱、桂诗春、李筱菊、黄建华等名师大家荟萃学校，执教治学，为学校积累了丰厚的人文精神。广外新一代学者秉承老一辈严谨的治学传统，深植素养根基，厚蓄学术积淀，不断向前推进广外一流学科的建设。当前这一批主要涉及语言学及应用语言学（含翻译学）和教育学等门类。

在外国语言文学板块，学者们从不同的语种、运用不同的理论方法向人们展示了独特的研究视角和思想观点。例如有的以意象翻译的情感为轴心，运用认知语言学和文学叙事学等理论方法，采用情感计算工具对情感特征及其生成手段和译者因素对与莎士比亚的作品进行统计分析，从而梳理出综合情感特征。有的通过对美洲不同国家西班牙语以及西班牙本土语言特点的分析，阐释西班牙语在各历史时期大规模移民背景下与其它各种语言接触、融合及相互影响的情况。还有学者通过对语言文本隐含的各种语言特征的解码来还原个人语言特征，从而可以创立个人语言指纹档案，为可疑文本的刑侦调查和法庭语言证据提供支撑。

在汉语板块，几位学者的研究视角和研究方法都颇具新意。例如，语义或语义歧义是自然语言处理和人工智能研究的难点，有学者从模糊数学的视角出发，探讨语词同义关系的模糊相似关系，并对具有同义关系的词语进行模糊聚类分析，阐明了同义词聚合的层次性，对语义消歧提供了新的思路。汉语的构词与音系之间有着复杂的关系，研究它们之间的影响机制对揭示语言的规律有着重要意义，有学者从晋语入手，采用非线性音系学和韵律构词学的分析方法，探讨汉语构词与音系的交互模式。

语言是民族的象征和国家实力的核心，对高校的校园语言进行管理和引导是教育工作者的重要工作。《高校语言管理研究》一书从全新的视角，研究在"学校域"内高校对语言实践和语言信仰的影响，探讨了语言管理的各种相关影响因素。

最后，《人民币汇率波动与央行调控的市场微观结构》一书，根据人民币外汇市场制度特征，构建了一个包含宏观基本面与外汇市场微观结构的理论模型，并用该模型对我国外汇市场的实际运行模拟分析，阐述了宏观基本面信息引起汇率波动的两个理论途径。

上述几位丛书作者都有厚实的理论积淀，他们站在国际理论前沿观察和探讨问题，在书中提出的观点，既有一定理论高度，又与各领域的学术实践有着紧密的联系，为我们观察学术世界打开了一扇扇新的窗户，能启迪人们新的思考。但需要指出的是，由于广外学术文库的建设刚刚启动，还没有来得及做好选题的顶层设计，第一批丛书大多源自自发性投稿，故在内容的系统性和连贯性方面显得有点美中不足；但本丛书仍是一种非常有益的尝试，为提升广外的科研水平和出版质量有着重要意义；我也相信学校有关部门会加强组织，未来的丛书在"成体系"方面定会有大的改进。

章宜华

2022 年 8 月 6 日于白云山下

一本西班牙语学习者的必读书（代序）

2019年我接受广东省社科基金办公室之邀，成为《西班牙语变迁与展望》这个社科基金项目的结项审查专家。在鉴定意见中，我充分肯定了这个研究课题的学术价值及对于西班牙语教学的实用价值，也实事求是地提出了具体的修改意见。在审查表"是否可以公开鉴定意见"一栏中，我明确表示可以公开，因为我希望作者能够知晓一个西班牙语教师同行对研究者的努力及艰辛研究成果的认同与肯定。

《西班牙语变迁与展望》是一部学术专著，是广东外语外贸大学西班牙语专业教师卢晓为博士及其弟子花费七年时间完成的一个科研项目。在项目顺利结项并将书稿提交商务印书馆后，卢晓为希望我为这本书写个序。半个多世纪以来，我始终是西班牙语语言文学专业的学习者，也在北京外国语大学西班牙语专业做了40多年的教师，但我并没有在西班牙语语言史领域进行过系统的学习与研究。当审查该项目时，我是抱着认真学习的态度细细研读了这部书稿，我是从中获益者，因为它填补了我在西班牙语语言史知识方面的空白。坦率地讲，我不认为自己是这部书作序的适当人选，但是作者一再坚持，我不得不接下这个重任。

我想首先谈谈西班牙语在世界的重要性：据西班牙塞万提斯学院2019年统计，全世界有超过5.8亿人讲西班牙语，其中把它作为母语的人口为4.83亿；西班牙语已经成为仅次于英语的世界第二大通用语；而且西班牙语人口仍然呈增长的趋势，预计到2030

年将占世界总人口的 7.6%；以西班牙语作为外语学习或作为第二外语使用的人数高达 2,200 万，在世界上名列前茅。这些数据表明西班牙语在世界的影响及所发挥的作用不可小觑。西班牙语是联合国六种工作语言之一，同时也是世界其他主要国际组织使用的正式语言之一。

以西班牙语为母语或官方语言的国家共计 21 个，除西班牙本土及赤道几内亚外，其余 19 个国家集中在拉丁美洲及加勒比海地区。进入 21 世纪后我国经济快速发展，对外投资增长迅速，除亚洲外，对拉丁美洲的投资居我国对外投资第二位。无论是中国对拉美经济、贸易及投资的发展需要，还是同拉美地区西语国家的人文交流的开展，都有赖于更多的高质量西班牙语人才的培养。

我国的西班牙语教育始于新中国成立后，在时任政务院总理周恩来的亲自关心并直接批示下，我的母校北京外国语学院（北京外国语大学前身）于 1952 年创立了西班牙语专业。遗憾的是，在之后近半个世纪中，我国的西班牙语教育发展缓慢，平均每四年新增一所开设西语的院校。截至 1999 年，全国仅有 12 所院校开设西班牙语本科专业，在校生总数不超过 500 人。

进入 21 世纪后，我国高校的西班牙语专业呈"井喷式"的发展态势，2000—2020 年间新开设西班牙语本科专业的高校达 88 所，平均每年有 4 所新的院校开设。2020 年开设西语专业院校已达 100 所，在校生人数大约为 20,000—22,000 人，是 1999 年在校生总数的 40 多倍。

面对西班牙语专业在中国的快速发展所面临的一系列问题，北京外国语大学及上海外国语大学的六位教师花费七年时间，于 2015 年完成了《全国高等院校西班牙语教育研究》。作为该书的主编，我撰写了题为"我国高等院校西班牙语教育的机遇、挑战与对策"的序言，分析了西班牙语教育在中国发展的机遇，同时实事求是地、明确地指出存在的问题及隐忧："进入 21 世纪的十余年间是我国西班牙语教育规模快速发展的时期，与此同时，我国高校的西班牙语教育也面临着一系列严峻的问题与挑战：教育缺乏宏观、科学、合理的、与社会高速发展形势相适应的整体规划与布局，基本处于无序、自发的发展状态；教学内容和教学方法陈旧，跟不上国际外语教育的发展；课程设置仍然沿袭传统的教学思路，缺乏创新，各校大同小异，缺乏宏观的、有区别、有特色、与社会高速发展形势相适应的整体构思；合格师资数量匮乏、学术水平及教学质量堪忧；西语四级、八级水平测试需要系统、科学理念的研究与指导；对于西语专业学生的学习动机、学习习惯、自我评估等相关性研究，以及用人单位对学生的评价和需求等方面的研究基本空白。"此外，我在序言中特别提出了西班牙语专业课程教材及教学参考资料匮乏的问题："尚缺少一套或若干套完整、系统、科学、具有改革思路、与信息社会发展相适应的西班牙语系列教材。"

近些年来，外语教学与研究出版社、外语教育出版社、商务印书馆等出版机构在高校西班牙语专业的教材建设中加紧布局，相继出版了一批思想性、科学性、学术性、适切性俱佳的教材与教辅材料。几十年来西班牙语教材的一些空白正在逐步被填补，涉及语言学、语用学、语音学及语言史方面的教材或专著开始问世。我想，卢晓为主编的这部《西班牙语变迁与展望》，也应该成为西班牙语学习者的必读书目。谈及如何评价这部书，我想从我对该项目所做的鉴定意见中摘选一些评价，作为这个序言的一部分：

> 该研究是我国第一部全面、系统地介绍西班牙语语言发展、壮大、扩张、变迁历史的专著；研究从历史、语言、文学等多角度论述了西班牙语如何从伊比利亚半岛的一个小国语言逐步发展成为世界通用语的完整过程。……该研究在西班牙语语言发展史这一领域做出了系统性的描述与概括，呈现出一部完整的西班牙语语言发展史，并且在研究中获得一些具有规律性的认识。这一项目填补了我国在这一重大领域研究的空白，从这个角度而言，该研究具有学术创新意义。

> 该研究的作者吸收了前人及同时代学者（尤其是国外学者）的研究成果，从词汇学、社会语言学、历史语言学等不同领域入手，系统地梳理了西班牙语的发展及变迁的过程，研究成果具有很强的史料价值与实用价值。……大量文献的搜集与占有，使该研究有了坚实的基础。

我以为，《西班牙语变迁与展望》一书，可以成为我国西班牙语专业一个很好的教学素材，无论对于教师还是学生而言，对于本科生亦或研究生，这本书会丰富大家对西班牙语语言、历史、文化、文学等诸多领域的知识，提高大家对西班牙语学习的兴趣。开卷有益，大家不妨拿来一读。

郑书九

2020年12月18日于北外塔楼

前言

西班牙语，因其诞生于中世纪的卡斯蒂利亚王国，也被称为卡斯蒂利亚语。从语言谱系来讲，西班牙语属于印欧语系拉丁语族，也称罗曼斯语族或意大利语族。究其源头，我们还得从罗马帝国讲起。

公元前201年，罗马人在第二次布匿战争中大败迦太基，夺得了伊比利亚半岛和巴利阿里群岛的统治权。随着罗马军团在伊比利亚半岛的不断挺进，当时罗马帝国民间使用的通俗拉丁语也跟随来到该地区。这种通俗拉丁语成为后来罗曼斯语族各种语言的祖先。

公元5世纪，随着罗马帝国的衰亡，日耳曼诸部落开始入侵帝国疆域。公元410年，西哥特人在阿拉里克的率领下，突然攻占并洗劫了罗马，最后建立了罗马帝国境内的第一个日耳曼王国——西哥特王国。至此，西班牙进入西哥特王国统治时期。日耳曼诸部落入侵后，在各地建立独立王国，所使用的拉丁语方言差异也逐渐加大。加之罗马帝国疆域辽阔，拉丁语日常用语在不同地域朝着不同方向发展，各地的通俗拉丁语便逐渐演变成多于六种差异显著的后继语言，即罗曼斯诸语。

公元711年，来自中东及北非的穆斯林在瓜达雷特战役中大败西哥特王国，开始了阿拉伯人对伊比利亚半岛长达八个世纪的统治。大约公元8世纪后半叶，伊比利亚半岛上存在着多个势力相当的天主教王国，卡斯蒂利亚只是北方的一个伯爵领地。1037年费尔南多一世继位后，卡斯蒂利亚才成为真正独立的王国。继位后的费尔南多一世，通过联姻，不断扩大所属王国范围，同时号召半岛天主教王国及民众联合起来进行光复运动，驱逐穆斯林。在光复运动进展得如火如荼之际，由于多个王国并存，伊比利亚半岛上同时存在多个方言，它们均源于通俗拉丁语，带有罗曼斯语成分。卡斯蒂利亚由于地处偏僻的内陆山区，交通不便，与外界交流甚少，并未受太多罗马及西哥特文化影响，因此，卡斯蒂利亚语也较其他方言更具有鲜明的特性。

在卡斯蒂利亚语蓬勃发展之际，也不可避免地受到了来自其他语言的影响。一方面，在光复运动的驱使下，莫莎拉贝人不断向北逃亡，在不知不觉中他们把阿拉伯语中的某些成分带到了卡斯蒂利亚。穆斯林占领西班牙南部长达八个世纪之久，因此阿拉伯语在卡斯蒂利亚语的形成过程中留下了深刻的印记，尤其是带去了大量阿拉伯语词汇。另一方面，巴斯克语也对该时期的卡斯蒂利亚语产生了重大影响，集中体现在卡斯蒂利亚语的发音和语法构成上。

1474年，伊莎贝尔继承卡斯蒂利亚王国王位，其夫费尔南多于1479年登上了阿拉贡王国的王位，从此，国王夫妇对两个王国实行联合统治，二人也被后人称为"天主教双王"。1492年1月2日，格拉纳达城投降，长达七个世纪的收复失地运动宣告结束，西班牙实现了统一，并建立起了统一的王国。至此，卡斯蒂利亚语从一个地区性语言摇身变为西班牙的国语，即西班牙语。

随着西班牙王国在世界范围内的领土扩张，西班牙语也被带到了西班牙以外的诸多地区，并与当地语言不断融合、相互影响，逐渐发展成为今天的西班牙语。

塞万提斯学院2018年发布的《西班牙语：鲜活的语言》报告显示，2018年，全球已有超过五亿七千万人在使用西班牙语，占世界总人口的7.6%。其中，以西班牙语为母语的人口超过了四亿八千万，仅次于汉语。这四亿八千万的人口贡献了全球经济生产总值的6.9%。报告还显示，2018年，全球共有107个国家总计近两千万人把西班牙语作为外语学习。在中国，学习西班牙语也日渐流行，截至2020年，全国有100所院校开设西班牙语专业；据不完全统计，在校生大致为20,000—22,000人，而这一数字还在稳步增长。

吉奥乔·阿甘本在其《幼年与历史》中说，了解语言文字的本质和历史应该成为一切文学教育的前提。那我们在学习西班牙语这门语言之前，了解西班牙语的历史也是十分必要的。

本书运用词汇学、社会语言学、历史语言学等语言学研究成果，通过西班牙历史这根主线，梳理了西班牙语从诞生、成熟、壮大、扩张到如今日臻完善的整个历史演变过程。同时，本书还对西班牙语分国别和地区进行研究，选取了与美洲土著语言接触现象最为突出的七个美洲国家：墨西哥、哥伦比亚、波多黎各、阿根廷、巴拉圭、古巴和秘鲁。在这七国，西班牙语作为强势语言，不断从美洲土著语言中获得养分，从而形成了各自独特的词汇、发音和句法；不仅如此，我们也选取了西班牙本国另外三种官方语言作为研究对象，分析了西班牙语与西班牙各地官方语言间的接触与融合。作为一本力图让西班牙语学生全面了解自己所学语言的专业书籍，本书还分析了巴西和美国的西班牙语使用状况，最后总结了世界各地西班牙语的多样性和统一性，并进一步论证了西班牙语在其历史发展过程中，得益于与多个弱势或强势语言的接触与融合，在全球一体化的新时代，将以崭新的面目迎接新挑战。

程煜琦、方晓燕、包陈齐、成宽宽和许沛佩直接参与了多个章节的编写，此外，本书在成书过程中，得到西班牙语界前辈郑书九老师、徐瑞华老师、陈泉老师和陆经生老师的悉心指点和热心指导，在此表示衷心感谢。

编 者

2020年7月

目 录

第一部分 西班牙语的历史

第一章 西班牙语的诞生（公元前3世纪至1492年）
- 第一节 罗马人到达伊比利亚半岛前的语言状况 / 003
- 第二节 罗马帝国时期的语言状况 / 009
- 第三节 穆斯林统治下的伊比利亚半岛 / 013
- 第四节 卡斯蒂利亚王国的崛起 / 017

第二章 西班牙语的成熟与壮大（1492年前后）
- 第一节 1492年大事件 / 023
- 第二节 15世纪后西班牙宗教法庭及其影响 / 028
- 第三节 美洲殖民初期的西班牙语 / 034
- 第四节 内夫里哈和《卡斯蒂利亚语语法》 / 041

第三章 西班牙语的扩张（16—17世纪）
- 第一节 哈布斯堡王朝时期的西班牙语 / 046
- 第二节 美洲的殖民及西班牙语化 / 053
- 第三节 文艺复兴与黄金世纪 / 056
- 第四节 黄金时期的巴洛克文学 / 064
- 第五节 黄金世纪的语言发展 / 069

第四章　西班牙语的日臻完善（18世纪）

第一节　18世纪的西班牙语 / 073
第二节　启蒙时期的西班牙文学 / 079
第三节　西班牙皇家语言学院 / 084
第四节　美洲独立运动及贝略的《语法》 / 091

第五章　西班牙语的文学成就（19—20世纪）

第一节　19—20世纪西班牙文学 / 099
第二节　19—20世纪拉美文学 / 107
第三节　西班牙语中的英语词汇 / 119

第二部分　西班牙语的现状

第六章　西语国家的西班牙语

第一节　西班牙语现状概述 / 133
第二节　美洲西班牙语概况 / 135
第三节　西班牙和西班牙语 / 137

第七章　墨西哥西班牙语

第一节　墨西哥概况及历史 / 142
第二节　墨西哥西班牙语与其他语言的接触 / 146
第三节　墨西哥西班牙语的特点 / 149

第八章　波多黎各西班牙语

第一节　波多黎各概况及历史 / 154
第二节　波多黎各西班牙语与其他语言的接触 / 160
第三节　波多黎各西班牙语的特点 / 166

第九章　哥伦比亚西班牙语

第一节　哥伦比亚概况及历史 / 172

第二节　哥伦比亚西班牙语及其他语言的影响　/ 178
第三节　哥伦比亚西班牙语的特点　/ 181

第十章　阿根廷西班牙语
第一节　阿根廷概况及历史　/ 185
第二节　其他语言对阿根廷西班牙语的影响　/ 188
第三节　阿根廷西班牙语的特点　/ 193

第十一章　古巴西班牙语
第一节　古巴概况及历史　/ 199
第二节　古巴西班牙语与其他语言的接触　/ 204
第三节　古巴西班牙语的特点　/ 210

第十二章　秘鲁西班牙语
第一节　秘鲁概况及历史　/ 214
第二节　秘鲁西班牙语与其他语言的接触　/ 217
第三节　秘鲁西班牙语的特点　/ 220

第十三章　巴拉圭西班牙语
第一节　巴拉圭概况及历史　/ 224
第二节　巴拉圭西班牙语及其他语言的影响　/ 229
第三节　巴拉圭西班牙语的特点　/ 231

第十四章　加泰罗尼亚语与西班牙语
第一节　加泰罗尼亚语的概况及历史　/ 235
第二节　加泰罗尼亚语的现状　/ 243

第十五章　加利西亚语与西班牙语
第一节　加利西亚语的概况及历史　/ 250
第二节　加利西亚语的现状　/ 256

第十六章　巴斯克语与西班牙语

第一节　巴斯克语的概况及历史　/ 261

第二节　巴斯克语的现状　/ 268

第十七章　瓦伦西亚语与西班牙语

第一节　瓦伦西亚语的概况及历史　/ 273

第二节　瓦伦西亚语的现状　/ 279

第三部分　西班牙语的未来

第十八章　巴西与西班牙语

第一节　巴西概况与历史　/ 287

第二节　巴西的西班牙人和西班牙语　/ 292

第三节　西班牙语和葡萄牙语的杂交　/ 295

第十九章　美国的西班牙语

第一节　北美殖民和领土扩张　/ 300

第二节　美国和西式英语（英式西语）　/ 303

第二十章　西班牙语的多样性与统一性

第一节　西班牙语的多样性　/ 317

第二节　西班牙语的统一性　/ 322

附录1　西语国家的诺贝尔文学奖得主　/ 326

附录2　美洲殖民区域划分　/ 336

参考文献　/ 338

第一部分
西班牙语的历史

第一章 西班牙语的诞生（公元前3世纪至1492年）

第一节 罗马人到达伊比利亚半岛前的语言状况

众所周知，西班牙语源自拉丁语，但这并不意味着它就没有其他来源。历史上很长一段时间里，在现在西班牙所处的土地上，人们广泛使用拉丁语。但问题在于，拉丁语出现之前，那儿的人们都说什么语言呢？

公元前218年，罗马人抵达伊比利亚半岛并发现那里的人们说着不同的语言。这些语言便是我们今天所说的前罗马语言（lenguas prerromanas），包括赛尔梯贝里亚语（celtíbero）、巴斯克语（vasco）、利古里亚语（ligur）、古伊比利亚语（íbero）以及塔尔特苏斯语（tartesio）等。

一、东部的伊比利亚语

新石器时代，来自非洲北部的人抵达伊比利亚半岛，并从中部沿海地区进入中部高原，他们便是伊比利亚人。伊比利亚人主要集中在安达卢西亚（Andalucía）东部、整个莱万特[①]地区以及埃布罗河谷（Valle de Ebro）的东部，后来希腊人用伊比利亚人的名字，把西班牙所在的半岛命名为伊比利亚半岛（Iberia/Península Ibérica）。伊比利亚文明是一个原史[②]农业文明，主要从事种植业、畜牧业和渔业，同时在沿海地区与腓尼基人（los fenicios）及希腊人保持商贸往来。他们铸造有自己的钱币，并且在货币上铸刻伊比利亚语铭文，因此，这些货币成为后人研究伊比利亚语及一些城市名称的重要信息来源。

据记载，伊比利亚语存在于公元前5世纪至公元1世纪间。

[①] 莱万特（Levante），瓦伦西亚和穆尔西亚一带沿海地区。
[②] 原史（protohistórico），又称原史时代，是史前时代与信史时代中间的一段时期，指在一种文明还没有发展出自己的书写系统，但被外部其他文明以其文字所记载的时期。比如在欧洲，凯尔特人与日耳曼人出现在同时期希腊罗马文献中的时代就可以称为其原史时代。

二、中部和西部凯尔特语

公元前1000年，来自欧洲中部的凯尔特人向西南迁移，并逐步进入伊比利亚半岛中部及西部。公元6世纪，他们来到葡萄牙和下安达卢西亚（Baja Andalucía）地区并定居下来。

凯尔特人建立的很多城市的名称都与战事有关。比如凯尔特语（celta）的词汇中经常有briga和sego。前者的意思是"要塞或小山"，而后者则是"胜利"的意思，因此，我们可以在一些地名中见到这些词：Mirobriga，也就是现在的罗德里戈市（Rodrigo）；Coninbriga，也就是现在的科英布拉市（Coimbra）；Brigaerium，即如今的贝纳文特市（Benavente）。甚至在比利牛斯山（los Pirineos）中部和东部，同样可以找到凯尔特语的痕迹，如：萨拉戈萨（Zaragoza，源自Navardún）、赫罗纳省（Gerona/Girona，源自Besalú），在这些词汇当中，不难发现都含有-dún这个后缀，它其实是briga的同义词，也源自凯尔特语。其他的词缀还有-acu：萨亚戈（Sayago），卢萨加（Luzaga），布伊特拉戈（Buitrago）；前缀bedus-的意思是小溪，沟渠：Begoña，即现在的比斯开省（Vizcaya）；Bedoña，即如今的古普斯夸省（Guipúzcoa）；Bedoya，即桑坦德省（Santander）。

三、中部赛尔梯贝里亚语

公元前6世纪，伊比利亚半岛上早期土著居民——伊比利亚人开始和来自中欧的凯尔特人融合。这两个民族便汇合成了赛尔梯贝里亚民族，他们所说的语言，即赛尔梯贝里亚语，其实就是一种古凯尔特语（lengua céltica con rasgos arcaicos）。在很多古铸币或铭文上都可以看到其踪迹，考古发现这些铸币多半流通于公元前2—前1世纪。这种语言存在的区域大致是今天的布尔戈斯省（Burgos）、索里亚省（Soria）、瓜达拉哈拉省（Guadalajara）、纳瓦拉省（Navarra）南部和特鲁埃尔省（Teruel）以及萨拉戈萨省（Zaragoza）西部。

四、南部从塔尔特苏斯语到腓尼基语

在下安达卢西亚地区和葡萄牙南部居住着古老的图尔德塔尼人（los turdetanos）和塔尔特苏斯人（los tartesos），他们与腓尼基人和希腊人（los griegos）有着密切的商贸往来，因此深受东方文化的影响。塔尔特苏斯人的繁荣持续了很长一段时间，并以富有而闻名。然而树大招风，腓尼基人和希腊人都试图争夺他们的土地。公元前6世纪，希腊在与迦太基人（los cartagineses）的阿拉利亚战争（Batalla de Alalia）中惜败，塔尔特苏斯文明就此灭亡。

然而，历史的动荡却不可避免地带来了文化和语言的多样化。

塔尔特苏斯人有自己的语言——塔尔特苏斯语，主要分布在从葡萄牙的阿尔加维到西班牙瓜达基维尔河（Guadalquivir）下游广阔区域；与伊比利亚语全然不同，但却与巴斯克语在某些方面有相似之处，当然这并不能确定它们源自同一种语言，只能说明这两个民族间的交往带来了语言上的相互影响。

璀璨文明覆灭后便是腓尼基语的引入。腓尼基人早在公元前1100年就在地中海沿岸建立了加的斯市（Cádiz，古称Gádir）；随后又建立了阿西多市（Asido，现称梅迪纳西多尼亚Medinasidonia）、马拉加（Málaga，古称Málaka）和阿伯德拉（Abdera，现称阿德拉Adra）。随后，迦太基人继承了腓尼基人的衣钵，建成了迦太基城（Cartago，现称卡塔赫纳Cartagena）、马翁尼斯（Portus Magonis，即今天的马翁Mahón）。因此不难看出，这几个城市的名称都源于古罗马之前的腓尼基语和迦太基语。值得一提的是，西班牙在罗马时期的名称Hispania也源于腓尼基语，意即"兔子之地"。

五、中部和西北部利古里亚语

利古里亚族是欧洲一个原始民族，源于法国东南部及意大利西北部。后来，一部分利古里亚人迁移到伊比利亚半岛中部及西北部。他们有自己的语言——利古里亚语。随着他们的到来，西班牙的一些地方也有了源于利古里亚语的名称，比如托莱多（Toledo）、巴塞罗那（Barcelona）和塔拉索纳（Tarazona）。而源于利古里亚语的后缀-asco，-osca，-usco也大量出现在地名中，如阿穆斯科（Amusco）、奥鲁斯科（Orusco）、比奥斯卡（Biosca）……这些地名中有很多与法国地中海沿海城市及意大利北部的一些地名重合或相似。带有-ona后缀的城市名，除了经常在西班牙出现外，也出现在法国南部和意大利北部以及巴尔干半岛的伊利里亚。

六、从南部到东部沿海的希腊语

希腊文明发祥于爱琴海（Mar Égeo）的克里特文明和迈锡尼文明。但是大约在公元前1200年，多利亚人的入侵毁灭了迈锡尼文明，希腊历史进入所谓"黑暗时代"。因为对迈锡尼时期的了解主要来自《荷马史诗》（Homero），所以又称"荷马时代"。

荷马时代末期海上贸易再次兴盛，新的城邦国家（ciudad estado）纷纷建立。希腊人于公元前776年召开了第一次奥林匹克运动会（Juegos Olímpicos/la Olimpiada/JJ.OO.），这标志着古希腊文明进入兴盛时期。为了解决人口增长过快的问题，再加上古希腊人本身固有的探险精神，大约从公元前750年起，希腊人在之后的250年里不断向外开拓殖民地。公元前7世纪，希腊人在地中海沿岸的加泰罗尼亚（Cataluña/Catalunya）一带建立居民点，后来又渐渐扩展到莱万特地区。在希腊文明的影响下，伊比利亚艺术得到了长足发展，至今人们仍受益无穷。

希腊语对西班牙语词汇的影响深远。最初的影响发生在古希腊殖民扩张时期，它将一些文明词语和专业词汇引入西班牙语。亚历山大大帝（Alejandro Magno）征服希腊后，不仅在军事上，而且更在科学、艺术方面扩大希腊的影响。然而，这种早期的影响并非直接进行，希腊语直接为西班牙语提供词源的情况很少，它主要通过欧洲、西方的科学专业词汇来间接影响，尤其表现在医学、数学、哲学、语言学分析、文学和经验科学这几个方面。这个时期的直接影响主要体现在城市、河流或山川等的命名上，但为数不多，如安普利亚斯（Ampurias，古称Emporion）、罗萨斯（Rosas，古称Rhode）、阿里坎特（Alicante，古称Lucentum）等。

希腊语为拉丁语提供了许多方面的概念，如思想方面：idea（观念）、fantasía（幻想，phantasia）、filosofía（哲学，philosophia）、música（音乐，拉丁语musica）、poesía（诗歌，拉丁语poesis）、matemáticas（数学，拉丁语mathematica）；文学方面：tragedia（悲剧，拉丁语tragoedia）、comedia（喜剧，拉丁语comoedia）；音乐和体育：coro（合唱，拉丁语chorus）、alteta（田径运动员，拉丁语athleta）；教育：pedagogo（教师，拉丁语paedagogus）；贸易：talento（塔伦托，古希腊重量级货币单位，talanton>talentum>talento）；航海：gobernar（操纵，kubernaw>gubernare>gobernar）；军事：catapulta（弩炮，katapelth>catapulta）；日常器具：lámpara/lámpada（灯，*ac. λαμπάδα >ac.* lampada>lámpara/lámpada）服饰：sábana（披风，*ac. pl.* σάβανα>sabăna>sábana）；城市建设：plaza（广场，πλατεῖα>拉丁语plattĕa>plaza）。总之，希腊语对拉丁语的影响主要体现在精神、物质等方面。同时，希腊语也为通俗拉丁语（latín vulgar）提供了众多词汇：用在拉丁语表示"每两个"和"每三个"的kataduo以及katatreis中的前缀-katá便是西语中cada的源头。同时，希腊语还是罗马帝国东部使用最广泛的语言，也是最初布道传教用的语言，几乎所有的《新约》（*Nuevo Testamento*）都是用希腊语写成的。因此，基督教（cristianismo）当中充满了

希腊语的要素：evangelización（传教，拉丁语 evangelium）、ángel（天使，拉丁语 angelus）、apóstol（使徒，拉丁语 apostolus）、diablo（魔鬼，拉丁语 diabolus）、obispo（主教，拉丁语 episcopus）……

希腊语第三次对于西班牙语的影响发生在中世纪（Edad Media）。公元6—8世纪，来自欧洲北方的日耳曼（los germánicos）部落西哥特人（los visigodos）由入侵者变为定居者和统治者，罗马时代结束，西班牙进入中世纪。公元711年，来自北非的穆斯林（los musulmanes）渡过直布罗陀海峡（Estrecho de Gibraltar），在伊比利亚登陆。他们所向披靡，很快西班牙便进入了长达八个世纪的北部基督教王国与南部穆斯林王国对峙的局面。这个时期的希腊语主要是通过对于阿拉伯语（árabe）的影响来间接影响西班牙语，比如：arroz（米，米饭）、atún（金枪鱼）、acclga（甜菜）等。此外，意大利语、法语中的希腊语词汇也间接影响到西班牙语。

七、北部巴斯克语

比利牛斯山两侧的人们说着同一种语言，而这种语言是罗马人来到之前众多语言中唯一保存至今的语言，这就是巴斯克语（vasco/vascuence/euskera）。它不仅仅出现在罗马帝国统治之前，根据研究，它甚至在印欧语（lenguas indoeuropeas）出现之前就已经存在了。

关于巴斯克语的起源，众说纷纭，莫衷一是。第一种说法是巴斯克语起源于非洲，」是这种语言与卡米塔语[①]有着很多相似之处；第二种观点认为巴斯克语起源于高加索（Cáucaso）；第三种观点则认为巴斯克语实际上是一种混合语言：起源于高加索语系，后来又融合了很多重要的卡米塔语元素，同时又受到伊比利亚语和凯尔特语影响，最后又吸收了大量的拉丁语和罗马语，这种观点认为巴斯克语在古代并不存在于西班牙这片土地上，而是后来在罗马时期和中世纪前期被移民首次引入。总之，对于古巴斯克语的确切来源，至今仍无法给出一个确切的答案。

受巴斯克语影响，现今的很多西班牙地名都源于这种语言，尤其是沿着比利牛斯山延伸的地区，从纳瓦拉到莱里达省（Lérida/Lleida）的诺格拉帕利亚雷萨河。例如：Lumbierre 源于 irumberri（在巴斯克语中意为 ciudad nueva，新城市）；Ligüerre 和 Lascuarre 分别源于 deirigorri（ciudad roja，红色城市）和 latscorri（arroyo rojo，红色

[①] 卡米塔语（lenguas camíticas），传统意义上所说的卡米塔—闪米特语中一个分支，卡米塔语包括科普特语、库希特语、苏丹语等。

小溪流）；Esterri（lugar cercado，被围之地）；Valle de Arán 是一个重复的命名，因为 Arán 本身在巴斯克语中即为"山谷"之意。而这些地名在罗马统治之前就已经出现了。

那么，后来在强大罗马帝国统治之下，当其他土著语言都屈服于拉丁语时，巴斯克语为何不被拉丁语吞噬，反而延续至今呢？

随着罗马人入侵西班牙，除了巴斯克语地区（País Vasco/Euskadi）之外的其他地区都接受了拉丁语而逐渐放弃了自己的原始语言。但巴斯克语区并没有因此而被罗马文化边缘化；相反，它在很大程度上吸收了拉丁语，并将这些拉丁词汇转变为适合自己语言结构的新词汇。比如，源于巴斯克语 ezker 的 izquierdo（左边的）便被加上了源于拉丁语的 siniestro（左边的；阴险的；不祥的）的意思。

即便在罗马统治时期，巴斯克语依然源源不断地向西班牙语输入词语，到了中世纪，使用巴斯克语的区域比今天要广泛得多，纳瓦拉王国的崛起也大大增加了巴斯克语的影响。10世纪时，古抄本经文注解（*Glosas emilianenses*）中把巴斯克语和其他罗曼斯语（lenguas romances）融合起来；13世纪时，《熙德之歌》（*Cantar de Mio Cid*）中的人物之一，武士阿尔瓦·法涅斯（Minaya Alvar Fáñez）用的称谓词 Minaya 便是受巴斯克语中 annaina 的影响，后者意为"兄弟"。

在如今巴斯克语区的西南面，即里奥哈省（Rioja）西北部和布尔戈斯省东部，有很多源于巴斯克语的地名，如：奥钱杜里（Ochánduri）、埃拉梅柳里（Herrambélluri）、西乌里（Cihuri）……-uri 和 -urri 在巴斯克语中，即"城市，重镇"之意。在索里亚省，地名如 Iruecha, Zayas 都是源自巴斯克语。西班牙语中源于巴斯克语的姓名也有不少，如 García（Garseaa）、Jimeno（Xemeno）等。但是，关于巴斯克语蔓延至今天的里奥哈省、布尔戈斯省和索里亚省，是否发生在原始时期，就无从考究了，也很有可能在公元9—11世纪间蔓延至这些地方。

同样，很多西班牙语人名也不可避免地受到巴斯克语的影响。比如巴斯克语中 -en（与其变体 -ena 或 -enea）这个词素常常用在人名当中，如米格尔（Miguel，巴斯克语 Michelena）、西蒙（Simón，巴斯克语 Simonena）、费尔南多（Fernando，巴斯克语 Errandoena）等。此外，西班牙语中源于巴斯克语的词汇有的与炉灶有关，如 socarrar（使微焦）；有的与矿物、植物和动物有关，如 pizarra（页岩）、chaparro（栎树林）；有的与服饰有关，如 boina（贝雷帽）、zamarra（羊皮坎肩）；或者与农业、畜牧业有关，如 laya（铁铲）、cencerro（家畜的颈铃）；与航海有关，如 gabarra（平底货船）；甚至还有与冶金、游戏等有关的词，如 chatarra（铁矿渣）、órdago

(押上全部赌注)等。

第二节　罗马帝国时期的语言状况

一、罗马帝国统治下的伊比利亚半岛

伊比利亚半岛的罗马化进程

罗马和迦太基在公元前263—前146年的一百年间共进行了三次战争，史称布匿战争（Guerra Púnica）。其中，第二次布匿战争（公元前218—前202年）是持续时间最长也最有名的一场战争，前后持续了十六年。这次战争以迦太基战败告终，此后罗马开始称霸西地中海，并且占领了伊比利亚半岛及巴利阿里群岛（Islas Baleares）。公元前218年，大西庇阿[1]带领由两个军团及一万五千名士兵组成的联军登陆恩波里翁[2]，从此伊比利亚半岛开始漫长的罗马化（romanización）进程。公元前197年，罗马人在伊比利亚半岛设立了两个行省，行省的建立意味着征服战争的延续，伊比利亚半岛居民前后展开了长达两个世纪的顽强抵抗，直到公元前19年奥古斯都总督阿格里帕（Agrippa）扑灭了坎塔布里亚人（los cántabros）的叛乱，整个半岛的战火才完全平息下来。

语言的统一加速了伊比利亚半岛的罗马化进程。在拉丁语扎根伊比利业半岛之前，半岛上曾经历了一段多语共存期，而且这些土著语言都属于不同的语系：北部和西部的凯尔特语，南部的伊比利亚语、希腊语和腓尼基语，西部的卢济塔尼亚语（lusitano），西南部的塔尔特苏斯语，北部地区使用巴斯克语。拉丁语在半岛普及后，逐渐取代了这些土著语言，除巴斯克语外，其他土著语言自公元1世纪起便不再使用。

除了完成语言上的统一，罗马还对公元前197年设立的近西班牙和远西班牙两个行省进行了区域调整。调整后，远西班牙省的一部分并入近西班牙省，而近西班牙被重新命名为塔拉戈纳[3]，剩下的远西班牙被重新划分成两个行省：巴提卡[4]和卢济塔尼业[5]。

---

[1] 大西庇阿（Publio Cornelio Escipión Africano Mayor，前235—前183），古罗马统帅和政治家。
[2] 恩波里翁，即今赫罗纳省安普利亚斯。
[3] 塔拉戈纳（Tarracononse），大致相当于今西班牙北部和东部大部分地区。
[4] 巴提卡（Baetica），大致相当于今安达卢西亚及埃斯特雷马杜拉南部地区。
[5] 卢济塔尼亚（Lusitania），大致相当于今葡萄牙及西班牙埃斯特雷马杜拉北部地区。

此外，伊比利亚半岛上还形成了与罗马帝国其他地区相同的社会结构：享有充分自由的公民，即罗马人（los romanos），拥有有限自由的公民，即拉丁人（los nativos），和没有公民权的自由人，即平民（hombres libres/los ciudadanos），被释放的奴隶以及奴隶（los esclavos）。随着时间的推移以及罗马化进程的深入，古罗马平民逐渐获得了各种公民权，"古罗马平民"与"古罗马公民"的界限也越来越模糊。公元212年，卡拉卡拉（Caracalla）皇帝授予罗马境内所有自由民以古罗马公民身份，这一措施推动了伊比利亚半岛的罗马化进程。

罗马化进程再进一步的推动力源自基督教在伊比利亚半岛的传播。半岛当时虽然实现了法制上的统一，可精神上却远未统一，仅以皇帝作为至高无上的象征是远远不够的。而基督教的传播实现了统治者对臣民精神上的统一，并有效地帮助了伊比利亚半岛诸省实现拉丁化进程。

为了维护帝国内部的稳定，伊比利亚半岛和其他行省一样，在社会结构、军事、科技、文化、城市规划、农业以及宗教方面都与罗马市保持步调一致。毫无疑问，罗马化进程使半岛留下了永久的罗马烙印，即使在罗马结束对半岛的统治之后，人们仍坚定地认同罗马文化。

拉丁语的普及

拉丁语在伊比利亚半岛普及的过程就是半岛在语言上罗马化的过程。

拉丁语（latín）属印欧语系意大利语族（lenguas itálicas），原本是意大利亚平宁半岛（Península Itálica/Península Apenina）中西部、台伯河下游拉齐奥（Lazio）地区一个拉丁人部落的方言。公元前3世纪，随着罗马军团在伊比利亚半岛的不断挺进，罗马帝国（Imperio Romano）当时民间使用的通俗拉丁语也跟随来到该地区。这种通俗拉丁语成为后来罗曼斯语族各种语言的祖先。

然而，拉丁语在半岛普及的过程并不是富有侵略性和强制性的过程。随着半岛被罗马人征服，殖民者、士兵、行政官员、佃户甚至下层百姓都来到了伊比利亚半岛。罗马在半岛设立了一系列完整的社会行政机构，随之而来的自然就是拉丁语在生活中方方面面的使用，也正是这一举措导致岛上原有土著语言几乎完全消失。在政治和文化上，罗马也更为先进，为了尽快适应宗主国颁布的新法令，融入新文化，原住民很快意识到与罗马人使用同一种语言所带来的便利。这一时期，各行各业的罗马商人也来到了伊比利亚半岛，为了便于贸易往来，沿海居民首先接受了拉丁语，并且，在同罗马人的交往过程中开始广泛使用这门新语言，当地的土著语言则只限于与同家人交流；内陆人则较多地保留了自己的语言，或者土著语夹杂着拉丁语。半岛居民一致认为，与他们的本土语言相比，拉丁语是一门更加丰富、更加高贵的语言，而且它也极其简洁明确。这样，拉丁语就成了半岛上最早的通用语言（lengua franca/lingua franca），在不同地区和不同社会阶层中存在着的或长或短的双语并存期，最终被拉丁语的普及所打破。这也为现代西班牙语的形成奠定了基础，使得西班牙语成为拉丁语系（lenguas neolatinas）的一支。

在这个过程中，有一种语言并没有被拉丁语所取代，并且在其他大部分土著语言逐渐走向消亡之际，得以保留下来并沿用到今天，还成为西班牙巴斯克自治区及纳瓦拉自治区的官方语言，这就是巴斯克语。

二、西哥特王国时期的西班牙语

东汉时南北匈奴分裂，南匈奴降汉，北匈奴西去中亚，4世纪时来到位于今俄罗斯境内顿河草原，375年征服东哥特人，迫使西哥特人渡过多瑙河，并在376年进入西罗马帝国境内，不久便与欺压他们的罗马人发生冲突。378年雅德里亚堡战役，罗马军队全军覆没，皇帝瓦伦斯阵亡，395年帝国一分为二。406年西罗马为对付西哥特人，从莱茵河（Río Rin）防线召回部队，不料，汪达尔人（los vándalos）、苏维汇人（los suevos）、阿拉诺人（los alanos）三支蛮族（los bárbaros）集聚一起，在美茵河附近渡过莱茵河，进入高卢①境内。在高卢转战三年后，于409年进入西班牙，因受敌于西哥特人，难以立足。同年，受罗马总督保尼法斯邀请，法兰克人（los francos）渡过直布罗陀海峡，进入北非，而苏维汇人、阿拉诺人则留在西班牙北部和南部。410年西哥特人在其精明的首领阿拉里克的率领下，突然攻占并洗劫了罗马，最后在高卢西南和西班牙建立了以土鲁斯为中心的罗马帝国境内第一个日耳曼王国——西哥特王国②。此后不久，西哥特王国在比利牛斯山以南不断扩张，占领了西班牙和南部高卢广大地区。507年，法兰克人南侵，西哥特王国版图不断缩小，后仅限于西班牙境内。711年，西哥特王国被阿拉伯人征服。汪达尔人409年占领伊比利亚半岛西部和南部广大地区，411年建立汪达尔王

---

① 高卢（Galia），即今法国。
② 西哥特王国（Reino Visigodo），存于公元419—711年，亡于阿拉伯人。

国，534年为拜占庭帝国①皇帝查士丁尼派出的远征军所灭。经过一系列的战争，西罗马帝国分崩离析。帝国的高卢、西班牙、北非等广大区域已为日耳曼蛮族王国所瓜分，帝国核心地带意大利也残破不堪，罗马皇帝丧失了至高无上的权威，沦为受雇的蛮族将领的傀儡。476年，最后一个皇帝罗慕路被蛮族将领奥多亚克②废黜，西罗马帝国从此灭亡。

三、通俗拉丁语向罗曼斯语过渡

许多拉丁学者认为伊比利亚半岛的拉丁语和意大利半岛的拉丁语非常相近，但又不尽相同，它受到当地下层语言的强烈影响。

拉丁语在伊比利亚半岛普及之前，半岛上曾经历过相当长一段时间的多语共存期，加上各地拉丁语普及速度和程度都存在差异，拉丁语在各个地区受当地方言影响的程度也十分迥异。比如，巴提卡地区的拉丁语普及速度就比较快，程度也更深，而内陆地区拉丁化的速度就相对缓慢，半岛北部很多地区拉丁化的程度更是微之甚微。这就造成拉丁语本身存在的巨大差异。

随着社会的剧变，语言也迅速变化。日耳曼诸部落入侵后，各地建立独立王国，所使用的拉丁语方言差异也逐渐加大，加上道路系统年久失修，公共法令在远离城市的偏远地区难以实施，大规模人口迁移逐渐减少。以教会为主，读写能力没有失传的地方，书面拉丁语虽得以保留，但不足以维持口语规范。口语与书面语的差异越来越大，但人们却没有意识到口语正悄悄发生着改变。罗马帝国疆域辽阔，拉丁语日常用语在不同地域朝着不同方向发展，各地的通俗拉丁语之后逐渐演变成多于六种差异显著的后继语言，即罗曼斯语。

西哥特人使用的日耳曼语（germánico）对西班牙罗曼斯语产生过一定的影响，尤其是日耳曼语的常用词丰富了罗曼斯语词汇。但总的来说，其影响有限，因为西哥特人很快被罗马同化，并于公元7世纪抛弃了自己的语言。哥特人对西班牙语的语音没有产生影响，因为哥特人所使用的日耳曼语词汇的发音已经非常接近通俗拉丁语，或者说早期的罗曼斯语的发音，因此，通常来说，它们在发音上几乎是同伊比利亚半岛的拉丁语经历了相同的变化。

---

① 罗马帝国自东、西分治后，帝国东部罗马政权的延续被称为东罗马帝国（相对于帝国西部的西罗马帝国），也被称为拜占庭帝国（Imperio Bizantino）。
② 奥多亚克（Odoacro, 433—493），意大利第一个日耳曼蛮族国王。

日耳曼语对西班牙语的贡献更多体现在词汇方面，日耳曼人骁勇善战，军事词汇丰富，因此西班牙语中很多与军事活动有关的词都源自日耳曼语，如albergue（旅馆；庇护），banda（绶带；帮，伙，群），bandera（旗），bandido（强盗），barón（男爵），campeón（冠军），escarnecer（讥讽），espuela（踢马刺），estribo（马镫），galardón（奖赏），ganar（获得），guardar（看管，保留），guerra（战争），guiar（指引），guisa（方式），heraldo（使节，信使），marca（标记），rico（富有的），robar（偷窃），tregua（停战，休战），yelmo（头盔）等；西哥特人与西班牙人不得通婚的禁令被取消后，这两个民族开始融合，因此有些和日常生活有关的词源于日耳曼语，如banco（板凳；银行），blanco（白色；靶子），brotar（发芽；冒出），buscar（寻找），falda（裙子），fango（淤泥；耻辱），fieltro（毡），gris（灰色），jabón（肥皂），regalo（礼物），ropa（衣服），sala（厅堂），sopa（汤），tapa（盖子；下酒菜）等；很多西班牙人的名字和姓氏也都是当年西哥特人喜欢用的名字，如Abelardo, Adolfo, Alberto, Alfonso, Alfredo, Amelia, Armando, Álvaro, Bernardo, Bermudo, Blanca, Carlos, Carolina, Federico, Fernando, Galindo, Gerardo, Griselda, Guzmán, Orlando, Ramón, Ramiro, Ricardo, Roberto, Rodrigo, Gómez, González, Gutiérrez, Guzmán, Manrique, Ramírez等；西班牙很多地名也可以找到西哥特的痕迹，如一些村镇、庄园就以它们当年的主人名字命名，如Guitiriz, Mondariz, Gomariz, Rairiz, Allariz, Gomesende, Hermisende, Aldán, Gondomar, Sendim等，不再一一细说。

第三节 穆斯林统治下的伊比利亚半岛

一、历史起源

公元711年，来自中东及北非的穆斯林，包括阿拉伯人（los árabes）、柏柏尔人（los bereberes）等，在瓜达雷特战役（Batalla de Guatalete）中大败西哥特国王。于是阿拉伯人开始了对伊比利亚半岛长达八个世纪的统治，直到1492年，末代摩尔国王波阿布狄尔（Boabdil）向天主教双王交出格拉纳达（Granada），方告结束。

阿拉伯人对伊比利亚的征服十分迅速，仅仅八年时间就由南到北，几乎把整个半岛臣服于脚下，仅剩北部一些山区尚有持续不断的抵抗。阿拉伯人对此不以为然，却不想正是在那里，这些零星的抵抗渐渐形成了多个天主教王国，并慢慢蚕食穆斯林的地盘，最终揭竿而起。阿拉伯人征服伊比利亚半岛后，开始对西班牙伊斯兰化（islamización），并将其命名为安达卢斯（Al-Andalus）。

二、语言状况

跟随征服者到来的，是一种与罗曼斯语截然不同的语言——阿拉伯语。它在发音和书写上都有着奇特的表现形式，并被征服者指定为官方语言。但许多基督教徒依然坚守自己的信仰，他们被称作莫莎拉贝人[①]。他们坚持使用原来的语言——莫莎拉贝语，即罗曼斯语的一种变体，但仅限于在家里、朋友间或他们的小圈子范围内，而在公共、商业或文化场合，还是被迫使用阿拉伯语。于是当时在基督教徒区出现了阿拉伯语和莫莎拉贝语并存的双语现象，这种情况至少持续到11或12世纪。

然而，莫莎拉贝人顽强坚守的本土语言依然逐渐失去其重要性。12世纪中叶，一些新的非洲民族也来到了安达卢斯，迫使莫莎拉贝人不得不向北迁徙，或被驱逐出境。而天主教王国进行光复运动后，他们更不得不放弃自己的语言，以拥护基督王国所使用的罗曼斯语。到14世纪左右，莫莎拉贝语便逐步消亡了。

另一方面，一些未被征服的地区继续使用罗曼斯语，但由于阿拉伯文化的强势影响，拉丁字母书写方式逐渐被遗忘，于是出现了一种新的文字语言——阿尔哈米亚（aljamía），阿拉伯语中的意思是外国人的语言，也被称作拉丁尼（latiní）。实际上，这是一种用阿拉伯文字来书写的罗曼斯语，从8世纪便开始在整个安达卢斯地区普及开来。尽管穆斯林统治者指定阿拉伯语为官方语言，但为了方便与当地居民日常进行交流，尤其是与当地基督徒及犹太人进行商业活动时，他们也开始使用阿尔哈米亚。

三、阿拉伯语对西语的影响

虽然存在过双语时期，半岛上的很多居民都掌握着两种语言，但由于这两种语言的差异实在太大，也因为基督徒们更多时候坚持使用自己的语言，因此，阿拉伯语对西班牙语影响更多地停留在外部，尤其是在词汇上。

词的形态

在这个方面，阿拉伯语对西语的影响并不大，但依然有几个十分明显的特征：其中之一就是在许多名词前加上的阿拉伯语定冠词al。而这些词汇传到西班牙语时，人

[①] 莫莎拉贝人（los mozárabes），阿拉伯人统治西班牙时期混居在摩尔人中间的西班牙基督教徒。

们将阿拉伯语定冠词与名词合起来当成了一个单词，所以在使用时会带上西班牙语自己的冠词，如 la almohada（枕头）、el alhelí（桂竹香）、el albarán（收据）等。很多名词是以阿拉伯语冠词加上源于拉丁语词根构成的，如 almeja（蛤蜊）是阿拉伯语冠词 al+拉丁语 mitulu，alpiste（鸟食）则是 al+拉丁语 pistu。

在派生词方面，阿拉伯语留下来后缀-í，用于组成表示某些国家、地区及民族的名词或形容词，如 ceutí（休达人）、marroquí（摩洛哥人）、yemení（也门人）、israelí（以色列人），或用于组成其他名词或形容词，如 jabalí（野猪）、maravedí（西班牙古币名）、baladí（微不足道的）。而 alfonsí（阿方索国王的）则在 13 世纪时出现，专门用来指代与阿方索十世有关的事物。

在前置词方面，hasta（直到）就源于阿拉伯语 hatta 及其变体 adta, ata, hata, fasta。

而某些表示不确指何人的词，也源于阿拉伯语，如 fulano（某人，阿拉伯语 fulan）、mengano（某某人，阿拉伯语 man kana）、perengano（某某人，西语姓氏 Pere 或 Pérez 和 mengano 的组合）。

感叹词方面，hala（哈啦）、ojalá（但愿）、guay（冷静）以及古时用的 ya（噢），都源自阿拉伯语。

仿词

仿词指的是那些无论来源还是形式都是西班牙语，但其含义却模仿了阿拉伯语的词或句子。比如 infante，西班牙语中本意只是指"小孩子"，后来演变成"贵族的儿子"和"王子"，这就是模仿了阿拉伯语中的对应词 walad（有"孩子"及"王子"两种含义）。类似的词还有 hidalgo, fidalgo, hijodalgo（贵族）等。

除了这些仿词外，西班牙语还直译了一些现成的阿拉伯语句子，至今人们依然在使用，如 si Dios quiere（如果上帝愿意）、Dios te guarde（愿上帝保佑你）、Dios te ampare（愿上帝庇护你）等。

词汇

如果阿拉伯语对西班牙语以上方面的影响不那么明显的话，那么其在词汇上的影响则是巨大的。西语词汇当中大约有 8%，也就是大约 4,000 个单词来自阿拉伯语，用西班牙著名语法家拉贝萨[1]的话来说，至少到 16 世纪，阿拉伯语是继拉丁语之后西班

---

[1] 拉法埃尔·拉贝萨（Rafael Lapesa, 1908—2001），西班牙语哲学家、西班牙皇家语言学院成员，其代表作为《西班牙语语言史》(Historia de la lengua española)。

牙语最重要的词汇来源，它们涵盖了几乎所有的人类活动领域。

比如在农业方面，我们常接触到的有aceituna（油橄榄），alcachofa（洋蓟），alfalfa（紫花苜蓿），azúcar（蔗糖），algodón（棉花）等。

在战争方面，有adalid（胜利者，冠军），atalaya（瞭望塔），alcazaba（堡垒），adarga（盾牌），alférez（少尉）等。

在行政管理上，有alcalde（市长），arancel（关税），aduana（海关），tarifa（利率），almoneda（竞拍）等。

在石匠工程方面，有albañil（泥瓦匠），azotea（屋顶），alcoba（壁龛），azulejo（瓷砖）等。

而在衣着方面则有jubón（紧身坎肩），zaragüelles（马裤），babuchas（拖鞋）等。

地名

阿拉伯语留下的另一个显著影响体现在地名上。在伊比利亚半岛上，无论是穆斯林当初统治的地区，还是西北部及高原地区，都有数不胜数的地名源于阿语，而且大部分的命名是对这些地方的描述，如Algarbe（西部的，阿语algarb），La Mancha（高地，阿语mandza），Alcalá（城堡，阿语alqalat），Medina（城市，阿语madinat），Rápita（军事修道院，阿语ribat），Iznajar（堡垒之地，阿语hisn）。

还有一些地名是合成词，如阿语中的wadi是西语中的río（河流）之意，于是有了合成地名Guadalquivir（大河，río grande），Guadalén（河源，río de la fuente），Guadalajara（石头之河，río de las piedras）。

以人名来命名的情况也非常之多，如Medinaceli（塞林的城市，ciudad de Selim）、Calatayud（阿玉伯的城堡，castillo de Ayub）等，还可以见到很多含Beni-的地名，源于阿语中的ibn，意思是某某人之子，如Benicasim（卡西姆之子，hijo de Casim）。

还有一些是阿语和西语的混合搭配，如Guadalcanal（水渠之河，río del canal）、Guadalupe（狼之河，río del lobo）。有时则是在西语词根上加了阿语的冠词al-，比如Almonaster就是阿语定冠词加上拉丁语词monasterium，而Alpuente亦是阿语定冠词加上拉丁语词portellum的结果。

另一个现象是一些阿拉伯语方言所特有的，尤其在格拉纳达地区常见：元音a先过渡为e，之后再进一步演变成i，例如以下几个地名的演变：

Mārida > Mērida > Mérida

Bayyāsa > Bayyēsa > Baeza
Ŷayyān > Ŷayyēn > Jaén

第四节　卡斯蒂利亚王国的崛起

一、卡斯蒂利亚语的雏形

说到卡斯蒂利亚语（castellano）的形成和发展，免不得要提到卡斯蒂利亚王国的历史。然而，卡斯蒂利亚王国的诞生，在不少历史学家、科学家和语言学家看来，都带着神秘的传奇色彩。关于其起源，不仅没人能给出确凿证据，而且通常带有猜测和假设成分。卡斯蒂利亚从一块伯爵领地，逐步发展壮大，并主导光复运动（Reconquista），驱逐了摩尔人（los moros），实现对外扩张，最终成长为雄霸世界的卡斯蒂利亚王国。这段饱含血泪的民族抗争史也使得卡斯蒂利亚语——这种充满活力和生机的罗曼斯语——得以从伊比利亚半岛众多方言当中脱颖而出，并流传至今，展示出顽强的发展势头及源源不断的生命力。

多个王国并存下的卡斯蒂利亚蓄势待发

关于卡斯蒂利亚王国诞生初期的文字记载非常少，只能说大致可以追溯到公元8世纪后半叶。当时伊比利亚半岛上存在着多个势力相当的王国，比如阿斯图里亚斯（Asturias）、莱昂（León）、阿拉贡（Aragón）等，卡斯蒂利亚只不过是北方的一小块领地，其大多数人口是未被罗马化的赛尔梯贝里亚人，此外，他们也并没有过多受到西哥特生活和政治方式的影响，这些居民像斗士一样拥有强烈的自由和独立意识。值得一提的是，除了赛尔梯贝里亚人，还有一群来自半岛南部的少数民族，他们在驱逐摩尔人的光复运动中流亡到了坎塔布里亚（Cantabria）山脉北部，并在卡斯蒂利亚定居下来。

因屡受摩尔人的进犯，卡斯蒂利亚建起了许多防御堡垒，这些堡垒（castillo）后来也演变成了卡斯蒂利亚伯爵领地以及后来的王国的名称——卡斯蒂利亚（Castilla）。当时科尔多瓦（Córdoba）酋长国控制着整个伊比利亚半岛，但是仅限于军事上的控制，并未显示出坚定的占领或长期驻守的意图，正因如此，基督教光复运动才得以向南挺进。光复运动一直持续了数个世纪，遭遇过无数次失败，但仍能不断重新积聚力量，卷土重来。

在卡斯蒂利亚争取独立和自由的漫长岁月里，费尔南·冈萨雷斯伯爵[①]在卡斯蒂利亚人民心中留下了不可磨灭的印记。在其统治时期，卡斯蒂利亚尽管形式上依附于莱昂王国，但事实上已取得独立，其伯爵头衔获得世袭权，因此，这是卡斯蒂利亚王国迈向独立和统一的开端。待费尔南多一世（Fernando Ⅰ）继位后，卡斯蒂利亚方成为真正的独立王国。

卡斯蒂利亚语早期情况

光复运动进展如火如荼的同时，多个基督教王国并存，因此伊比利亚半岛上同时存在多个方言，它们均源于通俗拉丁语，带有罗曼斯语成分，主要有加利西亚—葡萄牙语（gallego-portugués）、阿斯图尔—莱昂语（astur-leonés）、纳瓦拉—阿拉贡语（navarro-aragonés）、加泰罗尼亚语（catalán）、卡斯蒂利亚语等。其中，卡斯蒂利亚语是位于东北部的布尔戈斯的方言，布尔戈斯与坎塔布里亚及巴斯克地区相连。公元10世纪卡斯蒂利亚依附于莱昂王国，并一度成为抵抗南部摩尔人入侵的屏障。卡斯蒂利亚地处偏僻的内陆山区，交通不便，与外界交流甚少，并未太多受罗马及西哥特文化影响，因此在政治、风俗和语言等方面，都体现出了强烈的革新意识，卡斯蒂利亚语也较其他方言更具有鲜明的特性。

卡斯蒂利亚语在蓬勃发展之际，也不可避免地受到其他语言的影响。一方面，在光复运动的驱使下，莫萨拉贝人不断向北逃亡，于是在不知不觉中他们把阿拉伯语中的某些成分带到了卡斯蒂利亚。穆斯林占领西班牙南部长达八个世纪之久，因此阿拉伯语在卡斯蒂利亚语的形成过程中留下了深刻的印记，尤其是带去了大量阿拉伯语词汇。另一方面，巴斯克语也对该时期的卡斯蒂利亚语产生了重大影响，并集中体现在卡斯蒂利亚语的发音和语法构成上，原因有二：其一，卡斯蒂利亚地区本身就位于受到巴斯克语影响的地区，大致分布在坎塔布里亚及莱昂北部，再加上随着卡斯蒂利亚领地的不断扩张，逐渐进入巴斯克地区，于是自然而然地接受了巴斯克语的一些语言习惯；其二，由于以f开头的单词发音很困难，很多由f开头的拉丁语词汇被送气音取代，在书写上变为以h开头，但送气音随着时间的推移，却渐渐变成了不发音。

总而言之，卡斯蒂利亚语在形成初期体现了两方面的特征：第一，具备许多独特之处和革新能力，因此与其他同时期的罗曼斯语分离开来，自成一家。第二，从其他

[①] 费尔南·冈萨雷斯（Fernán González，910—970），931—970年为卡斯蒂利亚伯爵，为取得该地区的统一和独立做出了重要贡献。

语言中积极吸收词汇和其他语言成分。

二、走向成熟的卡斯蒂利亚语

人们常说，文学是语言的艺术。文学的本质是人与现实的审美关系，但这里所谓的"现实"是通过语言的折射获得的，因此人与现实的审美关系在相当程度上就是人与语言的审美关系，文学的审美在相当程度上是通过对语言的审美实现的。[①] 从卡斯蒂利亚语早期文学发展来看，大部分作品的表现形式是诗歌，公元10世纪修道院开始用卡斯蒂利亚语为拉丁语经文加注解（glosa），11世纪时街头盛行的游唱诗（mester de juglaría）、记功诗（cantar de gesta），到后来又出现了学士诗（mester de clerecía）。除叙事诗外，还出现了戏剧和骑士小说（novela caballeresca）。卡斯蒂利亚语从口头形式逐渐演变出书面形式，并在此基础上发展起多种文学形式，语言日益成熟，后劲十足，蓄势待发。

最早的书面形式——经文注解

随着卡斯蒂利亚地区的不断壮大以及光复运动的顺利推展，卡斯蒂利亚语的发展也开启了新的篇章。公元10世纪，卡斯蒂利亚语从一种简单的方言变成了一种真正具有书写形式的语言。在圣米扬修道院（San Millán de la Cogolla）发现的经文注解（Glosas emilianenses）以及在圣多明戈修道院（Santo Domingo de Silos）发现的经文注解（Glosas silenses），标注在书页的边缘处，为方便修道士们在查阅拉丁文经书时参照对应的卡斯蒂利亚语，从而更好地理解经书内容。这种用早期卡斯蒂利亚语写成的经文注解在1000年后被人们当作卡斯蒂利亚语起源的证据和标志。

记功诗《熙德之歌》

《熙德之歌》是一部伟大的记功史诗，在卡斯蒂利亚语的发展史上有着里程碑式的重大意义。它和《真爱之书》（Libro de buen amor）以及《塞莱斯蒂娜》（La Celestina）并称16世纪前西班牙文学艺术方面的三部巅峰之作。这部记功史诗的主人公，原名罗德里戈（Rodrigo），但被称作"熙德"（Cid），这是阿拉伯语中对男子的尊称。他并非虚构人物，而是历史上真实存在的卡斯蒂利亚民族英雄。《熙德之歌》讲述的正是在卡斯蒂利亚领袖罗德里戈的带领下，人民英勇抗击摩尔人的振奋人心的历史。诗中体现了卡斯蒂利亚地区强烈的民族意识和民族特性。下面对比一下第一部分原文节选

[①] 李海林：《关于语言与文学关系的理论思考》，《语文建设》2006年第1期。

及对应的现代西班牙语,这部分描写了罗德里戈从故土维瓦尔被驱逐时的痛心和悲愤:

原文:

De los sos ojos tan fuertemente llorando
tornaba la cabeça i estábalos cantando,
vio puertas abiertas e uços sin cañados,
alcándaras vazias sin pielles e sin mantos
e sin falcones e sin adtores mudados.
Sospiró mío Cid, ca mucho habié grandes cuidados.
Fabló mío Cid bien e tan mesurado:
"¡Grado a ti, Señor Padre, que estás en alto!
Esto me han vuolto mios enemigos malos."

现代西班牙语:

Los ojos de Mío Cid mucho llanto van llorando
hacia atrás vuelve la vista y se quedaba mirándolos,
vio como estaban las puertas abiertas y sin candados,
vacías quedan las perchas ni con pieles ni con mantos
sin halcones de cazar ni azores mudados.
Mío Cid suspiró, pues tenía grandes tristezas.
Y habló, como siempre habla, tan justo tan mesurado:
"¡Bendito seas, Dios mío, Padre que estás en lo alto!
Contra mí tramaron esto mis enemigos malvados."

学士诗代表人物冈萨罗·德·贝尔赛奥

冈萨罗·德·贝尔赛奥(Gonzalo de Berceo,1198—1264)是早期学士诗的代表人物,也是西班牙历史上第一位署名诗人。他将卡斯蒂利亚语从里奥哈(La Rioja)方言中提纯出来,为此还从拉丁语中引入部分词汇,并借助传统的口头文学及游唱诗表现出来。

贝尔赛奥的著作大多是关于宗教主题的叙述和教导类诗歌,基本上是以圣徒传记为主。他撰写了《斯洛斯的圣多明戈》(*Vida de Santo Domingo de Silos*)、《克哥亚的圣米扬》(*Vida de San Millán*)和《圣女奥里亚》(*Poema de Santa Oria*)三部圣徒传,《圣母的奇迹》(*Milagros de Nuestra Señora*)和《圣母在耶稣受难日哭泣》(*Duelo que fizo la Virgen*)两部圣母颂。其中《圣母的奇迹》是最具代表性的作品,内容取自欧洲中世纪广为流传的有关圣母玛利亚奇迹的拉丁文集,但是作者注入了鲜明的个人色彩,其风格简朴、明快、亲切,已经完全卡斯蒂利亚本土化。

三、卡斯蒂利亚语的繁荣时期

在卡斯蒂利亚语的发展历程中,首屈一指的功臣当属智者阿方索十世(Alfonso X, el sabio, 1221—1284)。他不仅在历史、天文、诗歌等方面颇有建树,留下了以卡斯蒂利亚语书写的作品,而且还在规范卡斯蒂利亚语方面做出了许多努力,另外,他还积极组织翻译工作。他在诸多方面所取得的一系列成就,大大推动了卡斯蒂利亚语的发展,并且使其脱胎换骨,焕然一新。

文化上的贡献

历史方面，在阿方索十世监督之下，两部历史巨著《通史》(General estoria，取材自《圣经》及其他希腊罗马神话故事)和《西班牙历史》(Estoria de España)借鉴其他编年史家的作品，主要讲述在卡斯蒂利亚国王阿方索八世之前伊比利亚半岛的历史变迁。这两部作品均用卡斯蒂利亚语写成，阿方索十世的主要目的是为了让读者了解他所理解的历史的真实面貌，也就是说，他认为，人们应该认识历史，并从中吸取经验和教训。另外，在这两部作品中，还可以看到希伯来语(hebreo)的痕迹以及它对基督教传统的重要意义，就和希腊语一样。

天文方面，阿方索十世悲天悯人，认为天文学与人们的生活息息相关，因此他对此也投入了大量的精力。其天文学著作是那些被称为《天文知识丛书》(Libros del Saber de Astronomía)的书，这些书大部分从希腊语和阿拉伯语翻译过来。值得一提的是，这些天文书不仅涉及天文学，同时还大力宣扬上帝的美德和奇迹，从中也可以看出阿方索十世对占星术和占卜的浓厚兴趣。

诗歌方面，他用当时盛行的诗歌语言——加利西亚语(gallego)，写成了420首名为《圣母玛利亚赞歌》(Cantigas de Santa María)的诗，这些诗歌的表达方式极为复杂，但却有着清晰的叙事风格。其内容均与圣母玛利亚有关，但又不仅为宗教题材的诗歌。

语言上的贡献

在《西班牙语的历时分析和语法历史》一书中，作者提出了以下观点："一种标准化语言需要满足三个条件：一套统一的正字法规则；一套超越一切语言变化的词形及句法规则；一套适用于所有说话者的有效的词汇规则。(13世纪前)伊比利亚半岛上各种由拉丁语演变而来的方言没能满足上述规则中的任何一条。但是在阿方索十世进行一系列举措后，卡斯蒂利亚语开始有了规则的书写系统，有了可以满足任何需要的有效的句法规则，以及在各个层面上都适用的一整套词汇。"[1]

阿方索十世给卡斯蒂利亚语制定了一系列标准和规范，语音方面，他把拉丁语中的十个元音缩减为五个元音，并对罗曼斯语中的二重元音和后缀进行修改，但对辅音则没有进行过多更改；语法方面，针对新出现的语音，阿方索十世也尽量做到精简和

---

[1] M. T. Echenique Elizondo, M. J. Martínez Alcalde, *Diacronía y gramática histórica de la lengua española*, Valencia: Tirant Humanidades, 2011, p. 66.

规范。

通过阿方索十世的语言规则改革，卡斯蒂利亚语的句法更加精细和有序，词汇也更丰富，因为改革后的词汇表建立在几种语言之上，除了卡斯蒂利亚语，还有阿拉伯语和拉丁语。但遗憾的是，他未能编写出一本完整而具体的正字法图书。

翻译上的贡献

阿方索十世花了很多精力招揽翻译人才，建立翻译学校。当时他在西班牙设立了四所翻译学校，分别位于托莱多、塞维利亚（Sevilla）、穆尔西亚（Murcia）和布尔戈斯。建立学校的举措体现了他对翻译事业的高度重视，并意在培养专业的翻译人才。从这些翻译学校毕业的人才，翻译了很多阿拉伯语、拉丁语及希伯来语著作。

此外，他还在王宫里组织强大的翻译小组，翻译过程分为两个阶段：挑选和翻译阶段，由阿方索十世选出需要翻译的部分，然后让翻译人员把著作翻译成西班牙语；整理和汇编阶段，由专人把翻译好的资料重新编排，并把这些译文再分成不同的章节，加上对应的标题，并连贯成书。

阿方索十世所做的工作大大提升了卡斯蒂利亚语的重要性及语言地位，并对后世子孙继承前人文化遗产有着不可忽略的影响。卡斯蒂利亚语之所以得以不断发展及完善，与阿方索十世的种种贡献密不可分。他将王宫变成了西班牙的文化中心，使13世纪的西班牙成为当时欧洲文化最发达的国家之一，对后世西班牙社会、经济的繁荣发展产生了深远的影响。

第二章　西班牙语的成熟与壮大（1492年前后）

第一节　1492年大事件

一、天主教王国

　　阿拉伯人入侵伊比利亚半岛时，半岛的部分地区顽强不屈，而阿拉伯人亦掉以轻心，殊不知正是这些地区，后来渐渐形成了零星的天主教（catolicismo）王国，例如阿斯图里亚斯、加利西亚、卡斯蒂利亚、莱昂、纳瓦拉、阿拉贡等等。这些天主教王国与阿拉伯人进行了长达八个世纪的拉锯战，期盼收复伊比利亚半岛，但因其内部时有争权夺势的争斗，在数百年间都没能形成一个详细、明确的计划。另一头的柏柏尔人则因不满阿拉伯人统治，时有动乱发生，不断削减阿拉伯人的势力。

　　卡斯蒂利亚王国于1037年由费尔南多一世建立，他自称"西班牙国王"，并通过联姻，扩大所属土国范围，接着，他号召半岛天主教王国及民众联合起来进行光复运动，驱逐穆斯林。1085年，其子阿方索六世成功收复了重镇托莱多，给阿拉伯人以极大震撼。不久，北非的穆斯林来援，双方战事陷入长期僵局。13世纪初，在教皇的斡旋下，半岛各天主教王国结成同盟，在卡斯蒂利亚国王阿方索八世统一指挥下，取得了托洛萨之战（Batalla de Las Navas de Tolosa）的胜利，这是在伊比利亚半岛上，天主教王国对伊斯兰教王国取得的除格拉纳达战役外最重要的历史性胜利，天主教重新在西班牙获得了支配权。随后的光复运动进行得如火如荼，至1265年，除格拉纳达的摩尔王国以及向西一直延伸到加的斯的一连串港口外，其余的半岛地区已悉数为天主教收回。此后，光复再度陷入停顿。其间，卡斯蒂利亚王国忙于整顿内政，并不时陷入内战；阿拉贡王国关心的是其海外利益；而葡萄牙人的兴趣根本不在半岛上，他们已经把目光投向了大西洋。

二、光复运动

天主教的光复运动终于在15世纪中叶看到了胜利的曙光。1474年伊莎贝尔（Isabel）继承卡斯蒂利亚王国王位，其夫费尔南多（Fernando）于1479年登上了阿拉贡王国的王位（二人已于1469年结婚），从此，国王夫妇对两个王国实行联合统治，尽管这种联合还只是名义上的，二人也被后人称为"天主教双王"（Reyes Católicos）。合并后的国力大增，统一西班牙的事业被提到了日程上来。

1485年，费尔南多率兵亲征。其作战计划的首个目标是占领马拉加和阿尔梅利亚（Almería），目的是切断格拉纳达与非洲的联系。为此，费尔南多没有采用直取马拉加的策略，而是首先占领马尔贝拉（Marbella），以此作为海军舰队活动和补给的基地。

1485年5月，费尔南多统帅领西班牙军队开始了清扫马尔贝拉外围的战斗：他首先命令炮兵对被其围攻的罗达进行猛烈炮击，罗达不久便被炮火夷为平地；接着，西班牙军队对马尔贝拉实施夹攻，迫其献城投降；此后又依次攻陷数座城池，完成整个作战计划的前部分，此时马拉加已处于陆、海两面重重包围之中。马拉加民众约为一万一千至一万五千人，守城部队则有数千将士之多，其中绝大多数是非洲最精锐部队成员。马拉加城由坚固的城墙环绕，城中还有一个堡垒，可以用火力控制四周的城墙。从马拉加城的工事构筑情况来看，其防御设施能力还是比较强的。

费尔南多指挥部队抢修围城工事，同时命令海军舰队封锁港口。工兵部队为炮兵赶修通道，另有一部兵力火速搬运炮弹。总攻前的战备工作正在忙忙碌碌进行中，此时费尔南多又请来了伊莎贝尔女王，伊莎贝尔女王如圣女般降临，大大地激励了全军士气，将士们勇气倍增。

守城的阿拉伯将领拒绝了费尔南多劝降，并多次派出小股部队出击，袭扰围城部队，但这些行动都被费尔南多一一瓦解。费尔南多几乎天天下令轰城，但是随着时间的推移，弹药逐渐耗尽，于是他决定攻城。此时，马拉加城内的情况也在不断恶化，大量难民涌入，物资保障难以为继，许多人饿死，更有一些人逃往西班牙方，以求生路。在这极端困难和恐怖的气氛中，阿拉伯将领将下令守备部队撤退，并派出由民众领袖组成的谈判团，求见费尔南多，协商议和事宜。然而，由于此前阿拉伯方已两次断然拒绝费尔南多的招降，且此时马拉加城已唾手可得，因此，尽管谈判团再三求见，费尔南多均不予理睬。无奈之下，阿拉伯将领于1487年8月18日开城投降。此役，费尔南多基本没有耗费过多精力便达到了目的，他倍感欣慰和满足，便带兵回科尔多瓦过冬去了。

时间过得飞快，冬去春来，费尔南多再次命令做好备战工作，并于1488年6月挥师直取阿尔梅利亚，但由于该城防守严密，未能很快奏效。一年后，即1489年5月，费尔南多又率领八万步兵以及一万五千名骑兵，对巴查进行了长时间的围攻。即使是寒冬的到来，也没有迫使费尔南多班师回朝；相反，费尔南多命令大军修建了许多茅舍，摆出了一副准备长期围战、不达目的誓不罢休的架势。与此同时，全军的后勤物资保障由伊莎贝尔女王亲自负责，成效显著。此间曾爆发瘟疫，但由于卫生勤务保障到位，天主教全军没受多大影响。而巴查城却在力尽援竭、四面楚歌下，于12月4日交出城池投降。

马拉加和巴查的相继失守，使阿拉伯人丧失了对抗的最后勇气，遂决定向费尔南多彻底投降。费尔南多立即派兵占据了阿尔梅利亚。此时，费尔南多面临的最后一着棋，便是夺取格拉纳达。

从1490年春天起，费尔南多即指挥部队，着手摧毁格拉纳达城西的肥沃平原，这项工作一直持续至深秋。西班牙军队把格拉纳达城外围的二十四座小镇及多个村落夷为平地，并将所有粮食和牲畜抢掠一空，这样，就等于完全断绝了格拉纳达的物资供应。

1491年4月，费尔南多率领八万将士来到格拉纳达护城墙下扎营结寨，决心长期围困，实现作战计划的最终目的。此情此景，格拉纳达人危在旦夕，要么城池沦陷，要么饿死、困死。守城的将领请求议和。10月5日，双方达成协议，休战七十天，并开始谈判。一个半月过去了，11月25日，双方达成第二个协议，内容是：格拉纳达城在六十天内自动投降，并交出全部武装及要塞；费尔南多则保证保留其财产、法律、宗教及风俗习惯，并由格拉纳达现有官吏统治该城，而这些官吏则接受西班牙国王委派的总督的管制。

1492年1月2日，格拉纳达城投降。城门洞开，费尔南多手持巨型银质十字架，率领大军浩浩荡荡开进格拉纳达城。光复运动至此完成，从而结束穆斯林在西欧的统治，长达七个世纪的收复失地运动也宣告结束。为了共同庆祝这一具有重大历史意义的光辉胜利，当时整个欧洲几乎所有的天主教堂都在同一时间钟鼓齐鸣，大肆庆祝。

西班牙就这样终于实现了统一，建立起了统一的天主教王国，也为其日后建立世界霸权奠定了基础。

三、哥伦布发现新大陆

光复运动后,天主教双王希望尽快从长年战争中恢复过来,并不断增强国力,因此他们想到了从东方引进更多资源和财富。而哥伦布的出现恰好让他们看到了希望。

克里斯托弗·哥伦布(Cristóbal Colón, 1451—1506),1451年出生于意大利热那亚(Génova),自幼热爱航海冒险。他读过《马可·波罗游记》,十分向往印度和中国。当时,地圆说已经很盛行,哥伦布也对此深信不疑。他认为,经大西洋一路西行,就一定能到达东方。但哥伦布自己并没有财力、人力和船只来实现航行。于是他先后向葡萄牙、西班牙、英国、法国等国国王请求资助,实现他向西航行到达东方国家的计划,但均被拒。一方面,地圆说理论尚不完备,许多人不相信,把哥伦布看成江湖骗子。一次,在西班牙讨论哥伦布计划的专门审查委员会上,一位委员问哥伦布,即使地球是圆的,向西航行可以到达东方,回到出发港,那么有一段航行必然是从地球下面向上爬坡,对于帆船怎么能爬上来的问题,滔滔不绝、口若悬河的哥伦布也只有语塞。另一方面,当时西方国家对东方物质财富需求,除传统的丝绸、瓷器、茶叶外,最重要的是香料和黄金,其中香料更是欧洲人生活起居和饮食烹调必不可少的,需求量很大,而欧洲本身又不生产。当时,这些商品主要经传统的海陆联运商路运输。经营这些商品的既得利益集团也极力反对哥伦布开辟新航路的计划。哥伦布为实现自己的计划,四处游说了十几年。

1485年他终于等来了天主教国王费尔南多和伊莎贝尔的接待,然而此时正专注于收复格拉纳达的天主教双王,并无法分出精力和心思去仔细考虑哥伦布的建议。直到六年后,哥伦布才终于获得他们的支持,开启梦寐以求的东方之旅。

1492年4月17日,哥伦布与西班牙天主教双王签订了协议。协议中约定,哥伦布将成为其发现的新大陆的上将及总督,且为其后人世袭;海军部亦将给予他对船只及船员的调遣权;另外,他还会分到从东方获得财产的十分之一。与此同时,哥伦布需要履行的职责是:使新大陆上的居民屈服于西班牙的统治,传播天主教,等等。

于是1492年的8月3日,哥伦布带着87名水手,驾驶着"平特"号(la Pinta)、"宁雅"号(la Niña)以及"圣玛利亚"号(Santa María)三艘大帆船(carabela),离开了西班牙的巴罗斯港(Palos de la Frontera),向西航行。这是人类航海史上的一次壮举,在这之前,尚无人横渡过大西洋,人们也无法预知前方是何处。之后整整两个月里,舰队一直漂浮在一望无际得令人绝望的大海上,似乎再也见不到岸边。船员们开始躁动不安，有些人甚至威胁要杀死哥伦布。哥伦布不得不许诺，三日内不能靠岸，便折返西班牙。10月11日，哥伦布看见海上漂来一根芦苇，高兴得跳了起来！有芦苇，说明陆地就在附近！

果然，11日夜里10点多，哥伦布发现前面有隐隐约约的火光。12日，天刚拂晓，一声喊叫"是大陆！"叫醒了所有船员，大家兴奋不已，集体欢呼。哥伦布认为这是亚洲的一个岛屿，而实际上他们来到的是如今美洲的巴哈马群岛（archipiélago de Las Bahamas），哥伦布将它命名为圣·萨尔瓦多（San Salvador），意思是"救世主"。

其实，哥伦布并不是第一个发现美洲的人，在这之前，印第安人早已遍布南北美洲，成为美洲大陆上的主人。哥伦布也不是第一个到达美洲的欧洲人，早在10—14世纪间，就有不少勇敢的斯堪的纳维亚人到过美洲。不过，由于这些航行并没有导致美洲与世界其他地方的经常联系，也没有形成新的地理概念，所以都不能算是"发现"。只有哥伦布的这次航行，打破了西半球的隔离状态。

哥伦布是第一个从热带、亚热带海域横渡并往返大西洋两岸的人，是第一个航抵发现美洲加勒比海主要岛屿的人。他首先发现了南美大陆北部和中美地峡，为发现西半球的两个大陆，北美洲（Norteamérica）和南美洲（Sudamérica）奠定了基础。

哥伦布的航行与发现，向欧洲殖民者与探险家们吹响了第一声号角，掀起了纷纷加入新大陆之旅的浪潮，从而开启了人类全球化的进程，西班牙、葡萄牙、意大利、德国、英国以及荷兰等国探险家的足迹很快踏遍整个新大陆。追随哥伦布足迹的麦哲伦（Fernando de Magallanes, 1480—1521）率领的船队于1522年9月7日完成绕地球一周的航行，证明了地球是圆的，美洲为另一个大陆。

虽然哥伦布的航行客观上促进了世界一体化和各种文化的相互交流，但哥伦布等人并不是作为和平使者来到美洲，而是作为殖民主义者和征服者的急先锋来美洲寻找和掠夺财富。所以，他们的到来，对美洲印第安人文明是一场巨大的灾难和浩劫。哥伦布与其同时代的其他基督徒一样，认为不信奉基督教的一切民族没有天然权利，因此可以采取最坚决的手段迫使他们皈依基督教，如其冥顽不化，则可采取最严厉的手段加以处罚，哥伦布在海地（Haiti）就是这样做的。到了1496年，也就是哥伦布来到海地的第四个年头，海地的土著泰诺人（los taínos）就从30万人锐减到20万人，有些人是被驱赶而累死、病死的，有些则为西班牙殖民者屠杀。

但是，哥伦布这一创时代的举动带给人类社会和文明的影响，无疑在人类历史上占有举足轻重的地位，尽管在往后的每一历史时代对其评价都有所不同，但他开创新时代的影响是不容置疑的。他的远航是大航海时代的开端。新航路的开辟，改变了世界历史的进程，使海外贸易的路线由地中海转移到大西洋沿岸。从此，西方终于走出了中世纪的黑暗，开始以不可阻挡之势崛起于世界，并在之后的几个世纪里，成就海上霸业。

而就语言来说，哥伦布发现新大陆，让西班牙语传播到了美洲并成为其使用最广泛的语言，在今天的拉丁美洲（Latinoamérica/América Latina）大陆上，十九个国家和地区以西班牙语为母语。

哥伦布一行发现美洲的10月12日被定为西班牙国庆日（día nacional）以及西班牙语国家的共同节日，西班牙语世界日（día de la Hispanidad）。

第二节　15世纪后西班牙宗教法庭及其影响

一、宗教法庭的起源与在西班牙的发展

宗教法庭（Inquisición），又称"宗教裁判所"，指的是天主教会为镇压异端分子而设立的侦查和审判机构。在中世纪，一旦被宗教法庭裁定为异端，大多数情况下，轻则严刑拷打，重则死刑。宗教法庭始建于1184年的法国南部，其目的是对付及铲除卡特里派（Cátara）和阿尔比派（Albigense）。阿拉贡王国在1249年也建起了宗教法庭，后来随着与卡斯蒂利亚王国的合并，该法庭更名为西班牙宗教法庭（Inquisición española），直接听命于天主教双王。宗教法庭对国内犹太人（los judíos）和摩尔人进行长达四个世纪的审讯和迫害，因他们中大部分人表面皈依天主教，暗地里却依然进行自己教派的活动。此外，行巫术的人及新教徒也是宗教法庭孜孜不倦进行迫害的对象。这场旷日持久的大规模宗教清洗行动，改变了成千上万人的命运，同时也促使西班牙一步步成为强劲的基督教大国。

宗教法庭的起源

最初，异教徒会被教会开除教籍以示惩戒。公元4世纪罗马皇帝将基督教定为国教时，异教徒被视作国家公敌。1184年为铲除卡特里派异端而建立的主教宗教法庭（Inquisición episcopal），是中世纪宗教法庭的最早形式。主教们开始参与到铲除异教徒的活动中，积极开展审判和惩治工作。但好景不长，由于没有相对集中的权力体

系，仅仅由各地主教自由开展，因此打击异教徒的工作很分散，成效也不显著。1231年，教皇格列高利九世设立教皇宗教法庭（Inquisición pontífica），直属教皇，不归世俗当局或地方教会管辖。教皇宗教法庭主要在法国南部及意大利北部成效显著，并且从1249年起在阿拉贡王国也开始发挥作用。

西班牙宗教法庭的成立与发展

15世纪后半叶西班牙大部分领土仍然被阿拉伯人占领，南部大片地区更是居住着为数众多的穆斯林。在一些大城市，如塞维利亚、巴亚多利德（Valladolid）、托莱多和巴塞罗那则有相当数量的犹太人，他们大多集中居住在犹太人区（judería）。中世纪很长一段时期，基督教徒、犹太人和穆斯林和平共处，相安无事。

然而，15世纪末开始掀起了仇视犹太人的浪潮，很多犹太人被杀害，犹太人区被捣毁。这场浩劫预示了还将有更多的不幸等待这些居住在西班牙的犹太人，其中之一便是被强制皈依基督教。此前，少有犹太人皈依基督教，但自15世纪起，皈依基督教的犹太人（los judeoconversos）作为新兴社会团体，开始登上历史舞台。他们借助与生俱来的非凡智慧，在西班牙社会赢得一席之地，他们中有一部分人甚至在西班牙王室中担任要职，如费尔南多国王的医生安德烈斯·拉古纳和弗朗西斯科·洛佩兹·比亚罗伯斯，银行家路易斯·德·桑塔赫尔（Luis de Santágel）和加布列尔·桑切斯（Gabriel Sánchez），值得一提的是，这两位银行家资助了哥伦布的新大陆之旅。还有一些犹太人被封为贵族。然而树大招风，这些新兴的新基督教徒被旧基督徒视作眼中钉，欲除之而后快。

关于天主教双王为何要引进宗教法庭，研究者看法不一，但大部分人认同以下几种观点：宗教大一统，天主教双王急于建立一套行之有效的国家机器，而宗教法庭为国王直接接管宗教提供了便利，从此国王不再需要依赖教皇，就可直接管理本国宗教事务；削弱地方政治势力，阿拉贡地区甚至援引地方法律，反对西班牙宗教法庭；消灭皈依基督教的犹太人；费尔南多国王的宫廷里有不少皈依基督教的犹太人，他们甚至担任重职；充公犹太人的巨额财富。

宗教法庭在西班牙的兴起和衰落

为了发现并铲除假意皈依基督教的犹太人，天主教双王向教皇提出了把宗教法庭引入卡斯蒂利亚的请求。1478年11月1日教皇颁布训谕，设立西班牙宗教法庭，旨在维护西班牙基督教正统地位。宗教法庭由双王直接管辖，审判官也由其直接任命。

起初，宗教法庭只在南部的塞维利亚和科尔多瓦发挥主要作用，因为这两地聚居了很多后来皈依基督教的犹太人。之后，其影响逐渐扩展到卡斯蒂利亚地区其他城镇，到1492年已经在八座城市设立法庭：阿维拉（Ávila）、科尔多瓦、哈恩（Jaén）、坎波（Medina del Campo）、塞戈维亚（Segovia）、席昆沙（Sigüenza）、托莱多及巴亚多利德。然而，费尔南多国王所在的阿拉贡地区，宗教法庭的工作进展并不那么顺利。他没有任命新的审判官，而是基本延续之前教皇宗教法庭。此外，阿拉贡地区居民对宗教法庭表示出极大的不满，教皇也披露当时法庭审判过程中出现的一些冤假错案。

1483年，教皇颁布训谕，任命托尔奎玛达（Torquemada）为宗教法庭总裁判长，管辖阿拉贡、瓦伦西亚和加泰罗尼亚地区。自此，宗教法庭成为西班牙各个王国唯一的权力机构，并逐渐成为维护国家政权的有效机器。1478年西班牙宗教法庭成立之时到1530年，是宗教迫害最严重的时期，1530—1560年相对平静，1588年后的十年又是新一轮迫害高潮。宗教法庭主要迫害皈依基督教的犹太人、莫里斯科人（los moriscos）、巫师（brujos）和女巫（brujas）以及新教徒（protestantes）。值得一提的是1516年卡洛斯一世[①]继位后，宗教法庭并未因君主更替而改变往日的狂暴作风，只不过不再专门打击虚假的基督徒，而是转向对付新教徒，因为很多新教徒是犹太人。宗教法庭在1808年拿破仑占领期间被废除过，1813年通过的西班牙第一部宪法中有提到废除宗教法庭的条款，然而一直到了1834年，宗教法庭才真正最终退出历史舞台。

二、西班牙犹太人的风雨历程

居住在西班牙的犹太人历史悠久，一枚公元前7世纪的腓尼基戒指上篆刻有古希伯来文，足以证明那时犹太人已经居住在伊比利亚半岛。罗马人统治期间，犹太人口大幅增长，包括罗马攫获的犹太奴隶。犹太人自古便以精明著称，尤其在经商上更拥有超凡智慧，正因如此，西班牙犹太人一度获得王室重用，担任重职。然而好景不长，他们在1492年遭到天主教双王驱逐后，流散到世界各地。

1492年前西班牙的犹太人

早在西哥特人占领西班牙之时，犹太人就已经遭遇了第一次迫害。他们被主流社会孤立和隔离，于是渐渐形成了自己的犹太人居住区。从711年起，整个伊比利亚半

[①] 卡洛斯一世（Carlos I，1500—1558），在西班牙称卡洛斯一世，同时又是神圣罗马帝国的查理五世。

岛的犹太人居住区在数量和区域上都有很大程度的增长，这与当时统治伊比利亚半岛的穆斯林施行的政策有很大关系。穆斯林在宗教问题上很包容，犹太人得以在半岛上平静度日。安达卢斯的犹太人规模最大、最有组织、在文化上最领先，欧洲其他国家及地区的犹太人也来到了安达卢斯，不断壮大该地犹太人队伍，这其中的很多犹太人学会了阿拉伯语，并在政府中担任要职，或是在金融界和商界占据重要位置。由于伊斯兰教和基督教都禁止教徒参与和金钱有关的活动，认为这是不敬神的表现，因此犹太人几乎包揽了经济方面的全部工作职位。有了强大的经济基础做后盾，犹太人在文化领域取得了半岛上有史以来最辉煌的成就。我们在医学、天文学、数学、哲学、宗教和艺术等方面都可以看到犹太人的研究成果。

然而，犹太人的悲剧才刚拉开帷幕。其卓越的经济头脑、灿烂的文化成果以及在宫廷中受到的礼遇，遭到了来自四面八方的嫉妒和敌视，尤其是基督教徒。他们甚至指控犹太人在井里下毒、绑架幼童以及通过勾结贵族，把民众变为犹太教徒。于是，在犹太人居住区会时不时地发生暴力或屠杀事件，有时甚至把居住在城市里的犹太人驱逐出去。

为了保证宗教的大一统，天主教双王登基后便设立了宗教法庭，其第一任总裁判长托尔奎玛达极度仇恨犹太人，多次向天主教双王提出把犹太人驱除出境。让·德科拉[1]在《西班牙史》一书提到这一段历史："斐迪南和伊莎贝尔[2]忘不了在阿拉伯人入侵时，犹太人所起的灾害性作用。他们无视犹太人对西班牙文明所做的无与伦比的贡献，有多少医生、科学家、哲学家是犹太人呀！现在只把犹太人看作摩尔人先前的盟友。由托尔奎玛达补充的天主教徒国王的敕令，给予犹太人三个月宽限，离开西班牙。他们在马马虎虎清理好事务之后，以小提琴手为先导，由犹太教教士伴随，最后一次走在西班牙的大路上，向南方海港进发。他们的后裔就是塞法丁人。"[3]

流散各地的塞法丁人

从西班牙离开的犹太人及其后人被称为塞法丁人（los sefardís），其具体人数不详。胡里奥·巴尔德恩·巴鲁克[4]根据最新的研究调查，认为当年流亡的塞法丁人数量在七万至十万人之间。他们大多逃到葡萄牙和摩洛哥，后来又跑到荷兰、北非、奥

---

[1] 让·德科拉（Jean Descola, 1909—1981），法国历史学家、记者、西班牙语言文学学者。
[2] 即天主教双王费尔南多和伊莎贝尔。
[3] 让·德科拉著，曾震湖译：《西班牙史》，北京：商务印书馆，2003年，第228页。
[4] 胡里奥·巴尔德恩·巴鲁克（Julio Valdeón Baruque, 1936—2009），西班牙历史学家。

斯曼帝国[1]等地。塞法丁人在新居住地同样遭到虐待和掠夺，甚至被自己人欺压，所以很多人选择回到西班牙皈依基督教。不过，有一部分流亡到北非和奥斯曼帝国的塞法丁人运气好些，尤其是在奥斯曼帝国落脚的塞法丁人受到了君主的礼遇。犹太人在奥斯曼帝国形成了四大居住区，但他们同时也分布在全国各地。在奥斯曼帝国他们因为甚少与当地人交流而更好地保留了古西班牙语。塞法丁人出色的生意头脑给他们带来了滚滚财富，社会地位也随之提高，不少人还进入奥斯曼帝国皇室担当要职。塞法丁人与奥斯曼帝国民众和平共处了400年。

除了上述国家和地区外，塞法丁人还流亡去了美国，大多数历史学家把1654年作为犹太人定居美国的开端。此后100多年里，大概有数千名犹太人从南美和欧洲移居美国。当时的北美殖民地也或多或少涌现出有反犹思潮，但是新大陆毕竟没有深厚的反犹基础，随着反犹主义影响受到抑制，犹太移民逐步获得了祖辈世世代代梦寐以求的宗教自由和政治权利。北美独立战争爆发后，犹太人为战争的最后胜利做出了巨大贡献。塞法丁人移居美国的潮流到19世纪初因欧洲大陆的拿破仑战争而逐步停止。第二次世界大战后，美国犹太人数量持续增长，因为战后欧洲没有再爆发历史上那种反犹狂潮。到20世纪90年代，美国犹太人总数已经超过了600万。[2]

以色列立国是犹太人历史上的划时代事件。近两千年来一直流亡他乡的犹太人终于又成为国家的主人。以色列是一个移民国，也是多民族聚居国。那里的犹太人大多是来自西亚及北非的塞法丁人，还有来自欧美的阿兹肯纳齐犹太人，还有埃塞俄比亚犹太人、也门犹太人和来自苏联的俄国犹太人。由于历史、传统、语言、宗教、习俗各不相同，各民族、宗教群体间不断发生碰撞和冲突，这需要通过主流文化的发展来促进不同群体之间的互相融合。

三、犹太—西班牙语

被天主教双王驱逐的大部分犹太人在历尽变故后，最终在奥斯曼帝国安定下来。凭借出色的商业头脑，他们迅速站稳脚跟，并形成了数个犹太人核心聚居点。无论是定居在奥斯曼帝国，还是流亡至他国，犹太人都趋向于保留传统。在他们口中仍可以

---

[1] 奥斯曼帝国（Imperio Otomano）是1299年土耳其人建立的一个帝国，极盛时期横跨欧亚非三大洲。消灭东罗马帝国后，定都君士坦丁堡，并改名伊斯坦布尔。因无法抵挡近代化欧洲国家的冲击，于19世纪初趋向没落，后经历第一次世界大战的失败和凯末尔起义，奥斯曼帝国最终于1922年覆灭。
[2] 潘光、陈超南、余建华：《犹太文明》，福州：福建教育出版社，2008年，第230—236页。

听出伊比利亚半岛当年的罗曼斯语及其他的古代口语表达。西班牙语在塞法丁社区中依旧活跃，在新大陆的一些社区甚至都有西班牙语的痕迹。起初，来自西班牙不同地区的塞法丁人会分开活动，他们也保持着各自的语言在发音和词汇方面的差异，但是他们的语言还是可以被大家理解的。

中世纪时期的犹太—西班牙语（judeo-español）由于宗教原因及希伯来传统，其所属的团体具有限制性特点。犹太人居住区留下的文献显示，在一些基督教卷宗里，发现源自闪米特语的用法，还有在卡斯蒂利亚语中夹杂希伯来语的语态。此外，1920年亚美利科·卡斯特罗[①]曾听塞法丁人说"雪"（nieve）这个词为nicf，而这种说法是阿方索十世在位期间或者说是伊塔大司铎[②]时代的卡斯蒂利亚语。

此外，犹太—西班牙语在《圣经》（la Biblia）中的用语措辞和口语大相径庭，在《圣经》中使用的是一种杂交语。为了使原文不失希伯来语的韵味，书中所选用的西班牙语单词都尽量模仿希伯来语的语义、句式及句法，以至于那些没有接触过希伯来语但会说西班牙语的人都看不懂。这不是一种粗陋的翻译，而是尽最大可能忠于原文的神圣。

除此之外，犹太—西班牙语还有一个显著的特点就是其古词语的使用。有人指出，导致这一现象的原因是：在天主教双王下驱逐令的前一个世纪，犹太人就因遭到屠杀而开始流亡。在犹太—西班牙语的语法中还有一些古用法，比如把命令式和代词连写时进行换位，构成另一个词：将quitadle写成quitalde。逃去葡萄牙的犹太人在当地定居后，又不可避免地受到葡萄牙语的影响。

除了继承古语传统外，犹太—西班牙语也在不断创新，这在发音上尤为明显。在漫长的流亡岁月里，兼收并蓄其他多个语言，如土耳其语、希腊语、罗马尼亚语、阿拉伯语等。在今天的犹太—西班牙语中还可以发现丰富的法语及意大利语词汇。然而一些移民到美国的犹太人为了尽快融入新环境，往往忘记了自己原来的语言。不过，庆幸的是以色列正在做出积极的努力，在一种称为"新希伯来语"（neo-hebreo）的基础上为犹太人"量身打造"自己的专属语言。

---

① 亚美利科·卡斯特罗（Américo Castro，1885—1972），西班牙语言学家、西班牙文化历史学家、著名的塞万提斯研究者。
② 伊塔大司铎（Arcipreste de Hita，约1283—1350），本名为胡安·鲁伊斯（Juan Ruiz），一生放荡不羁，安于享乐，代表作为狱中所作的《真爱之书》。

第三节　美洲殖民初期的西班牙语

一、殖民前社会状况

殖民前的美洲社会状况

在西班牙人到达美洲前，即15世纪末，美洲生活着几百万土著居民，其社会结构有游牧族（nómada）、部落（tribu）、领地（señorío）、城邦国（estado）以及军事帝国（imperio militarista）。

从地理及文化角度来看，当时的美洲分为三大块：其一，部落美洲（América tribal）：北美三分之一的土地及南美南部三分之一的土地属于部落美洲；其二，核心美洲（América nuclear）：这部分美洲主要集中在美洲两大文明的集聚点，即中美洲（Centroamérica/América central）及安第斯山（los Andes）中部地区；其三，中美洲及环加勒比海（Circuncaribe）地区：主要指安第斯山北部地区、下中美洲及加勒比海（el Caribe）地区。

三大文明：玛雅文明、阿兹特克文明和印加文明

玛雅（Maya）文明形成于公元前1000—前400年，覆盖了中美洲东南部，即墨西哥的尤卡坦（Yucatán）半岛、恰帕斯州、塔巴斯科州及伯利兹和危地马拉大部分地区。直到今天，这里还居住着玛雅族的分支如尤卡坦族（los yucatecos）、伊察族（los itzás）、基切族（los quichés）、卡智盖尔族（los cakchiquels）及其他中美洲民族。这些讲玛雅族语言的民族显示出了其语言在数千年风雨中强大的适应性和韧劲。

玛雅文明是阶级社会，政体是城邦国家。各城邦间主要进行贸易和经济往来，商品的流通意味着交通便利、人员流动和文化思想交流。

玛雅人（los mayas）的建筑水平高超，他们建有各种功能性建筑，如球场、庙宇、金字塔、住宅、水利工程、交通设施等。最具代表性的当属奇琴·伊察（Chichen Itzá）金字塔。此外玛雅人的观星台也很特别，这在其他文明中是不多见的。玛雅人的绘画和雕刻水准也首屈一指，在许多宫廷和庙宇中，都可以看到他们留下的痕迹，记录了当时人们的生活和社会活动。玛雅人具有丰富的天文学知识，在数学和文字方面也颇有造诣。

玛雅文明晚期，即公元1200—1500年，在其文明中心的尤卡坦半岛上出现了数个

城邦国，它们为争夺势力范围连年混战，一直持续至西班牙人到来之时。1500年前后，玛雅文明归于沉寂。

墨西哥及中美洲部分地区，古代是阿兹特克人（los aztecas）活动的区域。好战的阿兹特克族12世纪中来到此地，在与其他民族交战取胜后，于1430年占领了该地区。

西班牙人征服美洲之始，阿兹特克的首府设在特诺奇蒂特兰（Tenochtitlán），即今天的墨西哥城（Ciudad de México）。特诺奇蒂特兰的社会结构类似一个军事联盟，其盟主是由部落议事选举产生的大酋长。它是个多民族融合之城，社会等级森严，由贵族与平民组成。贵族是统治者，平民阶层由农民、商人等组成。阿兹特克人尚武，连年征战，信仰万物为灵的多神教。虽然阿兹特克人好战，但他们也很重视文化的发展。在其疆域内设有学堂，教授知识，传授法律观念，并用道德规范约束人们的举止行为。他们在天文历法、植物、药学方面也颇有成就。西班牙人到来之时，尚处在发展阶段的特诺奇蒂特兰遭受灭顶之灾，金字塔被毁，典籍被焚，艺术品被破坏，金银财宝被劫掠一空。1521年，灿烂的阿兹特克文明毁于一旦。

1438年在安第斯山中部形成了历史上最伟大的帝国之一——印加帝国（Imperio incaico），其在克丘亚语（quechua）中的名称是Tawantinsuyu，"四方之地"或"四地之盟"之意，首府是库斯科（Cuzco）。印加帝国在短短一个世纪里，便从今天的哥伦比亚南部扩张到今天的智利中部，疆土扩大了整整4000平方公里，势力范围从秘鲁沿海及山区一直延伸至整个安第斯山中部，包括太平洋沿岸地区、山区和森林，即今天的厄瓜多尔以及玻利维亚部分地区、阿根廷北部和智利北部。

这是一个真正的帝国：有印加王，经济、行政区域受国家中央集权控制，有官方语言——克丘亚语。印加帝国的政治制度严密完善，其中央集权制保证了全国的政治、经济、军事、社会生活和宗教活动都由印加王和中央政府掌控。此外，帝国的行政建制划分明确，整个国家分为四个苏约（suyo），每个苏约下设若干瓦马尼（wamani），底下再细分若干级，直到最基层的建制——村落。印加人喜欢逢山开路、遇水架桥，以保证中央政权的政令畅通，军队出征顺达，同时也确保经济流通，信息无阻，以保证国家统一。

印加人（los incas）的科技与文化成就非常突出，特别体现在建筑、冶金、医学、天文历法等各个方面。如今闻名于世的古文化瑰宝——马丘比丘（Machu Pichu）便是印加巨石建筑的代表。

印加社会的经济基础是农业，其特点是土地所有制的集中性和水利工程的应用。境内的土地均为印加王所有，此外无私产。他们从事畜牧业，政府还拨出土地专门用于放牧，饲养骆马和羊驼。

值得一提的是印加人发明的一套结绳记事法——基普（quipu）：在一根长长的横线上系上许多细绳，纵向下垂、颜色不同、长短各异，以离横线不同的距离处打结，代表不同的数字和实物。

然而，帝国辽阔的疆域也给管理和交流以及文化和语言上的统一带来了巨大困难，王室内部斗争也一直持续不断，西班牙征服者弗朗西斯科·皮萨罗[①]到来之际，印加王瓦伊纳·卡帕克（Huayna Capac）的两个儿子瓦斯卡尔（Huascar）和阿塔瓦尔帕（Atahualpa）之间爆发了一场争斗。印加文明仅存在了100多年，是众印第安文明中寿命最短的，1533年印加王阿塔瓦尔帕遇害，帝国灭亡，印加文明结束。

二、美洲土著语言的过去与现在

美洲主要土著语言

哥伦布到达美洲前，美洲的语言种类之繁多让人叹为观止。迄今为止，无论从语法还是语音来看，美洲依然是世界上语言分布最多、最分散的地区。

阿兹特克人说的是纳瓦特尔语（nahuátl），在西班牙人到来之前，主要流行于特诺奇蒂特兰城。如今使用这门语言的人口仅在墨西哥就有170万，其他人口分布在危地马拉和圣萨尔瓦多。

基切语（quiché）是玛雅人的语言。如今流行于墨西哥南部、危地马拉和洪都拉斯。危地马拉约有7%的人口（约100万人）会说基切语，为该国仅次于西班牙语使用族群最广泛的语言。

说到美洲南部，如今仍广为人知的语言有克丘亚语、艾玛拉语（aimara）、瓜拉尼语（guaraní）和阿劳科语（araucano）。

克丘亚语是印加帝国的官方语言。哥伦布到来前的克丘亚语主要流行于哥伦比亚南部、厄瓜多尔、秘鲁、玻利维亚、阿根廷西北部，直至智利中部。如今，克丘亚语的使用者从哥伦比亚南部，延伸至厄瓜多尔、秘鲁、玻利维亚。以各种克丘亚语为第一语言的使用人口总计有960万人，使用各种克丘亚语的人口总计有1400万。克丘亚

[①] 弗朗西斯科·皮萨罗（Francisco Pizarro, 1475—1541），西班牙贵族、冒险家、秘鲁印加帝国的征服者。他开启了西班牙征服南美洲的时代，也是秘鲁首都利马的建立者。

语是厄瓜多尔、秘鲁和玻利维亚的官方语言。

艾玛拉语主要集中在玻利维亚和秘鲁，使用人口300万。

哥伦布到来前的阿劳科人主要聚居在智利中部及沿海地区，以及阿根廷中部和西部，在克丘亚语中，阿劳科人又称为马普切人（los mapuches），即"大地之人"，他们讲阿劳科语。如今，阿劳科语流行于南美南部，在拉潘帕草原（la Pampa）和巴塔哥尼亚高原（Patagonia）地区以及智利。马普切语使用者的人数，因研究方式不同而有所差异，且不同群体认可不同的研究成果。2008年发表的某些文章认为马普切语有70万的使用者。其他报告则认为马普切语有约240万名使用者，其中约20万人生活在智利中部谷地，而有约4万人生活在阿根廷数个省份；这些人中，有约15万人经常使用马普切语。

哥伦布到来前的瓜拉尼语流行于阿根廷东部和东北部、巴拉圭、巴西和玻利维亚部分地区，如今，这些地区尚有很多人讲这门语言。瓜拉尼语是巴拉圭和玻利维亚的官方语言，有专门研究瓜拉尼语的语言学院，瓜拉尼人称自己的语言为珍贵的语言或男人的语言，此外，瓜拉尼语又衍生出多个方言。据1995年的统计，瓜拉尼语的使用人口约485万。

美洲土著语言的文学

在欧洲人到达美洲之前，美洲早已存在口头或文字形式的文学作品，这些印第安文学，主要流传于玛雅、阿兹特克和印加三大文明区域。除了口头流传的神话故事、诗歌外，还有玛雅人用象形文字记述的史诗和类似编年史的记载。西班牙人的到来摧毁了很多典籍，流传至今的只剩玛雅—基切人的《波波尔·乌》（*Popol Vuh*）和《契兰巴兰之书》（*Chilam Balam*）。

《波波尔·乌》是一部用基切文字符号记录下来的手抄本式英雄史诗，大约出现于16世纪。书中收集了玛雅—基切人的许多神话传说，讲述了部落的起源和发展历程。18世纪初，多明我会（Orden de Santo Domingo）的传教士弗朗西斯科·希梅内斯（Francisco Jiménez）把原著翻译成西班牙文并做了整理。作品问世后引起轰动，甚至有人将它与荷马史诗《伊利亚特》相提并论。

《契兰巴兰之书》大约由玛雅—基切人撰写于17世纪，是一部综合各种知识的文集。其原始资料是印第安人世代相传的古诗，内容十分广泛，除了本民族宗教信仰和礼仪外，还包括历史、民俗、天文、医药等知识，是古代玛雅人智慧的结晶。

三、西班牙语在美洲的演变

西班牙语被殖民者带到美洲后，在不同地区由于受不同土著语言的影响，发生了不同的演变。同样，这些演变也受到各地文化水平的影响。因此，拉普拉塔河（Río de la Plata）流域西班牙语的发展是不能与高度文明的玛雅人、阿兹特克人以及印加人所在区域相比的。

同样，西班牙语在美洲的演变，也与来自西班牙不同地区的征服者有着密切关系。美洲西班牙语与伊比利亚半岛的卡斯蒂利亚语并无巨大区别，其主要特点在西班牙的四个自治区都可以找到：加那利群岛（Islas Canarias）、安达卢西亚、加利西亚（Galicia）以及埃斯特雷马杜拉（Extremadura）。这是因为早期的征服者主要来自这些地区，如贡萨洛·希梅内斯（Gonzalo Jiménez）和阿尔瓦·努涅斯（Álvar Núñez）来自安达卢西亚，弗朗西斯科·皮萨罗、埃尔南·科尔特斯[1]、弗朗西斯科·德·奥雷亚纳（Francisco de Orellana）及埃尔南多·德·索托（Hernando de Soto）均来自埃斯特雷马杜拉。

征服美洲后最初的居民主要来自安达卢西亚和加那利群岛。因此这两个地方的西班牙语与美洲的西班牙语，尤其与安第斯地区的西班牙语有很大相似之处。此外，19世纪和20世纪加利西亚人大量移民至安第斯地区，墨西哥和阿根廷以及意大利人移民至委内瑞拉和阿根廷都不可避免地给这些地区的西班牙语注入了加里西亚语及意大利语的元素。

比如在美洲西班牙语中经常会出现重读位移：国家"país"会发成"páis"；玉米"maíz"会发成"máiz"。这一现象在安达卢西亚方言中尤为普遍，于是该特征随安达卢西亚人进入美洲后，被带到美洲的西班牙语中。1519年左右安达卢西亚人占所有进入美洲的西班牙人及葡萄牙人总数的60%。此外，很多美洲人将c和z发成[s]音（seseo），把ll发成[y]（yeísmo），r和l发音不分等，这些现象在15世纪末的安达卢西亚及加那利群岛十分普遍。

---

[1] 埃尔南·科尔特斯（Hernán Cortés, 1485—1547），著名的新大陆征服者，生于西班牙，听说墨西哥的一些城市黄金和珠宝遍地，遂于1519年带领一支探险队入侵墨西哥，征服阿兹特克人，并在墨西哥城传播天主教。

四、土著语言对于西班牙语的影响

哥伦布在发现新大陆的旅行中带有翻译，他本人也懂得地中海语言，而翻译则懂亚洲各地语言。但当他们到达萨尔瓦多岛时，却发现当地印第安人根本不懂翻译讲的任何一种语言。于是，被抓的五个土著人随船到达圣多明戈（Santo Domingo）时，被丢入大海。

两周后，一些随船来到古巴的海地印第安人掌握了一些西班牙语词汇。他们发现，古巴人的语言与他们海地的语言有相通之处，后来他们更发现，萨尔瓦多的语言和古巴及海地的语言都有相似，这便是泰诺语（taíno）。尽管如今泰诺语没有留下任何踪迹，但是它对美洲西班牙语影响之大超过墨西哥的纳瓦特尔语和秘鲁的克丘亚语。泰诺语是西班牙人来到美洲后掌握的第一种土著语言，西班牙人将泰诺语中一些指称西班牙没有的物体的名称的词汇引入了西班牙语，于是，在西班牙语中第一次出现了土著词汇，如 maíz（玉米）、canoa（独木舟）、tabaco（烟草）等。泰诺语不过是美洲众多土著语言中微不足道的一个，因此，如果要细数西班牙语中源自美洲语言的词汇的话，便会发现，其远比源自阿拉伯语的词汇要多。

土著语言对于西班牙语最初的影响仅限于征服者不认识的植物、动物或物体的名称。所以在今天，我们在美洲西班牙语中看到很多常用词汇，在西班牙却不太使用，如 guajira（古巴乡村民歌；男衬衣）、chacra（农庄）、choclo（嫩玉米穗）等。更有趣的是许多在西班牙使用的词汇到了美洲却发生了语音或语义上的变化：在西班牙录音机被称作"grabadora"，但在美洲却被称作"magnetofón"；停车场在西班牙是"aparcamiento"，在美洲却是"estacionamiento"。值得一提的是，西班牙语中相当一部分动植物名称源自墨西哥的纳瓦特尔语。

此外，如今美洲各国间的西班牙语甚至比西班牙本土的要统一，这要归功于19世纪美洲推行的政治建设、扫盲运动以及教育普及，这些举措不但推动美洲西班牙语的统一，而且使其书面西班牙语一直与西班牙本土保持高度一致。

特别值得一提的是西班牙语在美洲生成的克里奥约语（criollo）。这是混合了多种不同语言词汇，有时也掺杂一些其他语言文法的一种语言，也称为混成语或混合语。克里奥尔语由皮钦语（pidjin）演变而来，在操不同语言的人混居的地方，为了方便人们之间的沟通，进而发展出一种称之为"洋泾浜"式的交流方式。而这种沟通方式通常没有文法可言，而若这些操不同语言的人因为种种原因而长期定居，他们的子女在缺乏可供参考的文法的情况下而进行语言石化①过程，自行将皮钦语加上文法，产生克里奥约语。在说西语的美洲国家中，尤其是在加勒比地区，有很多说克里奥约语的移民，他们的这种语言源于欧洲和非洲语言的交互影响。这些移民大多是美洲黑奴的后代，讲欧洲语言（主要有英语、法语和葡萄牙语）与非洲语言混杂的语言，这种混杂语产生于这些国家在对非洲进行殖民统治的时期。

在美洲，西班牙语影响下产生的克里奥约语主要有：

哥伦比亚的帕伦克语（palenquero）：1989年统计近有2500名使用者。他们主要居住在一些逃亡的非洲黑奴和部分印第安人居住的地方，因此，他们说的语言实际上由西班牙语和非洲语言混杂而成。

巴拉圭及阿根廷北部的霍巴拉语（jopará）：这是一门西班牙语与瓜拉尼语相混杂的语言。1992年，巴拉圭教育部规定要教授正规的瓜拉尼语，以示与霍巴拉语区别。

帕皮亚门托语（papiamento）：使用这门语言的人口达到359,000人，主要集中在靠近委内瑞拉的库腊索岛、博内尔岛、阿鲁巴岛以及部分荷属地区。这门语言在书写上类似西班牙语，主要是因为上述这些地区与委内瑞拉联系频繁。但是归根到底，这是一门由葡萄牙语衍生的克里奥约语，实际上它受到葡萄牙语、荷兰语和犹太—西班牙语的影响。犹太人在光复运动后被逐出西班牙，逃亡到荷兰并从荷兰流亡到库腊索岛，因此西班牙语便不可避免地对帕皮亚门托语产生影响。

与葡萄牙语、英语、法语或荷兰语相比，西班牙语所产生的克里奥约语要少得多，这主要是因为16世纪初葡萄牙、英国、法国和荷兰在非洲西海岸建立了许多工厂或进行殖民统治，相比较而言，西班牙到了19世纪末才进驻非洲，而彼时，欧非混杂的克里奥约语早已形成。

另一个观点认为西班牙语的克里奥约语较少，是因为西班牙语使用者一直保持尽量讲规范化语言的传统。在圣多明戈讲的是西班牙语，而在海地讲的却是克里奥尔语而非法语。这要归功于美洲各地人们努力讲正确西班牙语的习惯，这大大促进了美洲西班牙语的统一。在西班牙，努力讲正确的西班牙语，成为人们性格中的一部分，讲正确西班牙语也是美洲领主们的必修课，如果没把单词的发音发正确，不但会招来他人的嘲笑，说话者本人也倍感羞愧。

---

① 语言石化，指在第二语言和外语教学中，一个时时会出现的过程。在这个过程中，不正确的语言特征成为一个人说或写一门语言的方式的不变的部分。

西班牙是一个多样化的国家，然而它却是欧洲方言种类最少的国家，相比之下，法国、葡萄牙和意大利有更多的方言。讲正确的语言一直是西班牙文化不可或缺的一部分，在美洲对语言正确的关注和追求又更为显著。人们对不正确语言的敏感度几乎达到了病态的程度，因此，讲不好西班牙语往往会成为别人嘲笑的对象。西班牙语在传入美洲的过程中，本身正经历着其最关键的发展变化——经历音韵上的变化并逐步蜕变为现代西班牙语。

第四节 内夫里哈和《卡斯蒂利亚语语法》

一、安东尼奥·德·内夫里哈

安东尼奥·德·内夫里哈（Antonio de Nebrija, 1441—1522），西班牙语言学家、历史学家、教育家、语法学家、天文学家和诗人，同时也是西班牙文艺复兴时期最伟大的人文主义学者。1492年，内夫里哈出版了第一部西班牙语语法书——《卡斯蒂利亚语语法》（Gramática castellana）[1]，同年，编纂了《拉丁语—西班牙语词典》，1494年左右，又编纂了《西班牙语—拉丁语词汇》。因此，内夫里哈在西班牙语语言史上占有非常重要的地位。

安东尼奥·德·内夫里哈生平

1441年，内夫里哈出生于安达卢西亚地区塞维利亚的莱夫里哈（Lebrija）。15岁时，内夫里哈来到萨拉曼卡大学学习修辞与语法，四年后，19岁的内夫里哈顺利毕业，来到了意大利。[2] 1463年3月2日，内夫里哈获得了科尔多瓦教区奖学金，开始在博洛尼亚圣克莱蒙特学院学习神学。随后，他又在博洛尼亚大学求学十年，修读了拉丁语、希腊语、希伯来语、医学、法律、宇宙志、数学、地理、历史以及语法。博学的内夫里哈从意大利刚刚萌芽的人文主义（humanismo）思潮中贪婪地汲取养分，并于1470年回到西班牙，致力于在民众中推广人文主义。

1470—1473年间，应塞维利亚大主教的邀请，内夫里哈前往位于塞维利亚大教堂的格拉纳达祈祷室讲学。1475年，内夫里哈转到萨拉曼卡大学教授修辞与语法，并决心对西班牙的拉丁语教学进行改革。他在1481年出版的《拉丁语导论》（Introductio-

---

[1] 也称为 Gramática de la lengua castellana 或 Gramática sobre la lengua castellana。
[2] 内夫里哈在1494年出版的《西班牙语—拉丁语词汇》中写道："因此我在19岁的时候去了意大利。"

nes latinae），作为教材一直沿用至19世纪。《拉丁语导论》的成功极大地鼓舞了内夫里哈，在塞维利亚红衣主教的支持下，内夫里哈暂停一切教学工作，专心创作。1492年，内夫里哈出版了著名的《卡斯蒂利亚语语法》，他本人也因此永载史册。

1502年，内夫里哈以拉丁语学者身份参与了红衣主教西斯内罗斯（Cisneros）发起的《康普鲁顿合参本圣经》（Biblia Políglota Complutense）的编纂工作，负责修订《合参本》中拉丁语《武加大译本》（Vulgata）。然而，由于和参与编纂的神学家意见相左，内夫里哈最后放弃了此项工作。

内夫里哈在萨拉曼卡大学执教期间，作为修辞学教研室主任，曾因抨击同事教学缺乏科学性而与其进行论战。这些同事因此与内夫里哈结怨，并想方设法要把内夫里哈赶出萨拉曼卡大学。最后，内夫里哈不堪其扰，决定离开萨拉曼卡，动身前往塞维利亚。但是，内夫里哈在安达卢西亚待了还不到一年，1513年西斯内罗斯便重新邀请他到新建的阿尔卡拉大学担任修辞学教授。

1522年7月5日，内夫里哈在阿尔卡拉·德·埃纳雷斯（Alcalá de Henares）与世长辞。

姓名的由来

内夫里哈本名为安东尼奥·马丁内斯·德·卡拉·伊·哈拉纳（Antonio Martínez de Cala y Xarans），其中安东尼奥是名，马丁内斯·德·卡拉是父姓，哈拉纳为母姓。

我们今天所熟知的安东尼奥·德·内夫里哈是他在1470年从意大利回国后为自己取的拉丁名字 Aelius Antonius Nebrissensis 的西班牙语版，全名为埃里奥·安东尼奥·德·内夫里哈（Elio Antonio de Nebrija）。"埃里奥"不是随意选的，而是内夫里哈想以此向当年攻克贝缇卡的罗马将领埃里奥致敬，当年的贝缇卡包括内夫里哈的家乡，塞维利亚的莱夫里哈。同时，为了纪念自己的家乡，他又把"莱夫里哈"[①]作为自己的姓氏。

因此，内夫里哈也被称为安东尼奥·德·莱夫里哈。

主要著作

《拉丁语导论》（1481）

《卡斯蒂利亚语语法》（1492）

[①] 莱夫里哈旧时的拉丁语名为 Nebrissa。

《拉丁语—西班牙语词典》(Diccionario español-latino, 1492)

《西班牙语—拉丁语词汇》(Vocabulario español-latino, 1494)

《西班牙语正字法规则》(Reglas de ortografía española, 1517)

《卡斯蒂利亚语正字法规则》(Reglas de ortografía en la lengua castellana, 1523)

二、《卡斯蒂利亚语语法》——首部西班牙语语法著作

卡斯蒂利亚王国在收复失地的过程中不断壮大，随着疆域向南推进，语言也在新收复的土地上推广。由于各地社会文化条件不尽相同，因此卡斯蒂利亚语在各地传播的情况不平衡，存在不同的发音、词法和句法；在已经确立的语法规则中，有的相互交叉，有的甚至前后矛盾，语法的功能和形式不够明确；句子结构排列和词序方面各地的用法不一致；书面语缺乏稳定性，口语也没有统一的章法；当人们使用卡斯蒂利亚语进行交流或翻译时，都会遇到不少的语法难题。然而正是这些困难和问题激励了学者去创造更加科学的新规则，以便尽快稳定不断变化中的语言，因此卡斯蒂利亚语成了众人关注及研究的对象。

1485年，西班牙阿维拉城主教阿隆索·德·塔拉威拉（Alonso de Talavera）在陪同伊莎贝尔女王参观内夫里哈任教的萨拉曼卡大学时，向内夫里哈提出了撰写卡斯蒂利亚语语法的建议。

于是，内夫里哈将分散的语言现象总结归纳成系统的语法规则，撰写出第一部西班牙语语法书《卡斯蒂利亚语语法》。他明确指出，在词法形态和句法结构上卡斯蒂利亚语已具有自己的体系，因此不应当再与拉丁语语法混为一谈。[1]

1492年8月18日，内夫里哈的《卡斯蒂利亚语语法》问世。

内夫里哈编著《卡斯蒂利亚语语法》的目的

内夫里哈在呈献给伊莎贝尔女王的样本序言中，详细地道出他撰写该语法书的目的：

首先，他希望借该书把卡斯蒂利亚语的语言规则系统地确定下来，维护语言的统一与稳定，使其像希腊语和拉丁语一样，任岁月流逝，时代变迁，仍旧传承千秋万代。由此可见，内夫里哈热衷传承，渴望永恒，是纯粹的具有文艺复兴（Renacimien-

---

[1] Manuel Alvar, *Manual de dialectología hispánica: el español de España*, Barcelona: Ariel, 1996, p.83.

to）思想的学者。

其次，掌握卡斯蒂利亚语的语法规则有助于人们学习拉丁语。卡斯蒂利亚语属于罗曼斯语族，由通俗拉丁语演变而来。拉丁语在罗马帝国时期已经发展为语法严谨的语言。而卡斯蒂利亚语在词法和句法上都继承自拉丁语，因此，如果掌握了卡斯蒂利亚语的语法，再进一步学习拉丁语将变得更加容易。

最后，内夫里哈坚信"语言一向是帝国的伴侣"[1]，注定将陪伴帝国一起成长、壮大、繁荣乃至消亡。卡斯蒂利亚王国的不断壮大使内夫里哈看到卡斯蒂利亚语的重要性。因此，他在《卡斯蒂利亚语语法》的序言中补充道："当我在萨拉曼卡把此书样本呈给女王陛下，陛下问我此书何用时，尊敬的主教大人抢先回答说，自陛下将无数操离奇古怪语言的蛮人降服后，他们就得接受胜利者为他们制定的法律，与这些法律一起的还有我们的语言，而我这本语法就是让蛮人认识我们语言的最好教材，就像我们现在学习拉丁语语法是为了掌握拉丁语一样。这也是我编著此书的第三个目的。"[2] 这番话同时也道出了西班牙统治者此时需要一部卡斯蒂利亚语语法的心声。

内夫里哈的这些预言不久之后都成了事实：《卡斯蒂利亚语语法》问世的两个月后，即1492年10月12日，哥伦布到达美洲，新大陆的发现为卡斯蒂利亚语的传播开启了一片全新的广阔天地。

《卡斯蒂利亚语语法》的意义

内夫里哈的这部语法具有重大的历史意义。首先，作为卡斯蒂利亚语的首部完整语法，是西班牙全民共同语的语法标准，《卡斯蒂利亚语语法》不仅对卡斯蒂利亚语的稳定与统一起到积极作用，同时标志着西班牙语进入成熟期，为文学繁荣奠定了坚实的基础，而且伴随发现新大陆到来的国力强盛，也为人才辈出积累了丰厚的沃土，接下来西班牙进入了辉煌百余年的文学"黄金世纪"。

其次，内夫里哈的《卡斯蒂利亚语语法》是16世纪后美洲学校里印第安人和印欧混血种人学习西班牙语的最佳语法教材。因此，不少人把该书的问世誉为1492年西班牙王国第三件具有划时代意义的大事件。

《卡斯蒂利亚语语法》是内夫里哈最重要的著作，内夫里哈再没有哪部作品可以与之相提并论。它是首部强调一门地区语言重要性的书籍，也是第一本预见了这门偏

---

[1] 引自《卡斯蒂利亚语语法》序言。
[2] 同上。

隅于西班牙北部一角的地区语言，在未来帝国壮大过程中将扮演重要角色的经典著作。在该书之前，还没有人专门为当时的语言撰写过语法书，因为对中世纪的人们而言，只有伟大的拉丁语和希腊语才值得学习和研究，那些地方语言只为交流而设，无须刻意学习，更无须为其制定语法规则。

《卡斯蒂利亚语语法》的问世，确立了卡斯蒂利亚语语法规范，统一了书写形式。在拉丁语一统欧洲的局面消失后，开启了欧洲诸国研究本民族语言的先例，在此之前，还没有哪个欧洲民族的语言有自己的语法。继内夫里哈的《卡斯蒂利亚语语法》之后，一系列语法书如雨后春笋般在欧洲不断涌现，欧洲大陆各民族语言逐一觉醒，并进一步获得与拉丁语同样尊崇的地位。

第三章　西班牙语的扩张（16—17世纪）

第一节　哈布斯堡王朝时期的西班牙语

一、西班牙在欧洲的扩张

哈布斯堡王朝的建立

1469年，阿拉贡王国的费尔南多二世与卡斯蒂利亚的伊莎贝尔女王的婚礼使这两个王国合并到一起，西班牙最终形成一个统一的实体。1492年，天主教双王率领大军浩浩荡荡进入格拉纳达城，征服格拉纳达，宣告阿拉伯末代王朝的灭亡，天主教的光复运动以胜利告终。1512年，纳瓦拉王国的西班牙部分为卡斯蒂利亚合并，最终形成统一的现代西班牙的雏形。

1516年1月25日，费尔南多二世去世，其外孙、哈布斯堡王室（Casa de Habsburgo）的卡洛斯在佛兰德斯[①]贵族的劝告下，前往卡斯蒂利亚继承王位。1518年2月9日，卡斯蒂利亚王国议会在巴利亚多利德宣誓效忠于卡洛斯一世。卡洛斯一世登基后，其母胡安娜（Juana, la loca）把莱昂—卡斯蒂利亚、纳瓦拉、格拉纳达、北非等领地交给了他。同年5月9日，阿拉贡王国承认卡洛斯一世，这样，卡洛斯一世又成了阿拉贡王国君主，管辖加泰罗尼亚、瓦伦西亚、巴利阿里群岛、撒丁（Cerdeña）、那不勒斯（Nápoles）和西西里（Sicilia）等地。卡斯蒂利亚王国和阿拉贡王国第一次由同一个君主统治。卡洛斯一世即位标志着西班牙进入哈布斯堡王朝统治时期。

1519年1月12日，卡洛斯一世的祖父、神圣罗马帝国（Sagrado Imperio Romano）皇帝马克西米利安一世去世，卡洛斯一世又被定为神圣罗马帝国皇帝，1520年正式加冕，被称为查理五世（Carlos V）。1521—1544年，卡洛斯一世在意大利战争中打败法国，夺得米兰及其他地区。16世纪中，中南美洲均划归卡洛斯一世王朝版图。

[①] 佛兰德斯（Flandes），西欧的历史地名，泛指位于西欧低地西南部、北海沿岸的古代尼德兰南部地区，包括今比利时的东弗兰德省和西弗兰德省，法国的加来海峡省和诺尔省，荷兰的泽兰省。

为了确保西班牙在地中海的航行不受土耳其海盗的威胁，卡洛斯一世亲率大军征服了突尼斯及北非地中海沿岸。①这样，卡洛斯一世统治的西班牙成为一个地跨欧非美三洲的庞大帝国，号称"日不落帝国"（el imperio donde nunca se pone el sol）。

哈布斯堡王朝统治的近两个世纪是西班牙的全盛时期，其版图之大、实力之强在欧洲，乃至全世界首屈一指。

葡萄牙归属哈布斯堡王朝

1578年，费利佩二世②的外甥、葡萄牙国王塞巴斯蒂安在非洲作战身亡，由于国王死后无嗣，其叔父、红衣主教恩里克登基。但恩里克年迈多病，难理朝政。1580年1月，恩里克驾崩，作为王位继承人之一的费利佩二世，夺取葡萄牙王位的决心更加坚定。1580年，西班牙攻陷里斯本（Lisboa），次年兼并葡萄牙及其在非洲、亚洲、太平洋及大西洋的所有殖民地。费利佩二世使西班牙帝国的版图达到了空前的广阔。

葡萄牙虽然归属哈布斯堡王朝，失去了独立，但国家机构没有发生变化，仍享有自治权。费利佩二世仅要求葡萄牙对外服从于哈布斯堡外交政策，内政由葡萄牙议会独自处理。不过葡萄牙上层和广大民众对费利佩二世的占领和统治多有不满，并伺机反抗。但费利佩二世对少数族裔地区的反抗采取镇压与安抚并用的政策，加之当时葡萄牙贵族腐败无度，国家财政困难，不得不依靠费利佩二世来支撑国家的基本开支，因此费利佩二世在葡萄牙的统治基本是稳固的。

二、西班牙语在欧洲的拓展

卡斯蒂利亚语升级成为西班牙国语

卡斯蒂利亚王国在向外扩张的过程中，每征服一片土地，便通过传教士和士兵把西班牙语带到那里，使这种语言在新的环境里深深扎根。西班牙王室和教会认为，西班牙语必须成为被征服土地上的唯一语言，就像当年罗马人把拉丁语变成其所到之处的共同语言一样。

随着光复运动的胜利，天主教双王在欧洲建立了第一个民族国家。从此，卡斯蒂利亚语从一个地区性语言摇身变为西班牙的国语（lengua nacional），即西班牙语（es-

---

① 1574年土耳其占领突尼斯，西班牙在北非的势力范围基本消失。
② 费利佩二世（Felipe II，1527—1598），卡洛斯一世之子。费利佩二世一生结婚四次，1570年与其侄女、神圣罗马皇帝马克西米安二世的女儿安娜公主结婚，生费利佩三世。费利佩二世执政42年（1556—1598），在对外扩张中战功赫赫，但在内政上却碌碌无为。

pañol），语言地位发生了本质的变化。正如胡安·德·巴尔德斯在《语言的对话》（*Diálogo de la lengua*）一书中所说："卡斯蒂利亚语不仅在整个卡斯蒂利亚地区使用，而且在阿拉贡王国、在拥有安达卢西亚的穆尔西亚王国、在加利西亚、阿斯图里亚斯和纳瓦拉等地也都讲这种语言，甚至平民也都使用它，西班牙各地的贵族早就得心应手地掌握了卡斯蒂利亚语。"[1]

西班牙语在宫廷的流行

对西班牙语推崇备至的，当属卡洛斯一世本人。初到西班牙之时，卡洛斯一世带去了一批佛兰德斯谋士，但他对即将统治的臣民所使用的语言却一窍不通。西班牙为卡洛斯一世提供了最好的军队及无私的支持，这位国王当然也懂得感恩图报，于是，他开始学习西班牙语。

卡洛斯一世到西班牙之前已经掌握了多种语言，他可用意大利语和教皇交谈，与姑妈说话时则改成英语，同朋友在一起时有时讲德语，有时讲法语。当时有人请他对各种语言进行评价，他想了想说道："德语适合与马交谈，与女士们讲话最好讲意大利语，法语适用于外交场合，西班牙语则是一种与上帝沟通的语言。"卡洛斯把西班牙语称为与上帝沟通的语言，是因为他觉得这种语言让人感到庄重肃穆。

西班牙语的巨大魅力使卡洛斯一世深爱这种语言。在很多正式场合他既不说拉丁语也不讲法语，而是用西班牙语演说和交谈。在热那亚参议院的一次演说中，卡洛斯以下面这段话开场："虽然我可以用拉丁语、意大利语、法语以及德语演讲，我本人却更喜欢用西班牙语与你们交谈，因为这样所有人都能听得懂。"

1536年4月17日，卡洛斯一世拜会红衣主教，当时法国和其他国家外交使节均在场，但卡洛斯一世却一个劲儿地讲西班牙语："主教大人，请您见谅，您不能指望我不用西班牙语，因为这种高贵的语言，值得我们所有基督教徒掌握。"[2]

西班牙语对欧洲其他国家的影响

随着西班牙海外殖民地的建立，西班牙语的地位不断提高。卡洛斯一世继承的不仅仅是西班牙王位，而是一个跨三大洲、幅员辽阔的帝国。随着海外殖民帝国的建立，西班牙语跨出国界，以崭新的姿态走向世界，语言地位从西班牙的国语又迅速上升为国际语言。

---

[1] Juan de Valdés, *Diálogo de la lengua*, ed. de J. M. Lope Blanch, Madrid: Castalia, 1978, p. 148.
[2] Rafael Lapesa, *Historia de la lengua española*, Madrid: Editorial Gredos, S. A., 2008, p. 256.

西班牙成为当时欧洲最强大的国家，西班牙语也成了最热门、最时髦的语言，人们争相学习和使用。在意大利、法国或佛兰德斯，贵族及上流社会的先生、女士纷纷聘请家庭教师学习西班牙语。人们视讲西班牙语的人为高雅、潇洒及风度翩翩之士，甚至模仿西班牙人的生活方式和文化习惯，一时间，西班牙骑士风度、礼仪及价值观在意大利和法国迅速传播开来。

西班牙学者马努埃尔·穆尼奥斯认为，西班牙语具有下列几个优点，为其向外拓展创造了有利条件：

1. 语音和音位系统比罗马语族的其他语言更简单，法语有32个音素，意大利语和葡萄牙语都是25个，而西班牙语只有18个；元音和辅音的出现比例为2:3，元音发音准确，不存在模棱两可的现象；音标简单，发音规则容易掌握；语调富有变化，韵律优美，是一种生动美妙的语言。

2. 音和字具有高度的适切性。

3. 具有规则的、符合逻辑的词汇派生系统。

4. 词汇简单，词法及句法规则不太复杂，容易掌握。[①]

另一方面，当时用卡斯蒂利亚语写就的文学作品生机盎然，欣欣向荣，甚至母语为其他语言的文人学士也喜欢用卡斯蒂利亚语写作。

葡萄牙与西班牙一直关系密切，对葡萄牙人来说，卡斯蒂利亚语甚至不算一门外语。当时葡萄牙最杰出的古典主义作家，如萨·德·米兰达（Sá de Miranda）、路易斯·德·卡蒙斯（Luis de Camões）等人，都曾用葡萄牙语和卡斯蒂利亚语进行双语写作；还有一些作家，如蒙特马约尔（Montemayor），则几乎完全融入卡斯蒂利亚语文学世界。

西班牙语对欧洲其他国家语言的影响

西班牙对欧洲其他国家的影响存在于社会生活的方方面面，西班牙语也以文字的方式进入其他国家的语言中，当时欧洲许多国家印刷、出版了不少西班牙语词典和语法书。

反映西班牙民俗风情的词语首先进入欧洲各国语言中，意大利语、法语、英语、葡萄牙语和德语都引入了西班牙语的表达方式：

---

① M. Muñoz Cortés, "El español lengua internacional", en El español, lengua internacional (1492-1992), coord. por F. Gutiérrez Díez, Granada: AESLA, 1996, p. 22.

意大利语：disinvoltura（惬意）、sarabanda（萨拉班德舞）、morione（黑晶，烟晶）、gorra（帽子）、manteca（奶油）。

法语：fanfaron（爱吹牛的人）、sieste（午睡）、sarabande（萨拉班德舞）、morion（黑晶，烟晶）、basquine（巴斯克裙）、camarade（同志，同事）。

德语：siesta（午睡）、karavelle（三桅帆船）、alkoven（壁橱）。

还有一些美洲词语（americanismo），即美洲印第安土著居民使用的词，先被西班牙语吸收，然后再进入欧洲各国语言中。传入西班牙的大多是具有美洲特色的动植物及自然现象的词，如 batata（番薯）、caimán（凯门鳄）、canoa（独木舟）、hamaca（吊床）、huracán（飓风）、maíz（玉米）、patata（马铃薯）、tabaco（烟草）等。这些词后来又分别被欧洲主要语言吸收。如：

法语：batate, caiman, canot, hamac, ouragan, mais, patate, tabac

意大利：batata, caimano, canoa, amaca, furacano/uragano, mais, patata, tabacco

英语：potato, cayman, canoe, hammock, hurricane, maize, potato, tobacco

1580年，西班牙史学家卡布雷拉·德·科尔多瓦说："凡是太阳照到的地方，我们的语言人人皆知，是战无不胜的西班牙战旗把我们的语言指引到那里，未能如此拓展疆域的希腊人和罗马人应该对我们称羡不已。"

三、16—17世纪对卡斯蒂利亚语的研究

自内夫里哈出版《卡斯蒂利亚语语法》之后，对卡斯蒂利亚语的进一步研究也激起了许多人文主义学者的兴趣。在这一时期，为满足各国人民学习西班牙语的需求，出版了许多针对外国人教学的教材及双语词典。也有一些学者曾试图通过摆脱拉丁语语法的影响，来找出真正属于卡斯蒂利亚语的语法规则，有些学者也确实在这一过程中，发现一些真实存在的语法现象，但系统的语法规则却始终未被归纳成型。

然而，这并不妨碍这一时期语言研究的蓬勃发展，正如洛佩·布兰切所说："在黄金世纪，不仅文学闪耀着光芒，语言方面的研究也硕果累累，成绩斐然，甚至可以说，这个时期的语言研究是西班牙语言史上最重要、最生气勃勃、最富创造性的时期。"[1] 的确如此，这个时期的许多杰出人文主义学者都在语言研究与应用上做出过重要贡献。

---

[1] Juan Lope Blanch, *Estudios de historia lingüística hispánica*, Madrid: Arcos/ Libros, S. A., 1990, p. 6.

语法研究

内夫里哈《卡斯蒂利亚语语法》的出版无疑是西班牙语史上最重要、最有价值的研究成果之一。

1558 年，克里斯托瓦尔·德·比利亚隆（Cristóbal de Villalón）的《卡斯蒂利亚语语法：卡斯蒂利亚语说写技巧概要》（*Gramática castellana: arte breve y compendiosa para saber hablar y escribir en la lengua castellana*）出版。人们称此著作是内夫里哈《卡斯蒂利亚语语法》的延续，作者所确立的规则为16—17世纪语法学家普遍接受。

1614 年，巴尔托洛梅·希梅内斯·帕东（Bartolomé Jiménez Patón）的《西班牙语语法规则》（*Instituciones de la gramática española*）出版。该书深入浅出，在句子及句子成分分类上颇有特色。

值得一提的是贡萨洛·科雷阿斯（Gonzalo Correas）的长篇巨著《西班牙卡斯蒂利亚语的艺术》（*Arte de la lengua española castellana*）。作者指出："句子应作为语法研究的出发点、主体及归宿""语言有许多变化类型，除方言外，还与年龄、性格、性别等许多社会因素有关。"① 他的这些观点颇有新意，使人联想到当今的社会语言学理论。

1651 年，胡安·德·比利亚尔（Juan de Villar）的《西班牙语艺术》（*Arte de la lengua española*）问世，作者提出西班牙语应当具备纯洁和规范两大原则。须知，这正是一个世纪后设立的西班牙皇家语言学院所确定的三个目标中的其中两个。

词典编纂

拉丁语研究：1490 年，阿方索·德·帕伦西亚（Alfonso de Palencia）的《拉丁语—罗曼斯语通用词典》（*Universal vocabulario en latín y en romance*）出版。

阿拉伯语研究：1505 年，佩德罗·德·阿尔卡拉修士（Fray Pedro de Alcalá）的《阿拉伯语词汇》（*Vocabulario arávigo*）问世。书中收集了中世纪西班牙使用的阿拉伯语词汇，当时光复运动结束不久，阿拉伯语词汇仍经常出现在西班牙语中。

古词语研究：1557 年，贡萨洛·阿尔戈特·德·莫利纳（Gonzalo Argote de Molina）的《卢卡诺尔伯爵》（*El Conde Lucano*）问世。

航海词典：1587 年，迭戈·加西亚·德尔·帕拉西奥（Diego García del Pala-

---

① Juan Lope Blanch, *Estudios de historia lingüística hispánica*, Madrid: Arcos/ Libros, S. A., 1990, p. 14.

cio）的《水手用语》（Vocabulario de los nombres que usa la gente de la mar）出版问世，比伦敦1664年出版的第一部英语航海词典早了半个多世纪。

词源研究：1611年，塞巴斯蒂安·德·科瓦鲁维亚·奥罗斯科（Sebastián de Covarrubias Orozco）的《卡斯蒂利亚语—西班牙语集锦》（Tesoro de la lengua castellana o española）问世。

谚语的搜集与整理：1549年佩德罗·德·巴列斯（Pedro de Vallés）的《谚语集》（Libro de refranes）和1555年埃尔南·努涅斯（Hernán Núñez）的《罗曼斯语谚语格言集》（Refranes o proverbios en romance）相继问世。

1609年，克里斯托瓦尔·德·查维斯（Cristóbal de Chaves）编纂《隐语词典》（Vocabulario de germanía）。

这个时期编纂的词典大多为语文词典。编纂历史性语文词典离不开对语言史的研究，而编纂规范性语文词典则取决于全民共同语规范标准的确立。可见，当时在这两方面的研究已颇有成效。

西班牙语教学

西班牙海外殖民地的建立，意味着西班牙语将要在比本土面积大数十倍的土地上广泛使用，因此大规模进行西班牙语教学势在必行，且刻不容缓；另一方面，西班牙是当时的欧洲头号强国，其语言是一种强势语言，为了扩大与西班牙的交往，欧洲各国掀起了学习西班牙语的热潮。为适应新的需要，西班牙学者和教士先后编纂了数十种双语词典，其中大多数供法国人、意大利人、德国人和英国人学习使用；同时，在对语言教学进行研究的基础上，西班牙还编写出一大批语言教材与参考书。

1520年的《法语、西班牙语和佛兰芒语学习词典》（Vocabulario para aprender francés, español y flamini），作者姓名不详。

同时期出现了《西班牙语民间口语语法》（Gramática de la lengua vulgar de España），作者及出版年代佚失。

1558年出版了比利亚隆的《卡斯蒂利亚语语法》（Gramática castellana），对语言教学有很大帮助。

语音与正字法研究

现代西班牙语的正字法没有偏离语音正字的合理性和准确性太远，在很大程度上应当归功于黄金世纪学者们的努力，在这方面最重要的人物应当首推内夫里哈，他于1517年出版了《卡斯蒂利亚语正字规则》，书中强调必须使用合理的音位系统正字法，使书写与发音更加接近。在此期间，还出版了多部正字法著作。

贝尔纳多·阿尔德雷特（Bernardo Aldrete）在1606年出版的《卡斯蒂利亚语的由来与起源》（*Origen y principio de la lengua castellana*）一书中，窥探到了拉丁语在向罗曼斯语过渡的过程中语音转化的许多规则，这一发现后来也得到了现代语言学的验证。

对卡斯蒂利亚语起源的研究：在当时这是最热门的研究课题，许多著名学者均涉足这个领域。此项研究始于15世纪上半叶，在黄金世纪取得了长足进步。

最后还需一提的是胡安·德·巴尔德斯，他的《语言的对话》一书，是西班牙语历史上一部十分珍贵的文献。作为语言史的见证人，作者就卡斯蒂利亚语的演变及西班牙文艺复兴时期的语言状况做了忠实的记录，并对各种语言问题进行了深刻评述，有力地捍卫了卡斯蒂利亚语的高贵、纯洁与尊严。

第二节　美洲的殖民及西班牙语化

一、美洲殖民的开始

哥伦布探险队于1492年12月5日到达了今海地和多米尼加共和国（República Dominicana）所在的岛屿，并在那里建立起第一个欧洲殖民地。自此，西班牙人开始航海来到美洲，开发和建立小殖民地，一开始在安的列斯群岛（las Antillas），渐渐发展到美洲大陆。

但很快西班牙与葡萄牙之间就出现了争议，葡萄牙作为当时另一个野心勃勃的扩张分子，提出要与西班牙讨论关于两国向新大陆扩张的权利问题。虽然西班牙抢先一步，早早就宣布了对新大陆的开发权，但在教皇的仲裁下，最终西班牙与葡萄牙在1494年签署了托尔德西里亚斯条约（Tratado de Tordesillas）。根据条约规定，双方在新大陆的版图上划分了各自的势力范围。位于佛得角群岛（archipiélago de Cabo Verde）以西三百里瓜①内的所有土地将由卡斯蒂利亚征服，而此划分线东侧由葡萄牙殖民和开发。这个条约奠定了葡萄牙对巴西殖民的基础。

---

① 里瓜（legua），西班牙里程单位，一里瓜约合5572.7米。

西班牙最开始采用的殖民制度是"委托监护制"[①]，从1523年开始由国王授予西班牙殖民者（colono）、领主（encomendero）管辖某个土著居民村落的权力。领主负责向作为国王臣民的土著居民征收赋税，同时，他有义务保证土著人在物质和精神上的福利，使其老有所养、住有所居，并对其灌输天主教教义。但实际上，一些领主却滥用职权，使用严酷手段强迫土著人为其劳作。

这种风气愈演愈烈，最终引起了诸多抗议，西班牙这才在1542年颁布新法律，规定不许再奴役印第安人（los indios），同时宣布废除领地制，领主这一头衔在当任领主死后自动解除。

二、西班牙语化

为了更有效地对美洲进行殖民统治，传播西班牙语及统一语言是一项必不可少的任务。

在西班牙人到来之前，美洲是由许许多多形形色色的村落组成的大陆，各个村落都有自己的方言。许多学者认为这是最具有语言多样性的一片大陆，拥有着大约123个语族，而许多语族又分成数十种、上百种方言。其中有些土著语相对更重要些，从其使用人数及后来对西班牙语的影响而言，有纳瓦特尔语、泰诺语、玛雅语、克丘亚语、艾马拉语、瓜拉尼语和马普切语等。

西班牙语通过哥伦布的数次航行以及殖民者对美洲的征服传播到美洲。为了使两种如此不同的文化相融合，西班牙人借助各种方式尝试与印第安人沟通，比如使用手势和肢体语言，求助欧洲翻译员或曾经被作为俘虏带回欧洲的土著人。正因为美洲大陆上的语言如此不同而又多种多样，殖民者们最初计划的"西班牙语化"（hispanización）遇到了很多挑战。西班牙语是否能在这里继续存活都不得而知，直到天主教会的介入，给这项计划带来了希望。天主教会在西班牙语的扩张中扮演了十分重要的角色，尤其是耶稣会和方济各会。它们在拉美建立学校，用西班牙语向小孩子传播天主教，随着孩子和青少年的长大，西班牙语的使用越来越广泛。

然而值得一提的是，尽管西班牙国王卡洛斯一世时颁布了法令，将西班牙语作为传教语言，以免在翻译成土著语时一些神学内容被更改或遗失。但很快人们就发现，这种操之过急的文化入侵，引起了印第安人的强烈抗拒，于是西班牙统治者不得不承

[①] 委托监护制（encomienda），指由西班牙王室将某一地区一定数量的印第安人授予某位征服者、官吏或其他人管辖的制度。

认，采用土著语才是使他们接受天主教基本教义和概念的上策。于是西班牙决定设立"共同语言"①的教学制度，为其设立讲坛，并规定传教士必须学习土著语，否则就扣减工资或免除教职。

一开始，传教士只需掌握少许基本语句，就可以在译员的陪伴下前去传教，但渐渐人们发现了不妥，因为译员有时候会将一些信息隐去不提，有时候又添油加醋，或自己胡乱编造，传到印第安人那里已失去了很多精髓和含义。于是，传教士们开始亲自学习土著语以便更好地完成传教任务。正因如此，尽管西班牙语的传播制度仍然有效，但是一直到17世纪都未能实现全体印第安人掌握西班牙语的初衷。

然而，从今天来看，这种当时在美洲大陆上土著语和西班牙语共存的现象，极大程度地保存了印第安语言文化，这也是为什么在经历了长时间殖民统治后，现如今的拉美依然存在着逾千种土著语，并且在一些地区还是人们倾向使用的日常交流语言，比如我们熟知的克丘亚语，在秘鲁的库斯科省几乎人人会说。另一方面，土著语与西班牙语的共存，也为西班牙语贡献了许许多多的新词汇，客观上促进了西语的发展和繁荣。

既然政策要求和传教都未成功让美洲通用西班牙语，那么对美洲的"西班牙语化"做出最大贡献的是什么呢？答案是西班牙人与当地人的共居生活，尤其是通婚和混血。西班牙殖民区别于其他各国的很大一个特点就是通婚，与美洲印第安人的结合，其后代被称为梅斯蒂索人（los mestizos），或与从非洲而来的奴隶们的结合，其后代则被称为穆拉托人（los mulatos）。尽管如此，白人种族在殖民地依然处于社会的最高等级。

不同于认为混血会造成血统不纯的英国人，西班牙人经过了数个世纪阿拉伯人、犹太人、天主教徒共居伊比利亚半岛上的生活后，种族歧视明显薄弱很多。而当时去往美洲的西班牙女性少之又少，这也是殖民者与当地女性结合的一个重要原因。

不仅美洲大陆上的人种十分混杂，来到这片大陆的西班牙人也是如此，因为他们分别来自不同地区，尤其以安达卢西亚地区的居多。这些在殖民早期主要定居在加勒比海地区及安的列斯群岛的安达卢西亚人，渐渐赋予了美洲西班牙语独一无二的特点，尤其体现在语音方面。这段时期，学者们通常认定为1492—1519年间，被称作

---

① 共同语言（lenguas generales），指那些使用人数和村落众多同，也最为大众接受为共同沟通方式的语言，如在墨西哥使用的纳瓦特尔语和在秘鲁使用的克丘亚语。

"安的列斯时期",正是在这段时间里奠定了美洲西班牙语的特征基础,并在日后逐渐传播到整个美洲大陆。几个明显的语音特点有:元音之间和词尾的 d 不发音,例如 aburrío 取代 aburrido,usté 取代 usted;l 和 r 的发音混淆,例如 mardito 取代 maldito;将位于音节后的 s 发成送气音,例如 pahtoh 取代 pastos;将 x、y、g 和 j 发成 h 音,尤其在安的列斯地区、中美洲、哥伦比亚、委内瑞拉、巴拿马、美国的新墨西哥州乃至厄瓜多尔和秘鲁的北海岸地区。

第三节 文艺复兴与黄金世纪

16—17世纪是西班牙文学史上的巅峰时期,被称为"黄金世纪"(siglo de oro)。黄金世纪又分为两个阶段:文艺复兴时期(1550年—17世纪初)和巴洛克(barroco)时期(17世纪30年代—17世纪末)。

一、文艺复兴时期

文艺复兴的起源

中世纪的欧洲处于黑暗时期。基督教教会成了当时封建社会的精神支柱,它建立了一套严格的等级制度,把上帝看作绝对的权威。文学、艺术、哲学,一切都得遵照基督教经典——《圣经》的教义,谁都不可违背,否则,宗教法庭就要对其制裁,甚至处以死刑。在教会的管制下,中世纪的欧洲文学、艺术死气沉沉,万马齐喑,科学和技术方面也乏善可陈。

中世纪后期,资本主义萌芽在生产力发展等多种条件的促生下,首先出现在意大利。资本主义的萌芽是商品经济发展到一定阶段的产物,商品经济通过市场来运转,而市场上择优选购、讨价还价、成交签约,都是斟酌思量之后的自愿行为,这就是自由的体现,当然要想有这些"自由"还要有生产资料所有制的自由,而所有这些自由的共同前提就是人的自由。因此,此时的意大利呼唤人的自由,陈腐的欧洲需要一场新的提倡人的自由的思想运动。

资本主义萌芽为这场思想运动的兴起提供了可能性。城市经济的繁荣,使那些事业成功后积累了巨大财富的富商、作坊主和银行家等更加相信个人价值和力量,更加富于冒险和进取精神,多才多艺、高雅博学之士受到人们的普遍尊重。这为文艺复兴提供了深厚的物质基础和适宜的社会环境,以及人才储备。

古希腊罗马时期的文学、艺术取得了很高的成就，人们可以自由地发表各种学术思想，这和黑暗的中世纪形成了鲜明的对比。14世纪末，由于信仰伊斯兰教的奥斯曼帝国不断入侵东罗马（拜占庭），东罗马人带着大批古希腊、罗马艺术珍品和文学、历史、哲学等书籍，逃往西欧。一些东罗马学者在意大利佛罗伦萨办起了"希腊学院"，讲授古希腊辉煌的历史、文明和文化。这种辉煌的成就与资本主义萌芽后产生的优越性，让人们追求的精神境界趋向一致。于是，许多西欧学者要求恢复古希腊、罗马的文化和艺术。这种诉求如春风般吹遍欧洲大地，文艺复兴由此兴起。

资产阶级用以发动这场反封建神学统治的思想武器是人文主义，即提倡人权自由，反对神权专制；提倡个性解放，反对宗教束缚；提倡科学，反对迷信，总之，一切以上帝为出发点的中世纪已经结束，开始以人为本的新时代。

文艺复兴运动在意大利

中世纪后期的意大利有着独特的政治结构：它并非一个统一的政治实体，而是由城邦和领地组成：控制南部的那不勒斯王国，位于中部的佛罗伦萨共和国和教皇国，分别位于北部和西部的热那亚与米兰，以及位于东部的威尼斯。15世纪的意大利是欧洲城市化水平最高的地区，许多意大利城市就建立在古罗马建筑的废墟之上；从表面上看，这就把文艺复兴的古典性及其发祥于罗马帝国心脏地带的事实联系在了一起。

12世纪的意大利，出现了一种新的政治和社会组织形态，而且它似乎已开始脱离封建制度，视商人和商业为社会基础。尽管仍然受教廷和神圣罗马帝国的牵制，但这些城市共和国坚持不懈地追求自由，当地有很多人极力维护自由，例如马泰奥·帕尔米耶里[①]不仅歌颂佛罗伦萨艺术、雕塑及建筑方面的艺术天才们，还对"同时在佛罗伦萨出现的道德、社会及政治哲学的繁荣"发出了赞美之辞。

作为文艺复兴的发祥地，佛罗伦萨在诗歌、绘画、雕刻、建筑、音乐各方面均取得了非凡的成就。佛罗伦萨的美第奇家族[②]是当时最重要的艺术赞助人（mecenas），文艺复兴时期著名的美术三杰——拉斐尔、米开朗琪罗、达·芬奇——全部诞生于意大利。

莱奥纳多·达·芬奇（Leonardo da Vinci，欧洲人习惯称其名莱奥纳多，1453—

[①] 马泰奥·迪·马尔科·帕尔米耶里（Matteo di Marco Palmieri, 1406—1475），佛罗伦萨人文学者及历史学家，以关于公民人文主义的著作《市民生活》而闻名。
[②] 美第奇家族（los Medici），文艺复兴时期最著名的艺术赞助者，"文艺复兴三杰"达·芬奇、米开朗琪罗、拉斐尔以及波提切利、提香、丁托列托等都与之密不可分。这些有才华的艺术家在该家族资助和庇护下，创造了大量传世杰作。

1519）是意大利文艺复兴时期的多项领域博学者，同时是建筑师、解剖学者、艺术家、工程师、数学家、发明家，他无穷的好奇与创意使得他成为文艺复兴时期典型的艺术家，而且也是历史上最著名的画家之一。壁画《最后的晚餐》、祭坛画《岩间圣母》和肖像画《蒙娜丽莎》是他一生的三大杰作。

拉斐尔·桑西（Rafael，意大利语 Raphael Cenci, 1483—1520）凭借系列圣母画像及画作中展现的母性温情和青春健美体现了人文主义思想，这和中世纪画家同类题材完全不同。

米开朗琪罗·博那罗蒂（Miguel Ángel，意大利语 Michelangelo Buonarroti, 1475—1564）是文艺复兴时期雕塑艺术的巅峰代表，代表作有举世闻名的《大卫》和花费近六年时间完成的西斯廷教堂壁画《末日审判》。

除了美术外，文学创作方面也是人才辈出，例如：

但丁（Dante/Dante Alighieri, 1265—1321）是文艺复兴的先驱，他经常被视作文艺复兴的第一个代表人物，其代表作为《神曲》（*Divina comedia*）。《神曲》以含蓄的手法批评和揭露中世纪宗教统治的腐败和愚蠢，用意大利方言而非中世纪欧洲正式文学语言拉丁文进行创作，因此被看作中世纪资产阶级叩响近代社会大门的思想解放启蒙。但丁认为古希腊、罗马时期是人性最完善的时期，中世纪则压制人性，违背自然。

彼特拉克（Petrarca/Francesco Petrarca, 1304—1374）不仅是人文主义的奠基者，而且也是近代诗歌的创始人。因其十四行体抒情诗集《歌集》问世，彼特拉克也获得了"桂冠诗人"的称号。《歌集》表达出早期人文主义者追求和向往新生活、憎恨教会的情绪。

乔万尼·薄伽丘（Giovanni Boccaccio,1313—1375），意大利文艺复兴运动的杰出代表、人文主义者。代表作《十日谈》（*Decamerón*）批判宗教守旧思想，主张"幸福在人间"，被视为文艺复兴的宣言。

伊拉斯谟人文主义

德西德里乌斯·伊拉斯谟（Desiderius Erasmus，约 1466—1536），荷兰哲学家，16世纪初欧洲人文主义运动主要代表人物。是当时荷兰思想界的主帅，被誉为"16世纪的伏尔泰"。1524年作《论自由意志》，并同马丁·路德（Martín Lutero）通信，批评路德。他知识渊博，忠于教育事业，一生始终追求个人自由和人格尊严。

伊拉斯谟的代表作《愚人颂》（*Elogio de la locura*）是文学史上最为精彩的一部

讽刺体篇章，伟大之处是在文艺复兴初期，拉开了人文主义的序幕。对时代的针砭微妙而间接，且不失强大效力。正如20世纪伟大作家斯蒂芬·茨威格所指出的："《愚人颂》除去其狂欢节的面具，便是当时最危险的书之一。在我们看来，它仿佛是诙谐的烟花，其实却是一颗轰开通向德国宗教改革之路的炸弹。"

伊拉斯谟思想（erasmismo）对于西班牙产生最大影响是在16世纪上半叶，主要在1527—1532年间，得益于卡洛斯一世的大力支持。伊拉斯谟人文主义在西班牙引起了一场思想上全方位的繁荣，包括文学、政治、科学、法律等各个方面，这促使西班牙在16世纪开启了一个文艺黄金世纪。

二、西班牙的文艺复兴

初期，文艺复兴时期的文学以介绍意大利文艺复兴的人文主义思想为引导，同时著名的人文主义学者内夫里哈等人，已经在西班牙宣传并实施伊拉斯谟主义的人文思想，并取得了一定的社会效果。然而，由于哈布斯堡王朝的宗教政策及严酷的封建专制，伊拉斯谟学说一时未能被接受。

当时西班牙的文学受到很多意大利作家的影响，比如但丁、彼特拉克和薄伽丘；同时，也十分看重希腊罗马神话故事以及田园诗等。此外，他们还提出了对于美的新看法。文艺复兴时期对于西班牙来说是一个各方面转变的关键时期，其关键在于认为思考是知识和认知的源泉，而非宗教教条或中世纪传统。

西班牙的文艺复兴始于15世纪中，当时西班牙和意大利间政治、战争、宗教及文学联系日益频繁。同时意大利也出版或者翻译西班牙著名文学作品，如《阿马迪斯·德·高拉》（*Amadís de Gaula*）、《塞莱斯蒂娜》、《爱的监狱》（*Cárcel de amor*）、豪尔赫·曼里克（Jorge Manrique）的诗歌，还有西班牙民谣（villancico）及歌谣（romance）。同样，在西班牙也经常出现一些意大利的作品，如托尔夸托·塔索（Torcuato Tasso）的《被解放的耶路撒冷》（*Jerusalén liberada*）。总之，西班牙和意大利之间的这种联系至关重要，推动了伊比利亚半岛上的西班牙文艺复兴。

流浪汉小说

流浪汉小说（novela picaresca）是西班牙特有的一种文学题材，出现于16世纪中，以描写流浪汉的种种生存遭遇为主，反映当时社会上为数众多的贫民的生活、心理状态以及人际关系，比如流入城市的农民、破产手艺人、伤残士兵以及其他沦为社会底层的人。流浪汉小说的主角基本上都是反英雄的形象，集中了泼皮无赖和流氓无产者的特点，作者通过对此类人物的刻画，抨击社会的不公平和种种弊端。流浪汉小说中一般以第一人称进行叙述，描写与一位社会地位较高的人之间的对话，叙述遵循时间顺序，讽刺和对话是作者展开情节以及表达观点的最主要的手段，小说的主人公一直都在寻找可以让生活好转的手段，但缺乏崇高的理想信念。

《托尔梅斯河的小拉撒路》（Lazarrillo de Tormes）是第一部流浪汉小说，出版于1554年，作者不详。小说讲述的是一个名叫拉撒路的男孩，从出生到最后与一个大祭司的女仆结婚的经历。在此期间，他服侍过不同主人，备受欺凌，尝尽疾苦甚至有过吃不上饭的悲惨经历。

西班牙浪漫主义时代由流浪汉小说开启，因为流浪汉小说题材新颖，不像之前的文学那样建立在理想主义或者是宗教之上，比如骑士小说、情感小说，而是建立在现实之上。

神秘主义文学

这一时期，西班牙出现了神秘主义（misticismo）文学作品，主要为散文和诗歌。这些作品主要表达宗教精神，宣扬宗教思想，渴望灵魂与上帝交感，主张禁欲、苦行；通常在作品中有很多对于精神世界和静修生活的描述以及对宗教感情的神秘化描写。

神秘主义代表作家有修女圣特蕾莎·德·赫苏斯（Santa Teresa de Jesús, 1515—1582）和圣胡安·德拉·克鲁斯（San Juan de la Cruz, 1542—1591）。前者文笔简洁淳朴，感情细腻真挚，语言通俗生动，主要作品有《静修之路》（Camino de perfección）和《寓所》（Las moradas）。《寓所》被看作"世界宗教文学中的重要作品之一"。圣胡安·德拉·克鲁斯的神秘主义诗歌一向以升入极乐世界、与天主交感为主题，其文学创作运用大量象征、比拟等手法，意象瑰丽奇特，语言精湛独到。代表作有诗歌《心灵之歌》（Cántico espiritual）、《黑夜》（La noche obscura del alma）以及《炙热的爱情颂》（Llama de amor viva）等。

诗歌

西班牙文艺复兴时期的诗歌主要分为两个流派：萨拉曼卡学派（escuela salmantina），代表人物修道士路易斯·德·莱昂（Fray Luis de León）以及塞维利亚学派（escuela sevillana），代表人物费尔南多·德·埃雷拉（Fernando de Herrera）。萨拉曼卡学派语言简洁质朴，思想上比较现实，关注周围环境，诗节较短；而塞维利亚学派的文风则趋华丽，形式上过分雕琢，其作品更侧重于心理感情，而非对自然或生活的观察，偏向使用较长诗节，并且喜欢堆砌大量形容词及修辞手段。

骑士小说

这种小说在西班牙盛行于15—16世纪。光复运动中，骑士贵族逐渐强大并且在战争中扮演重要角色，新大陆的发现更加催化了人们对冒险的狂热。于是，这种为上帝、爱情和荣誉而甘愿冒生命危险的精神便成了骑士小说（novela caballeresca）宣扬的最高生活理想。这类小说的主人公一般都是见义勇为、骁勇善战、风流倜傥的青年男子。故事情节比较模式化：通常一位骑士爱上了一位贵妇，为了博取佳人芳心，骑士历经各种艰难险阻，最终衣锦还乡与心上人成婚。骑士小说代表作有《阿马迪斯·德·高拉》，它甚至赢得了塞万提斯的褒许。

塞万提斯与《堂吉诃德》

✧ 生平及作品

米格尔·德·塞万提斯·萨维德拉（Miguel de Cervantes Saavedra, 1547—1616）被誉为现代小说之父。他家境贫寒，没有接受过正规教育却自学成才。为了生存，他跟随父母辗转于多个城市。在罗马，他阅读了大量文艺复兴时期的文学名著，为日后的写作奠定了坚实的基础。1571年他参加了勒班陀海战，不幸负伤，失去左臂，从此便被称为"勒班陀的独臂人"（el manco de Lepanto）。1575年在返回西班牙途中，遭到土耳其战舰袭击，被俘后在阿尔及利亚的狱中度过了五年。1580年，33岁的塞万提斯被赎回国。然而此后的日子也并不好过，做过各种职业的他始终挣扎在社会底层，还多次以莫须有的罪名被投入监狱。生活的贫困并没有降低他在文学上的造诣，他常常发表一些喜剧和幕间短剧，并且在这一时期构思出了《堂吉诃德》的雏形。1605年，《堂吉诃德》上卷出版，其全称为《奇情异想的绅士堂吉诃德·德·拉曼却》（El ingenioso hidalgo don Quijote de la Mancha，简称el Quijote），1615年，《堂吉诃德》下卷出版。1613年塞万提斯完成长诗《帕尔纳斯之旅》（El viaje del Parnaso）和《训诫小说集》（Novelas ejemplares）。1616年长篇小说《贝雪莱斯和西吉斯蒙达历险记》（Los trabajos de Persiles y Sigismunda）杀青。同年4月23日病逝于马德里。

✧ 《堂吉诃德》及其影响

书中描写了深受骑士小说"毒害"的堂吉诃德先生（Don Quijote），深陷骑士小说情节无法自拔，于是幻想自己成为一个游侠骑士。他模仿古代骑士，给自己的马取名为"驽骍难得"（Lucinante）。在他第二次出游冒险时，带上了一位名叫桑丘·潘萨

（Sancho Panza）的农民当侍从。途中，主仆二人经历了许多稀奇古怪的事儿，而他自己也干了一桩又一桩荒诞不经的事情。一次次被欺骗、嘲弄后，身心俱疲的堂吉诃德回到家乡一病不起。弥留之际，他写下遗嘱：其唯一继承人的侄女必须和一个从未看过骑士小说的人结婚，否则将被剥夺继承权。

塞万提斯出身乡绅官宦家庭，早年也曾生活富裕，但随后贫困潦倒就一直跟随着他。迫于生活，他不得不从事一些与自己出身不相符的职业。这一矛盾忠实地反映在他的作品当中：年迈贫困的乡绅堂吉诃德向往精神上的胜利，而他的侍从桑丘则热衷于对物质的追求。两者不断争吵，但谁也离不开谁。

堂吉诃德和桑丘代表着两种截然不同但又相辅相成的人。首先从外表上看，乡绅堂吉诃德瘦高、老迈，热衷于反省忏悔，而农夫桑丘·潘萨矮胖，爱吃喝，醉心于物质享受。堂吉诃德疯疯癫癫，但桑丘清醒得很，他不相信那些风车是巨人，羊群是敌人的军队。但同时，堂吉诃德是深明大义的智者，而桑丘则是执迷不悟的蠢人：在疯疯癫癫的外表下，堂吉诃德有一颗谨慎、睿智的心，而桑丘则愚蠢到相信总有一天主人会给他一个小岛。堂吉诃德是一个具有理想主义精神的勇士，桑丘则是彻头彻尾的胆小鬼。堂吉诃德勇敢坚信，他的勇气和力量可以保护弱者，而桑丘是坚定的现实主义者，他只追求物质利益。

在小说中，堂吉诃德向往精神胜利，桑丘热衷于对物质的追求，但他们都以失败告终，这反映了作者塞万提斯对自己的理想和追求在现实面前破灭的切肤之痛。塞万提斯的同代人仅把《堂吉诃德》看作消遣娱乐的作品，因此他们没有在小说中及堂吉诃德身上看到后人发现的那些象征意义。但是还是有读者对勇敢无私、锄强扶弱的骑士表现出敬佩之意，并且在他身上看到了一个优缺点并存的活生生的人。

18世纪的西班牙学者研究《堂吉诃德》后得出的结论是：这部作品的讽刺意义并不仅仅针对骑士小说，它具有更广的人文意义。也有学者认为堂吉诃德是一个时而清醒时而疯癫的人，他进行冒险为的是追求崇高的目标。19世纪的西班牙人对堂吉诃德和桑丘有了新的认识，堂吉诃德被看作是神化了的英雄的象征。堂吉诃德和桑丘被认为具有普遍和现代意义的神话人物，他们象征了理想和现实，精神和物质间的冲突和矛盾；在人们的生活和相处中，它们的冲突无时不在，但又如灵与肉一样互为依存。19世纪末20世纪初的西班牙学者对《堂吉诃德》有了新的发现。有人认为堂吉诃德和桑丘就像莎士比亚作品中的人物那样，是充满生命力，具有美感的文学人物；他们之所以比其他无论是真实的还是虚构的人物还要有名，是因为他们具有强大的生命力,他们是栩栩如生的人。有学者则认为堂吉诃德是西班牙人的真实写照,是西班牙民众的一面镜子。塞万提斯从年轻起就渴望功名。但是,无论是追求精神上的胜利或是物质利益,到头来堂吉诃德和桑丘主仆俩都空手而归。塞万提斯在他身后终于扬名天下:他的《堂吉诃德》被认为是历史上第一部现代小说,他笔下的堂吉诃德和桑丘在世界文学史上占据非常重要的位置。《堂吉诃德》自诞生以来,几乎被翻译成世界上所有文字,迄今为止,在西方其发行量仅次于《圣经》。

◇ 《堂吉诃德》中的语言

从书中人物的角度来看,语言主要体现在两位主人公的对话之中,他们的语言淳朴,语调平缓,语言流畅并且很口语化。他们之间的对话最重要的一个作用便是推动情节的发展,代替了叙述者的职能;同时这些对话也很好地反映了二人的性格特点以及后来二人思想的转变;最后一点是,这些对话,尤其是桑丘的话语,为作品添加了很多幽默色彩。从主题的角度来看,最主要的语言当然是关于骑士的语言了。比如,刚开始,堂吉诃德给桑丘讲一些关于骑士的故事,由于桑丘开始时并不理解,于是完全接受了主人的观点,但是随着时间的推移,二人间的观点分歧越来越大。堂吉诃德是理想主义者,但桑丘却是现实主义者。这种分歧,在小说之外便是体现了理想化的骑士元素跟日常生活之间的差距。再比如,主人公们常常会刻意想象一些跟传统骑士小说相似的场景,模仿骑士小说中人物的讲话方式。于是,在一些"捏造"的骑士场景中,堂吉诃德总是操着一口过分华丽的语言。这种语言和现实的矛盾造成的反差非常强烈。

洛佩·德·维加(Lope de Vega, 1562—1635)及其戏剧

中世纪前后,西班牙戏剧一般在教堂演出,多为宗教剧。直到洛佩·德·维加的出现,才为西班牙戏剧的发展指明了方向。

◇ 生平及作品

这位早在塞万提斯之前就已成为马德里乃至整个西班牙家喻户晓人物的剧作家,12岁时便撰写出了一部喜剧。维加在生活中不甚安分守己,有过多次爱情冒险,甚至因此被判过刑。1619年因妻儿先后辞世而成为修道士。1635年,他在创作高峰期与世长辞,马德里几乎倾城出动告别这位旷世奇才。

《羊泉村》(*Fuenteovejuna*)是维加作品中最具代表性,也是至今盛誉不衰的作品。作品描叙1476年羊泉村人民反抗领主的史实。这部作品的主题是反抗暴政,歌颂君主政治,要求正义、忠诚和秩序。次主题则是忠贞的爱情和荣誉。作者笔下的平民具有高尚的道德情操，国王则是人民的保护者。剧中对话均为诗体，生动而机智，情节简洁，冲突有力，悬念扣人心弦，体现了西班牙黄金世纪戏剧文化的最高水平。

此外，维加的其他剧作，如《佩里巴涅斯和奥卡尼亚的领主》（*Peribáñez y el Comendador de Ocaña*）、《塞维利亚之星》（*La estrella de Sevilla*）等，都是影响深远的作品。他的喜剧真实地深刻反映了16—17世纪之交西班牙社会的种种矛盾以及各阶层人物的生活与思想，他刻画的人物性格饱满，此外，其剧作无论在质量还是数量上都无人能出其右。

第四节　黄金时期的巴洛克文学

一、巴洛克文学综述

巴洛克一词源于南欧拉丁方言，指玑子，即"异形大珍珠"。巴洛克是一种艺术风格，主要兴盛于16世纪中期到17世纪末，在美术、建筑、音乐、文学等方面均有体现。它一方面带有文艺复兴时期的人文主义色彩，而同时背离其崇古倾向，是介于文艺复兴和启蒙运动之间的一个十分复杂的流派。巴洛克文学在西班牙一度达到鼎盛，16世纪的神秘主义可以看成是西班牙巴洛克文学的重要源头，17世纪则毫无疑问是巴洛克文学的全盛时期。西班牙的不少文学体裁都受到巴洛克的影响，首先是诗歌，其次是喜剧，最后是小说。概括来讲，西班牙巴洛克文学主要表现为贡戈拉的夸饰主义（culteranismo）、克维多的警句主义（conceptismo）和洛佩·德·维加、卡尔德隆等人的艺术思想和铺张情节。在巴洛克作品中隐喻（metáfora）受到了很多诗人的青睐，被反复使用以达到追求艺术之美的目的。西班牙的巴洛克文学能够如此兴盛，与其文化多元及混杂密不可分，这种多元文化为新美学观点和创作形式提供了广袤的土壤。

二、贡戈拉（Luis de Góngora y Argote, 1561—1627）

生平

出生于科尔多瓦，父母均出身名门，两家祖先都曾参与科尔多瓦"光复战争"，因而显赫一方，其舅在科尔多瓦大教堂任授俸教士，给了贡戈拉一些特权，并授予他神职。但是，贡戈拉的真正兴趣是写诗饮酒，惜玉怜香，这也导致他最终负债累累，让他在马德里期间遭到世人的嘲笑和讥讽。同样，贡戈拉家族所谓的犹太血统也是招致嘲讽的原因之一，尤其是诗人克维多，把贡戈拉的鼻子称为典型的犹太人式鼻子，并认为其小说体诗歌"尊崇犹太人风俗"。

贡戈拉1576—1580年间在萨拉曼卡学习教规，但未能毕业。1588年因嗜酒如命，挥金如土，大主教对他进行了严厉批评及经济制裁。此后不久，他开始发表长诗《波吕斐摩斯和加拉特亚的寓言》（*Fábula de Polifemo y Galatea*）和《孤独》（*Soledades*），这两部作品迅速为他赢得了世人的关注。有人对他大加赞美，视他为"抒情王子"；有人对他大加鞭笞，认为他过于矫揉造作，文过饰非。

1617年，贡戈拉已声名大噪，他以神甫身份回到马德里，那些年对于贡戈拉来说异常艰难，穷困潦倒又病痛缠身，他试图出版自己的诗歌，却无法如愿。1626年，因债主追逼，他回到科尔多瓦，并于翌年病故。

作品

贡戈拉是西班牙黄金时期最伟大的诗人及戏剧家之一，作为西班牙巴洛克夸饰主义诗歌的集大成者，贡戈拉是对其所处时代美学发展影响最深远的诗人之一。他以古典拉丁语中夸饰华丽的词汇和句法作为主要灵感来源，并在此基础上大胆创新。他所开创的独树一帜的诗歌语言，迄今为止都是西班牙抒情诗的创作典范。贡戈拉与塞万提斯、洛佩·德·维加齐名，是西班牙文学"三巨头"之一，塞万提斯的小说、洛佩·德·维加的戏剧和贡戈拉的诗歌对西班牙文学具有奠基意义。贡戈拉在谣曲、短歌、十四行诗和长诗方面均有建树，他的长诗《波吕斐摩斯和加拉特亚的寓言》《孤独》和《莱尔马公爵颂》（*Panegírico al Duque de Lerma*）被认为是其代表作，其中夸饰元素随处可见：华丽的辞藻，铺张的比喻，同时具有独特的格律和押韵方式，让人不禁赞叹这位巴洛克大师非凡的创作天赋。

《孤独》是贡戈拉最著名的长诗，充分展示了他的创作才能和想象力。长诗的引子和第一部分完成于1613年，第二部分没有完成，而第三、第四部分则不知为何没有启动。四个部分分别代表了四个季节，阐述了他轻士绅、重农耕、远宫廷、亲乡镇的思想理念。达马索·阿隆索认为《孤独》的价值更多在于其抒情性，而非叙事性。但是后来的不少研究却认同其叙事性价值。贡戈拉在诗中为世人展现了一幅世外桃源的景象，摒弃了所有事物丑恶和鄙陋的一面，并用他独特的诗歌语言对这些事物进行美化。他不仅描述精神层面的感受，还意在加强感官体验。

值得一提的是，贡戈拉的作品在当时被引入西班牙语美洲，但塞万提斯的同期小说《堂吉诃德》却被禁止进入殖民地。贡戈拉的诗歌不都是晦涩难懂的矫饰之作，不少作品也有清新的一面，比如谣曲和十四行诗（soneto）。下面我们来欣赏一下这首仿意大利式的十四行诗：

La dulce boca que a gustar convida	甜蜜的双唇多么诱人
un humor entre perlas destilado	在珍珠中渗透出滋润，
Y a no invadir aquel licor sagrado	与那仙酿相比毫不逊色，
que a Júpiter ministra el garzón de ida,	尽管它是由侍酒童子捧给朱比特主神。
amantes, no toquéis, si queréis vida,	情人啊，不要碰它，如果你想活命，
porque entre un labio y otro colorado	因为爱神就在涂红的双唇当中，
Amor está, de su veneno armado,	他带着自己的毒素，
cual entre flor y flor sierpe escondida.	宛似毒蛇盘绕在花丛。
No os engañen las rosas que, a la Aurora,	不要让玫瑰将你们蒙骗，
diréis que aljofaradas y olorosas	因为你们将会看到朝霞，
se le cayeron del purpúreo seno;	馨香的珍珠纷纷从她红色的怀中落下。
manzanas son de Tántalo, y no rosas,	那是坦塔罗斯的苹果，而不是玫瑰，
que después huyen del que incitan ahora;	因为现在的引逗之后它会跑掉，
y sólo del amor queda el veneno.	而留下的只是爱神的毒药。

（赵振江 译）

三、克维多（Francisco de Quevedo y Villegas, 1580—1645）

生平

出生在马德里，6 岁时成了孤儿。他曾师从耶稣教团神甫，并先后就读于阿尔卡拉大学、巴利亚多利德大学等高等学府，通晓古典及现代多门语言，如古希腊语、拉丁语、意大利语、希伯来语等。克维多长期在宫廷供职，也参与政治斗争，对世事有自己独到的见解，因而他的作品常常表现出愤世嫉俗的一面。他反对贡戈拉的夸饰之风，不主张过分雕琢和故弄玄虚。他的作品常常妙语连珠，但也有人认为这不过是堆砌警句而已。

作品

克维多的诗歌作品题材丰富，包含约 875 首诗，基本涵盖了当时所有的诗歌类型：讽刺诗、爱情诗、哲理诗、宗教诗、英雄诗等。这其中约 40% 是讽刺诗，而且在其有生之年都是以手抄本流传于世，这在一定程度上显示了其名气。克维多的爱情诗堪称一绝，他的理想主义为西班牙诗坛注入新的意境。他认为真爱是难以企及的，爱与喜欢也有着迥然的差别。也许是受到了新柏拉图主义的影响，他笔下的爱情十分理想化，多首爱情诗中都充满了柏拉图精神，如下面这首：

Cerrar podrá mis ojos la postrera	黑夜将关闭我的眼睛
sombra, que me llevaré el blanco día;	我会和白日一起归隐，
y podrá desatar esta alma mía	灵魂将把我完全解放
hora, a su afán ansioso linsojera;	让我脱离无尽的欲望；
mas no de esotra parte en la ribera	然而，在生命的对岸，
dejará la memoria en donde ardía;	我的记忆将继续燃旺：
nadar sabe mi llama la agua fría,	它在冰冷的水中焚烧，
y perder el respeto a ley severa:	无视任何法则的威严。
Alma a quien todo un Dios prisión ha sido,	经此坚似牢笼的灵魂，
venas que humor a tanto fuego han dado,	上帝幽默地赐予欲火，
medulas que han gloriosamente ardido,	燃遍浑身的脊椎熊熊。
su cuerpo dejarán, no su cuidado;	躯壳将会泯灭，变成
serán ceniza, mas tendrán sentido.	灰烬，但情不会消失：
Polvo serán, mas polvo enamorado.	永远尘埃，爱的尘埃。

然而，在克维多的讽刺诗中，女性就变得面目可憎，常常以妓女、老鸨、巫婆等形象出现，与爱情诗中的形象截然相反。除了女性，他还不遗余力地抨击各个阶层、各种职业的社会人士，有达官贵人，也有下层百姓。另外，他还嘲讽和挖苦同时代的其他作家，如贡戈拉、洛佩·德·维加等人。尤其是对贡戈拉，克维多的挖苦简直到了无所不用其极的地步。在散文方面，《获救的西班牙》（*España defendida y los tiempos de ahora*）和《上帝的政治》（*Política de Dios, gobierno de Cristo*）都是克维多的代表作，他的散文和讽刺诗互为补充，铺张扬厉了一个时代的不和谐之音。《骗子外传》（*Vida del buscón*）被看作是西班牙灰色画廊，几乎涵盖了所有鄙陋的人和事。在这部小说里，一些人物被塑造得丑陋不堪，让人读来不禁毛骨悚然。和贡戈拉一样，克维多也有众多追随者，他俩将巴洛克文学推向了辉煌的两个极致。

四、卡尔德隆（Pedro Calderón de la Barca, 1600—1681）

生平

生于马德里，1605年开始在巴里亚多利德上学，1608年在父亲指示下进入耶稣会帝国学院，一直到1613年他都在那里学习语法、拉丁语、希腊语和神学，1615年父亲去世后，卡尔德隆转入萨拉曼卡大学继续学业。1622年卡尔德隆在教会举办的一场歌咏大赛中获得三等奖。1623年，卡尔德隆的首部喜剧《爱情、荣誉和权力》（Amor, honor y poder）在马德里上演。1635年，洛佩·德·维加去世，卡尔德隆便填补了空缺，开始独步西班牙文坛。1640年，加泰罗尼亚发生叛乱，卡尔德隆应征入伍，随部队征战两年，立下赫赫战功，受封"阿比托·德·圣地亚哥骑士"。因伤退伍后专心写宗教剧，不再为公共剧场写作。1681年5月25日卡尔德隆逝世。

作品

卡尔德隆的写作风格大体来说与其师维加大相径庭，他一反前者的激情与自然，更多是深沉和冷静的风格。他一共写了120个剧本、80个宗教寓言剧和20多个短剧。卡尔德隆的早期作品围绕爱情、宗教和荣誉这三个主题展开，最负盛名的便是《人生如梦》（La vida es sueño）这部哲理剧；荣誉这个主题在他的悲剧《萨拉梅亚的镇长》（El alcalde de Zalamea）中体现得淋漓尽致，从后续作品《失却名誉的画师》（El pintor de su deshonra）、《荣誉医师》（El médico de su honra）和《秘密伤害与报复》（A secreto agravio secreta venganza）中也可以看出他对荣誉的重视。他的一些宗教寓言剧，如《世界大剧场》（El gran teatro del mundo）、《世界迷宫》（El laberinto del mundo）等，与他前面创作的似宗教剧又非宗教剧的作品相比，少了些个性，写作方法和主旨也很有限，因此没有取得突出成绩。

《人生如梦》在当时是一出亦幻亦真的怪剧。此剧最早版本发表于1635年，作者"人生如梦"的观点带有东方文化印记，让人不禁感慨命运无常。此外，卡尔德隆的情节设计构思巧妙，在庄严肃穆中上演一出出荒诞闹剧。通过主角塞吉斯蒙多对世界及人生的看法，表达自己对人性和命运的怀疑与思考。

《萨拉梅亚的镇长》是荣誉剧的代表作，很多人认为这是一部主旨复杂的剧作，人性的善恶多变在剧中体现得淋漓尽致。

第五节　黄金世纪的语言发展

一、语法

16世纪上半叶，动词变位显示出很大的不稳定性。例如，动词amar（爱）、tener（有）和ser（是）的第二人称复数变位，既有amáis, tenéis, sois, 又有amás, tenés, sos, 但后一种变位方式渐渐被弃用，直至最后消失。这种现象不仅出现在西班牙，而且也出现在美洲一些地区。另外，还有类似在cayo, trayo和caigo, traigo之间摇摆不定的情形。17世纪初，动词变位的最终形式基本得到确立。

古词语一直存在于书面语中，直到卡尔德隆生活的时代还能找到其踪迹。重音在倒数第三个音节上的单词，如amávades, sentíades, diéxeredes等，这些词最终得以简化，词中的d被去除，变成了amavais, sentíais, diexereis。

不少作家忽略了一些以-és结尾的表示国家、民族和地区的词的阴性词尾，例如provincia cartaginés, la leonés potencia, 连卡尔德隆也写下了las andaluces riberas这样的词组。指小词后缀-illo和-uelo在当时很受欢迎，尤其是在诗歌当中，但是-ico和-ito是否流行却存在较大争议。

二、句法

从很早之前开始，aver[①]和tener的用法就有了一定之规。两者都是及物动词，并且都是"拥有，占有"之意。aver更多是指"得到，获得"，而tener是指"较长一段时间的拥有"。在黄金世纪初，这两个动词几乎是同义词，有近似的用法。到后来，aver让位给tener，扮演辅助的角色。

ser和estar在用法上一直有较明确的界定，如《西班牙语语言史》中所言："如果说一个人疯了，那我们用está loco，此人有可能某一天会恢复正常；如果说一个人是无知而狂妄的，那我们会说es recio，在这种情况下此人会一直保持这个状态，几乎一生都是如此。"[②]即便如此，和现代西班牙语相比，两者的区分依然不那么清晰。除了谣曲和传统的歌谣，cantara已经完全失去了作为过去完成时的作用。最终，在条件

[①] aver，即现在的haber。
[②] Rafael Lapesa, *Historia de la lengua española*, Madrid: Editorial Gredos, S. A., 1981. p. 338.

句中 cantara 的作用发生了重大改变。一开始，对将来情况的假设，使用一般现在时或者将来虚拟式。如果对将来的情况十分不确定或者真实性很低，那么便会在条件从句当中使用 cantase，在结果句中使用 cantase 或 cantaría。13—16 世纪间，这些规则被过去完成时的复合形式 hubiese cantado 和 hubiera cantado 所干扰。

三、词汇

随着与意大利文化和政治往来日益频繁，西班牙引入了大量意大利语新词。战争方面包括 escopeta（猎枪）、parapeto（胸墙，掩体）、centinel（哨兵）、escolta（护航舰）、bisoño（新兵）；航海和贸易方面包括 fragata（三桅战舰）、galeaza（大型三桅杆帆船）、mesana（三桅船的后桅）、piloto（领航员）、banca（独木船）；文学和艺术方面包括 esbozo（素描）、diseño（设计）、modelo（范本）、balcón（阳台）、cornisa（檐口）、fachada（建筑物的正面）、cuarteto（四行诗）、terceto（三行诗）、estanza/estancia（诗节）、madrigal（抒情短诗）、novela（小说）等。

这个时期，西班牙语还引入了一系列法语词汇，如在时装方面的 chapeo（帽子）、manteo（前开叉呢裙）、ponleví（细高跟鞋）；家庭方面的 servieta（餐巾），后来演变成 servilleta；社交方面的 madama（夫人，太太）、damisela（小姐，姑娘）、rendibú（客气，礼貌）等；战争方面的 trinchea（战壕，后来演变成 trinchera）、batallón（营）、batería（炮兵连）、bayoneta（刺刀）、coronel（陆军上校）、piquete（小分队）等。

葡萄牙语、德语以及美洲印第安土著语言都向西班牙语输入了新词，这在一定程度上丰富了西班牙语词汇，让西班牙语朝着更多元的方向发展。

四、黄金世纪文学中不朽的人物形象

16—17 世纪的黄金世纪，是西班牙文学大丰收的时期，众多优秀作家和作品为这一世纪的繁荣增添了自己独特的一笔。塞万提斯、洛佩·德·维加、贡戈拉、克维多、卡尔德隆等，都留下了不朽之作。这其中还有我们耳熟能详的几个文学人物：从早期的塞莱斯蒂娜，到塞万提斯笔下的堂吉诃德，以及蒂尔索·德·莫利纳笔下的唐璜，等等，下面就简单介绍这几个文学人物产生的影响。

塞莱斯蒂娜

《塞莱斯蒂娜》是 15 世纪末诞生的一部伟大著作，其中一系列经典的人物形象是其成功的重要原因之一。老虔婆塞莱斯蒂娜是配角，年迈、贪婪、狡猾、世故，从事的职业也不光彩，但她却聪明能干，深谙取悦他人之术。这个人物在整部戏剧中的主要作用是将所有人物和情节串联起来，并由此成为决定故事走向的重要人物。说到价值观，跟其他人物相比，她没有特别之处。塞莱斯蒂娜懂得互利共赢的道理，擅于利用他人和金钱来获取好处。但作为女人，她诠释了这样一种形象：不懂正确估量自己，不会评估和尊敬他人。对塞莱斯蒂娜来说，他人不重要，甚至不存在。这部作品所要抨击的主要对象并不是塞莱斯蒂娜，而是阴险狡诈的社会环境。正是那样一个社会的贪婪和自私造就了这种氛围，让她周遭几乎所有人都觉得可以接受，并且为人多数人追捧。但奇怪的是，即便所有人都知道塞莱斯蒂娜是谁，那些人还依然把自己装成一副无辜的样子，还声称自己是受害者。表面精明的塞莱斯蒂娜，实际上也是一个任人利用的工具，不过她并不在乎，她一心只想谋取钱财。

塞莱斯蒂娜以及书中其他人物，标志着当时一种新的世界观和生活方式正在悄悄萌芽，但是旧制度和体系依然占据着人们的思想和生活。书中的爱情故事体现了人文主义精神，但在丑恶的现实面前不堪一击。无论如何，作为一个经典的世界文学形象，塞莱斯蒂娜现如今象征着人性丑恶，这个名字成了背信弃义、利己主义和寡廉鲜耻的代名词。在西班牙语中，塞莱斯蒂娜派生出普通名词celestino/celestina，意"妓院老板；老鸨，鸨母；拉皮条的人"。

堂吉诃德

堂吉诃德是一个非常复杂而矛盾的人物。他的显著特点是脱离实际，耽于幻想。他满脑子都是骑士小说里描写的那些魔法、巨人和妖怪。可与此同时他又是一个理想主义者。他所向往的理想和他所奉行的原则并不全是骑士制度的产物，其中也包含着人文主义的内容。如同情弱者，疾恶如仇，把除暴安良看作自己的天职。他酷爱自由和公正，敢于为主持正义而斗争。堂吉诃德的所作所为也说明他并不只是停留于空想，反而为了实现理想，他可以不顾个人安危和失败，表现出一种奋不顾身的献身精神和斗争精神。

堂吉诃德的形象具有他的复杂性。他耽于幻想、行动盲目，是一个喜剧型的人物。同时他又是理想与现实脱节、动机高尚而行动错误的悲剧型人物。堂吉诃德形象的巨大概括力，使他成为世界文学中不朽的典型之一。在堂吉诃德身上，愚蠢和聪明博学，荒唐和正直善良，无能和勇敢顽强就这样矛盾地融合在一起。这是一个可笑但并不可恶，甚至相当可爱的幻想家。不过，堂吉诃德的悲剧在于目的和方法、主观和客观、愿望和效果的矛盾对立。①

堂吉诃德这一人物形象不仅在西班牙国内取得广泛影响，在国际上同样引起了普遍反响和关注。英国的拜伦感慨堂吉诃德成了笑柄，法国的夏多布里昂则看到他的伤感，在中国，著名作家鲁迅创造了一个类似堂吉诃德的人物——阿Q。在西班牙语中，堂吉诃德派生出普通名词quijote，意为"堂吉诃德式的人"。

唐璜

唐璜（Don Juan）这一人物形象最先出现在蒂尔索·德·莫利纳（Tirso de Molina，1579—1648）的《塞维利亚的嘲弄者和石头客人》（*El burlador de Sevilla o Convidado de piedra*）一书中，指的是引诱女人与之发生关系而满足其虚荣心的男人。这一经典形象在世界范围内引起轰动，后世许多作家纷纷参照唐璜，对自己作品的主人公进行文学创作。在西班牙，18—19世纪出现了类似以唐璜为主人公的作品，如何塞·索里利亚（José Zorilla）的《堂胡安·特诺里奥》（*Don Juan Tenorio*）。在19世纪的现代及后现代主义作品中，唐璜的影响也可见一斑，乌纳穆诺（Unamuno）、哈辛托·格拉乌（Jacinto Grau）和阿索林（Azorín）等人的作品都与唐璜有密切联系。

纵观世界文学发展历程，可以看到唐璜这一形象反复出现在各种体裁的作品中，对后来欧洲浪漫主义文学产生了较大影响。比如法国作家莫里哀的讽刺喜剧《唐璜》、英国作家拜伦的抒情长诗《唐璜》等。此外，在音乐方面，莫扎特作有歌剧《唐乔瓦尼》（*Don Giovanni*，西班牙语人名Juan对应意大利语是Giovanni）也描述了唐璜这一人物形象。在西班牙语中，唐璜派生出普通名词donjuan，意为"花花公子，喜欢勾引女性的男人"；何塞·索里利亚作品中的人物堂胡安·特诺里奥的姓氏也成了普通名词tenorio，和donjuan同义。

---

① 陈众议：《西班牙文学：黄金世纪研究》，南京：译林出版社，2007年，第219页。

第四章 西班牙语的日臻完善（18世纪）

第一节 18世纪的西班牙语

一、18世纪的西班牙

哈布斯堡王朝灭亡以及波旁王朝的建立

由于几代王室的近亲联婚，卡洛斯二世自幼多病，发育不全，智力及身体均缺陷明显，此外，卡洛斯二世无生育能力，膝下无子。因此，西班牙王位继承问题很快引起了欧洲各国的关注。

当时，有权继承西班牙王位的共三人，一是法国太阳王路易十四的次孙费利佩·德·安茹公爵，路易十四的妻子是费利佩四世的长女、卡洛斯二世的姐姐玛利亚·特蕾莎，因此，安茹公爵费利佩是最直接的王位继承者；二是奥地利哈布斯堡王朝神圣罗马帝国皇帝莱奥波尔多一世次子奥地利大公卡洛斯，莱奥波尔多一世的妻子是费利佩四世的次女、卡洛斯二世的妹妹玛格丽塔；三是莱奥波尔多一世本人或其外孙、巴伐利亚的何塞·费尔南多亲王。

根据西、法两国签订的《比利牛斯条约》，玛利亚·特蕾莎嫁给路易十四就自动放弃西班牙王位的继承权。法国不愿意看到莱奥波尔多一世或奥地利大公卡洛斯继承西班牙王位，因为这很可能意味着卡洛斯一世时期那个强大的哈布斯堡王朝的复辟。英国和荷兰更担心如果安茹公爵费利佩继位后，法国吞并西班牙并称霸欧洲，威胁更大。因此，各方最终做出一个折中方案，由巴伐利亚的何塞·费尔南多亲王继位，法国和英国经讨价还价后也表示同意。于是，卡洛斯二世封何塞·费尔南多亲王为阿斯图里亚斯亲王[①]，然而始料未及的是，1699年何塞·费尔南多突然辞世。

此时，在西班牙王室中围绕卡洛斯二世继承人问题也存在两派不同意见，不过奥

[①] 阿斯图里亚斯亲王（Príncipe de Asturias）为西班牙王储封号。

地利帮处于弱势，法国帮占据多数。法国帮支持安茹公爵费利佩继承王位，其理由是由一个强大的法国后代来做西班牙国王，可以保证哈布斯堡帝国的完整和统一。西班牙王室为了帝国的利益，转而支持安茹公爵费利佩继承王位，但前提是他必须放弃法国王位继承权，以免将来出现两国一主的情况。

1700年10月2日，卡洛斯二世立下遗诏，由安茹公爵费利佩继承王位。11月1日，卡洛斯二世病逝，年仅38岁，西班牙哈布斯堡王朝统治宣告结束。11月12日，路易十四宣布费利佩接受西班牙王位继承权。11月16日，路易十四向王室成员、廷臣和各国使节宣布安茹公爵费利佩为西班牙国王。

1701年2月18日，安茹公爵费利佩来到马德里即位，称费利佩五世，西班牙从此开始波旁王朝（Casa de los Borbones）统治时期。

18世纪波旁王朝统治下的西班牙

法国在西班牙捷足先登的行为引起了欧洲其他国家的不满，各国兵戎相见，导致长达十三年之久的"西班牙王位继承战争"（Guerra de Sucesión Española, 1701—1714），当时西欧的主要大国，如法国、奥地利、英国、荷兰和德国都卷入了这场战争。1713年交战各国媾和，签订了乌特雷奇条约，承认费利佩五世为西班牙唯一合法君主。作为交换条件，西班牙割让其在欧洲除本土外的全部领地，英国成为参战国中的最大赢家，攫取了直布罗陀要塞、梅诺尔卡岛（Menorca）、北美哈得逊湾一带的土地及在美洲的贸易权。如同昔日的奥地利一样，法国也将西班牙拖入了自己所处的国际关系之中。

整个18世纪，西班牙的王权都掌握在波旁家族手中。费利佩五世带来了欧洲战争，也带来了法兰西文明的影响，他力图通过一系列施政纲领和政策，消除西班牙在几个世纪中与欧洲近乎隔绝的鸿沟。他仿照祖父路易十四在文化上的建树，在西班牙建立了第一个皇家科学院和皇家历史学院，把皇家藏书馆改造为公共图书馆，把王室的绘画收藏扩大为日后举世闻名的普拉多博物馆。他提倡教育，提倡改变当时比较封闭守旧的民风，提倡欧化以对抗西班牙尚存的相对落后的思想形态和生活方式。在费利佩五世的倡导下，法兰西之风从宫廷蔓延到整个社会，被称为自上而下的变革。

其子卡洛斯三世则努力谋求西班牙中立和平的战略利益，提出西班牙立足于欧洲之外的外交政策，避免战争，以保证西班牙有足够时间和环境加速发展；他还推行源于路易十四的、旨在发展经济的"开明专制主义"（despotismo ilustrado），在加泰罗尼亚建立了棉纺业等工业，开放美洲贸易及全国口岸，鼓励与欧洲和世界各国进行贸易往来，大大促进了国内经济贸易的繁荣。卡洛斯三世本人厌恶战争，热衷于马德里的城市规划和建设，聘请了国内外杰出的艺术家、建筑师和工匠，努力把马德里建成具有文化艺术气息、先进生活设施及优美生活环境的现代大都市，于是，大量公共建筑拔地而起，例如马德里王宫、阿尔卡拉门、圣弗朗西斯科大教堂、植物园、自然科学博物馆、装饰有喷泉的林荫大道等。在其近三十年的统治期间，西班牙出现了相对的政治稳定和经济繁荣。

启蒙时期的西班牙

18世纪，西欧各国开展了一场"启蒙运动"（Ilustración）。该运动起源于17世纪英国经验主义（empirismo）哲学家，后来欧洲资产阶级革命的中心转移到了法国。法国的启蒙学者反对封建主义（feudalismo），反对教会、国王和贵族的传统权威，反对迷信；要求信仰自由和政治自由，主张法律面前人人平等；提倡实验的科学研究和自由批评。由于当时新兴的自然科学证明了自然是受理性支配的，所以启蒙人士主张以人的理性为一切的基础，来"启"迪芸芸众生，脱离"蒙"昧，所以开展启蒙运动的18世纪也被称为"理性时代"（Siglo de Razón）。启蒙人士（los ilustrados）着眼于教育大众，因为他们认为人民的贫困是无知、迷信所致。为此，法国一大批哲学家、作家、学者耗时二十七年，编撰了一套足以代表那个时代的百科全书（enciclopedia），其口号是"你在这套书中可以查到所有的知识"，因此后人称他们为百科全书派（enciclopedismo）。这场运动为后来西欧资本主义的进一步发展扫清了道路。

作为欧洲国家，西班牙也有相似的经济及社会条件，而作为法国的邻国，西班牙受到法国启蒙运动的影响更为直接。1765年，卢梭的名著《爱弥尔》被判在马德里一所教堂公开焚毁。这一举动等于免费为该书做了广告，许多年轻的西班牙人由此知道了这本书并秘密借来阅读。借着这股东风，伏尔泰、狄德罗等许多著名启蒙思想家的著作被走私带入西班牙，在赢得了众多读者的同时，也把启蒙思想带入了西班牙。

1763年，一名西班牙新闻记者写道："透过许多流行且有害的书籍，诸如伏尔泰、卢梭和爱尔维修所著作品的影响，在这个国家，已感受到了许多人对信仰的冷漠。"在西班牙一些社会团体的书架上，可以公开找到伏尔泰、卢梭、达朗贝、孟德斯鸠、霍布斯、洛克、休谟等人的著作。

1768年，一名法国修道士在游历西班牙后指出："西班牙已普遍产生宗教漠视，甚至于不信宗教。"甚至宫廷里的高层人士也都开始阅读来自法国的启蒙书籍，可见法国启蒙运动在西班牙影响之大。然而，西班牙封建势力强大，资本主义发展缓慢，与西欧国家相比,西班牙的启蒙运动在声势和成效上还是较小。

以启蒙思想和理性主义教化民众是18世纪西班牙文化的主要特点。西班牙的教育制度始于中世纪,墨守成规,毫无生气,启蒙派主张改革教育。然而,教改从一开始便遭到贵族及教会的抵制和阻挠,他们规定在大学里必须以拉丁语为自然科学的教学语言。启蒙学者大声疾呼改拉丁语为西班牙语,但是他们的良好愿望直到西班牙独立战争(Guerra de la Independencia Española,1808—1814)后方得以实现,西班牙保守势力之顽固可见一斑。

然而,18世纪毕竟是理性的时代,现代科学研究在西班牙同样取得了长足进步。1713年成立的西班牙皇家语言学院(Real Academia Española de la Lengua/RAE)是西班牙历史最悠久的研究院。此外,还有于1713年建立的皇家历史学院(Real Academia de la Historia)、1734年的医学科学院(Academia de Medicina)、1735年的马德里植物园(Jardín Botánico de Madrid)、1744年成立的圣费尔南多艺术学院(Academia de Bellas Artes de San Fernando)和1771年创办的皇家图书馆(Biblioteca Real)。

卡洛斯三世对西班牙社会进行了规模宏大而卓有成效的改革,他称得上是关心城市规划和建设的第一位西班牙君主,是他使首都马德里成为具有浓郁文化气息及优美环境的现代化都市。

西班牙艺术在启蒙运动的18世纪也经历了一场变革。18世纪上半叶,艺术上仍以巴洛克风格为主,同时受到法国洛可可①风格的影响,但西班牙波旁家族的统治者们似乎更垂青于学院式风格,他们从外国聘请艺术家和工匠进行艺术创作。从18世纪下半叶起,古典主义(clasicismo)严谨而富于理性的建筑风格在西班牙取得胜利,代表作有马德里王宫、普拉多博物馆和阿尔卡拉门等一大批公共建筑。

二、18世纪起法语对西班牙语的影响

18世纪,受法国启蒙运动的影响,法国文化迅速在欧洲盛行起来。而作为法国文化载体的法语,也得到了欧洲各国的推崇。人们视操一口流利法语为高雅、体面的事

---

① 洛可可(rococó),18世纪产生于法国、遍及欧洲的一种艺术形式或艺术风格,盛行于路易十五统治时期,具有轻快、精致、细腻、繁复等特点,被广泛应用在建筑、装潢、绘画、文学、雕塑、音乐等艺术领域。洛可可艺术形成过程中受到东亚艺术的影响,有人认为洛可可风格是巴洛克风格的晚期,即颓废和瓦解的阶段。

儿，法语词汇也自18世纪起大规模进入欧洲其他国家语言中。

法语词汇最早进入西班牙语词汇发生在中世纪。11世纪的圣地亚哥朝圣之路①是法语进入西班牙语的一个非常重要的途径。沿途不断有法国朝圣者在西班牙定居下来，他们给伊比利亚半岛的西班牙语贡献了大量的普罗旺斯语②词汇和法语词汇，如homenaje（敬意），mensaje（口信，信件），vergel（花果园），fraire（修道士，现为fraile），mesón（餐馆），manjar（美食），viandas（食物；珍馐），vinagre（醋），alemán（德国人；德语），batalla（战役），barón（男爵），ciprés（柏），coraje（胆量，勇气），hereje（异教徒），pincel（画笔），escote（袒胸领），jamón（火腿），joya（首饰），mantel（桌布）等。

18世纪，西班牙在波旁王朝的统治下又吸收了一批法语词汇，如bayoneta（刺刀），bufanda（围巾），brigada（旅；队），gabinete（小房间；内阁），espectro（幽灵），cadete（士官生），funcionario（官员），espectador（观众）等。

启蒙运动推动了西班牙在政治和经济领域的变革，社会生活发生了重大变化，社会的变化同时导致语言上的变化。在这一期间，西班牙语从法语及其他语言中引进了大量新词语，如criterio（标准），crítica（批评），materialismo（唯物主义），phenómeno（现象，现为fenómeno），sistema（体系）等。由于对自然科学的极大兴趣和新技术的推广应用，人们需要使用更多有关实证主义的新词，因此如electricidad（电），mechánica（力学，现为mecánica），microscopio（显微镜），termómetro（温度计），vacuna（疫苗）等相继出现。

文化生活方面的词汇也发生了重大更新，而这类词主要来自比利牛斯山以北的法国。此外，西班牙语还从法语引进了大量关于现代社会生活的词语，如petimetre（赶时髦的人），coqueta（卖弄风情），gran mundo（上流社会），hombre de mundo（见

---

① 圣地亚哥朝圣之路（Camino de Santiago），世界三大朝圣之路中最著名的一条，在西方世界享有盛誉。主要指从法国各地经由比利牛斯山通往西班牙北路的道路。圣地亚哥朝圣之路是联合国教科文组织在录世界遗产，也是全世界仅有的两处"巡礼路"世界遗产之一。西班牙的圣地亚哥·德·孔波斯特拉（Santiago de Compostela）与耶路撒冷、罗马并称为基督教三大圣地。相传814年牧羊人看到多个流星坠入凡间，于是发现了耶稣第十二门徒"圣雅各"（圣雅各在西班牙语中是Santiago）的遗骸，后经罗马大主教确认，在原址建造教堂安放其遗骸，此地即为现今的圣地亚哥·德·孔波斯特拉，彼时教士为安葬圣雅各，徒步从法国边境前往圣地亚哥·德·孔波斯特拉，这条路线就是今朝圣之路的前身，后又演变为三条著名的线路：法国之路、北方之路和白银之路。白银之路始发欧洲多地，在法国边境进入西班牙时，并入北方之路和法国之路，其终点都是圣地亚哥·德·孔波斯特拉。
② 普罗旺斯语（provenzal），法国南部普罗旺斯地区使用的一种奥克语方言。

多识广的人），ambigú（自助餐）等；时尚方面的词语，如 miriñaque（硬衬布裙），polisón（裙撑），chaqueta（短上衣），pantalón（长裤），satén（缎子），tisú（金银线薄纱），corsé（紧身胸衣）等；家具和生活用具词汇，如 buró（办公桌），secreter（写字台），sofá（沙发），neceser（化妆包）等；住宅和住宿方面的词汇，如 chalet（别墅），hotel（旅馆）；烹饪、美食词语，如 croqueta（炸丸子），merengue（奶油夹心烤蛋白）等；军事活动词汇，如 brigadier（准将），retreta（撤退号），batirse（战斗），pillaje（掠夺），zigzag（之字形）等；口语方面还有 avalancha（雪崩），revancha（报仇），control（控制），hacerse ilusiones（抱有幻想），hacer las delicias（使开心），等等。

18—19世纪，随着商业活动和银行业务的开展，以及资本主义制度在西班牙的发展，其相关术语从法语得到启发或引入，如 explotar（开发），financiero（金融家），bolsa（证券交易所），cotizar（报价），efectos públicos（公共财产），letra de cambio（汇票），garantía（担保物），endosar（签字转让），aval（担保）；政治领域则引入了 parlamento（王公贵族会议），departamento ministerial（政府部门），comité（委员会），debate（讨论）等；由于效仿法国模式，西班牙行政机构也变得更为复杂，其相关的法语表达方式随之照搬过来，如 burocracia（官僚），personal（人员），tomar acta（做记录），consultar los precedentes（查询先例）等。

此外，还有大量的法语单词直接作为外来词被西班牙语收录，如 toilette（发音 tualé，卫生间），trousseau（发音 trusó 或 truso，嫁妆），soirée（晚会，夜场），buffet（自助餐），bibelot（小玩意儿），renard（狐皮领），petit-gris（松鼠），beige（米黄色的）。

原法语单词 élite（精英）中 e 上的重音符号仅表示 e 发闭音，而西班牙语把该词照搬过来，连一些有学问，甚至很有学问的西班牙人都误以为相当于西班牙语中的重音符号，把重音读在 e 上，实际上正确的拼写应为 elite。

法语的句法对西班牙语的破坏更显而易见。在当时许多新闻及官方文书中，随处可见乱用副动词作形容词的现象，这正是模仿法语中现在分词导致的结果，如 orden disponiendo la concesión de un crédito（借贷令）; ha entrado en este puerto un barco conduciendo a numerosos pasajeros（一艘载有许多乘客的船驶入港口）; se ha recibido una caja conteniendo libros（刚收到了一个装了书的箱子）。如果当时的西班牙语教学能够及时纠正类似句法错误的话，那么，一些流传至今并被误用的语法结构可能就不存在了，如 táctica a seguir（要采取的战术），motores a aceite pesado（重油发动机），timbre a metálico（金属音色）。

第二节 启蒙时期的西班牙文学

一、18世纪的西班牙

18世纪对于西班牙来说，是一个由旧体制向新体制过渡的重大时期，特别是18世纪后期到19世纪的社会、政治、经济改革使西班牙面貌焕然一新。卡洛斯二世没有子嗣，在其死后，法国波旁王朝入主西班牙，同时也开始在西班牙运行法国政府模式，即绝对君主制（absolutismo monárquico）。后来绝对君主制又发生了变化，逐步演变为开明君主制。然而，由于统治者昏聩无能，教会蛮横专断，西班牙在封闭自守中度过了整整一个世纪，在许多方面都远远落后于西欧其他国家。费尔南多六世在位期间，曾大力推动启蒙主义思想在西班牙的传播，亲自出面保护共济会教士费霍神甫。到卡洛斯三世执政期间，西班牙启蒙运动达到了顶峰。卡洛斯三世充满了改革热情，在美化城市、改善道路、发展教育文化等诸多方面取得了可喜的成绩。卡洛斯三世驾崩后，其子卡洛斯四世继承王位，倡导"自由、平等、博爱"（Libertad, Igualdad y Fraternidad）的法国大革命爆发后，这个低能君主为防止革命的火苗蔓延到西班牙，终止了一切改革活动，并封锁西法边境，还启用宗教法庭来遏制革命思想传播，一大批启蒙思想家遭到追捕和迫害。可以说，18世纪是两个西班牙共存的时代：一个坚持保守封闭，一个则追求进步革新。

二、18世纪西班牙文学概述

在这样的社会大环境下，西班牙文学的发展面临着重重阻碍。前一个世纪曾风靡一时的巴洛克文学已然失去了昔日的风采，成为空洞无物的花架子，并逐渐走向衰落。和黄金世纪不同的是，18世纪的文学创作以理性思考为特色，因此产生了大量说教性叙事体作品。一些优秀作家在维护语言纯正方面既有所创新，又有所保留。启蒙时期的作家使用的西班牙语和如今通用的西班牙语已经相差无几，他们在撰写作品时，首先考虑的是文字的清晰与准确，其次才是文体优美。

大体说来，18世纪的西班牙文坛主要受到三种文化思潮的影响，分别是后巴洛克主义（posbarroquismo）、新古典主义（neoclasicismo）和前浪漫主义（prerromanticismo)。

后巴洛克主义

18世纪上半叶，后巴洛克文学依然保持着强劲的势头，在西班牙文坛占据重要位置。可是，这些作家并没有发扬先人的优点，反而把巴洛克文学的缺点继承了下来。他们一味模仿巴洛克作品中用到的形式和技巧，却缺乏黄金世纪作家的创新精神。为了与这种纯形式主义的后巴洛克文学抗争，涌现出了一批优秀作家，如卢桑、费霍神甫。

新古典主义

随着波旁王朝的设立，新古典主义文学与启蒙运动几乎同时进入西班牙，这是18世纪最主要的文学思潮，几乎涵盖了整个18世纪，是该时期文学最突出的特点。新古典主义追求优雅之美，并把理性置于想象力之前，基本上遵循古典戒律和"三一律"（unidades aristotélicas de tiempo, lugar y acción）。这种文学形式被重重规则束缚住，并不能表达个人的内心感受，因此，新古典主义作品也只能停留在较低级的水平。新古典主义思潮表现在以下三个方面：戏剧、诗歌和散文。

戏剧方面，将"三一律"发挥到了极致，并排斥一切想象、梦幻和神秘成分。另外，还人为地把喜剧和悲剧完全隔离开来。这一切最终目的在于说教。

诗歌方面，诗人们普遍选取的主题有田园牧歌，或是歌颂爱情和酒宴，此外便是哲学和说教类。启蒙运动倡导和推崇理性主义，新古典主义作家们并不把诗歌当作其青睐的文学体裁，因此，18世纪并不是一个通过文学作品来表达内心情感的时期。

散文方面，批评成为启蒙改革家们的有力武器。无论是在社会生活还是文学领域，都可以听到改革家们掷地有声的尖锐批评。散文被他们很好地利用来达到说教目的。当时盛行的理性主义、作家面对现实时所持的批判态度及求知欲以及其教化和引导大众的目的，使散文的内容得以丰富并具有时代意义。

前浪漫主义

前浪漫主义在18世纪最后十年才崭露头角。前浪漫主义在启蒙运动革新思想的带领下，与新古典主义美学思想背道而驰，这种对立持续了很长一段时间。前浪漫主义在以下几个方面与新古典主义形成鲜明对立：首先，它承认情感在理性面前的重要地位，作家们开始敢于表达内心情感，抒发悲伤、痛苦及忧愁；其次，对新古典主义的许多条条框框都提出了质疑，当然也有很多前浪漫主义作家接受这些条条框框；在新古典主义作家所描绘的有序而平静的自然世界面前，前浪漫主义作家选择了冲突激烈的场景，有时甚至是恐怖阴森的，比如一些作家会采用暴风雨、夜晚以及墓地作为故事背景，渲染出一种让人毛骨悚然的气氛，以带给读者心灵上的冲击和震撼。

三、代表作家

费霍神甫（Benito Jerónimo Feijoo, 1676—1764）

出身于贵族家庭。1690年成为本笃会修士，1709年担任奥维耶多（Oviedo）城圣维森特学校教师，并一度担任奥维耶多大学校长，可以说，他的一生几乎都在奥维耶多度过。

费霍神甫将其大部分精力投入到研究、治学和创作当中，与国内外众多学者和科学家都有书信往来。他所撰写的《总体批判剧场》（*Teatro crítico universal*）和《奇异的博学书简》（*Cartas eruditas y curiosas*）被认为是18世纪西班牙最脍炙人口的作品，而费霍神甫也被看作是把散文引入西班牙的大功臣。

费霍神甫在他的上述两部作品中宣扬了18世纪百科全书派的观点。《总体批判剧场》是一部议论文汇编集，分为八卷，总共收入了118篇文章，触及的内容极为广泛，主题各异，很难将它们一一分类加以介绍。这是一部普及传播性作品，一部与人类息息相关、内容浩繁的杂记随笔。《奇异的博学书简》则分为五卷，共收录了164封篇幅较短的书信，这些信札是在他给仰慕者们的回信中精选出来的。费霍神甫的个人风格独特，语言简洁明快，虽然有时文字经不起仔细推敲。其作品涉及医学、社会学、艺术、美学、教育、政治、哲学、历史学、宗教等领域。在《奇异的博学书简》中他还讲到了一些具体问题，比如民间的迷信、哥白尼理论、印加人的活人祭祀、中医等。值得一提的是，他在其中一篇文章中为自己和同时代其他散文作家所使用的法语提出了辩解，认为在不影响语言演变的前提下，可以适当引入外来词汇。这些议论文最大的意义在于体现了试图把西班牙从愚昧落后中拯救出来的积极态度，而非其外在形式或纯文学价值。

费霍神甫在一定程度上继承了17世纪西班牙警句派文体，他不遗余力地撰写和研究句型的对称和工整，包括对仗和对比的使用，并且被巴洛克风格浓厚的画作深深吸引。他坚持认为"热情"和"狂热"是诗歌的灵魂，这也宣告了前浪漫主义将会登上历史舞台。

卡达尔索（José de Cadalso y Vázquez, 1741—1782）

生于加的斯。一位当教士的叔叔把他送往法国巴黎学习，后来卡达尔索又去到英国、意大利和德国游学,从而熟练地掌握了拉丁语和英语。1762年他开始军旅生活,同时开始文学创作。他最为人津津乐道的当属与女演员玛利亚·伊戈纳西奥·伊巴涅斯的爱情故事,不少人认为他的《忧郁的夜晚》(Noches lúgubres)是为了纪念这段难忘的经历。

《忧郁的夜晚》讲述了三个夜晚发生的事情,分三个部分叙述。全书以对白的形式展开,围绕书中主人公特迪阿托绝望痛苦的心情,并配以墓地和夜晚阴森诡异的氛围,把人物的命运衬托得淋漓尽致。正如评论家所指出的那样,卡达尔索是第一个教会西班牙抒情诗人运用浪漫主义优美手法展示个人内心苦楚的人。[1]

真正使卡达尔索扬名的是《摩洛哥信札》(Cartas marruecas),在其生前并没有公开出版,而是以手抄本的形式流传。这部作品由90封信件组成,讲述了一名摩洛哥青年随摩洛哥大使来到西班牙旅游,借此机会认识了西班牙的风土人情和文化,并将其与欧洲其他国家进行了比较。散文特有的现代性,其中部分信件内容的争议性,以及作者在西班牙一些问题上保持的一贯态度,加之简洁易懂的文字描述,使得这部作品一经问世便受到广泛好评。如今许多评论家依然将该作品奉为18世纪西班牙文学的经典之作。

相对于那些反对夸饰主义和警句主义的人,部分作家过分关注16世纪的作家,而卡达尔索则认为17世纪后半叶法国作家播下了优良的种子,因而18世纪的西班牙作家们由此获益匪浅。

霍维亚诺斯(Gaspar Melchor de Jovellanos, 1744—1811)

是18世纪西班牙启蒙运动最重要的代表人物,同时也是极其杰出的政治家及作家。霍维亚诺斯出身于希洪没落贵族家庭,早年在希洪上学,1757年去往奥维耶多大学学习哲学。1760年,在当地神甫的保护下,来到阿维拉大学学习神学。1764年,他得到阿尔卡拉大学(Universidad Alcalá de Henares)奖学金,继续神学学习。后来,他有幸接触到费霍神甫,并与卡达尔索结为莫逆之交。1778年,他到马德里担任财政部高级职员,并积极参与卡洛斯三世组织的改革运动,直到卡洛斯三世死后,他在宫廷的地位才有所下降。1790年,他来到阿斯图里亚斯创建阿斯图里亚斯学校,编写了西班牙语语法教科书,为西班牙语教育做出了不可磨灭的贡献。

霍维亚诺斯著有很多作品,比如在诗歌和戏剧方面他小有成就,但是最主要的

---

[1] 沈石岩:《西班牙文学史》,北京:北京大学出版社,2006年,第118页。

作品当属散文。这些散文的内容涉及经济、政治、农业、哲学等，创作的出发点都是启蒙运动下的革新精神。其中最著名的是《关于农业法》(Informe sobre la ley agraria)，他主张消除农业发展中的障碍，解决农业生产中的实际问题，比如灌溉力度不够、交通不便、农业生产知识匮乏等一系列问题。

卢桑（Ignacio de Luzán, 1702—1754）

生于贵族家庭，曾前往意大利求学，并于1727年获得了民法和教会法规方面的博士学位。1741年当选皇家语言学院院士，1747年又当选皇家历史学院院士。卢桑熟练掌握多国语言，在语言学、历史学、音乐、数学等方面均有造诣。其作品《诗艺》(La Poética)被认为是新古典主义诗歌的理论教科书，并且毫无疑问对18世纪西班牙文学产生了深远影响。卢桑主张诗歌风格清新明快，而不应过分依赖形式美，对巴洛克时期诗歌的矫饰和隐喻他是有所反对的，他认为诗歌要反映自然之美，应该向16世纪的诗人加尔西拉索、莱昂神甫学习。新古典主义作家严格遵照希腊语和拉丁语的使用模式来创作，并且像17世纪法国作家一样遵循亚里士多德和贺拉斯[①]所主张的戒律，不少作家因盲从这些戒律，对西班牙文学之前使用法语词汇的现象大加鞭笞，但是由于新古典主义文学过分依赖规则，其创作又不得不向16世纪，甚至17世纪的作家汲取养分，因此，卢桑的作品《诗艺》，为其发展指明了方向。

莫拉廷（Leandro Fernández de Moratín, 1760—1828）

生于马德里。1779年，他的诗作获得了皇家语言学院颁发的奖项，并于1782年再度获奖。1787年，在霍维亚诺斯的帮助下，去往巴黎，不久以后回到家乡潜心写作。

莫拉廷是18世纪唯一一位获得观众认同的新古典主义剧作家。其剧作忠实地反映了启蒙主义精神，并积极地贯彻了新古典主义原则。莫拉廷的剧作严守"三一律"的创作原则，但是他也从黄金世纪的戏剧中吸取了精华，使戏剧具有独特的风格。《老人与少女》(El viejo y la niña)、《男爵》(El barón)、《姑娘们说行》(El sí de las niñas)是其代表作。

莫拉廷和霍维亚诺斯、梅伦德斯·巴尔德斯一起，在语言方面做出了不少贡献。由于图画和概念的力量逐渐强大，文学和口语日渐分离，词汇开始变得匮乏。作家们

[①] 昆图斯·贺拉斯·弗拉库斯（Quinto Horacio Flaco，前65—前8），罗马帝国奥古斯丁统治时期著名诗人、批评家、翻译家，古罗马文学"黄金世纪"的代表人物之一。

开始为恢复语言的地位争相努力，以增加更多可用词汇。很多人认为语言使用的范例可以在古典主义作家的作品当中找到，在这些作品中可以看到很多过去使用过的用法。这为语言的重塑提供了良好的环境，让语言变得更优雅得体，不过也使得一部分人对黄金世纪文学注入了过多精力。

四、西班牙文坛的争论

由于受法国启蒙运动的影响，18世纪西班牙引进了大量法国词语。一些极端的纯正派作家认为，西班牙文化界以及整个社会过于崇尚法国风气，导致法国借词大量涌入。这在一定程度上影响了西班牙语的独立和纯正，应当排斥法语词汇的进入。然而，一些有识之士则建议选择性地吸收，因此，应该引进必要的新概念及新词语。最终，他们的观点得到了更多人的采纳，西班牙语词汇也得到了丰富和发展。

另一方面，拉丁语在西班牙的地位依然很坚固，很多人认为应该继续用拉丁语写作，可是以费霍和霍维亚诺斯为代表的作家则严厉反对，直到19世纪，在作家金塔纳[①]一再坚持下，才最终确立了西班牙语的统一局面。

第三节　西班牙皇家语言学院

一、西班牙皇家语言学院

皇家语言学院历史

西班牙皇家语言学院1713年在比列纳侯爵（marqués de Villena）胡安·马努埃尔·费尔南德斯·帕切科（Juan Manuel Fernández Pacheco）的提倡下成立于马德里，帕切科侯爵也顺理成章地成为其第一任院长。

在当年6月的几次准备会议之后，7月6日在帕切科侯爵家中举办了第一次正式的组织会议，记录在议事录中。1714年10月3日费利佩五世正式批准其成立，并承认其受皇家保护。

1715年，在考虑了众多候选口号后，最终确定了以下的口号：净化、定型并增添

---

① 曼努埃尔·何塞·金塔纳（Manuel José Quintana，1772—1857），西班牙诗人、作家。金塔纳深受法国启蒙运动影响，其诗作充满爱国主义和自由主义思想，获"民族诗人"称号。拿破仑军队入侵西班牙时，在加的斯小朝廷担任语言解释秘书。1812年入选皇家语言学院。

光彩。阿隆索·维森特在《西班牙皇家语言学院史》中曾提到皇家语言学院的徽章："它是一个烈焰中的熔炉，上面刻着：净化、定型并增添光彩（limpia, fija y da esplendor）"。[1]

要说到西班牙的皇家语言学院，不得不提的是法国语言学院。它是西班牙皇家语言学院最主要的先例及模本，由红衣主教黎塞留于1635年创建。西班牙皇家语言学院设立的主要目的是编著一本内容尽可能详尽、丰富的卡斯蒂利亚语词典。这一目的随着《权威词典》（Diccionario de autoridades）的出版得以实现，《权威词典》共分为六册，1726—1739年间陆续出版。

1715年，语言学院的25位成员一致通过了最初的学院章程，后来1848、1859、1977及1993年又分别对章程进行了更新。《卡斯蒂利亚语正字法》（Orthographía castellana/Ortografía de la lengua castellana）于1741年出版，1771年出版了《卡斯蒂利亚语语法》（Gramática de la lengua castellana）。

皇家语言学院300年的历史里，总共有29任院长，其中拉蒙·梅嫩德斯·皮达尔[2]和何塞·玛利亚·裴曼[3]担任过两届院长。皇家语言学院成立时的主要目的是为西班牙语服务，保证卡斯蒂利亚语语音与词汇的正确、优雅与纯粹，这在其最初的学院章程中也有所体现。随着时代的变迁，皇家学院也在不断调整其职能。其章程第一条规定，学院的主要使命是时刻关注语言变化，因为西班牙语必须要不断调整以适应其使用者的多样性，从而保证这门语言在西语世界范围内的根本统一性。1993年通过并沿用至今的章程中规定，语言学院的主要任务是捍卫"西班牙语在其不断适应使用者需要的过程中不丢失其基本的统一性"。这一承诺在《泛西班牙语言政策》（política lingüística panhispánica）中也得到充分体现，《泛西班牙语言政策》除了适用于西班牙皇家语言学院，也适用于组成西班牙语语言学院协会（Asociación de Academias de la Lengua Española, ASALE）分布于美洲、亚洲和非洲的二十二个西班牙语语言学院。皇家语言学院通过各种活动和出版物，致力于保护西班牙语在持续发展和扩张中，其词汇、语法、正字法的统一性及使用的正确性。

---

[1] Alonso Zamora Vicente, Historia de la Real Academia Española, Madrid: Espasa, 1999.
[2] 拉蒙·梅嫩德斯·皮达尔（Ramón Menéndez Pidal, 1869—1968），西班牙语言学家、历史学家、民间研究学家及中世纪史学家，"九八年一代"成员，创建了西班牙语言学校。
[3] 何塞·玛利亚·裴曼（José María Pemán, 1897—1981），西班牙保守主义作家，支持独裁者米格尔·普里莫·德里维拉，反对西班牙第二共和国。

皇家语言学院成立至今的大事年表

◇ 18世纪

1713年，在胡安·马努埃尔·费尔南德斯·帕切科倡导下成立，同年7月6日召开第一届会议，八位创始人均出席了会议。8月3日在胡安·马努埃尔·费尔南德斯·帕切科家中召开第一届学术会议，记录在议事录中。

1714年，费利佩五世正式批准皇家语言学院成立，并将其置于皇室保护之下。

1715年，通过第一部章程，确立徽章：一个在烈焰中的熔炉，上面刻有"净化、定型并增添光彩"。

1725年，胡安·马努埃尔·费尔南德斯·帕切科侯爵去世，代替他成为学院院长的是其子墨丘利·安东尼奥。

1726年，皇家语言学院出版了《权威词典》六册系列中的第一册。

1738年，安德斯·费尔南多斯被推举为第三任院长，他是墨丘利·安东尼奥的儿子。

1739年，第六册《权威词典》出版。

1741年，《卡斯蒂利亚语正字法》第一版出版。

1746年，安德斯·费尔南多斯去世后，其弟胡安·洛佩斯成为第四任院长，他也是最后一位在皇家语言学院任职的比列纳侯爵。

1754年，《卡斯蒂利亚语正字法》第二版出版。

1763年，《卡斯蒂利亚语正字法》第三版出版。

1770年，《卡斯蒂利亚语正字法》第四版出版。

1771年，《卡斯蒂利亚语语法》第一版出版。

1772年，《卡斯蒂利亚语语法》第二版出版。

1772年，《卡斯蒂利亚语正字法》第五版出版。

1779年，《卡斯蒂利亚语正字法》第六版出版。

1780年，《卡斯蒂利亚语词典》（*Diccionario de la lengua castellana*）出版，为了更方便使用，不同于《权威词典》，这部词典只有一册。如今我们常用的《皇家语言学院词典》（*Diccionario de la Real Academia Española /DRAE*）便是这部词典。

1780年，学院按照它的正字法和语法规则出版了《堂吉诃德》，共分为四册。

1781年，《卡斯蒂利亚语语法》第三版出版。

1783年，《卡斯蒂利亚语词典》第二版出版。

1791年，《卡斯蒂利亚语词典》第三版出版。

1792年，《卡斯蒂利亚语正字法》第七版出版。

1796年，《卡斯蒂利亚语语法》第四版出版。

✦ 19世纪

1802年，第八任院长佩德罗·德·席尔瓦（Pedro de Silva）向学院捐赠了古抄本的《真爱之书》。

1803年，《卡斯蒂利亚语词典》第四版出版。

1815年，《卡斯蒂利亚语正字法》第八版出版。

1817年，《卡斯蒂利亚语词典》第五版出版。

1820年，《卡斯蒂利亚语正字法》第九版出版。从这一版开始到1959年，正字法作为语法的一部分出版。

1822—1843年，《卡斯蒂利亚语词典》第六版至第九版陆续出版。

1844年，开始出版《卡斯蒂利亚语正字法手册》（*Prontuario de ortografía de la lengua castellana*），当时的公立学校强制必须使用该手册。《卡斯蒂利亚语正字法手册》共有三个版本，最后一版于1866年出版。

1847年，根据伊莎贝尔二世女王的命令，学院成员扩充至36人。

1848年，第二批章程制订出炉。

1852年，《卡斯蒂利亚语词典》第十版出版。

1854年，《卡斯蒂利亚语语法》第五版出版。

1857年，《卡斯蒂利亚语简编语法》（*Compendio de la gramática de la lengua castellana*）及《卡斯蒂利亚语概述》（*Epítome de la lengua castellana*）出版，这两本书是《卡斯蒂利亚语语法》的学校版本。

1858年，《卡斯蒂利亚语语法》第六版出版。

1859年，第三批章程通过。

1862—1867年，《卡斯蒂利亚语语法》第七版至第十一版陆续出版。

1869年，《卡斯蒂利亚语词典》第十一版出版。

1870年，《卡斯蒂利亚语正字法问答手册》（*Prontuario de ortografía de la lengua castellana en preguntas y respuestas*）第一版出版，直至1931年，共有三十个版本。在倒数第三版中，书名中的"卡斯蒂利亚语"更换为"西班牙语"。

1870年，《卡斯蒂利亚语语法》第十二版出版。

1870年，第十四任院长马里亚诺·罗加提出建立美洲各国西班牙语语言学院，并在各国成立了相应的授权委员会。

1874—1883年，《卡斯蒂利亚语语法》第十三版至第十六版陆续出版。

1884年，《卡斯蒂利亚语词典》第十二版出版。

1885—1890年，《卡斯蒂利亚语语法》第十七版至第十九版陆续问世。

1894年，皇家语言学院迁址如今所在的费利佩四世街。

1895年，《卡斯蒂利亚语语法》第二十版出版。

1899年，《卡斯蒂利亚语词典》第十三版出版。

✧ 20世纪

1900—1913年，《卡斯蒂利亚语语法》第二十一版至第二十八版陆续出版。

1914年，《卡斯蒂利亚语词典》第十四版出版。

1915年，第一版《西班牙皇家语言学院公报》（*Boletín de la Real Academia Española /BRAE*）出版，这是一个专注于语文学、语言学和文学研究的杂志。

1916—1924年，《卡斯蒂利亚语语法》第二十九版至第三十一版出版，最后一版将名字更为《西班牙语语法》（*Gramática de la lengua española*）。

1925年，词典第十四版出版，改名为《西班牙语词典》（*Diccionario de la lengua española*）。

1926年，创建加泰罗尼亚语、加利西亚语及巴斯克语研究部。

1927年，《西班牙语插图词典手册》（*Diccionario manual e ilustrado de la lengua española*）出版。

1928年，《西班牙语语法》第三十三版出版。

1931年，《西班牙语语法》第三十四版出版。

1933年，第一部《西班牙语历史词典》（*Diccionario histórico de la lengua española*）出版。

1936年和1947年，《西班牙语词典》第十六版及第十七版分别出版。

1951年，在墨西哥举办了第一届西班牙语语言学院代表大会（I Congreso de Academias de la Lengua Española），会议上通过设立西班牙语语言学院协会的决议。

1952年，《正音法和正字法新规》（*Nuevas normas de prosodia y ortografía*）出版。

1956年，在马德里召开西班牙语语言学院协会第二届代表大会。会议确立了保护西班牙语而进行广泛合作的重要性。同年，《西班牙语词典》第十八版出版。

1959年和1965年，《正音法和正字法新规》第二版、第三版出版。

1969年，新的《正字法》出版，书中加入了一些新的规则。

1970年，《西班牙语词典》第十九版出版。

1973年，《新西班牙语语法初稿》(*Esbozo de una nueva gramática de la lengua española*) 出版。

1973年，西班牙院士托马斯·纳瓦诺被流放至纽约后，着手创建美国西班牙语学院 (Academia Norteamericana de la Lengua Española)。

1974年，《正字法》第二版出版。

1984年5月2日，为支持学术工作，皇家语言学院友谊协会 (Asociación de Amigos de la RAE) 在国家图书馆成立。

1984年和1992年，《西班牙语词典》第二十版及第二十一版相继问世。

1993年，创建了词典编撰学院 (Instituto de Lexicografía)。同年，在《国家官方公报》(*Boletín Oficial del Estado/BOE*) 上发表了沿用至今的语言学院章程，1995年修改其中部分条目。10月，西班牙皇家语言学院基金会创立。

1994年，院士埃米利奥·阿拉克斯[①]的《西班牙语语法》出版。

1996年，《学生词典》(*Diccionario Escolar*) 第一版出版。

1997年，在墨西哥召开了第一届西班牙语国际代表大会 (I Congreso Internacional de la Lengua Española)。

1999年，新一版《西班牙语正字法》出版，这是第一部被各国西班牙语语言学院都接受的正字法。

2000年，西班牙皇家语言学院和西班牙语语言学院协会荣获"阿斯图里亚斯亲王和平奖"(Premio Príncipe de Asturias de la Concordia)，获奖理由是它们"共同致力于作为各民族间相互理解及和谐统一工具的西班牙语的持续发展"。

皇家语言学院的组织结构

皇家语言学院通过一系列的活动、作品和出版物，确保西班牙语的正确使用。它由全体会议及后来陆续成立的一些委员会组成。全体会议由所有院士组成，其职责是

[①] 埃米利奥·阿拉克斯 (Emilio Alarcos Llorach, 1922—1998)，西班牙语言学家、奥维耶多大学名誉教授、西班牙皇家语言学院及阿斯图里亚斯语言学院成员。

管理与学术活动及作品及方案有关的一切事务。在完成任务的过程中，全体会议享有政府和有关委员会的帮助与支持。词典编撰学院为皇家语言学院在全体会议和其他委员会展开的工作提供服务。词典编撰学院由语言学家和词典编撰学家组成，其主要任务是为学术作品的编著提供帮助。

二、西班牙语语言学院协会

1951年，在墨西哥总统米格尔·阿莱曼（Miguel Alemán Valdés）的提议下，第一届西班牙语语言学院代表大会召开，目的是为了共同保护西班牙语的完整和成长。在这次大会上成立了西班牙语语言学院协会与它的常委会。西班牙语语言学院协会共有包括西班牙、美国和墨西哥等在内的23个成员国学院。从其成立时至今共举办过14次代表大会，协会总部坐落于马德里，隶属西班牙皇家语言学院，其组织和运作遵循章程规定。其现行章程2007年在哥伦比亚麦德林确立，口号是"同种、同文、共命运"（Una estirpe, una lengua y un destino）。

由于当时西班牙佛朗哥独裁政府的阻碍，西班牙皇家语言学院没能出席第一届代表大会，但出席了常委会议。

皇家语言学院和其他学院之间共同致力于学术著作的编写。2001年出版的第二十二版《西班牙皇家语言学院词典》，1999—2000年间的《正字法》数个版本以及2005年的《泛西语国家答疑词典》（Diccionario panhispánico de dudas）都是它们共同合作的成果。

三、皇家语言学院及西班牙语语言学院协会贡献

皇家语言学院为维护正确的西班牙语而努力，因此反对在文学作品中不假思索而滥用的新词汇。自1713年成立起，最初几十年出版的语言书籍（尤其是1741年的第一部词典以及1771年的第一部语法书）均对规范现代西班牙语起到了里程碑式的作用。在其坚持不懈及不断努力下，西班牙语在启蒙时期最终成为我们今天所说的西班牙语。而1870年后，陆续在其他西语国家成立的语言学院也为规范西班牙语起到了积极作用。这些学院之间一直保持极为密切的联系，其首要的共同目标是防止各国都在使用的西班牙语发生分裂。

第四节 美洲独立运动及贝略的《语法》

一、拉美独立运动

18世纪中西班牙放宽贸易垄断政策，殖民地经济得到显著发展，资本主义开始萌芽。但这种不彻底的改革没能挽救西班牙殖民统治的危机，反而加剧了殖民地与宗主国间的矛盾。美国独立运动、法国大革命、1804年海地革命的成功以及1808年西班牙王室被法国拿破仑推翻，都激发了拉美人民反对西班牙殖民统治、争取民族独立解放的革命热情。于是，1810—1826年间，西属美洲殖民地人民掀起了反对殖民统治、争取民族解放的资产阶级革命战争。

委内瑞拉率先于1810年燃起了独立战争的烽火，随即在拉普拉塔总督区[1]首府布宜诺斯艾利斯、新格拉纳达总督区首府波哥大、新西班牙总督区首府多洛雷斯（Dolores）[2]和智利都督辖区首府圣地亚哥，都先后爆发了起义，宣布脱离西班牙统治，建立美洲人自己的执政委员会。但是由于殖民当局的残酷镇压，独立战争出现挫折和反复。在委内瑞拉，1811—1814年间，弗朗西斯科·德·米兰达[3]和西蒙·玻利瓦尔[4]领导人民起义，曾两度建立共和政权，但均被西班牙殖民军的镇压所扼杀；在拉普拉塔地区，1810年5月广大爱国者在布宜诺斯艾利斯举行群众示威，推翻殖民总督，并于5月25日成立了由土生白人独立派组成的临时政府；1811年，巴拉圭土生白人独立派发动起义，拘捕西班牙殖民统治者，成立临时政府，并宣布独立；同年，东岸乌拉圭也爆发了起义；在新西班牙区，墨西哥爱国者同殖民军进行浴血奋战，于1813年宣布独立，建立了共和政权；在新格拉纳达，广大爱国者于1811—1816年同殖民军进行了艰苦的斗争；智利爱国者在推翻殖民政权后，由于内部分歧而未能巩固新建立的政权，于1814年被殖民军击败。西班牙国王费尔南多七世复位后，随即于1815年派军镇压美洲革命，至年底，除拉普拉塔等地外，各地爱国政权在西军和当地保王势力的

---

[1] 殖民区域划分详见本书附录2。
[2] 位于今阿根廷境内。
[3] 弗朗西斯科·德·米兰达（Francisco de Miranda, 1750—1816），拉丁美洲独立运动的先驱，委内瑞拉第一共和国领袖。
[4] 西蒙·玻利瓦尔（Simón Bolívar, 1783—1830），拉丁美洲著名的革命家和军事家，出生于委内瑞拉的加拉加斯。由于他领导的独立运动，委内瑞拉、秘鲁、哥伦比亚、厄瓜多尔、玻利维亚和巴拿马六个拉美国家从西班牙殖民统治中解放出来，获得独立。

夹攻下，相继失败。

但是美洲人民并没有就此放弃。1816年11月，玻利瓦尔在海地支持下，重新组织革命武装，开始对盘踞委内瑞拉的西殖民军发动新的进攻。经过两年奋战，解放了委内瑞拉大片领土。1819年，玻利瓦尔率军越过安第斯山原始森林，于8月7日在博亚卡地域击败西殖民军，10日解放了波哥大。同年12月，委内瑞拉和新格拉纳达组成哥伦比亚共和国，玻利瓦尔被选为总统。1821年6月，革命军重创西殖民军，解放了加拉加斯。1832年5月，革命军在皮钦查战役（Batalla de Pichincha）中大捷，解放了基多[①]。基多又与哥伦比亚联合起来，成立大哥伦比亚共和国。新西班牙地区，即墨西哥和中美洲，是独立战争在北部的中心区域。自1816年起，墨西哥起义军转入山区，开展游击战。1821年，起义军进占墨西哥城，宣布墨西哥独立。同年，中美洲地区脱离西班牙，宣告独立，并加入墨西哥共和国，但1833年又脱离墨西哥，自建独立的中美联合省，1838年再分为危地马拉（Guatemala）、萨尔瓦多（Salvador）、尼加拉瓜（Nicaragua）、洪都拉斯（Honduras）、哥斯达黎加（Costa Rita）五个国家。

在拉美南部地区，拉普拉塔独立战争处在独立运动的中心地位。

1816年7月，拉普拉塔成立联合省，脱离西班牙，宣告独立。为捍卫独立，圣马丁[②]率领"安第斯山"军于1817年2月越过安第斯山，在查卡布科（Chacabuco）战胜西班牙殖民军，接着配合奥希金斯[③]领导的智利人民起义，解放了智利。1818年2月12日，奥希金斯宣布智利独立。1820年2月，圣马丁又率军攻打殖民军的堡垒——秘鲁。次年7月攻入秘鲁首府利马。28日，秘鲁宣布独立，殖民军主力退守东部山区。1822年7月，玻利瓦尔与圣马丁在瓜亚基尔会晤，商讨协同作战等问题，但未能取得一致意见。不久，圣马丁辞职。1823年9月，玻利瓦尔应秘鲁爱国者的请求，偕苏克雷[④]率军进入秘鲁。12月，在阿亚库乔战役（Batalla de Ayacucho）中大获全胜，摧毁了西班牙殖民军的主力。1825年1月，苏克雷率军解放秘鲁东部地区，秘鲁东部于25日宣布独立，并以玻利瓦尔的名字命名新建的共和国。1826年1月，西班牙殖民军全部撤离秘鲁卡亚俄港（Callao）。

---

① 基多（Quito），今厄瓜多尔首都。
② 何塞·德·圣马丁（José de San Martín, 1778—1850），阿根廷将军、南美西班牙殖民地独立战争的领袖之一。他将南美洲南部从西班牙统治中解放，与西蒙·玻利瓦尔一道被誉为美洲的解放者。
③ 贝尔纳多·奥希金斯（Bernardo O'Higgins Riquelme, 1778—1842），智利民族独立运动领袖。
④ 安东尼奥·何塞·德·苏克雷（Antonio José de Sucre, 1795—1830），阿亚库乔大元帅、南美洲独立领袖、将军和政治家，西蒙·玻利瓦尔最亲密的朋友之一。

至此，美洲独立战争宣告结束，美洲的西班牙殖民地，除古巴和波多黎各外，悉数获得了政治上的独立，也基本上形成了今天拉丁美洲各国的政治格局。

拉美各国独立后，西班牙语由于使用人数众多，又是团结拉美各国的纽带，因此自然而然地为各独立运动领导人及民众接受为官方语言。

二、贝略简介

安德烈斯·贝略（Andrés Bello，1781—1865），1781年出生于委内瑞拉首都加拉加斯，是杰出的语文学家、诗人、翻译家、哲学家、散文家、教育家、政治家、委内瑞拉都督辖区前共和时期的法学家，并被认为是美洲最重要的人文主义者之一，他在众多知识领域里均做出了卓越的贡献。在其一生中，无论在出生地委内瑞拉、外交官时期所驻的英国伦敦，还是后期前往的智利，他均担任过多种职务，值得赞叹的是，在每个职务上他都游刃有余，贡献良多。不仅如此，1850年前后，当时已经70高龄的贝略身兼大学校长、外交部副秘书长、政府顾问、共和国议员等数职，并且为《民法》（Código civil）的编纂及其本人的哲学和文学著作日夜兼程，笔耕不辍。毫无疑问，贝略吸收了他所处年代的所有知识，并巧妙地加以传播。他是一位传统的学者，博闻强记，思维敏捷，逻辑严密，长于分析。

贝略曾是著名解放运动领袖西蒙·玻利瓦尔的老师，并参与了引领委内瑞拉走向独立的进程。在委内瑞拉独立运动爆发后，贝略以炽热的爱国激情投笔从戎，积极投身到其学生及好友玻利瓦尔领导的伟大斗争中。1810年4月17日，加拉加斯的市民废黜了西班牙国王任命的都督，为争取国际社会上对委内瑞拉解放事业的同情与支持，新生的革命政权委派玻利瓦尔、贝略、洛佩斯·门德斯[①]三人前往英国。

1810年7月，他们三人抵达英国伦敦。经过斡旋，虽未能争取到英国政府的资助，但却得到了侨居伦敦的拉美独立战争先驱、委内瑞拉人米兰达将军的支持。同年12月13日，玻利瓦尔偕米兰达一同回国，而贝略则奉命留在伦敦继续履行外交使命。

三、语法的制定

作为拉美独立运动领导团队的一员，贝略加入了第一个前往伦敦的外交使团，并在伦敦居住近20年。1829年2月，贝略应新生智利共和国的邀请，携眷举家离开伦

---

① 路易斯·洛佩斯·门德斯（Luis López Méndez，1758—1831），委内瑞拉外交家。

敦，四个多月后抵达智利，并在智利度过了36年。智利政府对贝略高度重视，委派他参与人权和人道主义领域的重大项目。作为对贝略在人道主义方面所作卓越贡献的认可，1832年智利国会授予他智利公民身份。因此贝略既是委内瑞拉人，也是智利人。

在智利首都圣地亚哥贝略担任议员、老师等职，并指导当地数种报刊的编辑与出版。在担任立法局议员期间，编辑和出版了《民法》，这是当时美洲最新且影响最大的法律文件之一。在其支持和推动下，智利大学于1842年建成，贝略担任其首任校长逾20年之久。也正是在圣地亚哥居住期间，贝略完成了其一生中的绝大部分著作，其中包括著名的《拉丁美洲用西班牙语语法》（*Gramática de la lengua castellana destinada al uso de los americanos y los esclavos españoles*，以下简称《语法》）。

在贝略一生所有的成就中，毫无疑问《语法》是其最著名且最具影响力的著作之一。要理解这部作品，需从贝略的思想和《语法》的创作由来说起。

与同时代的很多人一样，贝略所受的教育使他不能仅满足于个人成就，而是更渴望帮助他人成为有知识的人，整个社会的共同进步才是其追求的目标。与此同时，他拥有一腔作为美洲人的爱国热情，拉丁美洲是他们的共同家园，因此贝略梦想着年轻的共和国们脱离殖民统治，独立承担起建设国家的重任。这个新形势需要美洲采取新的社会行为，更好地参与到世界大家庭中，这就要求其行动不仅在法律上，而且在语言上加以规范。

于是，将西班牙语作为美洲人民间沟通的手段完好地保存下来，成为贝略关心的重中之重。这位有先见之明的智者担心拉美会出现类似中世纪巴比伦那样的语言、方言、行话混乱状态，因此着手准备编写《语法》。

贝略在《语法》前言中写道："我认为尽可能地延续我们父辈使用的纯正语言是十分重要的。分布欧洲及美洲两大洲，同源自西班牙的各国，均使用同一语言进行沟通和维护手足情，这本身就是上天的恩赐。"[①]

正是对语言这种社会、政治功能的认识，让贝略把语言统一看作民族统一的先决条件。虽然他是一名美洲解放运动者，但他相信统一美洲各个新共和国的只能是其共同拥有的语言和文化，而这语言和文化亦是西班牙的，因此也就没有必要硬要和伊比利亚半岛进行文化上的分割和决裂。同时贝略担心，把西班牙语分成不同的方言或语

---

① Bello, Andrés; Cuervo, Rufino, "Prólogo". *Gramática de la Lengua Castellana*, Ed. de Niceto Alcalá de Zamora, Buenos Aires: Sopena, 1954 [1847].

言，或许能加快美洲民族从殖民统治中解放出来的步伐，但却会对法律执行、国家管理以及国家统一造成障碍。和当时其他人想法不一样的是，贝略并不认为这种情况是不可避免且必然发生的，他认为这是一个历史和文化现象，是可以得到解决的，而这解决办法便是语法。

在贝略看来，语言的统一是美洲国家与西班牙的共同义务，双方都有义务维护其共同语言的持久发展与创新，因此西班牙语不仅是国家的同时也是跨国家的，拉美国家与西班牙政治上的分割并不意味着语言上也要决裂。这便是促使贝略下决心撰写《语法》的主要原因。

从书名《拉丁美洲用西班牙语语法》可以看出，其对象并非西班牙人，贝略本人在前言中也明确了这一点。这是因为贝略一方面担心会被伊比利亚半岛的语言学家拒绝，他们会认为美洲人没有权利纠正西班牙人对其语言的不当用法；另一方面是出于不赞同所谓的西班牙语语法学中"迷信纯正主义"的看法：任何一种在西班牙不被使用的美洲西语表达都是不正确的。在这一点上，贝略的论据是无可辩驳的，甚至可以为今天的任何一个语言学家所引用：科学与艺术的巨大进步，知识文化的传播以及政治革新，时刻需要新符号表达新概念，而来自古语和外来语的新词汇的引入，如今已不再是对我们的冒犯，只要它是必要的，或者对于想好好写作的人不露矫揉造作或粗俗……如果根据美洲人的一贯用法，某个动词的变位更适合，那我们为什么非要采用卡斯蒂利亚由于天时地利而盛行的变位方式呢？

于是，贝略不仅维护了对于西班牙人来说是古用法，而对于美洲人来说，是地道纯正的表达方式，同时也维护了在美洲出现的语言创新，这些创新可能是新词，也可能是出于命名或表达需要，赋予词汇新的含义。

因此就像贝略指出的那样，这本《语法》乃是针对美洲西语民众，其目的在于保持语言的统一性，但并不把伊比利亚半岛语法规则视作唯一标准。今天欧洲和美洲两大洲的西班牙语协调、统一的局面，应该有贝略不少的功劳。贝略已离去150年，但直至今天对《语法》的研究依然长盛不衰，研究者从不同角度对其进行研究和探索，《语法》甚至对西班牙语作为外语的教学也同样意义深远。

除了语言统一这一观点，语言多样性的合法化是贝略语法著作中另一个突出要点。贝略清楚地意识到，美洲西语和西班牙西语在某些使用上存在差异，而这种差异也应当是合法的。正如他在前言中说到的那样：有些纯正的说法如今在伊比利亚半岛上已经过时，但在美洲却依然被广泛使用，那么为什么要加以禁止呢？……如果我们创造的新词源于卡斯蒂利亚语，同时又符合卡斯蒂利亚语承认的词汇派生的通常方式，并且不断地为其增加词汇量，我们为什么要为使用这些新词而感到羞愧呢？智利和委内瑞拉与阿拉贡和安达卢西亚同样有权让其他地区包容其偶然出现的差异，只要这些差异为有教养的人真实且一致的习惯所支持。

四、《语法》简介

贝略在《语法》书中就其著书原则、计划以及目的等问题上进行简短说明后，分50章探讨西班牙语语法的传统问题外，并且提出了一些在语法学上尚未得到充分探讨的问题。

《语法》从其书名就可以看到其鲜明的规范性，贝略的确试图用文雅的、文学的语言（当然也可以是口语），来向美洲人民灌输规范的表达方式。这并不意味着其语法仅遵循当时盛行的历史主义潮流，贝略甚至在前言中就透露出对唯拉丁语、希腊语的些许嘲讽。贝略的语法观有很强的现实意义，就是教授"每个词形的各种含义和用法，把卡斯蒂利亚语当作这世上唯一的语言"。

贝略虽然也赞同19世纪中期盛行的普遍语法学或逻辑语法学，但他同时也认为每种语言均有其独特语法，在这一点上他与逻辑学家的观点是不同的。尽管如此，这并未妨碍他在《语法》中列出了一些古典语言或以亚里士多德逻辑学为基础的语言概念，供人们参考。贝略既看到当时盛行的语法分析法的局限性，但又不完全舍弃它，其原创性的伟大在于，依照这个语法分析法，对西班牙语基本语法进行了清晰的描述，比如对动词时态、冠词使用的描述。

《语法》自问世以来，一直是语法学基本的参考书目，原因就在于其深入细致的分析与见解，同时它对西班牙语作为外语的教学也具有重大意义。西班牙语教师不仅把其作为阅读材料，同时也用作教学参考，因为《语法》中有许多关于西班牙语奇特用法的见解，比如，对动词时态的分类，贝略突破传统命名法，以时间对其进行分类，这种分类今天依然应用在外语教学中，对于外国学生来说，以时间分类动词时态，更浅显易懂。再比如，《语法》对定冠词的描述与今天的认知语法学概念一致，是基于对话者对事物的认知过程的。用贝略的话就是，定冠词的使用表明该物是对话者已知的，因此在提到该物时，对话者脑海中已经形成既定目标。

许多语法学家认为，贝略的《语法》不仅是西班牙语最好的语法书，也是所有语言最好的语法书之一。

五、贝略提出的拼写法则

值得一提的是,贝略对语言学所做的贡献远不止《语法》一书。语言的使用不仅是遣词造句、语法规范,还包括正确的拼写。尽管贝略十分重视拼写,但却没有把其纳入《语法》中。其实很早以前贝略便开始反思西班牙语,比如1810年他就编写《卡斯蒂利亚语时态变位的意识形态分析》,这是他最具原创性和深度的著作之一。自1823年起,他开始深入关注语言的书写,尤其是拼写,并著有多篇文章,比如1823年发表的《美洲文字拼写的简化和统一指南》,1827年发表的《卡斯蒂利亚语的拼写》,1844年的《拼写》,1849年的《拼写的革新》等。

智利在1844—1927年,完全采用了贝略提出的拼写法则。贝略的拼写原则是一个字母对应且只对应一个发音,反之亦然,即一种发音只对应一个字母。于是他在1823年推出了一篇题为《美洲文字拼写的简化和统一指南》的拼写改革文章。其改革分为两阶段来实施:

第一阶段:

1. 当字母x和g发/x/(即jota的音)时,全部改为字母j,比如xarabe → jarabe, general → jeneral;

2. 字母y作元音时,全部改成字母i,比如ley → lei, agua y vino → agua i vino;

3. 将单独使用、不发音的h去掉,比如hombre → ombre;

4. 多重颤音总是用rr表示,比如rosa → rrosa, enredar → enrredar, alrededor → alrrededor, Israel → Isrrael;

5. 当字母c发/θ/的音时,改为字母z,比如cedro → zedro;

6. 组合qu简化成q,比如que → qe。

第二阶段:

7. 字母c发/k/音时,改成字母q,比如cariño → qariño;

8. 将字母组合gue, gui中的u去掉,比如guerra → gerra, guinda → ginda。

1844年贝略提出的拼写规则正式为智利官方采纳。同年在西班牙,伊莎贝尔二世根据皇家法令,将西班牙皇家语言学院的拼写法则作为强制性准则。

贝略拼写法在智利通过后,他又继续提出了以下一些新规则:

• 始终朝着字母表的完美化努力,使每一个基本发音只对应一个字母;

- 删除所有不发音或不助于发音的字母；
- 暂时不要给任何一个字母或字母组合以不同于当今西语国家在书写上普遍给予的含义；
- 不要一次性引入太多改革。

为了对贝略拼写改革有更直观的了解，以下节选一段根据其拼写法则改写的智利政治家、革命家何塞·维克多利诺（José Victorino Lastarria）的演讲词，该演讲词在拼写改革的同一年，即1844年发表在报刊上：

> Yo e tenido la onrra de ser designado para llenar aora uno de los mas importantes deberes qe la lei impone a esta ilustre corporacion, tal como el de presentar una memoria sobre alguno de los echos notables de la istoria de Chile, apoyando los pormenores istóricos en documentos auténticos i desenvolviendo su carácter i consecuencias con imparcialidad i verdad [...] La istoria es para los pueblos lo qe es para el ombre su esperiencia particular: tal como este prosigue su carrera de perfeccion, apelando siempre a sus recuerdos, a las verdades qe le a echo concebir su propia sensibilidad, a las observaciones qe le sujieren los echos qe le rodean desde su infancia, la sociedad debe igualmente en las diversas épocas de su vida, acudir a la istoria, en qe se alla consignada la esperiencia de todo el jénero umano, a ese gran espejo de los tiempos, para iluminarse en sus reflejos.

需要指出的是，贝略拼写改革取得的成就不大。实际上，随着使用西班牙皇家语言学院拼写规则所写文章的不断发表，贝略的革新渐渐被忽略并废止。1927年，智利政府最终决定重新使用西班牙皇家语言学院的拼写规则，以维护西语国家西班牙语拼写的统一。

第五章 西班牙语的文学成就（19—20世纪）

第一节 19—20世纪西班牙文学

一、19世纪的西班牙

综观整个19世纪，西班牙的局面都处于无休止的动荡之中。无论是政治、经济，还是文化，其历史演变都围绕同一个主题：维护根深蒂固的传统思想与渴望改革的新思想之间的较量。18世纪末国外政治斗争导致19世纪初西班牙国内政局陷入混乱。1808年拿破仑军队入侵西班牙，1809年其兄约瑟夫·波拿巴登基为西班牙国王。1812年临时中央军政府在加的斯颁布了一部19世纪最民主的宪法。抵抗法国拿破仑的独立战争1814年胜利后，费尔南多七世返回西班牙重登王位。然而费尔南多七世并未带给人民新的希望，而是大肆推行专制独裁。他拒绝承认1812年宪法，还勾结教会和封建反动势力，实行君主专制。

在一些进步人士的坚决斗争之下，费尔南多七世被迫承认1812年宪法，国内的政治氛围也有所改善。但是宽松的局面带来的是腐败滋生，管理混乱，民间怨声载道。1833年费尔南多七世去世后，伊莎贝尔二世即位，但先由其母玛利亚·克里斯蒂娜以摄政王身份管理朝政，第一次卡洛斯战争[1]由此爆发，专制主义和自由主义之间的战争演变为温和派与进步派之间的较量。伊莎贝尔正式管理朝政后，不断爆出丑闻，引起了民众普遍的不满。后来伊莎贝尔二世被推翻，制宪会议决定请意大利王子阿马戴乌斯继承王位，由此引发了第二次卡洛斯战争。接着西班牙迎来了第一共和国统治时期，随后伊莎贝尔的儿子阿方索十二世登基，西班牙又回到了原来的君主立宪制（monarquía constitucional）政体。1886年波旁王朝最后一任国王阿方索十三世出生，此时的西班牙几近穷途末路。1898年美西战争爆发，持续四个月后，以西班牙失败告

---

[1] 第一次卡洛斯战争（Guerra Carlista, 1833—1840），即波旁王朝内部爆发的王位继承战，双方分别是支持卡洛斯王子的绝对专制主义者与支持伊莎贝尔二世的自由主义者，以后者胜利告终。

终。古老的日不落帝国也失去了古巴、菲律宾和波多黎各这三块最后的殖民地。由于统治者腐败无能,国内社会动荡不安,民怨四起,聚众闹事不断。

二、浪漫主义文学

西班牙浪漫主义综述

作为一种文学运动,浪漫主义可以和一种整体性的感觉联系起来,而这种感觉可以解读为在生活或是政治当中渴望摆脱束缚。浪漫主义思潮对于文学发展而言,就如同社会生活和政治中迎来了革命一般。这种文学思潮赞扬了个人主义和内心情感的抒发,是对传统戒律和新古典主义道德规范的强烈抗议。作家的人格自由在所有既定的道德准则面前展露无遗。

从18世纪起西班牙就迎来了一批浪漫主义作家,如卡达尔索、梅伦德斯·巴尔德斯、莫拉廷,以及19世纪初几乎所有作家。这个时代伟大的天才们一边遵循古典主义形式,一边又抒发浪漫主义情感。虽然浪漫主义受到德国、法国和英国文学的影响,但是在西班牙也有着深厚的传统基础。最初一些报刊开始就国外的浪漫主义展开争论,浪漫主义也仅被看作是恢复"黄金世纪"文学传统的一种形式。1833年费尔南多七世死后,一批流亡国外的自由派作家返回国内,其中有里瓦斯公爵、埃斯普隆塞达、安东尼奥·阿尔卡拉·加利亚诺等人。由于受到欧洲浪漫主义影响,他们的回归为西班牙浪漫主义文学带来了希望。

浪漫主义代表作家

安赫拉·德·萨维德拉(Ángel de Saavedra,1791—1865),即里瓦斯公爵(Duque de Rivas),是西班牙浪漫主义最具代表性的作家。萨维德拉出生于科尔多瓦,曾在马德里神学院学习。1822年被自由党推选为议员。他力主废黜专制制度、抵抗法国人入侵。因极端自由派的观点被国王费尔南多七世判处死刑,但他逃亡到伦敦,并辗转于其他欧洲国家。他对祖国的怀念使他给人一种特有的忧郁和消极气质。1834年,当他重返故土并继承其兄的爵位后,却日渐显露出保守主义的一面。他在一生中最平民化的时期也保持着一种贵族式的高贵。他曾一度位居政府高位,如曾担任内务部部长。

里瓦斯公爵的代表作是《堂阿尔瓦罗——命运的力量》(*Don Álvaro o la fuerza del sino*)。这部戏剧的首映标志着浪漫主义在西班牙的胜利。该剧的浪漫主义对于观众十分熟悉,就像传统西班牙戏剧中带有的浪漫主义成分一样。它把悲剧和喜剧元素巧妙融合在一起，并借由诗歌和散文两种文体把一个荒诞而令人难以置信的故事刻画得绘声绘色。但同时，故事当中的人物形象又极富西班牙民族特点。

何塞·德·埃斯普隆塞达（José de Espronceda, 1808—1842）出身于阿尔门德拉雷霍的王家世袭军官家庭，青年时期曾在军队服役，曾经目睹君主复辟的场面。他与当地青年组织了旨在推翻专制政府的秘密社团"努曼西亚人"，并因此遭到监禁。后逃亡英国，又相继在荷兰和巴黎等地宣传自己的革命思想。1840年成为共和党创始人之一，后被选为国会议员并成为驻海牙使团秘书。1842年因喉疾与世长辞，年仅34岁。

创作初期，埃斯普隆塞达的诗歌和前浪漫主义诗人有着密不可分的关系。这些诗作，如《渔夫》（El pescador）、《凉爽、充满活力、纯净而香气扑鼻》（Fresca, lozana, pura y olorosa）以及两首在英国写成的诗歌：《小夜曲》（Serenata）和《致祖国》（A la patria）。在此期间他的上乘之作当属《太阳赞歌》（Himno al Sol）。这些作品中还应加入他未能完成的作品《佩拉约》（El Pelayo），是他被囚瓜达拉哈拉期间开始创作的，该作品受到了导师利斯塔的称赞。该诗以穆斯林征服西班牙为题材，从中也可以看出诗人独具一格的浪漫主义已经开始闪现。

埃斯普隆塞达的浪漫主义诗歌，如脍炙人口的《海盗之歌》（Canción del pirata）、《哥萨克之歌》（Canción del cosaco）、《乞丐之歌》（El mendigo）、《刽子手之歌》（El verdugo）、《死囚之歌》（El reo de muerte）等诗作，表达了作者对当时社会的厌恶与憎恨，无疑是他最为人们熟知的佳作。在他的诗歌中突出了以下几个主题：悲痛、暴力、毁灭，有的诗作则是为了哀叹和回忆那些不幸的人物。

《萨拉曼卡的大学生》（El estudiante de Salamanca）是一首相对而言较短的诗歌，但是它的表现极为丰富，将一整个时代都囊括了进去。它是西班牙浪漫主义传奇叙事诗中最早和最出色的作品之一。还有一部长诗《魔鬼世界》（El diablo mundo），但是由于诗人过早离世，该诗成为一部未完成的杰作。按照作者的原意，是要把该作品写成一部规模宏大的社会抒情诗。诗中猛烈抨击当时的社会现状，并对前途感到绝望，具有许多意识层面的思考。

马里亚诺·何塞·德·拉腊（Mariano José de Larra, 1809—1837）出生于马德里，先后在巴利亚多利德和巴伦西亚等地学习医学和法律。1828年放弃学业，全身心投入文学创作。与其说其是小说家，不如说是散文家。他的小说《"苦命人"堂恩里克的侍从》并不出色，反而他的杂文倒是题材广泛、影响深远，其中大部分揭露和批判了西班牙社会的虚伪和荒诞。他无情地抨击了费尔南多七世的专制，鞭挞了自由派的伪善，他甚至还攻击宗教狂热现象和新闻检查制度。他的政论文不如其风俗主义式的社会批评文章，代表作《早婚及其危害》(El casarse pronto y mal)、《请您明天再来》(Vuelva usted mañana) 等，矛头直指社会风气、政治弊端和民族劣根性。

何塞·索里利亚·伊·莫拉尔（José Zorrilla y Moral, 1817—1893）出生于巴利亚多利德，在马德里求过学，并在托莱多学习法律。1837 年在拉腊的葬礼上，他朗诵了为拉腊撰写的挽诗而受到马德里文人的赏识。他曾游历西欧和南美国家，写出了许多大气磅礴的作品。其著作之丰富，受欢迎程度之高让人联想到洛佩·德·维加的创作活力。他丰富的作品可以分为三个方面：抒情诗、传奇诗和戏剧。

在抒情诗方面，索里利亚文思泉涌，在写出大量作品的同时，也出现了迷茫。另外，他也开始有意忽略诗歌技巧的运用。在其诗歌中可以找到热烈的情感和过人的想象力，但是后者也使他不可避免地陷入庸俗的泥沼。其诗作中不得不提的是《东方女人》(Orientales)，题目虽然出自维克多·雨果，但是诗歌的用词在索里利亚的笔下就完全地卡斯蒂利亚方言化了。而在抒情诗作品方面则有《十字架脚下的圣母》(La Virgen al pie de la Cruz)、《那天没有太阳》(El día sin sol)、《干枯的树叶》(Las hojas secas)、《致头骨》(A una calavera)、《时钟》(El reloj) 等杰作。在传奇诗方面，索里利亚为我们展示了浪漫主义另类的一面。他的不修边幅从未在其创作民族传统诗歌过程中构成过阻碍，而是把读者深深地吸引住了。其传奇类诗歌有很浓重的戏剧成分，并伴有大量对话。在戏剧方面，索里利亚的造诣颇高，就像在其传奇诗歌中塑造的传奇类人物一样，在他不少的戏剧中也可以找到具有民族传统的人物形象。著名剧作《堂胡安·特诺里奥》是他在 27 岁时写成的。在这部作品中，索里利亚极富创意地将堂胡安这个经典形象增添了新的神秘主义色彩。该剧除了受到蒂尔索·德·莫利纳的《塞维利亚的嘲弄者和石头客人》的影响外，还受到安东尼奥·德·萨莫拉 (Antonio de Zamora) 的《限期注定来临而罪孽必定清算》(No hay plazo que no se cumpla ni deuda que no se pague y convidado de piedra) 的影响。

三、现实主义文学

西班牙现实主义文学概述

1860 年前后西班牙出现了现实主义文学流派。1868 年的"光荣革命"使得资产阶级开始占据统治地位，在 1868 年之前是前现实主义时期。在 1849 年就存在的风俗志小说（novela costumbrista），主要是描写大自然，特别是反映地区特色、社会习俗等内容。风俗志小说通常只给读者一个表面化叙述，难以深入人物的内心世界。拉蒙·德·梅索内罗·罗马诺斯（Ramón de Mesonero Romanos, 1803—1882）是风俗志小说的开创者。从1868年开始，特别是从加尔多斯发表《金泉》（La fontana de oro）之日起，叙述体文学的现实主义新手法迅速发展。19世纪的西班牙现实主义作家从"黄金时期"文学中汲取营养，尤其是塞万提斯的作品和流浪汉小说。此外，外国优秀的现实主义作品也被大量介绍到西班牙。现实主义小说中的人物虽然形形色色，但作品展示的都是城镇环境，因而大部分人物是来自大资产阶级、小资产阶级、没落贵族和表现各异的宗教界人士。这些人物分为两种类型，两种思想对立的人物，即维护愚昧、保守落后的旧体制的人物和实证主义者。

现实主义代表作家

佩德罗·安东尼奥·德·阿拉尔孔（Pedro Antonio de Alarcón, 1833—1891）出身于安达卢西亚地区瓜迪克斯城的一个破落贵族家庭，15岁便开始创作诗歌和戏剧。曾就读于神学院，后来在格拉纳达大学进修法律。1853年辍学到马德里从事文学创作。后来跟随一个吉卜赛艺术团周游各地。他曾经以志愿兵身份参与非洲战争，并担任过共和国议员、政府顾问和皇家语言学院院士。当他在马德里逝世时，退出文学界已有九年之久。

中篇小说《三角帽》（El sombrero de tres picos）是他所有小说中最出彩的一部，取材于民间小说。该作品集幽默的语风、灵活的手法和无伤大雅的戏谑于一身。故事围绕着市长和女磨坊主展开，整个故事的发展时间很短，只是从下午到第二天黎明，就像一出严格执行"三一律"时间规定的戏剧。阿拉尔孔的《三角帽》被视为一部风格独特的作品，受到评论界的一致好评。

胡安·巴莱拉（Juan Valera, 1824—1905），出身于科尔多瓦省名门望族，早年在马拉加上学，1841年前往格拉纳达学习法律并获得学士学位。1847年成为驻意大利使馆的无薪随员。在意大利期间，他学会了意大利语和希腊语。1850年被任命为驻葡萄牙使馆的正式随员。由于长期从事写作，晚年不幸患上眼疾。他的著作种类繁多，有诗歌、文学评论、文艺理论、小说以及其他有关哲学、宗教、政治、经济等方面的论述，他的成名作是《佩比塔·希门尼斯》（Pepita Jiménez）。这部作品的主题是世俗的爱战胜了宗教的禁欲主义。

贝尼托·佩雷斯·加尔多斯（Benito Pérez Galdós, 1843—1920）出身于加那利

群岛拉斯帕尔玛斯城的一个军官家庭。加尔多斯10岁已经能看懂卡尔德隆、巴尔扎克、雨果和席勒等名家的作品。19岁时考入马德里大学法学系，后来进入报界工作。曾两次当选国会议员。晚年双目失明。加尔多斯著述丰富，主要表现在小说方面。《民族轶事》(*Episodios nacionales*) 全书共分五辑，每10卷为一辑。每卷都是一部独立成篇的小说。在撰写《民族轶事》时，加尔多斯站在旁观者的角度，用细腻的笔触描绘了一幅色彩斑斓的历史画卷。他把主要的注意力集中在19世纪的西班牙，他如预言家般的深邃智慧，为迷茫的人们指明道路。其写作素材来源于自己的亲身经历，或是平日里接触的书籍资料。《民族轶事》是西班牙文学史上前所未有的一部充满爱国主义精神的巨著，反映了西班牙民族意识，构成一部五彩缤纷、波澜壮阔的民族史诗。他的另一类小说是以当时的社会生活为题材的30部社会小说。其中，《被剥夺遗产的女人》(*La desheredada*) 带有明显的自然主义倾向，描写了马德里社会底层人民的生活；长篇小说《福尔图纳塔和哈辛塔——两个已婚女人的故事》(*Fortunata y Jacinta*) 反映两个社会地位不同的妇女的爱情纠纷与恋爱观。《玛利亚内拉》(*Marianela*) 着重人物的心理描写，将外形丑陋与内心美好的强烈反差跃然纸上，也让读者陷入对人性本质的思考与探索。

四、"白银时代"文学

说起西班牙"白银时代"(Edad de Plata) 文学，不少评论家对它的结束时间没有异议，但对其起始时间却难以达成一致。一般认为1936年西班牙内战开始标志"白银时代"文学的辉煌告一段落，至于其起始时间，有些人认为可能是1868年，或1875年，也可能是20世纪初，还有少部分人则将"白银时代"的起讫时间与阿方索十三世在位时间相对应，即1902—1936年。

毫无疑问的是，在西班牙文学史上曾经扮演重要角色的当属"九八年一代"。这一代作家的出现与1898年西班牙失去最后几块海外殖民地息息相关。1898年，西班牙在美西战争中败北，从此一蹶不振。西班牙君主制的弊端也暴露无遗，促使一批爱国的作家站出来为国家的未来出谋划策，其中代表人物有巴列—因克兰、阿索林、皮奥·巴罗哈、米格尔·德·乌纳穆诺、安东尼奥·马查多。受到欧洲其他国家文艺思潮的影响，他们在动荡的社会大环境中逐渐形成了一个客观存在的文学流派，即"九八年一代"。在此之后，"二七年一代"的诗人集团也对西班牙诗坛的繁荣兴盛做出了巨大贡献。1927年，一批作家在塞维利亚的"阿特纳奥"集会，纪念"黄金世纪"夸饰主义诗人贡戈拉逝世三百周年。聚会上，他们将贡戈拉的诗作奉为诗歌创作上的美学准绳，"二七年一代"由此诞生。"二七年一代"的作家主要以诗人为主，并以当时活跃在诗坛上的十名诗人为主力，如加西亚·洛尔卡、阿尔贝蒂、达马索·阿隆索等。

"九八年一代"作家

拉蒙·玛利亚·德尔·巴列—因克兰（Ramón María del Valle-Inclán, 1866—1936）出生于加利西亚，是连接现代主义和"九八年一代"文学新潮流的绝佳代表。他是一名现代主义作家，但后来踏进了一个全新的世界，以诙谐幽默的创作风格以及革新的创作手法为主。他在诗歌、小说和戏剧方面均有建树。他的创作风格大致可以分为两个阶段：现代主义阶段和"埃斯佩尔蓬托"阶段。在现代主义阶段，他深受鲁文·达里奥以及19世纪法国美学运动的影响。在这个时期他作品的感情基调是怀旧而伤感，代表作为《四季奏鸣曲》（Sonatas: Memorias del Marqués de Bradomín）。在戏剧方面，他的《波希米亚之光》（Luces de Bohemia）通过最前卫的文学手段实现的批判性文学，这使得巴列—因克兰的文学地位高出同时代作家。

阿索林（Azorín，原名José Martínez Ruiz, 1873—1967）出生于阿利坎特省莫诺瓦镇。1888年进入巴伦西亚大学攻读法律，但他的兴趣却在文学方面。先后在马德里、萨拉曼卡、格拉纳达等大学学习。他在其同代作家中堪称一名真正的艺术家，对周遭有敏锐的观察力。他的作品将日常生活中最微不足道之处描写得扣人心弦、深入人心。阿索林的写作风格是有节制的，但在概述时却略显冗长和过于精细。阿索林是一名孜孜不倦的读者和评论家。他的评论特点从最初的否定和不公正，到后来日渐成熟。他同时也是一名杰出的散文、随笔作家和文体学家，但是作为小说家、剧作家则无突出建树。纵观其全部作品，可以看见他具有借鉴古人为我所用的卓越才能。代表作有《意志》（La voluntad）、《安东尼奥·阿索林》（Antonio Azorín）等。

皮奥·巴罗哈（Pío Baroja, 1872—1956），1872年出生于圣塞巴斯蒂安城，1956年在马德里去世。1887年开始学医，但是他对这一选择后悔不迭。从医学院毕业后他重返马德里准备博士论文，在那里他为具有共和派倾向的报刊撰稿。1901年，他与马埃斯图（Ramiro de Maeztu）、阿索林组成"三人集团"。他是"九八年一代"中占据重要地位的作家，但是他本人却矢口否认自己属于这一代作家。1909年起，他开始参与政治活动，但是从政愿望屡屡落空。1934年被选为西班牙皇家语言学院院士。他著有《为生活而奋斗》（La lucha por la vida）、《种族》（La raza）、《都市》（Las ciudades）等作品，是西班牙20世纪最优秀和多产的作家之一。

米格尔·德·乌纳穆诺（Miguel de Unamuno，1864—1936）出身于毕尔巴鄂商人家庭。在家乡学习了一段时间后，他来到马德里孔普卢滕塞大学（Universidad de Complutense）学习哲学和文学，并以优异成绩获得大学学位，不久又取得博士学位。1891年获得萨拉曼卡大学希腊语言文学教授席位。他积极支持"九八年一代"的"三人集团"，因此成为饱受争议的人物。他曾经说过"西班牙让我痛心"（Me duele España）的名言。关于爱国这一主题，在他的随笔《关于纯正性》（*En torno al casticismo*）、《堂吉诃德和桑丘的一生》（*Vida de Don Quijote y Sancho*）中都可以看出来。

安东尼奥·马查多（Antonio Machado，1875—1939）出生于塞维利亚，其兄是著名诗人马努埃尔·马查多（Manuel Machado）。他一生著述颇丰，在多数读者看来，其诗作只有一个主题，那就是孤独。1903年，他出版了第一部诗集《孤独》（*Soledades*）。1907年他开始在中学担任法语老师，同年发表了《孤独、长廊和其他的诗》（*Soledades, galerías y otros poemas*）。当时的里维拉军事独裁政权让他十分不满，但是已经被取缔的国会也有种种弊端。1927年他被选为西班牙皇家语言学院院士。安东尼奥·马查多在其诗作中处处流露出对西班牙未来的忧虑和不安，以及极力试图改变现状的迫切愿望。在马查多的身上体现出了他们那一代文人强烈的抗议精神。他的作品不多，主要是诗歌，其次是散文和戏剧。

"二七年一代"作家

费德里科·加西亚·洛尔卡（Federico García Lorca，1898—1936）出生于格拉纳达。1915年进入格拉纳达大学攻读文学、哲学和法学。他与纪廉[①]、阿尔贝蒂、画家达利[②]等人结下了深厚的友谊。他曾经与其他作家一起公开反对里维拉的军事独裁政权。洛尔卡在纽约的一年里认识到资本主义社会的种种弊端，尤其是资本主义经济危机带给人民的深重灾难。于是他改用超现实主义的表现形式写下了诗集《诗人在纽约》（*Poeta en Nueva York*），在诗中他极力揭露经济危机中资本主义世界的本质。他的《吉卜赛谣曲集》（*Romancero gitano*）使用了古谣曲的形式，但摆脱了其单纯的叙事俗套。洛尔卡以西班牙农村为背景创作了蜚声世界的三大悲剧：《血的婚礼》（*Bo-*

[①] 豪尔赫·纪廉（Jorge Guillén，1893—1984），西班牙诗人、文学评论家，"二七年一代"成员。
[②] 萨尔瓦多·达利（Salvador Dalí，1904—1989），西班牙著名画家、雕塑家、设计师、作家，超现实主义画派代表人物。

das de sangre)、《叶尔玛》(Yerma) 和《贝尔纳达·阿尔巴一家》(La casa de Bernarda Alba)。

拉法埃尔·阿尔贝蒂 (Rafael Alberti, 1902—1999) 出生于加的斯, 童年时期经常受到歧视。他曾辍学改学绘画, 后因肺病放弃。1929 年病情加重, 生活中又遭受波折, 另外在政治信仰上又一度陷入混乱。后来他加入了西班牙共产党后开始坚定信念。他曾应邀赴中国访问, 并与妻子合写了诗集《中国在微笑》(Sonríe China)。1983 年他获得塞万提斯奖 (Premio de Miguel de Cervantes)。他的诗歌风格特异多变, 有的晦涩难懂, 有的则朗朗上口。代表作有《陆地上的水手》(Marinero en tierra)、《在石竹花与剑之间》(Entre el clavel y la espada) 等。

达马索·阿隆索 (Dámaso Alonso, 1898—1990) 出生在马德里一个比较富裕的家庭, 他是拉蒙·梅嫩德斯·皮达尔的得意门生。1927 年和作家们共同参加纪念贡戈拉逝世三百周年的活动, 并将贡戈拉的长诗《孤独》改写为散文体。他致力于研究贡戈拉的文学语言, 曾在国外许多大学任客座教授。他翻译过很多著作, 译作几乎和著作一样多。1948 年被选为皇家语言学院院士。1978 年获塞万提斯文学奖。他的一生主要集中于研究工作, 诗歌出版不多, 因此人们差点就忽略了他是诗歌创作的天才。代表作有《愤怒的儿女们》(Hijos de la ira)、《暗淡的消息》(Oscura noticia) 等。

第二节　19—20 世纪拉美文学

一、独立运动及各国建国初期文学

独立运动时期的文学 (1790—1826)

19 世纪的到来意味着西班牙在美洲的统治体系的瓦解以及美洲国家独立进程的开始。法国大革命所宣扬的百科全书派和启蒙思想以及美国独立运动的胜利, 深刻地影响了美洲人民的独立思想。长期饱受西班牙、葡萄牙殖民统治的拉美人民纷纷揭竿而起, 开启了推翻宗主国殖民统治、争取民族独立的运动。1790 年法属殖民地海地的起义者拉开了拉美独立的序幕, 经过了 14 年奋战, 1804 年海地建立了拉美第一个独立共和国。1808 年, 随着多个革命军事委员会在南美西属殖民地成立, 全面革命浪潮展开了。

1810 年, 独立领袖弗朗西斯科·米兰达将军在南美洲北部的加拉加斯领导了起义，两年后，他不幸英勇就义，西蒙·玻利瓦尔继承其衣钵，继续抗争，其领导的起义军终于在1813年将西班牙人赶出了委内瑞拉。

1810年，何塞·德·圣马丁领导了布宜诺斯艾利斯独立运动，当时的市政议会宣布拉普拉塔总督辖区独立。而在北美洲，神甫米格尔·伊达尔戈[①]于同年率领民众起义，开始了墨西哥的独立革命。

1810年墨西哥打响独立战争，受其影响，中美洲地区于1811年揭竿而起，1821年取得独立，并一度加入墨西哥。1823年，中美洲地区脱离墨西哥，建立了联邦共和国——中美联合省。

1824年12月9日，玻利瓦尔率军队赢得阿亚库乔战役，解放秘鲁。

1825年，玻利维亚独立。

1826年1月23日，最后一支西班牙殖民军在秘鲁卡亚俄港投降，西属南美洲独立。于是，除古巴等几个岛屿外，美洲西班牙殖民体系基本被瓦解。

这场声势浩大的革命运动激发了美洲范围内的民族情绪和文学创作。"祖国是新的缪斯，得其灵感犹如天助"，修道士卡耶塔诺·罗德里格斯（Cayetano Rodríguez）1814年如是说。

于是这场革命运动造就出一批优秀的文学家，他们以文学为武器，宣传"自由、平等、博爱"，抨击和揭露西班牙殖民统治的暴政。这个时期的文学家常常又是思想家、政治家、科学家和军事家。

共和国初期文学——新古典主义（1800—1830）

1800—1830年，欧洲古典主义通过法国和西班牙传入拉美，在此基础上，美洲的古典主义被注入新的内容，因此被称为"美洲新古典主义"。与欧洲古典主义不同，拉美作家在崇尚古希腊、罗马文学的同时，还十分重视古印第安文学，同时还极力讴歌自己祖国的壮丽山河和风土人情。同时，在当时独立运动的时代背景下，新古典主义文学主张维护和倡导科学与进步、独立和自由。

◇ 代表作家

秘鲁新古典主义何塞·华金·德·奥尔梅多（José Joaquín de Olmedo, 1780—1847），其诗歌代表作有《献给米那里卡的胜利者弗洛雷斯将军的颂歌》（*Al General*

[①] 米格尔·伊达尔戈·伊·科斯蒂利亚（Miguel Hidalgo y Costilla, 1753—1811），墨西哥独立之父、民族英雄。今日墨西哥中部的伊达尔戈州便是以其名字命名的。

Flores, vencedor en Miñarica》和《胡宁大捷·献给玻利瓦尔的颂歌》(La victoria de Junín: Canto a Bolívar)，后者热情歌颂了拉美独立运动的伟大领导者西蒙·玻利瓦尔，语言恢宏磅礴、笔触惊天动地，整部诗作如奇峰突起。

委内瑞拉新古典主义诗人安德烈斯·贝略的诗歌《美洲的希尔瓦》(Las silvas americanas)，以极大的热情描绘和讴歌了美洲的大自然，为拉美诗坛开辟了新的领域，尤其是他在诗中大量列举了具有美洲等特色的植物名称，为其一大亮点。

古巴诗人何塞·玛利亚·埃雷迪亚 (José María Heredia, 1807—1839)，其作品既具有新古典主义特色又有浪漫主义特征，诗作《在乔卢拉的神坛上》(En el Teocalli de Cholula) 围绕着两个轴心：大自然和人，诗中描写了乔卢拉地区的自然风貌和阿兹特克神坛，神坛即人的代表，作者以此诗提醒世人，从神坛中汲取教训；何塞的另一部诗作《尼亚加拉的颂歌》(Niágar) 同样以大自然和人本身为轴心。

二、浪漫主义文学

浪漫主义起源于欧洲，18 世纪后半叶至 19 世纪上半叶盛行于欧洲各个文艺领域。浪漫主义运动是法国大革命、欧洲民主运动和民族解放运动高潮时期的产物。这一运动的兴起与欧洲当时流行的德国古典哲学、美学和空想社会主义思潮有着密切的联系。

19 世纪上半叶浪漫主义传入美洲，在美洲的产生和发展与西班牙浪漫主义同步。当时独立大业已经完成，美洲新生的共和国正经历不稳定与动荡，国内军阀间为争夺统治权导致战乱不断，内战胜利的那一方便有权在国家政治和社会生活中采取"铁"般的政策。

美洲浪漫主义便在这种社会环境下诞生了，它宣扬自由，反对一切形式的压迫。浪漫主义文学强调一种理想化、革命的态度，强调感性高于理性，激情高于秩序。

美洲浪漫主义大体分为两个时期：前期是社会浪漫主义 (romanticismo social)，后期是感伤浪漫主义 (romanticismo sentimental)。

社会浪漫主义（1830—1860）

这一时期浪漫主义的作家宣扬自由、平等、博爱，主张社会政治变革，努力宣传进步思想，他们强调美洲人民的民族感情，以振兴国家为己任。代表作家有：

阿根廷作家埃斯特万·埃切维里亚 (José Estaban Echeverría, 1805—1851)，其主要作品有诗作《埃尔维拉，又名拉普拉塔河的新娘》(Elvira o la novia del Plata)、《慰安集》(Los consuelos)、《诗韵集》(Rimas) 和短篇小说《屠场》(El matadero)。埃斯特万出生在布宜诺斯艾利斯，1825年赴巴黎留学。在欧洲期间，英国和德国浪漫主义作家吸引了他。1830年回国后，胡安·马努埃尔·罗萨斯已经夺取了政权。针对当时全国范围内弥漫的恐怖政策，埃斯特万旗帜鲜明地捍卫自己的观点：浪漫主义即是文学的自由，应该以罗萨斯独裁统治为抨击对象，开展一场浪漫主义运动。于是在《屠场》这篇个性鲜明的作品中，便可以看到罗萨斯政权的狰狞面目和其走狗的趾高气扬、刽子手们的横行霸道。作者认为浪漫主义是精神革命，它应该充分显示自己的民族灵魂。《屠场》正是根据作者自己对浪漫主义的理解而创作出来的、有自己独特风格的作品。

阿根廷作家何塞·马默尔（José Mármol, 1817—1871)，同时还是一位反罗萨斯独裁统治的政治家。其主要文学成就在于长篇小说《阿玛利亚》(Amalia)，是阿根廷文学史上第一部长篇小说，与埃切维里亚的《屠场》和萨米恩托的《法昆多：文明与野蛮》并称拉美浪漫主义文学三部名作。书中的主人公阿玛利亚是作者高度理想化的女英雄，她美丽、善良、温柔，同时又勇敢，敢于为了保护自己的爱人而与罗萨斯政权做斗争。但是阿玛利亚生活在当时的社会里，自始至终都带着时代刻画在她身上的悲剧性，最后惨死在反动派的屠刀之下。

阿根廷作家多明戈·福斯蒂诺·萨米恩托（Domingo Faustino Sarmiento, 1811—1888) 出生的时候，正好是1810年阿根廷五月革命[①]爆发后的第九个月，即刚刚宣布推翻西班牙殖民统治的时刻。1842年，萨米恩托同安德烈斯·贝略进行了一场文学论战，前者提倡浪漫主义文学，主张向法国学习，主张创作自由；后者却坚持拉美文学应走古典主义道路，效法西班牙黄金时期的文学模式。辩论以萨米恩托的胜利告终。他最出名的著作当属《法昆多：文明与野蛮》(Civilización y Barbarie o Vida de Juan Facundo Quiroga)，它是拉美浪漫主义文学的第一部散文作品。文明与野蛮是贯穿全书的一个基本思想，作者认为："文明扎根于城市，野蛮控制了乡村。法昆多是'野蛮'的象征。"

感伤浪漫主义（1860—1890）

19世纪60年代拉美各共和国进入稳定发展阶段，这时期的作家多以人生哲理、

---

① 五月革命（Revolución de mayo），即1810年5月阿根廷人民发起的反对西班牙殖民统治的独立斗争，历时一周。最后一天，即1810年5月25日，布宜诺斯艾利斯市民来到广场，宣布脱离西班牙统治，成立拉普拉塔临时政府，从此开始了建设独立国家的进程。

风俗传统、个人情感、悲欢离合为主，不再强调文学的社会功能，文学作品讲究以情动人，运用唯美的形式和技巧。这一时期的主要代表作家是哥伦比亚作家豪尔赫·伊萨克斯（Jorge Isaacs，1837—1895），他一生经历丰富，当过士兵、议员、外交官、教师、主编、秘书、监工，并且参加过战争、文化教育工作。在政府任命他监管筑路时起，他开始创作长篇小说《玛利亚》（María），该小说问世后即引起文学界的轰动。故事讲述主人公玛利亚跟埃弗拉之间感人的爱情故事，强烈而纯洁的基调贯穿故事始终。这部小说取材于现实生活，特别是大量描写了哥伦比亚的独特风光，让《玛利亚》这部小说带上浓厚的拉美色彩。这部被称为"美洲之诗"的小说成为感伤浪漫主义文学小说的代表作，并且把浪漫主义文学运动推向了高潮。

三、高乔文学

在西班牙人到来之前，在广袤的潘帕斯草原上生活着潘帕族印第安人和高乔人。辽阔无垠的荒原上，荆棘丛生、杂草遍地，在一望无边的草原上，他们信马由缰，过着自由自在的生活。这样的生活环境形成了高乔人勇敢、豪放、高傲、鲁莽和桀骜不羁的性格。

高乔诗歌（poesía gauchesca）属于拉美浪漫主义文学的一部分，其产生与发展和新古典主义及浪漫主义同时进行。其实高乔诗歌的作者都不是高乔人出身，而是一些向民间文学学习的作家，他们模仿高乔人的语言进行艺术创造。其诗句由八个音节组成，通俗易懂，适于吟唱。1810—1880年，高乔诗歌的发展持续了70年。在题材上，高乔诗歌一般取材于高乔人的英雄业绩，印第安人和西班牙人的战争，罗萨斯统治时期的轶事，法昆多·基罗加[1]之死以及高乔人日常生活中的行为、经历和见闻。后来这些叙述诗逐渐发展壮大而成为高乔史诗，从此高乔诗歌的发展获得了更高的价值。

说到高乔文学，不得不提的作家有巴尔托洛梅·伊达尔戈、伊拉里奥·阿斯卡苏比、埃斯塔尼斯劳·德尔·坎波、何塞·埃尔南德斯。

巴尔托洛梅·伊达尔戈（Bartolomé Hidalgo，1788—1822）是第一位有成就的高乔诗歌创作者。1819年，他的《一位高乔人为歌颂麦普之役而创作的爱国的西埃利托》（Cielito a la Acción de Maipú）问世，在这首诗歌中，高乔诗歌粗犷、豪放、

---

[1] 胡安·法昆多·基罗加（Juan Facundo Quiroga，1788—1835），19世纪上半叶阿根廷军阀，在阿根廷内战（1814—1880）期间支持联邦政府。

雅俗共赏的特点体现得淋漓尽致。

伊拉里奥·阿斯卡苏比（Hilario Ascasubi,1807—1875）与前者相比，文风已经具有鲜明的浪漫主义风格。他用粗犷的语言和地方色彩创造一种民族文学。他最重要的作品是《桑托斯·维加》（*Santos Vega*），又名《拉佛洛尔的孪生兄弟》（*los mellizos de la Flor*），这部描绘潘帕斯草原风土人情的长篇诗作约13,000行。诗中不乏对于草原景色、习俗以及人们的心理描写，这是一部宝贵的历史文献，正是在其引导下，埃尔南德斯创造了高乔诗歌的登峰造极之作《马丁·菲耶罗》。

埃斯塔尼斯劳·德尔·坎波（Estanislao del Campo, 1834—1880）的代表作是《浮士德》（*Fausto: impresiones del gaucho Anastasio el Pollo en la representación de esta Ópera*），出版于1866年。描写的是主人公何纳斯塔西奥在布宜诺斯艾利斯看了法国音乐家古诺根据歌德原著改编的《浮士德》后，用高乔人特有的诙谐将自己的见闻和感受讲给朋友拉古纳。《浮士德》中风趣和幽默是其突出特点。这种幽默感正是由于一个居住在乡村的高乔人对城市文明以及对欧洲文坛上的经典著作的曲解而造成的。

何塞·埃尔南德斯（José Hernández, 1834—1886）从小跟父亲生活在牧场，这使得他可以充分熟悉和了解高乔人的生活、劳动、风俗语言等。1872年，其史诗巨作《马丁·菲耶罗》（*Martín Fierro*）发表，引起了巨大轰动，此后7年间再版11次。如今《马丁·菲耶罗》早已超越阿根廷国界，在西班牙语国家甚至世界文坛都享有盛名。作品讲述了高乔人马丁·菲耶罗被抓到边界地区与印第安人作战，历尽边关之苦，回家后发现老婆和孩子都不明去向。被迫再次背井离乡时，与他人言语相讥，失手杀死一名黑人和一名高乔人，于是成了逃犯。被警察追捕时，他单枪匹马，寡不敌众，所幸被一名军曹搭救，后二人成为莫逆之交。1879年，《马丁·菲耶罗》第二部分《归来》（*La vuelta*）出版。

四、现代主义（1882—1916）

19世纪末浪漫主义渐渐失去了市场，现代主义（modernismo/parnasianismo）崛起。这是一种"躲在象牙塔里"、逃离社会现实的文学形式。它脱离群众，讲究形式，注重技巧，追求纯粹的艺术。现代主义诗人们往往醉心新奇，喜欢使用典雅的语言及优美的形象，追求韵律的自由与和谐。同时，他们喜欢通过追求异国情趣，来憧憬虚幻的世界，抒发忧伤的情怀，这些都意味着现代主义同传统文学价值的决裂。值得一提的是，现代主义是拉美第一个脱离欧洲文学形式而自己形成的文学现象。

而说到其起源，拉美现代主义其实吸收了法国帕尔纳斯派（parnasianismo）和象征主义（simbolismo）的某些特点。帕尔纳斯派追求语言上的可塑性，在美学上则执着于对美的追求，也就是所谓的"为了艺术而艺术"（el arte por el arte）。象征主义强调文学词汇的韵律和感官效果。与传统的"逻辑—句法"（lógico-sintáctico）关系不同的是，现代主义创造了一种新的关系，即建立在新的韵律和感官图像基础上的"抒情—音乐"（lírico-musical）关系。拉美现代主义最重要的两位作家是：

古巴诗人何塞·马蒂（José Martí，1853—1895）的诗歌《伊斯马埃利约》（Ismaelillo）是拉美现代主义文学的开端，这部温柔细腻的作品，给拉美诗坛吹来了一阵清新之风。1891年，他发表了《淳朴的诗篇》（Versos sencillos），诗中真诚、淳朴简单之情为诗歌表达开辟了一条新的渠道并且创造了空前的艺术价值。鲁文·达里奥曾评论何塞·马蒂的作品"充满生机勃勃、色彩缤纷、具有可塑性和音乐性的意象"。此外，他的作品还充斥着比喻和象征元素。因此，何塞·马蒂被认为是拉美现代主义的开创者。事实上，他并不追求完全的形式和纯粹的唯美主义。他说："我不喜欢没有实际意义的词汇，我不会使用内容空乏、不真实的语言。"于是，他用鲜活的语言和文学性来表达充实而现实的内容，他的一些散文或评论文章则犀利而深刻。

尼加拉瓜作家鲁文·达里奥（Rubén Darío，原名 Félix Rubén García Sarmiento，1867—1916）无疑是19世纪及20世纪初西语文学中最杰出的作家之一，他的名字意味着现代主义的胜利和成熟，同时也意味着其衰落。作为旅行者、记者和外交官，鲁文·达里奥的文学创作足迹遍布中美洲、智利、阿根廷、古巴、哥伦比亚、西班牙、法国和美国等地。1888年，他的《蓝》（Azul）在智利发表，这部作品意味着现代主义加入了如浮夸风格（preciosismo）、世界主义（cosmopolitismo）、异国情调（exotismo）、唯美主义（esteticismo）、理想主义（idealismo）、新颖独特和想象力等元素。鲁文·达里奥在这部作品中，用一种纯粹而透明的语言进行创作，其中小说跟诗歌交替进行，同时充斥了隐喻和象征手法。根据雨果（Victor Hugo）的说法，蓝色是艺术的颜色，它是"理想、天空和无限"的颜色，"它是幻想的艺术世界和象牙塔的邀请函"。《世俗的圣歌》（Prosas profanas）的发表意味着拉美现代主义的成熟和在拉美至高无上的地位。鲁文·达里奥在作品中进行了韵律创新，对于创痛的诗歌韵律提出了挑战。基于全新的美学观点，他成功开创了新音律及文字可塑性，创造了纯粹艺术。这是一篇含糊其辞的诗歌,完全脱离了现实生活,只在乎追求形式的完美与幻想世界间的充分和谐。1905年问世的《生命与希望之歌》(*Cantos de vida y esperanza*)中,诗人已经不再单纯地注重辞藻雕琢和韵律修饰,而是要抒发在自己胸中燃烧的激情。这部作品是现代主义晚期诗歌的标志。鲁文·达里奥的出现,意味着拉美文学不再是简单的旧世界文学的回声,拉美文学头一次影响到世界文学。1916年鲁文·达里奥逝世,现代主义诗歌走向衰落,并逐渐被先锋派诗歌所取代。

五、现实主义文学与先锋派文学(1916—1959)

在诗歌方面,随着现代主义的消逝,出现了后现代主义(postmodernismo)和先锋派(vanguardismo)诗歌两个倾向。前者的代表有智利作家卡夫列拉·米斯特拉尔,后者的代表是阿根廷作家豪尔赫·路易斯·博尔赫斯。

在小说方面,以1910年墨西哥革命为题材的作品首先拉开了20世纪小说的帷幕,如墨西哥作家马里亚诺·阿苏埃拉(Mariano Azuela)创作的《在底层的人们》(*Los de abajo*),而后关注农村和印第安人生活的如地域小说(regionalismo)紧随其后。这些作品采用现实主义手法揭露社会矛盾,特别是揭露大庄园制的腐朽没落,同时歌颂了人们的反抗精神:如玻利维亚作家阿尔西德斯·阿尔盖达斯(Alcides Arguedas)的《青铜种族》(*Raza de bronce*)、委内瑞拉作家罗慕洛·加列戈斯(Rómulo Gallegos)的长篇小说《堂娜芭芭拉》(*Doña Bárbara*)、哥伦比亚作家何塞·埃乌斯塔西奥·里维拉(José Eustasio Rivera)的《漩涡》(*La vorágina*)。这些作品以农村生活为题材,或讴歌印第安农民不堪庄园主侮辱与压迫奋起反抗的斗争精神,或揭露大庄园主的野蛮暴行,或描写人与大自然的搏斗。

这一时期的文学创作以现实主义为表现手法。30年代至50年代末资本主义世界爆发的经济危机、西班牙内战、第二次世界大战、社会主义运动的兴起和马克思主义的广泛传播无疑都对拉美文学发展产生巨大影响。欧洲先锋派的作家,如普鲁斯特、乔伊斯、卡夫卡等成了拉美一部分作家的榜样,同时,仍有不少作家坚持现实主义。

作家们的聚焦点转移到了城市,把普通人甚至是最底层人的生活和心理状态作为作品的重点,同时揭露了拉美社会的顽疾——贫穷、落后和剥削等。值得一提的是,他们在表现手法上发生了翻天覆地的变化,受超现实主义(surrealismo)、表现主义(expresionismo)、立体派(cubismo)等流派的影响,一些作品在结构、叙述、时空和语言上颠覆了传统模式,而发展成了更为复杂的多样化模式。比如,在叙述上采取复线结构，时空交错，用潜意识、梦呓和内心独白代替逻辑性强的常规语言，引导读者参与到作品中。

这一时期的代表作家有：古巴作家阿莱霍·卡彭铁尔、危地马拉作家米格尔·安赫尔·阿斯图里亚斯、墨西哥的奥古斯丁·亚涅斯（Agustín Yáñez）、秘鲁的西罗·阿莱格里亚（Ciro Alegría）、古巴的尼古拉斯·纪廉（Nicolás Guillén）和智利的巴勃罗·聂鲁达（Pablo Neruda）等。

阿莱霍·卡彭铁尔（Alejo Carpentier, 1904—1980）是古巴著名小说家、散文家、音乐理论家、文学评论家和新闻记者。他将超现实主义与本地化相融合，全面反映了拉丁美洲大陆的现实，对拉美当代小说的繁荣发展有巨大影响，被尊称为拉美小说的先行者。主要著作有《人间王国》（El reino de este mundo）、《光明世纪》（El siglo de las luces）、《消失了的足迹》（Los pasos perdidos）。

米格尔·安赫尔·阿斯图里亚斯（Miguel Ángel Asturias, 1899—1974），被视为拉丁美洲魔幻现实主义的开创者，主要代表作有《总统先生》（El señor presidente）和《玉米人》（El hombre maíz）。

六、文学爆炸时期（20世纪60年代至70年代中期）

"二战"尤其是1959年古巴革命胜利后，拉美人民进一步觉醒，拉美小说家写出了一大批思想、内容深刻，艺术、技巧奇特的作品，造成了一派空前繁荣的局面，引起世界文坛的极大关注，因而这一阶段被称为"拉美新小说"时期，也就是所谓的"文学爆炸"（El "boom"）时期。文学作品揭露和抨击社会黑暗、反对帝国主义侵略、反对军事独裁和寡头政治。在艺术上博采众长、大胆创新、形成独特的风格。小说家们坚持反映社会，用文学反抗社会的不公和陋习，特别针对军事独裁政权以及外国资本的剥削和压榨。在表现手法上，他们运用了多种文学理念，如魔幻现实主义（realismo mágico）、心理现实主义（realismo psicológico）、社会现实主义（realismo social）、结构现实主义（realismo cubista）等，使得其作品展现出丰富多彩的艺术效果。拉美文学走上世界文坛，第一次成为世界文学的导师。其代表作家有墨西哥的卡洛斯·富恩特斯、哥伦比亚的加西亚·马尔克斯、阿根廷的胡利奥·科塔萨尔、秘鲁的巴尔加斯·略萨、智利的何塞·多诺索和乌拉圭的胡安·卡洛斯·奥内蒂等。

代表作家

卡洛斯·富恩特斯（Carlos Fuentes, 1928—2012），西班牙语世界最著名的散文家及小说家之一。其作品深刻刻画了墨西哥的历史和现实。富恩特斯深刻影响了当代拉丁美洲文学，他的作品被翻译成多种文字。富恩特斯自幼爱好文学，并显露才华。12 岁创作短篇小说，并发表在大学的杂志上。1954 年发表短篇小说集《假面具的日子》(*Los días enmascarados*)，在文坛初露锋芒，1959 年发表的第一部长篇小说《最明净的地区》(*La región más transparente*)，一举成名。使富恩特斯享誉文坛的是其 1962 年发表的《阿尔特米奥·克罗斯之死》(*La muerte de Artemio Cruz*)。富恩特斯是继诺贝尔文学奖获得者奥克塔维奥·帕斯之后，墨西哥最著名的文学家，也是当代西班牙语文学界最具影响力的作家之一，身后留下了超过 60 部作品。

胡利奥·科塔萨尔 (Julio Cortázar, 1914—1984) 的文学创作主要是短篇故事和小说。他的短篇故事语言优美，构思精巧，想象力丰富，人们称他为"短篇故事大师"，是魔幻现实主义的代表。他的小说，特别是《跳房子》(*Rayuela*) 一书，更使他与加西亚·马尔克斯、巴尔加斯·略萨等作家齐名。该书的创新之处在于打破传统小说的常规，将连续的故事抽离，交由读者自己去组织素材，发展情节，不同的读者读到的是一本不同的小说。

何塞·多诺索 (José Donoso, 1924—1996) 一生大部分时间住在智利，但也自愿流亡至墨西哥、美国、西班牙多年，并参加美国艾奥瓦大学的国际写作计划。他是魔幻现实主义文学运动代表人物之一，最出色的作品是《污秽的夜鸟》(*El obsceno pájaro de la noche*)。

胡安·卡洛斯·奥内蒂 (Juan Carlos Onetti, 1909—1994) 曾任校对、编辑、路透社记者、路透社驻布宜诺斯艾利斯办事处主任等职位。1954 年成为执政党机关刊物《行动报》社长，三年后辞职。1957 年起担任蒙得维的亚图书馆馆长和国家喜剧艺术院艺术指导。1980 年获塞万提斯奖。奥内蒂的小说作品主要有《井》(*El pozo*)、《短暂的一生》(*La vida breve*)、《离别》(*Los adioses*)、《为了一座无名的坟茔》(*Para una tumba sin nombre*)、《造船厂》(*El astillero*)、《收尸人》(*Juntacadáveres*) 等。大多数作品设定在一个虚构的港口圣达玛利亚。

七、魔幻现实主义

魔幻现实主义是一种叙事文学技巧，其故事中的因果关系看起来常常不合乎现实状况。它并不是一种运动或学派，而是一种写作风格。首次使用魔幻现实主义这个词的人是德国艺术评论家法兰克·罗 (Frank Roh)，用来描述主要由美国画家使用的一种不寻常的现实主义手法。这些1920年代的画家，比如依凡·阿尔布莱特、保罗·凯德马斯、乔治·图克等人，会在传统的现实主义里融入少许超现实和幻想意涵。这个名词在20世纪开始风行，并随着像恩斯特·荣格尔（Ernest Jünger）以及许多拉丁美洲作家而风生水起，其中最有名的是豪尔赫·路易斯·博尔赫斯、加西亚·马尔克斯和伊莎贝尔·阿连德。将魔幻现实主义第一次用在文学上的是评论家阿尔图洛·乌斯拉尔—皮耶特里（Arturo Uslar-Pietri），不过这个词之所以受到瞩目则是1967年诺贝尔文学奖得主米格尔·阿斯图里亚斯将把自己的小说风格界定为魔幻现实主义之后。

要区别魔幻现实主义和传统现实主义是有困难的。毕竟传统小说的情节、角色和叙事者都不是真实的。然而，魔幻现实主义倾向把现实描述为一种全然流动的状况，并且有角色会将这种流动的现实视为理所当然。魔幻现实主义也超越了这些社会限制。不同于科幻和奇幻文学的是，魔幻现实主义会将它的世界描写得荒诞古怪、反复无常，而严谨的科幻文学则是受限于物理学法则。举例来说，加西亚·马尔克斯的许多小说表面上看起来像是对真实世界的一种报道记录，然而仔细去审视的话，就会发现它们带有一些报道技巧所无法解释的非真实性和神秘性在里面。

哥伦比亚小说家加夫列尔·加西亚·马尔克斯（Gabriel García Márquez, 1927—2014）的《百年孤独》（*Cien años de soledad*）于1967年5月30日在布宜诺斯艾利斯发行首个版本，一周内售出8000多本，并在3年间售出50万本；直到今天，已被翻译成40多种语言，影响之大，遍及世界多个国家和地区，并且获得数个国际奖项，包括诺贝尔文学奖。提起马尔克斯的作品，人们便自然联想到魔幻现实主义——将真事隐去，用魔幻的、离奇的、现实生活中不存在的事物和现象反映、体现、暗示现实生活。之所以如此，不仅仅因为马尔克斯的小说创作是魔幻现实主义的，而更重要的是因为魔幻现实主义作为一个文学流派是因马尔克斯的小说而闻名于世。

阿根廷作家豪尔赫·路易斯·博尔赫斯（Jorge Luis Borges, 1899—1986）是蜚声世界文坛的文学大师。其主要作品有诗集《布宜诺斯艾利斯的热情》（*Ferror de Buenos Aires*）、《面前的月亮》（*Luna de enfrente*），散文集《我希望的大小》（*El tamaño de mi esperanza*）、《圣马丁手册》（*Cuaderno de San Martín*）以及短篇小说《小径分岔的花园》（*El jardín de senderos que se bifurcan*）。被公认为其代表作的《小径分岔的花园》有着简单的情节和复杂如迷宫般的结构。小说的主题是时间，按照作者的解释，"时间是无限延续的""时间是一张正在扩展、变化、分散、集中、平行的网""它的网线互相接近、交叉、割断，或者几个时间各不相干，包含了一切的可能性。"除此之外，他的代表作还有短篇小说《诗歌集》（*Obra poética*）、小说集《世界性的丑闻》（*Historia universal de la infamia*）和《阿莱夫》（*El Aleph*）等。这位享誉世界文坛的拉美作家用其精湛的语言造诣和渊博的学识，使其作品对拉美文学界乃至世界文学界都产生了深远的影响。

八、80年代至今的拉美文学

新时期的作家不满足于上个时期的成就，他们要求突破与创新，有些作家则要求回归现实主义。新作家的代表人物有阿根廷作家马努埃尔·普伊格（Manuel Puig），代表作为《蜘蛛女之吻》（*El beso de la mujer arana*），智利作家伊莎贝尔·阿连德（Isabel Allende），代表作为《幽灵之家》（*La casa de los espíritus*）。

拉美优秀作家自20世纪中以来登上世界文坛顶峰的人数不胜枚举。许多好莱坞电影人把这些经典作品搬上大银幕，并获得了很大成功。如普伊格的《蜘蛛女之吻》后来被改编成电影，并在1985年荣获四项奥斯卡奖提名。1989年出版的劳拉·埃斯基维尔（Laura Esquivel）的魔幻现实主义小说《恰似水之于巧克力》（*Como agua para chocolate*）1992年被改编成电影，并在墨西哥电影艺术节（Academia Mexicana de Artes y Ciencias Cinematográficas）上获得十个奖项。再如加西亚·马尔克斯就有三十余部作品先后被日本、中国、墨西哥、法国、西班牙、意大利、美国等国导演改编成电影。

九、获得诺贝尔文学奖的西班牙语国家作家

西班牙语国家一共有十一位作家获得诺贝尔文学奖，其中包括五名西班牙作家和六名拉美作家。按获奖时间先后的西班牙作家有：剧作家何塞·埃切加赖（José Echegaray，1904年获奖），剧作家哈辛托·贝纳文特（Jacinto Benavente y Martínet，1922年获奖），诗人和散文家胡安·拉蒙·希梅内斯（Juan Ramón Jiménez，1956年获奖），诗人维森特·阿莱克桑德雷（Vicente Aleixandre，1977年获奖）以及小说家卡米洛·何塞·塞拉（Camilo José Cela，1989年获奖）；按获奖时间先后的拉美作家有：智利女诗人卡夫列拉·米斯特拉尔（Gabriela Mistral，1945年获奖），危地马拉小说家米格尔·安赫尔·阿斯图里亚斯（Miguel Ángel Asturias，1967年获奖），智利诗人巴勃罗·聂鲁达（Pablo Neruda，1971年获奖），哥伦比亚小说家加夫列尔·加西

亚·马尔克斯（Gabriel García Márquez, 1982年获奖），墨西哥诗人奥克塔维奥·帕斯（Octavio Paz, 1990年获奖）以及秘鲁小说家马里奥·巴尔加斯·略萨（Mario Vargas Llosa, 2010年获奖）（详见附录1：西语国家的诺贝尔文学奖得主）。

第三节　西班牙语中的英语词汇

西语单词anglicismo在西班牙皇家语言学院出版的《西班牙语词典》中解释为"在其他语言中使用的英语词汇或表达方式"。

在两种或以上语言接触的过程中，强势语言总是向弱势语言输出大量词语。时至今日，由于文化上的交融，未受其他语言影响过的纯净语言微乎其微。今天的西班牙语历史上就曾被诸如拉丁语、阿拉伯语、法语、意大利语和英语等外来语言影响，而英语在时间上虽出现得最晚，但却是影响西班牙语最大的语言之一。

作为国际通用语，英语对西班牙语的影响不仅仅局限于西班牙，甚至蔓延到整个拉丁美洲。从19世纪不列颠殖民帝国时期起，英语便已经开始扮演一种强势语言的角色，然而，英语对其他语言更进一步的影响则是在第二次世界大战之后。

一、西语中出现英语词汇的原因

英国的崛起

1588年，英国击败西班牙无敌舰队（la Armada Invencible），并逐渐取代西班牙成为新兴海上霸权，开始不断扩张海外殖民地。之后，英国相继在英荷战争（Guerras anglo-neerlandesas）和七年战争（Guerra de los Siete Años）中，打败最强的对手荷兰和法国，确立了海上霸权地位。

1815年英国在拿破仑战争中的胜利，又进一步巩固了它在国际政治、军事上的强权地位。18世纪60年代至19世纪中，英国在欧洲率先开始并最早完成了工业革命（Revolución Industrial），工业革命更让英国取得无可争辩的经济强权。

维多利亚时期[①]的大英帝国步入鼎盛。当时，全世界大约4亿—5亿人口，全球总人口的约四分之一都是大英帝国的子民，其领土面积则有约3367万平方公里，是世界

[①] 维多利亚时期，即英国女王维多利亚的统治时期（1837—1901）。前接乔治时代，后启爱德华时代，被认为是英国工业革命和大英帝国的巅峰时期。

陆地总面积的四分之一，从英伦三岛[①]到冈比亚、纽芬兰、加拿大、新西兰、澳大利亚、马来西亚、新加坡、缅甸、印度、乌干达、肯尼亚、南非、尼日利亚、马耳他以及无数岛屿，地球上的24个时区均有大英帝国的领土。英国出版的大英帝国全球地图，通常用红色把帝国的领土标出，可以清晰地了解到这个庞大的帝国在全球的影响力。

英国经济学家杰文斯[②]在1865年曾这样描述："北美和俄国的平原是我们的玉米地，加拿大和波罗的海是我们的林区，澳大利亚是我们的牧场，秘鲁是我们的银矿，南非和澳大利亚是我们的金矿，印度和中国是我们的茶叶种植园，东印度群岛是我们的甘蔗、咖啡、香料种植园，美国南部是我们的棉花种植园。"任何一个国家语言以及文化的流行都离不开其母国强大的国际地位，随着英国国力增强、国际地位提升，英国文化也开始在世界范围内广泛流行。

18世纪到19世纪中叶，英国文学和社会文化给西班牙的有识之士带来了极大的冲击，英语也开始成为这一时期西班牙学校中的重要学科。在此期间，卡达尔索、霍维亚诺斯和莫拉廷翻译并在西班牙出版了第一批英语词典和语法书。1814年后，在费尔南多七世统治期间，许多移居海外的学者促进了国家间不同语言的交流，如布兰科·怀特[③]、埃斯普隆塞达和里瓦斯公爵都在这一时期出版了非常重要的作品，对促进英语和西班牙语的交流起到了不可磨灭的作用。

anglicismo一词最早出现在出版物上是在1848年，然而，在此一百年前的1748年，这个单词就已经为人们所使用了。透过英国历史小说和新闻媒体的传播，许多英语术语进入到西班牙语词汇当中。西班牙上流社会人士也习惯使用英语词汇以显示其尊贵的社会地位。

英国的文化通过音乐、舞蹈、服饰、汽车以及体育运动等形式传到其他国家。而西班牙在内战爆发前对这种文化影响几乎全盘接收，于是大量新词涌入西班牙语中，如rugby（橄榄球）、lacrosse（长曲棍球）、golf（高尔夫球）、polo（马球）、tenis（网球）等。

[①] 英伦三岛，英国或大不列颠的别称，包括英格兰、苏格兰、威尔士以及北爱尔兰等，一般用于非正式场合或文学艺术作品。
[②] 威廉·斯坦利·杰文斯（William Stanley Jevons，1835—1882），英国著名经济学家和逻辑学家，边际效用学派的创始人之一，数理经济学派早期代表人物。
[③] 布兰科·怀特（Blanco White），西班牙神学家、诗人，1810年移居英国。

美国国际地位的上升

"二战"结束后,美国取代英国一跃成为世界超级大国。与此同时,美国源源不断地向其他国家输出自己的价值观,它的流行音乐、时尚服饰、饮食、电影、电视甚至毒品都渗透到世界各地。这种影响最直接的体现便是语言输出,大量与之相关的英语外来词涌入西语当中,如blues(布鲁斯)、soul(灵魂乐)、R&B(节奏布鲁斯)、rock(摇滚)、pub(酒吧)、nightclub(夜总会)等。

流行文化对年轻人有着超乎寻常的吸引力,于是这些英语外来词便在报刊杂志上慢慢流行开来,并且成了人们口语中出现频率很高的词汇。有些外来词被西班牙皇家语言学院接受,正式收入其词典当中,如club(俱乐部),但是更多的单词并不能被官方接受,只是在非官方范围内流行并使用。

新事物的涌现,要找到新的词汇来对其定义

以信息技术领域为例,随着当今社会科学技术的进步,特别是计算机信息技术的飞跃发展,许多科技词汇越来越为人们普遍使用。比如电脑的chip(芯片)、internet(互联网),还有一些专业词汇如IP, RAM, CPU等等。由于美国在科学技术,特别是电脑网络技术方面的绝对优势地位,英语成了这个领域的通用语言,大量英语词汇充斥着计算机和网络。另一方面,西班牙语中本来没有与之相对应的单词,但是科学技术的发展不得不让西班牙语借入这些专业词汇,以弥补西语本身的不足。

传媒的作用

20世纪传媒业得到迅速发展,媒体形式也得到极大的丰富,并深深影响着人们的生活方式。

英国和美国的通讯社在全世界范围内公开发行报纸,由于其信息量巨大,译员们无法将所有的英语词句都准确地译成西语。因此,他们在新闻翻译过程中大量使用英语词汇以及表达方式。这样,英语词汇及表达方式开始大量涌入西班牙语当中。

电影和电视节目是英语进入西班牙语的另一个重要途径。有数据显示,2007年,西班牙引进的电影中有97%都来自美国,西班牙80%的电视节目都是英语译制片,而其中大量的翻译质量不高,常常在特定情境下出现英语名词和表达方式,观众也就逐渐接受了这些频繁出现的英语名词、短语。如果我们仔细观察译自英语的西班牙儿童节目,如"芝麻街",或者任何一个系列译制动画片,都会发现里面许多的拟声词、口头禅都保留了英语的原貌,未作任何适应西班牙语的改变,如boom, bingo, ring, ok等。

皇家语言学院没有起到绝对的抑制作用

皇家语言学院的词典在过去220年间（1780—2001）共出版了二十二版，短则三年更新一版，长则十六年一版，因此很难及时反映语言，尤其是词汇的变化，而且皇家语言学院更致力于维护西班牙语的纯净，因此面对时代的发展和新事物的涌现，人们急需找到新词汇与新事物相对应之际，皇家语言学院也只能选择默许外来词汇进入西班牙语当中，来填补本国语言在这方面的空白。许多外来词虽然没有得到皇家语言学院的认可，也没有被官方词典收录，但已经在民间口语中广泛使用。

二、英语影响西班牙语的方式

词汇

英语对西语的影响最主要表现在词汇上，英语在词汇上主要通过以下几种方式进入到西语当中：

◇ 直接借用

所谓直接借用，就是原封不动地把英语单词搬到西班牙语中。

比如：CD—ROM（光盘只读存储器）、e-mail（电子邮件）、club（俱乐部）、pub（酒吧）、chance（机会）、hardware（硬件）、internet（因特网）、software（软件）、surf（冲浪）等。

然而，有些英语单词在原封不动地进入西语词汇后，词义却发生了改变，如：crack（英语原意"裂缝"，西语意"运动好手；毒品"）、smoking（也写作esmoquin，英语原意"吸烟"，西语意"无尾常礼服"）、footing（也写作fúting，英语原意"立场；基础"，西语意"步行运动"）、office（英语原意"办公室"，西语意"厨房前厅；餐具室"）。

还有些英语词保持原貌进入西语词汇并且逐渐流行，进而取代西语中原有的表达该含义的词，如sandwich取代emparedado（三明治）；puzzle（发音变为/púzle/）取代rompecabezas（拼图游戏）；再如，受英语影响，"重病"用"enfermedades severas"（英语用severe）而不用"enfermedades graves"；"严厉的措施"用"medidas dramáticas"（英语用dramatic）而弃用"medidas drásticas"；"El tabaco perjudica seriamente la salud."（吸烟严重损害健康。）标准表达方式应为："El tabaco perjudica gravemente la salud."

在这里，还有一个需要特别指出的英语单词是gay。西班牙语中表达"男同性恋者"的单词有"maricón"和"homosexual",然而前者含有轻蔑的意味,后者仅限于正式场合使用,不如 gay 听起来自然而含蓄。尽管西语中还有一个词也可以较含蓄地表达同一意思,即"invertido",但听起来并不自然,因此英语词 gay 就被用来填补西语中的这一空白。

◇ 音译

就是根据英语原词的发音,按照西班牙语发音规则,重新编造一个发音与之相似的西班牙语单词。比如:

英语源词	西语单词	释义
meeting	mitin	政治集会①
corner	córner	角球
cocktail	coctel/ cóctel	鸡尾酒
football	fútbol	足球
baseball	béisbol	棒球
boycott	boicot	抵制
poster	póster	广告,海报
whisky	güisqui②	威士忌
lunch	lonch	午餐

◇ 按西班牙语正字法规则进行全面改写

很多英语单词如果按照西班牙语的发音规则是很难读出来的,所以在引进时,往往会通过改写的方式,使要引进的英语单词符合西班牙语的发音习惯与书写规则。

比如词首为 s 的英语词汇进入西班牙语后一般都会在前面添加 e,如 slogan→ eslogan(口号),snob→ esnob(势利眼),standar→ estándar(标准),stereo→ estéreo(立体声),scanner→ escáner(扫描仪)等。

◇ 直译

将英语词中的每个组成部分翻译成西班牙语。如 best seller→ superventa(畅销书),drug addict→ drogadicto(瘾君子),self-service→ autoservicio(无人售货;自助),skycraper→ rascacielos(摩天大楼),等等。

还有个例子就是英语中的足球 football,引入西班牙语之后,除了上述的 fútbol 之

---

① mitin 和原英语单词 meeting 在词义上有所不同。
② 词典中,whisky 和 güisqui 都有收录。

外，西语中还存在一个单词balompié，这里的balom（即balón的变体）对应ball，pie对应foot。

✧ 旧词添新义

以agresivo为例，西班牙语的agresivo和英语的aggressive属同源词，都来源于拉丁语 aggressus。起初，agresivo并不具备英语单词aggressive "有进取心的"这一含义，在英语的影响下，这一释义逐渐被西班牙语吸收，赋予了agresivo新的含义。

再如，"我会联系你的。"标准的西语说法为 "Estaré en contacto contigo." 或 "Me pondré en contacto contigo." 受英语动词contact用法的影响，西语根据正字法创造了本不存在的contacto的动词contactar，并出现了 "Te contactaré."（英语为I will contact you.）这种说法。

✧ 特立独行的puenting

初见西班牙语单词puenting，相信很多人的第一直觉为 "这是个英语词汇"，实则不然，我们都被它的后缀-ing迷惑了。其实，puenting是一个西—英合成词，由西班牙语单词puente（桥）加上英语中的后缀-ing构成。在英语中，-ing这一后缀可以用来表示运动或是该项运动的结果，比如camping（露营）、jogging（慢跑）等。因此，puenting表达的含义是 "桥梁蹦极"。

显然，西班牙皇家语言学院是断然不会接受这种构词方法的，因此在其出版的《泛西语国家答疑词典》中建议用puentismo来代替puenting。

句法

许多人认为，一旦外来语开始改变接收语言的语法结构，其对接收语而言是致命的伤害。长期以来，英语不仅仅在很多方面填补了西班牙语词汇的空白，在句法结构上，也对西班牙语产生了很深的影响，本文仅以以下几个典型方面稍做说明：

✧ 乱用被动结构

西班牙语在表达被动含义时，自负被动句出现的频率要远高于被动句。然而受英语影响，越来越多的人开始喜欢使用ser+过去分词的结构来表达被动含义。

如：Se vendió la casa.（房子卖了。）（规范西班牙语）

　　La casa fue vendida.（受英语影响，使用频率越来越高）

西班牙传统语法学权威莱昂纳多·戈麦斯·托雷戈在其《规范西班牙语手册》（Manual del español correcto）中指出："西班牙语中estar siendo + participio pasivo这一表达被动含义的短语是受英语句法（be+being+过去分词）的影响而后出现的，

也许人们是想用它来填补 estar+副动词在表达被动含义上的空白。但无论如何，应当避免使用这一短语。"

  如： El proyecto está siendo discutido en las Cortes.

  规范说法：El proyecto se está discutiendo en las Cortes.（国会正在讨论议案。）

  如： El plan de que te hablé está siendo elaborado por los profesores.

  规范说法：Los profesores están elaborando el plan de que te hablé.（老师们正在制定我跟你说过的计划。）

  如： La célula está siendo analizada.

  英语为： The cell is being analysed/analyzed.

  规范说法：Se está analizando la célula.或 Están analizando la célula.（正在分析细胞。）

  ✧ 某些口语表达

  西班牙语在表达"我看到很多人"这一含义时，正确的说法应为"Veo mucha gente."或"Estoy viendo mucha gente."，然而，受英语句法结构（"我看到很多人"译成英语为"I can see a lot of people."）的影响，现在很多人会下意识地说出"Puedo ver mucha gente"。

  又如，西语在表达"有什么可以帮您的吗？"时，地道的表达方式应为"¿Qué desea usted?"或"¿En qué puedo servirle/ayudarle?"，在英语的"How can I help you?"的影响下，现在口语中出现了"¿Cómo puedo ayudarle?"这种句式。

  ✧ 误用冠词

  ● 省略定冠词

  西班牙语中，通常名词做主语是要加冠词的，然而，受英语相关语法的影响，西班牙语中名词做主语省略冠词的现象越发频繁：如：表达"扑热息痛是高效止痛药。"，英语会说："Acetaminophen is highly effective as a painkiller."西班牙语为："El acetaminofeno es muy eficaz como analgésico."然而，许多医生由于长期阅读相关英语文献，会很自然而然地说出"Acetaminofeno es muy eficaz como analgésico."。再如，"Zanahoria es muy buena para la salud."其正确的表达方法为："La zanahoria es muy buena para la salud."（胡萝卜有益健康。）

  除科学领域外，在纸质及电子媒体当中，也都常能发现许多新闻中的句子直接以名词开头、不加定冠词。起初，这一用法仅用在新闻标题中，渐渐地在新闻正文中间也有许多句子出现这种用法，如："Ingenieros españoles reciben un importante galardón internacional."（西班牙工程师获得一项重要国际大奖。）按照规范的西班牙语写法，应为："Tres ingenieros españoles reciben un importante galardón internacional."（若知晓具体数量：三名西班牙工程师获得一项重要国际大奖。）或："Un grupo de ingenieros españoles recibe un importante galardón internacional."（若具体数量未知或者由于某种原因不想提及具体数字：几个西班牙工程师获得了一项重要的国际大奖。）

- 误添冠词

英语和西班牙语中对冠词用法的规定不尽相同，然而，受英语的影响，有些在规范西班牙语中不能添加冠词的句子中也开始出现了冠词。如：西班牙语语法规定："名词做表语，如仅说明主语的身份、特征时，就具有形容词的性质，不加冠词。""贝贝是老师。"即 "Pepe es profesor." 受英语表达方式 "Pepe is a teacher." 的影响，"Pepe es un profesor." 这种不正确的表达出现的频率越来越高。

✧ 名词形容词化

西班牙语中，名词若要发挥形容词的作用，多要借用前置词与其搭配，如 un escritor de fama（一位著名作家），然而受英语影响，西班牙语中出现越来越多的名词修饰名词的情况，将第一个名词形容词化，如：infección VIH（正确说法：infección por el VIH，感染HIV病毒）；vacuna anti-hepatitis（正确说法：vacuna antihepatítica 或 vacuna contra la hepatitis，肝炎疫苗）；año Dalí（正确说法：año de Dalí，达利年）；sector servicios（正确说法：sector de servicios，服务业）；ciencia ficción（正确说法：ciencia de ficción，科幻小说、科幻电影）。

正字法

✧ 标点符号

在英语的影响下，西班牙语标点符号的用法也发生了变化。比如，破折号的使用英语化，英语中的一对破折号中的内容是临时插入部分，而西班牙语传统使用一对逗号，比如："El Plan Nacional de Estabilización Económica, en 1959, es la puerta de cierre de una época -la de la autarquía de los vencedores de la guerra civil- y el umbral de otra -la integración de España en la CEE-." 按照传统西班牙语应为："El Plan Nacional de Estabilización Económica, en 1959, es la puerta de cierre de una época, la de la autarquía de los vencedores de la guerra civil, y el umbral de otra, la integración de España en la CEE."破折号在西语的用法是表示分而不是合，比如：un enfrentamiento Barça – Real Madrid（巴萨和皇马间的对抗）；"el sabor de la victoria – un buen vino"应为"el sabor de la victoria, un buen vino"，但是这种英式标点的使用人们已经习以为常了。

◆ 大小写字母

西班牙语书名大小写的书写标准为：第一个单词的首字母大写，后面除专有名词外的所有单词都小写，如："Manual del español correcto"。然而，受英语相关书写标准的影响，许多译著的书名以及章节名称的每一个单词的首字母都出现大写的现象。显然，这种用法是欠妥当的。

◆ 名词复数和阴阳性

直接引入西语中的英语名词外来词，会面临复数和阴阳性的问题。以辅音结尾的名词，如club，其复数形式是沿用英语的clubs还是依照西语规则加-es，成为clubes？《皇家语言学院词典》（2019年电子版）同时收录了club 和clube两个形式，似乎默认这两种复数形式；以y结尾的英语名词，因其独特性，西语一度直接使用英语的复数形式，如gay → gays，现在依照西语规则，把y改成i，这样既符合西语复数规则，又保留英语原来的发音：gais。英语名词没有阴阳性之分，引入西语中必须明确其词性，以往的做法倾向于默认为阳性词，现在给出阴性和阳性两个选择，比如internet。改头换面的英语名词外来词，如仿词sccador/secadora，或西语化的英语名词calculador/calculadora，computador/computadora，同时存在阴阳两种形式，根据不同国家，使用其中一种或两种形式并用。

三、西班牙英语词汇发音的变化

西班牙人的英语通常都很糟糕，甚至有时他们讲的英语完全无法被人理解。他们在读任何一个外来词的时候，都会尽可能使它的发音靠近西班牙语。其中一个原因，很可能就在于西班牙人难以发好某些辅音连缀，因此他们用西班牙语中相似的音将其取代，结果导致以英语为母语的人无法理解。下面我们以三个典型的事例来进一步说明：

一个最常见的问题就是英语中以"h"开头的单词的发音问题。西班牙语中的"h"是不发音的，因此，西班牙人会用西语中相似的j的发音来替代，如：hall（/jol/大厅），handicap（/jandicap/让分赛），hippy（/jipi/嬉皮士），hit（/jit/风靡一时的事物），hockey（/jokei/曲棍球，冰球）等。

另一个发音上的现象为他们通常会在以"s+辅音"开头的单词前加上一个原音"e"，将发音变为/es/，如：skin head（/eskinjed/光头），smog（/esmog/烟雾），smoking（/esmokin/吸烟），spanglish（/espanglis/西式英语），spaniel（/espaniel/西班牙猎狗），speed（/espid/速度），star（/estar/星；明星），stress（/estrés/焦虑），strech（/estrech/弹性的，可拉伸的）等。

最后一个有代表性的现象就是字母"w"的发音变化。这个字母在不同的单词中有不同的发音，当它位于某些单词的词首时，发音为/b/，如wáter（/báter/抽水马桶，最新正字法已经将其改写为váter），waterpolo（/baterpolo/水球），watio（/bátio/瓦特，最新正字法已将其改写为vatio）；在某些单词中，其发音又类似复合元音/ui/，如：week-end（周末），western（美国的西部片），windsurfing（帆板运动）；还有一些单词中的"w"的发音被省略了，如：crawl/krol/（爬泳），tomahawk（/tomajok/（北美土著的战斧）。

四、西班牙外来词和拉美的区别

相对于西班牙的西班牙语，拉美西班牙语更多的是直接从英语借用原词，不进行任何翻译或正字法上的加工以使其适应西语规则。最典型的一个例子就是"电子邮箱"，拉丁美洲更多地直接使用email或者e-mail，西班牙则使用correo electrónico这种更文学性的直译词；还有"牛仔裤"，拉美地区用bluyín, blue jean, yin, jeans等，西班牙则用（pantalón）vaquero, tejano。这种差别在技术词语或新借词中表现尤为明显，如在拉美，"电脑"人们更常用"computadora"或"computador"，而西班牙使用"ordenador"，无论是哪个词，在使用另一个词的人看来，都是外来词。

五、百家争鸣

如今西班牙语中英语词汇的使用频率越来越高。1997年，西班牙格雷多斯出版社还为此出版了一本《新英式西语词汇词典》（*Nuevo diccionario de anglicismos*）。皇家语言学院的《西班牙语词典》中也收录了iceberg（冰山）和clon（clown）（克隆，无性繁殖）两个单词，并对其进行了定义。尽管如此，对于进入西班牙语中的英语词汇，学者们的争论一直没有停息过。

西班牙皇家语言学院的院士就不希望《西班牙语词典》中收录这类词汇。例如，西班牙皇家语言学院翻译委员会主席霍华金·赛古拉（Joaquín Segura）就反对把类似braun（brown，棕色，咖啡色）的外来词收录到《西班牙语词典》中，他认为西班牙语中已经有很多词可以表达同一意思，如café, carmelita和castaño。

西班牙翻译家拉法埃尔·约皮斯（Rafael Llopis）曾表示，原封不动地使用外来语在很多情况下并无必要，但译员使用的频率太高了。另一些学者认为，既然译员保留了原语言词汇的风貌，我们就应该不加改变地使用这些外来语，以示对译员的尊重。还有学者认为，面对英语外来词，与其大西洋两岸各国各自为政，还不如就直接采纳英语原词，以避免共同语言——西班牙语的分裂。

西班牙语将如何发展，它又将怎样应对外来语的"入侵"，许多人对此兴趣颇浓。在百家争鸣的同时，也有很多人表示，语言的变化本身就是一件自然而然的事，让我们静观其变吧。

第二部分
西班牙语的现状

第六章　西语国家的西班牙语

第一节　西班牙语现状概述

　　1492年发生在伊比利亚半岛上的几件大事，改变了西班牙和西班牙语的历史和命运，同时也影响了世界的走向。"天主教双王"主导的光复运动，结束了穆斯林在伊比利亚半岛的统治，建立起统一的天主教王国，为其日后建立世界霸权奠定了基础；内夫里哈《卡斯蒂利亚语语法》的问世，不仅对卡斯蒂利亚语的稳定与统一起到积极作用，而且也标志着西班牙语进入成熟期，16世纪后，《卡斯蒂利亚语语法》是美洲学校里印第安人和印欧混血种人学习西班牙语的最佳语法教材；《卡斯蒂利亚语语法》问世的两个月后，哥伦布发现了美洲新大陆，为西班牙语的传播开启了全新的广阔天地。

　　18世纪初西班牙皇家语言学院成立，其主要任务是捍卫"西班牙语在其不断适应使用者需要的过程中不丢失其基本的统一性"。三个世纪以来，西班牙皇家语言学院通过各种活动和出版物，致力于保护西班牙语在持续发展和扩张中，词汇、语法、正字法的统一性及使用的正确性。此外，现代西班牙语在启蒙运动时期基本定型下来。

　　18—19世纪初，西班牙在美洲的殖民地，除古巴和波多黎各外，均获得独立，初步形成了今天拉美各国的政治格局。新生的拉美各国的土生白人精英阶层和拉美知识界人士，出于对其西班牙出身的忠诚，面对近二十个国家分裂的强大离心力，在语言、种族和历史上坚持不懈地维护和扩大这种纽带，从而确保了这些有西班牙传统的美洲国家间的团结。西班牙语使用人数众多，又是团结拉美各国的纽带，因此独立运动领导人及民众都自觉、自愿、自发地接受其为官方语言。此外，独立后的拉美西语国家陆续成立了各自的语言学院，为规范西班牙语起到了积极作用，这些学院之间一直保持极为密切的联系，其首要的共同目标是防止各国通用语——西班牙语的分裂。1951年成立的西班牙语语言学院协会更进一步强调西语国家的"同种、同文、共命运"。

西班牙语覆盖区域辽阔，且由于历史、政治、经济等诸多原因，尤其在和不同语言接触过程中受到的影响，各地西班牙语发生了分化和变异，并逐渐形成各地区语言相对独立发展的局面。其多样性体现在语言的各个层面，语法相对而言变异不大，其次是语音、词汇的差异最为明显，2010年在各国西班牙语语言学院的通力合作下，《美洲词汇词典》（*Diccionario de Americanismo*）面世，该词典收录所有美洲西班牙语特有的词汇，并详细说明每个含义的地理、社会及文化信息。尽管美洲西班牙语有如此多的特有词汇，但对各西语国家人民之间用西班牙语进行交流和沟通影响有限，毕竟相同词汇和释义占了绝大部分，在大多数情况下，人们用同一词汇来表达同样意思。据多项调查表明，各西语国家通用词汇占85%—90%，各国网络媒体的这一数字更高达98.8%。[①]

西班牙语在发展过程中，与各个语言和方言进行密切接触，兼收并蓄了许多外来词，并形成了一些过渡语、杂交语，如美洲殖民早期生成的多个克里奥约语，西班牙加泰罗尼亚和阿拉贡交界的加式西语（西式加语），巴西与周边西语国家交界处的西式葡语（葡式西语），美国南部拉丁裔中间流行的西式英语（英式西语），但都没有从根本上动摇其基础，除人数优势外，其语言优势也不容小觑。

目前，全世界以西班牙语为官方语言的国家和地区总共21个，除西班牙和赤道几内亚外，其他19个均为美洲国家。塞万提斯学院2019年发布的报告《西班牙语：鲜活的语言》显示，以西班牙语为母语的人口大约为四亿八千三百万，以人口众寡排名分别为墨西哥、哥伦比亚、西班牙、阿根廷、秘鲁、委内瑞拉、智利、危地马拉、厄瓜多尔、玻利维亚、古巴、多米尼加、洪都拉斯、巴拉圭、萨尔瓦多、尼加拉瓜、哥斯达黎加、巴拿马、乌拉圭、波多黎各和赤道几内亚。

其中以美洲土著语言及其他移民语言接触现象最突出，最具代表性的美洲国家是墨西哥、哥伦比亚、波多黎各、阿根廷、巴拉圭、古巴和秘鲁。在这七个国家，西班牙语作为强势语言，不断从美洲土著语言中获得养分，从而形成了各自独特的词汇、发音和句法。作为西班牙语发源地的西班牙，除了历史、政治、经济等诸多原因造成的地区差异外，西班牙尚有四种地区官方语，即加泰罗尼亚语、瓦伦西亚语、加利西亚语和巴斯克语。它们与西班牙语在各自地区的共存关系，或多或少对西班牙语产生了影响。

---

① López Morales, Humberto, *Estudios sobre el español de América*, Valencia: Aduana Vieja Editorial, 2013.

第二节 美洲西班牙语概况

一、墨西哥西班牙语概况

墨西哥是西班牙语人口第一大国，塞万提斯学院2019年发布的报告《西班牙语：鲜活的语言》显示，墨西哥人口为125,929,433，其中96.8%以西班牙语为母语，人数是121,899,691。西班牙殖民者到达前，美洲三大文明中的玛雅文明和阿兹特克文明的中心就位于现在的墨西哥境内，土著语言或流传至今，如玛雅语及其他语言，或对西班牙语产生重大影响，如纳瓦特尔语；墨西哥也是非洲奴隶最先到达的地方，非洲语言对其西班牙语也产生过一定影响；北边强大邻国——美国的存在，英语对墨西哥西语的影响毋庸置疑。因其悠久的古代文明，强大的殖民统治和特殊的地理位置，墨西哥西语在语音、句法、用词、词汇上有着鲜明的特色，墨西哥日常西语既保留了传统，又不断革新，但其正式用语与标准西语保持高度一致。

二、哥伦比亚西班牙语概况

哥伦比亚是西班牙语人口第二大国，仅次于墨西哥，排在西班牙前面。塞万提斯学院2019年发布的报告《西班牙语：鲜活的语言》显示，哥伦比亚人口为49,834,914，其中99.2%以西班牙语为母语，人数是49,436,235。西班牙殖民者到达前，居住在哥伦比亚的土著印第安人，如奇布查人、泰罗纳人、阿尔瓦克人等，创造出自己的文化，有的甚至有自己的语言和文字，然而，土著语言对哥伦比亚西语的影响甚微；非洲语言在非洲人口聚集区有一定的影响；以波哥大为首的高原地区的西班牙语与大西洋—加勒比沿海地区各方言的差异显著，其文雅西语在整个西语美洲备受尊崇，被称为"最纯正的西班牙语"，各地区西语最突出的区别在于，一方面是第二人称代词的选用，另一方面是某些发音上的迥异。

三、波多黎各西班牙语概况

波多黎各曾是西班牙殖民地，1898年美西战争后被美国接管，现为美国自由州。塞万提斯学院2019年发布的报告《西班牙语：鲜活的语言》显示，波多黎各人口为3,195,153，其中99.0%以西班牙语为母语，人数是3,163,201。西班牙殖民者到达前，波多黎各的主要土著居民是泰诺人，尽管泰诺人及其文化已不复存在，波多黎各西语中仍然保留下来大量源自泰诺语的词汇；殖民时期美洲甘蔗种植发展，大量非洲奴隶被带到波多黎各，来自刚果的部落向岛上西语输入词汇；波多黎各被美国接管后，英语对其西语的影响巨大，口语中英式西语盛行，英语在词汇、句法上对波多黎各西语造成很大冲击；此外，早期西班牙移民大多来自南部的安达卢西亚和加那利群岛，因此波多黎各西语和这两个地区的西语极为相似，尤其在发音上。最后，值得一提的是，西班牙语是波多黎各的第一官方语言，是学校授课使用的语言，因此，尽管现在归属美国，西班牙语依然是波多黎各人的母语。

四、阿根廷西班牙语概况

阿根廷是国土面积最大的西语国家，也是西语美洲最发达的国家之一。塞万提斯学院2019年发布的报告《西班牙语：鲜活的语言》显示，阿根廷人口为44,938,712，其中98.1%以西班牙语为母语，人数是44,084,876。西班牙殖民者到达前，今天阿根廷所在的地区没有形成统一的文化或部落，然而土著语言依然或多或少给阿根廷留下了印记，包括瓜拉尼语和曾是印加帝国的阿根廷西北部的克丘亚语；历史上，阿根廷口语和文学作品使用的语言是潘帕斯牧民讲的高乔语，如今已难觅其踪迹；移民时代，意大利人的到来深深地影响了阿根廷人的语言，意大利语和西班牙语结合，创造出接触语——可可利切语，此外，其对阿根廷西语的影响，不但体现在词汇上，产生了一系列黑话，在语音、语调上也赋予了阿根廷西语的与众不同。

五、巴拉圭西班牙语概况

巴拉圭是双语国家，宪法确立西班牙语和瓜拉尼语同为官方语言，后者约有87%的居民在使用。塞万提斯学院2019年发布的报告《西班牙语：鲜活的语言》显示，巴拉圭人口为7,152,703，其中68.2%以西班牙语为母语，人数是4,878,143，其西语为母语的人口比例是所有西语国家中最低的。在西班牙殖民者到来之时，居住在巴拉圭的印第安部落中，以瓜拉尼族最为强大。殖民时期，西班牙人和瓜拉尼人结盟，共同对付其他印第安部落，西班牙传教士用瓜拉尼语传教，西班牙移民与瓜拉尼人的通婚产生双语使用者，这些都是形成巴拉圭双语国家的基础。今天，双语不仅是巴拉圭人的语言模式，同时这两种官方语言互相影响，互相渗透。受瓜拉尼语影响，巴拉圭西语在句法、词汇和语音上有别于标准西班牙语。

六、古巴西班牙语概况

哥伦布在第一次新大陆航行中就发现了古巴，但古巴却是最后获得独立的西语美洲国家之一，后来长期依附美国，之后又被美国经济封锁五十年。塞万提斯学院2019年发布的报告《西班牙语：鲜活的语言》显示，古巴人口为11,410,140，其中99.8%以西班牙语为母语，人数是11,387,320。哥伦布到来前，古巴岛土著居民的文明处在非常低的发展水平，没有超出石器时代，然而古巴西语中仍保留许多阿拉瓦克语系语言的词汇，后来从美洲其他地方引入印第安人补充岛上劳力，古巴西语中又加上了非阿拉瓦克语系语言的词汇；古巴和美国历史上关系密切，英语对古巴西语在词汇、语义和语法上均产生重大影响；殖民时期引入大量黑奴，古巴西语中又加入大量源自撒哈拉以南非洲语言的词汇；19世纪中和20世纪上半叶，分别有两批中国劳力来到古巴，古巴西语也能看到些许汉语痕迹；古巴西语与加勒比西语在语音上有很多相似之处，在词法、语法，尤其词汇上带有鲜明的古巴特色。

七、秘鲁西班牙语概况

秘鲁是南美洲安第斯山国，塞万提斯学院2019年发布的报告《西班牙语：鲜活的语言》显示，秘鲁人口为32,495,510，其中86.6%以西班牙语为母语，人数是28,141,112。西班牙殖民者到达时，美洲三大文明中的印加文明正发生在现在的秘鲁境内。西班牙征服印加帝国后，其官方语克丘亚语被西班牙语取代，但因其一度作为西班牙人传教的工具，与西班牙语接触长达四个世纪，对秘鲁西班牙语影响至深，留下了许多词汇；秘鲁总督区的矿藏开采在西班牙美洲殖民统治占有重要地位，非洲奴隶的引入在语言上留下了些许印迹，19世纪中叶中国劳工的到来，给秘鲁西语增添了与"吃饭"有关的词汇；秘鲁西语受印第安语言影响，在语音、词汇和句法上的一些用法，被标准西班牙语视作不规范，但这却是秘鲁西语的特色。

第三节 西班牙和西班牙语

西班牙位于欧洲西南部的伊比利亚半岛上，处于欧洲与非洲的交界，西邻同处于伊比利亚半岛的葡萄牙，东北部与法国及安道尔接壤，南隔直布罗陀海峡与非洲摩洛哥相望，领土还包括地中海中的巴利阿里群岛，大西洋的加那利群岛及非洲的休达和梅利利亚。

塞万提斯学院2019年发布的报告《西班牙语：鲜活的语言》显示，西班牙人口为46,689,559，其中91.9%以西班牙语为母语，人数是42,915,985，其总人口次于墨西哥和哥伦比亚，在西语国家中排第三，其西语母语人口则位列第四，排在墨西哥、哥伦比亚和阿根廷之后。

一、西班牙的双语区

西班牙地区官方语区的西班牙语，带有地区官方语明显的特征，尤其表现在语音和语调上，如加利西亚人发元音e和o时，口型过大或过小，加泰罗尼亚人和瓦伦西亚人的情况也类似；s在词尾且紧接着的单词开头是元音时，如 los otros，加泰罗尼亚人和瓦伦西亚人习惯把这个s发成浊音；当l和a连用时，会过分强调l的发音；而当d位于词尾时，重读且发成类似/t/的清音。加泰罗尼亚人发位于词尾的a时，嘴型不到位；seseo现象在加泰罗尼亚、巴斯克以及加利西亚沿海地区都甚为普遍。双语区西班牙语的语法也有其特别之处，如加利西亚人依然沿用古西班牙语的"vine"和"viniera"来代替现在完成时"he venido"和过去完成时"había venido"；用"tener"代替助动词"haber"（Tengo ido a Santiago muchas veces.）；加利西亚人日常使用西班牙语时，经常混淆"sacar"和"quitar"；加泰罗尼亚人使用将来时的不规范用法（cuando podrás），混淆"ir"和"venir"，"traer"和"llevar"以及前置词乱用；巴斯克地区村民在使用西班牙语时，经常会犯阴阳词性错误，或者其词序和句法受到巴斯克语的影响。此外，双语区西班牙语词汇受到地区官方语的影响尤为明显。

二、西班牙北部的西班牙语

相对于西班牙北部西班牙语书面语的统一，该地区某些农村依然保留古卡斯蒂利亚语的用法，莱昂、里奥哈、纳瓦拉卡斯蒂利亚语区以及索里亚山区还残余些许方言特征，此外，中部山区以北讲的卡斯蒂利亚语，一方面保留了托莱多以及西班牙南部已不再使用的古语，另一方面，其语言的革新用法，有的普及到整个西班牙，有的仅限于地区使用。北部西班牙语发音的共同特点是d发成/z/，如 Valladolid-/valladoliz/，salud-/saluz/，bondad-/bondaz/，advertir-/azvertir/；/z/代替/k/，如 aspecto-/aspezto/，carácter-/carázter/；/j/代替g的发音，如 digno-/dijno/，magno-/majno/。这三个发音现象也出现在马德里。重读物主形容词放在名词前面，如 mí casa, tú madre 是西班牙北部某些地区特有的，其他西班牙语区没有这种用法。

阿斯图里亚斯和莱昂的方言

中世纪末期，阿斯图里亚斯和莱昂开始使用卡斯蒂利亚语作为其文学语言，随着卡斯蒂利亚语的不断推进，这两个地区的方言使用区域不断萎缩。如今受莱昂方言影响的地区的西班牙语发音特点包括词尾元音普遍发成闭合音/i/和/u/，如 medio-/mediu/，otros-/otrus/，este-/esti/，montes-/montis/；词末尾音节元音前加/i/，如 muro-/muriu/，matanza-/matancia/，meta-/metía/；保留/mb/，如 paloma-/palombu/，lamer-/lamber/；音节内末尾的 b 和 d 过渡为/l/，如 mayoradgo-/mayoralgu/，recabdar-/recaldar/，cobdicia-/coldicia/；代词前的原形动词一律省略掉/r/，如 matarlo-/matálu/，matarte-/matáte/，matarme-/matáme/；冠词和重读物主形容词连用，如 la mía casa，la tú madre；指小词后缀-ín，-ino 和-uco，如 hombrín，parcdina，piquino，tierruca，pañueluco；等等。受阿斯图里亚斯方言影响的地区的西班牙语也有其独特之处，如物主形容词 mío，mió，tó 和 só 最早是阳性词，现在也作阴性词用，如 mió madre，tó casa；阿斯图里亚斯中部，词尾元音通常发成/u/，如 perra 和 perros 发成/pirru/，santa 和 santos 发成/santu/，puesta 和 pues tos 发成/puistu/；动词变位结尾发成/i/，如 abre-/ebri/，come-/cumi/；某些地区元音 a 发成/o/；阿斯图里亚斯中部的另一个特色是 a 结尾的词的复数发成/e/，如 las casas-/les cases/，guapas-/guapes/，cantas-/cantes/，cantaban-/cantaben/；等等。

阿拉贡方言

阿拉贡方言区的萎缩情况比莱昂尤甚，作为该地区曾经使用过的方言最顽强的体现是保留某些元音间清闭塞音，如 jugo-/suco/，red-/rete/，horadar-/foratar/，nabo-/napo/，marido-/marito/；人称代词 yo 和 tú 前加前置词，如 pa yo；a tú；西班牙其他地区已不再使用的指小词后缀-ico，在阿拉贡方言区依然有强大的生命力，如 rato-ratico，gallo-gallico；阿拉贡方言区的西班牙语的另一个特点是，重音本应该落在倒数第三音节上，变成落在倒数第二音节上，如 árboles-/arbóles/，pájaros-/pajáros/，católico-/catolíco/。

三、西班牙南部的西班牙语

南部的西班牙语大致可分为安达卢西亚方言、埃斯特雷马杜拉方言和穆尔西亚方言以及加那利方言四大类，其中安达卢西亚方言和加那利方言的发音类似，埃斯特雷马杜拉方言兼有南部特色，莱昂方言和古语，穆尔西亚方言则明显受到阿拉贡方言和东部方言的影响。yeísmo 现象是南部西班牙语最明显的特征；s 发气音，如 mascar-/mahkar/，los hombres-/loh ómbreh/，s 和 z 发送气音或都发成/s/在南部非常普遍；元音在某些情况下口型更大，发音拉长；西班牙语中的五个元音在南部方言中有八到十个发音；不区分 r 和 l 的发音；某些辅音的发音有别于标准西班牙语，如元音中的 d 发音省略，vestido-/vestío/，quedar-/quear/，dedo-/deo/，r 前的 d 发音省略，padre-/pare/，madre-/mare/；h 在南部某些地区保留拉丁语的送气音。

安达卢西亚方言

安达卢西亚方言体现了南部西班牙语所有特征，此外，与标准西班牙语发音相比，其语调变化大且轻巧，语速生动欢快，送气音弱化，连音放松，发音音位更靠近嘴部，其硬腭音和重音发音含糊，有别于标准西班牙语的发音下沉。安达卢西亚南部没有第二人称复数 vosotros/vosotras 的形式，一律用 ustedes，某些动词保留古西班牙语的变位形式。此外，安达卢西亚方言除了保留大量古语，包括源自莫莎拉贝语、阿拉伯语以及中世纪西班牙语的词汇，其用词还活泼俏皮，表现力强，富于感染力。

埃斯特雷马杜拉方言和穆尔西亚方言

莱昂和卡斯蒂利亚在光复运动中，先后于 12 世纪和 13 世纪收复埃斯特雷马杜拉，因此该地区的西班牙语混合了莱昂方言和南部方言的特点。位于词尾的 e 和 o，其发音分别为/i/和/u/；i 保留半辅音的发音；pl, kl, bl 和 fl 中的 l 发成/r/；指小词后缀-ino；等等。南部的 yeísmo 和 seseo 现象也普遍存在于埃斯特雷马杜拉方言中。此外，古语的用法也在该地区有所保留，如 v 的唇齿音，vecino-/vedinu/，hierbecita-/yervadina/；等等。地中海沿海的穆尔西亚历史上曾为摩尔人、加泰罗尼亚人、阿拉贡人以及卡斯蒂利亚人占领，此外又靠近瓦伦西亚，注定了其语言受到来自多方面的影响，比如词首的 l 发成/ll/，lengua-/llengua/，letra-/lletra/就是加泰罗尼亚语的特点；指小词后缀-ico 和-iquio 源自阿拉贡方言。穆尔西亚方言中有大量阿拉贡方言和瓦伦西亚语的词汇，如 adivinanza-divinalla（谜语），mendrugo-rosigón（硬面包块），judía verde-bajoca 或者 bachoca（四季豆），rociar-rojiar（浇水，洒水），aplastar/romperse la cáscara de un huevo-esclafarse（打鸡蛋），等等。

加那利方言

加那利群岛在"天主教双王"执政期间并入卡斯蒂利亚，其后又是开往美洲大陆的船只的经停站，因此加那利方言受到大部分为安达卢西亚人的殖民者和开拓者的语言影响，c, s 和 z 发音不分，或者 c 和 z 发成/s/，即 seseo 现象；s 反而发成/c/，即 ce-

ceo现象；h发送气音；l发成/r/；yeísmo盛行。和安达卢西亚方言以及美洲西班牙语一样，保留le和lo不同用法；物主形容词su和suyo等于de usted，vuestro等于de ustedes，而其他第三人称只能用de和人称代词的相加，如de él, de ella, de ellos和de ellas；此外，与美洲西班牙语一样，惯用过去式代替现在完成时，无人称动词haber人称化。加那利方言有源自土著贯切语的词汇，如vasija de barro-gofio（陶罐）或gánigo, cabrito-baifo（小山羊），piedra del hogar-chénique（炉灶里的石块），古卡斯蒂利亚语如anónito-asmado（惊呆的），labios-besos（双唇），adular-apopar（奉承，巴结），源自加利西亚语或葡萄牙语的词汇，如cerrar-fechar（关闭，包围），herrumbre-ferruje（铁锈），desconsuelo-magua（悲伤），llovizna-garuja（细雨），pipa-cachimba（烟斗）等。此外，大西洋两岸的往来，给加那利方言带来了来自彼岸的词汇，如camión或autobús-guagua（卡车；公交车），vagar或holgazanear-atorrarse（懒散，游手好闲），tenducho或taberna-buchinche（小店；酒肆），bromista-machango（诙谐的人），ofendido-rascado（受欺辱的），等等。

第七章　墨西哥西班牙语

第一节　墨西哥概况及历史

一、地理

墨西哥合众国（los Estados Unidos Mexicanos）位于北美洲南部，是南美洲、北美洲陆路交通的必经之地，素有"陆上桥梁"之称。北部隔格兰德河（Río Grande）与美国接壤，东南部则与危地马拉与伯利兹相邻，西部是太平洋和加利福尼亚湾，东部是墨西哥湾与加勒比海，首都为墨西哥城。

墨西哥领土面积1,972,550平方公里，海岸线长达11,122公里。其中太平洋海岸占7,828公里，墨西哥湾、加勒比海岸占3,294公里。有300万平方公里专属经济区和35.8万平方公里大陆架。著名的特万特佩克地峡（Istmo de Tehuantepec）将北美洲和中美洲连成一片。

墨西哥国土六分之五左右为高原和山地。墨西哥高原居中，两侧为东西马德雷山，以南是新火山山脉和南马德雷山脉，东南为地势平坦的尤卡坦半岛，沿海多狭长平原。全国最高峰是奥里萨巴火山，海拔5,700米。主要河流有布拉沃河、巴尔萨斯河和亚基墨西哥河。湖泊多分布在中部高原的山间盆地中，最大的是查帕拉湖，面积1,109平方公里。

墨西哥气候十分复杂多样。沿海和东南部平原属于热带气候，年平均气温为25℃—27.7℃。墨西哥高原终年气候温和，山间盆地为24℃，地势较高地区17℃左右。西北内陆为大陆性气候。大部分地区全年分旱、雨两季，雨季集中了全年75%的降水量。由于墨西哥境内多为高原地形，冬无严寒，夏无酷暑，四季万木常青，自然条件极其优越，也有"高原明珠"的美称。

二、历史

前殖民时期的墨西哥

墨西哥是美洲古老文明的国家。据考古发掘，约在21,000年前墨西哥高原谷地就已经有人居住了。他们从事狩猎，制作石器，还会用火。在公元前7000年，特瓦坎（Tehuacán）谷地有以狩猎和采集为生的居民。公元前5000年左右，土著居民开始从事原始耕作。而公元前3500年人们掌握了玉米、豆类、南瓜和辣椒等的种植。

公元前1000年左右进入原始公社繁荣时期，居住在墨西哥湾沿岸和恰帕斯（Chiapas）地区的奥尔梅克人（los olmecos）创造了辉煌的文明，他们在拉本塔（La venta）一带留下了巨石雕刻的头像、祭坛、石碑。公元前4世纪至公元10世纪，在尤卡坦半岛出现了玛雅文明的繁荣时期。玛雅人建立城邦社会，发展灌溉农业，创造了象形文字。在中央谷地，托尔特克人（los toltecas）建起了著名的特奥蒂瓦坎城（Teotihuacán）。城内有宏伟的宫殿、神庙、高耸的太阳金字塔和月亮金字塔，繁荣鼎盛时期的人口估计有20万。

11世纪中叶，阿兹特克人由北向南迁移，于13世纪下半叶进入墨西哥高原谷地定居。1325年，阿兹特克人开始在特斯科科湖（Lago de Texcoco）中的小岛上建立特诺奇蒂特兰城。

阿兹特克人定居特斯科科湖畔之后，继续向外扩张，此后百余年里，以武力先后征服其他部族。15世纪上半叶，阿兹特克人与附近的特斯科科和特拉科潘两个部落结盟，建立起中美洲当时最为强大的部落联盟，国王蒙特祖玛一世（Montezuma I）被称为蒙特祖玛大帝。蒙特祖玛二世在位时疆域东抵墨西哥湾，西达太平洋，南部扩大到危地马拉，达到阿兹特克军事统治的顶峰，形成一个强大的帝国。

西班牙殖民时期

◆ 西班牙人的到来

自16世纪初起，哥伦布所到之处，他都以西班牙国王的名义宣布加以占领。加勒比海的岛屿首先沦为西班牙的殖民地。随着地理探测的进展，西班牙殖民者迅速占领美洲广大地区，在征服西印度群岛的圣多明戈和古巴岛后，他们开始征服墨西哥。

1517年，西班牙人凭借炮火的威力，想在墨西哥尤卡坦的察姆坡登陆，但在印第安人的反击下没能成功。1518年另一伙西班牙入侵者也想在此登陆，再次遭到失败。

1519年，科尔特斯率领一小支军队在墨西哥东岸登陆，11月侵入特诺奇蒂特兰城，开始殖民征服。他们肆意屠杀阿兹特克贵族和居民，劫夺印第安人的金银财宝，并借口阿兹特克军队在韦拉克鲁斯（Veracruz）附近杀死西班牙人，抓住了蒙特祖玛二世，强迫他向西班牙国王宣誓效忠。在强力威胁下，蒙特祖玛二世向殖民主义者妥协投降，最后成为西班牙殖民者的傀儡。

但是印第安人对西班牙人的侵略进行了不屈的斗争，打败了科尔特斯，歼灭了半数以上的西班牙殖民军，并用石块击毙了国王蒙特祖玛二世。1520年6月西班牙征服者被逐出特诺奇蒂特兰城。

1521年5月西班牙侵略者卷土重来，重兵压境，围攻特诺奇蒂特兰城。印第安人在夸乌特莫克①的领导下，为保卫自己的首都进行了英勇战斗。抗战进行了数月之久，直到8月13日，特诺奇蒂特兰城才被西班牙殖民军攻破。夸乌特莫克被捕后，敌人严刑拷问，要他说出金银埋藏之处，他始终沉默以对。最后这位印第安人领袖、墨西哥的民族英雄被殖民强盗绞杀了。8月特诺奇蒂特兰城陷落，西班牙人在原城废墟上建立了墨西哥城。

✧ 殖民统治

1535年西班牙人成立了新西班牙总督区，管辖范围包含今北美洲的墨西哥、中美洲除巴拿马外的国家、美国加利福尼亚州、内华达州、犹他州、科罗拉多州、亚利桑那州、新墨西哥州、得克萨斯州以及亚洲东南部的菲律宾，墨西哥城为其统治中心。

最初，新西班牙总督区由科尔特斯管辖，后来移交给了墨西哥皇家法院（Reales Audiencias de México），独立于卡斯蒂利亚王朝，以便对殖民地进行更好的管理。

西班牙殖民者统治期间，逐渐在墨西哥中部和北部地区发现了各种矿藏，这也使得新西班牙总督区在采矿，尤其是提取白银上占据了天然优势。矿藏的开采促进其他领域的蓬勃发展，尤其是制造业与农业，于是巴西奥（Bajío）地区、墨西哥谷和普埃布拉（Puebla）谷成为农业和初级工港。

辖区的贸易主要通过两个港口进行，墨西哥湾的韦拉克鲁斯港和太平洋的阿卡普尔科港（Acapulco）。来自中国的大帆船，装载菲律宾的产品，通过阿卡普尔科港，运到总督辖区，然后再由此运输到宗主国西班牙。而贸易又反过来促进了这些港口的繁荣，墨西哥城和这两个港口之间的地区也随之发展起来。不过值得一提的是，直到

---

① 夸乌特莫克（Cuauhtemoc），阿兹特克古国最后一代国王。他英勇抗击西班牙殖民者入侵，被捕后坚贞不屈，英勇就义，成为墨西哥历史上反对侵略、捍卫独立的民族英雄，受到墨西哥人民的崇敬和怀念。"夸乌特莫克"在纳瓦特尔语中意为"跌落下来的雄鹰"。

18世纪后期,波旁王朝改革前,总督区之间是不允许进行直接贸易的。

总督区社会等级的划分严格遵循种族界限,甚至创造出一种肤色制度。最上层的是"半岛人"①,即直接来自西班牙的白人,他们占据了殖民地行政、军事和教会的高级职位,把持殖民地的工商业和对外贸易;位于第二等的是克里奥约人(los criollos),即殖民地出生的白人后裔,他们可以担任下级官吏和教士;第三等的是印欧混血(los mestizos)、白黑混血(los mulatos)和印黑混血(los zambos)人种,多半是工匠、店员、小商人、小土地所有者和牧民;而处于社会最底层的是印第安人及黑人奴隶。印第安人虽在法律上是自由人,但没有公民权,也不能担任公职。

此外,大量印第安部落的公有土地被宣布为庄园主私有财产,于是耕种被分到的小块土地的印第安人成了佃户,需以实物以及劳役来缴纳地租。庄园主还利用放债,采用以工抵债的手段,迫使破产的印第安人充当雇工和雇农。委托监护制的依附关系为债务奴役制所代替;有的印第安人在牧场、矿场从事最艰苦、报酬最低的职业,或是被迫迁徙到贫瘠的保留地生活,因此他们长期处于落后贫困的状态。尽管西班牙王室颁布了许多看似保护印第安人的法令,但真正得到贯彻实施的却不多,这些法令并没能真正保护印第安人的权益,也没能使其免遭殖民者的粗暴践踏。

在300年的殖民统治时期,墨西哥人民多次起义反抗西班牙的统治。19世纪初,殖民地的阶级矛盾和民族矛盾日益激化。

独立战争

1810年9月16日,米格尔·伊达尔戈神甫在多洛雷斯教区发动起义,提出"赶走西班牙人""打倒坏政府""夺回土地归还印第安人""美洲万岁"等口号。起义军迅速扩大到八万多人,参加的有印第安农民、矿工、手工业者、土生白人自由派地主和下级军官、教士。伊达尔戈率领起义军占领瓜纳华托(Guanajuato)等城市,宣布废除奴隶制、取消苛捐杂税、将土地归还给印第安人等法令。1811年起义军战败,独立战争在莫雷洛斯·伊·帕冯②领导下继续进行,1813年9月召开国民议会,通过《独立宣言》。次年颁布宪法,宣布墨西哥独立,建立共和制,分割大庄园土地归还农民,废除奴隶制和教会特权。1815年,起义队伍被殖民军击败,莫雷洛斯被俘遇害,独立运动暂时受挫。1820年,西班牙国内爆发反封建反教会的资产阶级革命。墨西哥

---

① 半岛人(los peninsulars),此处指西班牙国王派去殖民地的官员,控制殖民地政治大权。
② 莫雷洛斯·伊·帕冯(Morelos y Pavón, 1765—1815),墨西哥独立战争领袖、民族英雄。

土生白人大地主、高级神职人员不愿再受西班牙的控制，也提出独立要求。土生白人军官伊图尔维德[①]投身革命，提出实现墨西哥独立、保护天主教会、联合反对殖民政权等主张。殖民总督被迫承认墨西哥独立。1821年9月，伊图尔维德率军进入墨西哥城，宣布墨西哥独立。1822年伊图尔维德称帝，遭到共和主义者和广大群众反对，次年合各社会集团的"三项保证"为基础的"伊瓜拉计划"，同起义军领袖格雷罗达成协议，联合反对殖民政权。殖民总督被迫承认墨西哥独立。

1821年9月，伊图尔维德率军进入墨西哥城，宣布墨西哥殖民统治被推翻。1824年10月，墨西哥颁布宪法，确定为联邦共和国。

第二节　墨西哥西班牙语与其他语言的接触

一、土著语对墨西哥西语的影响

在墨西哥历史中，西班牙语一直与当地土著语言有着密不可分的联系，且互相影响深远。尤卡坦半岛上的土著居民讲玛雅语，远离市中心的一些地区，玛雅语一直是主要语言，尽管教育的普及使得掌握流利西班牙语的居民正在逐渐增多。在墨西哥东南部，西班牙语与多个土著语产生接触，比如萨波特克语（zapoteco）、米兹特克语（mixteco）、托托纳克语（totonaco）、瓦斯特克语（huasteco）等。墨西哥北部很大一片区域使用奥拓米语（otomí），墨西哥西北部则流通着雅基语（yaqui），而在墨西哥城西部还能听到特拉斯卡诺语（terrascano）。

然而，对墨西哥西班牙语的发展贡献最大的当属纳瓦特尔语（nahautl）。纳瓦特尔语正是阿兹特克人接待科尔特斯时使用的语言，且尽管阿兹特克王国仅仅包含了墨西哥中部的部分地区，但纳瓦特尔语却延伸到太平洋海岸地区、中美洲，直到哥斯达黎加。科尔特斯和其他殖民者发现纳瓦特尔语是与当地人交流最有用的语言，于是在其他土著居民群体中推广纳瓦特尔语，这样就能减少对译员的需求和依赖。西班牙神职人员也把纳瓦特尔语作为传教和管理上的通用语言，因此逐渐将其制度化。西班牙殖民前就存在的一些书面材料，也对纳瓦特尔语的教育起了积极影响。殖民时期还出版了许多纳瓦特尔语的书籍和档案文件。

[①] 奥古斯丁·德·伊图尔维德（Augustín de Iturbide, 1784—1824），墨西哥独立运动领导人，1822年宣布墨西哥帝国的成立，成为墨西哥皇帝，称奥古斯丁一世。

尽管无法知道究竟有多少西班牙人学过纳瓦特尔语，但在乡村地区，西班牙语从来没有完全取替过纳瓦特尔语，于是出现了一个持久的双语存在的情况，其对墨西哥西班牙语的影响至今仍是研究和讨论的热点。

二、非洲语言对墨西哥西语的影响

殖民早期的几个世纪里，成千上万的非洲人被船运到新西班牙开采矿藏。大部分非洲人的抵达地是韦拉克鲁斯，因为当时这是唯一一个奴隶合法交易的港口。普埃布拉市最主要的非洲人分布地，墨西哥城也有着许多非洲奴隶。而自从与菲律宾通过阿卡普尔科—马尼拉航线开展贸易的不断繁荣，马尼拉的西班牙商人开始为葡萄牙或荷兰的黑人奴隶主从东非购入非洲奴隶。这些黑人从阿卡普尔科进入墨西哥，并与南海岸地区的黑人集合起来。种族同化和高死亡率，模糊了这些非洲—墨西哥人在这块大陆上留下的足迹，但依然能在一些诗词或歌谣中看到他们的身影。其中最出名的莫过于诗人索尔·胡安娜（Sor Juana）的作品，这位女诗人在17世纪末写下了许多歌谣，这些歌谣模仿了非洲奴隶们使用的"洋泾浜式西语"，一种杂交而来的西语变体。更多诗词或歌谣在17世纪末和18世纪初被发现，它们分别来自墨西哥城、普埃布拉、瓦哈卡、韦拉克鲁斯和莫雷利亚等地。

这些作品揭示了墨西哥民族史鲜为人知的一面，但是由于非洲人来到美洲大陆后迅速被同化，他们的"洋泾浜式西语"并未对墨西哥西语产生什么影响。然而在海岸地区，非洲人滞留的时间更长，因而还存留一些语言遗迹，比如阿卡普尔科港口曾经有大量非洲居民，直到现在还留有一些依稀可辨的非洲—墨西哥人踪迹，一些音乐习惯和文化习俗表明这里曾经居住过非洲人。韦拉克鲁斯是西语美洲北部最主要的奴隶集散港口，尽管黑人的踪迹在很久以前就已经消失了，但是大量的音乐、民俗和一些词汇还能让人们看到当年非洲人在此逗留的痕迹。在阿卡普尔科东边的哥斯达奇卡（Costa Chica），今天仍能找到一些居住着非洲—墨西哥人的村落，20世纪初还能见到其民俗，听到他们的语言，但今天只剩下很轻微的痕迹了。也许将来兴起对非洲文化存在的研究，能找出更多的实例。

三、英语对墨西哥西语的影响

近代墨西哥西班牙语受到英语的影响非常大。墨西哥与美国相邻的边界总长度超过2500公里，每年都有大量的美国和加拿大游客涌入，同时成千上万的墨西哥人会去到北边的邻国短期或长期工作。事实上，墨西哥是拥有最多美国境外公民的国家，人数超过一百万。英语在墨西哥是最多人学习的语言，并且是在西班牙语和土著语言之后的第三大语言。于是，目前英文单词并入西班牙语单词的现象，正在不断增长。许多英文单词如今在西语美洲乃至西班牙都被频繁使用，如 filmar（拍摄），béisbol（棒球），club（俱乐部），cóctel（鸡尾酒），líder（领导），cheque（支票），sándwich（三明治）等，还有一些英文单词，仅在墨西哥会见到，比如 bye（再见），ok（好的），nice（漂亮），cool（棒），checar（检查），fólder（文件夹），overol（工装裤），suéter（运气），réferi（足球裁判），lonchería（小吃店），clóset（衣橱），maple（枫树），baby shower（宝宝派对），等等。

在墨西哥北部和美国南部地区，特别是在边境各州，西班牙语结合英语单词的现象非常常见，比如 troca（英文 truck，卡车），lonche（英文 lunch，中饭），yonque（英文 junkyard，废物堆积场）。

墨西哥国立自治大学的西班牙语言学中心就拉丁美洲及伊比利亚半岛各大城市进行的一项调查结果显示，墨西哥城市地区使用的英语借词大约占其词汇的 4%。当然，这一数据包括了很久以前就已经渗入西班牙语里，且非墨西哥特有的英语单词，比如 nailon, dólar, ron, vagón 等。

上述调查的结果总结如下：

英语借词大多以名词为主，最常用的有：O.K.（/oquéi/好的），bye（/bai/再见），rating（等级），clic（点击），basquetbol（篮球），bat（球拍），béisbol（棒球），box 或 boxeo（拳击），claxon（喇叭），clip（卡子），clóset（衣橱），clutch（离合器），cóctel（鸡尾酒），champú 或 shampoo（沐浴露），cheque（支票），smoking 或 esmoquin（吸烟），exprés（快车），fútbol（足球），gol（进球），hit（一击），jeep（吉普），jet（喷气式飞机），nocaut 或 knockout（出局），líder（领导），mitin（会议），nailon 或 nylon（尼龙），overol（工装裤），panqué（甜饼），pay（夹心饼），pudín（布丁），baby shower（宝宝派对），reversa（背面），rin（铃声），raund 或 round（回合），set（套），strike 或 stráik 或 estráik（罢工），suéter（运气），pants（裤子），tenis（网球），supermercado（超市），fólder（文件夹），parking（停车），güisqui 或 whisk(e)y（威士忌）。使用比较频繁的有：bar（酒吧），bermudas（短裤），bistec（牛排），chequera（支票夹），jockey（职业骑手），DJ（流行音乐播音员），short（短装），show（表演），sport（运动装），switch（开关）。偶尔使用的有：barman（酒吧间接待员），

King/Queen Size（大床房），grill（烤肉），manager（经理），penthouse（顶层复式公寓），pullman（卧车），strapless（无背带的），ziper或zipper（拉链）等。

句法也有受到英语的影响，表现最明显的是，用与英语单词形态相似的西语单词模仿英语单词的用法。比如动词"aplicar"，人们会说"Apliqué a esa universidad."，对应的是"I applied to the university."，而在标准西班牙语中应该使用"postularse"，即"Me postulé a esa Universidad."（我申请了那所大学。）再比如动词"asumir"，人们会说"Asumo que sí va ir a la fiesta."，对应英语中的"I assume he is going to the party."，而标准西语中则会使用"suponer"，即"Supongo que sí va ir a la fiesta."（我猜他会去派对。）又比如动词"accesar"，人们说"Accesa a nuestra página de internet."，模仿英语的"Access our web page."，而标准西语里应当是"acceder"，即"Accede a nuestra página de internet."（请进入我们的网页。）。

第三节　墨西哥西班牙语的特点

一、语音特点

尽管墨西哥西班牙语在不同地域会有各自不同的特点，但是它们还是有着一些共同的特征。

塞擦音：墨西哥西班牙语有一个其他国家或地区不存在或说不寻常的塞擦音辅音，是齿龈塞擦音tz，其发音为/ts/，在一些地名如Tzintzuntzan中常见。

s化音：即所谓的seseo现象，如同在西语美洲大陆、加纳利亚群岛和安达卢西亚大部分地区的所有方言一样，s、z、c的发音没有任何区别，都发成为/s/。虽然也存在细微的差别，墨西哥西班牙语中它是舌尖齿尖音，而在西班牙中部和北部是舌尖齿龈音，后者常让墨西哥人觉得像英语中的后腭音"sh"。

y化音：即术语所称的yeísmo现象，在墨西哥，y和ll的发音没有区别，都发成标准西班牙语里字母y的音，这个现象如今在西语国家极为普遍。

字母x的发音：墨西哥西班牙语中，x在不同单词中的发音变幻莫测，在地名上尤其突出。比如Xochimilco，应读成sochimilco；Xola，应读成Shola；Necaxa却应读成Necaksa。当然还有最有代表性的，墨西哥国名写作México或Méjico，但都读成méjico，类似的还有美国得克萨斯州，西语写作Tejas 或Texas，但都发tejas。

二、句法特点

墨西哥的西班牙语在句法上鲜有与传统西班牙语不同之处。那些母语是当地语言，同时会一些牙语的土著民族或者居住在某些偏僻山村地区的土著居民，对于他们来说，土著语言在其西语句法上有着更深刻的影响。以下的例子可以说明这个问题：

在某些土著语和西班牙语通行的地区，尤其是在尤卡坦半岛和恰帕斯，会出现冗余的物主人称形容词。如"su papá de Pedro"（佩德罗的爸爸），传统西语应为"el papá de Pedro"，前者物主形容词su就是多余的。"Me dieron un golpe en mi cabeza."（我脑袋被砸了一下。），传统西语应该是"Me dieron un golpe en la cabeza."，第一句中的物主形容词mi是冗余的。"Te cortaste tu dedo."（你切到手了。）传统西语应为"Te cortaste el dedo."，前面一句中的物主形容词tu是冗余的。"Ponételo tu vestido."（你穿上裙子。），传统西语应为 "Ponételo el vestido."，前一句中的物主形容词tu是冗余的。

在尤卡坦半岛和恰帕斯，有时会出现不定冠词+物主人称形容词的情况。这种用法在危地马拉和萨尔瓦多更加常见，如"Tiene que darse un su gusto."传统西语应为"Tiene que darse gusto."（他应该很高兴。），其中un su就是该特殊用法。"Le da una su pena decírtelo."，传统西语应该为"Le da pena decírtelo."（他羞于告诉你这个。），其中una su就是该特殊用法。"¿No me empresta usté un su lugarcito?"，传统西语应为"¿No me empresta usté un lugarcito?"（您不能借我个地儿用吗？），其中un su就是该特殊用法。

在墨西哥的某些地区，那些母语是土著语言但也说西班牙语的人，常在句子里使用一个冗余的中性lo。这个lo并不指代句子中某个特定宾语或用于重复指代某个特定宾语，而且还常常与句子中的宾语性数不一致。比如在尤卡坦半岛会出现以下用法："Ya me lo cayó el diablo."（传统西语应为："Ya me cayó el diablo."我的台球杆架倒了。），此处的lo就不指代任何东西，是冗余的。"¿No te lo da vergüenza?"（传统西语应为："¿No te da vergüenza?"你不觉得羞耻吗？），此处的lo也是冗余的，如果理解为vergüenza的复指，但阴阳性又不一致。"No te lo invito a sentarte porque ya es tarde."（传统西语应为："No te invito a sentarte porque ya es tarde."很晚了，我就不请你坐了。），此处的lo就不指代任何东西，是冗余的。"¿Ya lo anunciaste la boda?"（传统西语应为："¿Ya anunciaste la boda?"宣布婚礼的消息了吗？），此处的lo

可以理解为复指 la boda，但传统西班牙语极少复指直接宾语，且阴阳性不一致，这也是在墨西哥某些地区 lo 的特殊用法。有研究指出，这种 lo 冗余指代句子中的直接宾语，且不管阴阳性、单复数的情况是受墨西哥中部纳瓦特尔语的影响。这种用法其实并不是墨西哥西班牙语的一个普遍特点，而是在某些土著语言影响大的地区，当地居民在学习西班牙语的过程中遗留下的一种用法。在社会语言学看来，纳瓦特尔语在墨西哥已经不再是一种重要的语言，不像尤卡坦半岛的玛雅语。这种纳瓦特尔语和西班牙语混杂的用法并没有扩散到墨西哥其他地区。

在那些冗余使用 lo 的地区，人们在回答一般疑问句时，不使用 sí 或 no，而是使用问句中关键的谓语，且常常不带任何宾语或宾语代词。如：

——¿Tenés hambre? ——Tengo.

此处回答并没有用 sí 或者 La tengo，而直接用问句中关键的谓语，tener 的人称变位直接作答。

——¿Son baratas estas tus manzanías, vos? ——Son.

此处同样没有用 sí 来回答，而直接用关键谓语 son 来回答，没有带任何宾语或者代词。

在墨西哥，常用的短语句型 no...hasta...中的 no 常常会被省略，如"Será publicado hasta fines de año."（传统西班牙语是："No será publicado hasta fines de año."年底才公布。）"Cierran hasta las nueve."（规范西班牙语是："No cierran hasta las nueve."九点才关门。）"Hasta que tomé la pastilla se me quitó el dolor."（传统西班牙语是："Hasta que tomé la pastilla no se me quitó el dolor."我吃了药后才不疼了。）

三、用词特点

墨西哥西班牙语中使用 tú，作为最常用的第二人称单数主格人称代词，然而在恰帕斯一些殖民时期属危地马拉都督辖区的地方，有着与危地马拉西北部方言一样的特点，即用 vos 代替 tú，相应的动词变位也与危地马拉的这些方言区一致，也就是说，分别将词尾变-ás,-és,-ís，相应的虚拟式变位也是把重音放在最后。在哥斯达黎加的印欧非混血人口居住区，据语言学家记录，存在 vos 的变位，虽然几乎从不使用 vos 这个人称代词本身。现在，这里的一些年长居民依然会时不时使用这些变位，比如在闲聊时、在流行诗词或即兴创作的歌曲里。

墨西哥的西班牙语有一个非常突出的特点，就是用短语 no más 代替 solo 来表达"仅仅"，比如"No más quisiera platicar contigo."（我只是想和你聊聊。），用 mero 一词代替 el mismo，如"Está en el mero centro."（他就在市中心。），而 ya mero 代替 casi，比如"Ya mero me caigo."（我差点儿就摔倒了。）。

在墨西哥的大部分地区，指小词最常用的词尾是-ito/-ita，虽然在东南部一些地区，尤其是恰帕斯，更常用-illo/-illa。

四、词汇特点

墨西哥的西语包含了许多西班牙语的古语，这些词汇在古西班牙语中十分常见，只有很少一部分词汇是墨西哥特有的。在向别人请求重复刚才说过的话时，墨西哥人最常用的是¿Mande?而不是用¿Cómo?或者¿Qué dice?，后面这两种用法在其他西语国家更为常用。在问数量时，墨西哥西班牙语更倾向于用¿Qué tanto?而不用¿Cuánto?。在问程度时，使用¿Qué tan+形容词?，例如"¿Qué tan grande es?"。口语中形容词最高级用mucho muy连用来表示，如mucho muy importante。

其他一些比较常用的墨西哥西语词汇包括：

Ándale: Vamos.（来吧！），De acuerdo.（好吧！），[代替 De nada.作为回答 Gracias.]（不客气！）

bolillo: extranjero（外国人），caucasiano（高加索人）

chamaco: niño pequeño（小孩子）

charola: bandeja（漆盘）

chinadera: objeto inespecificado（那个东西[俗称]）

chinar: tener relaciones sexuales（发生性关系），estropear（损坏）

escuincle: niño pequeño（小孩子），mocoso（小毛孩，鼻涕虫）

gavacho: americano（美国佬[贬称]）

güero: rubio, de tez clara（金发白肤的）

Bíjole/Jíjole: [用于表达惊喜或者疼痛]

buerco: niño pequeño（小孩子[尤其在墨西哥北部]）

naco: chillón（粗鲁的），de mal gusto（品位差的），pretencioso（自负的）

Órale: Vamos. Venga.（来啊，加油！）

padre: muy bueno, estupendo（好极了）

pinche: maldito（［原义"厨房伙计"，在墨西哥常用作形容词］该死的，天杀的）

popote: pajita para sorber una bebida（吸管）

Úpale:［提重物时用的感叹词］

第八章 波多黎各西班牙语

第一节 波多黎各概况及历史

一、地理

波多黎各自由邦（Estado Libre Asociado de Puerto Rico）位于加勒比海的大安的列斯群岛东部，是大安的列斯群岛（Antillas Mayores）四个大岛①中面积最小的一个岛。波多黎各群岛由一个主岛——波多黎各岛及别克斯、库莱布拉等小岛构成，除主岛外，仅有维埃克斯和库莱布拉岛两个岛有居民。波多黎各北临大西洋，南濒加勒比海，东与美属、英属维尔京群岛（Islas Vírgenes）隔水相望，西隔莫纳（Mona）海峡同多米尼加共和国为邻。

波多黎各面积为13,790平方公里，首府为圣胡安（San Juan），其主岛东西向约170公里，南北向约60公里。境内地形崎岖，一半以上的地区海拔超过152米，25%的地区海拔在304米以上。分北部高原、中部山地、沿海平原三部分：北部高原为加勒比国家森林保护区，海拔30—213米；中部山地平均海拔约914米，最高点蓬塔峰（Cerro de Punta）高1338米；北部沿海是河流冲积而成的平原。

波多黎各属热带雨林气候，雨量充足，冬季平均气温24℃，夏季平均气温27℃。易受飓风侵袭，年降水量800—2500毫米，北坡、西坡降水较多。

二、历史

前殖民时期的波多黎各

人们对哥伦布到来前的波多黎各历史知之甚少。距今约4000年前，即公元前3000年至公元前2000年间，来自南美洲奥里诺科地区（Región de Orinoco）的奥拖

---

① 安的列斯四个大岛分别为古巴、伊斯帕尼奥拉（海地）、波多黎各和牙买加。

瑞德人（los ostoinoides /los ortoiroides）开始定居于今波多黎各所在的加勒比地区，从此开启波多黎各的历史。1990年，在维埃克斯岛的一次考古挖掘中发现了一具残骸，据考证是一名生活在公元前2000年前后的奥拖瑞德男子，这也成为该岛上已发现的最古老人类遗骸。公元前430年至公元前250年，同样来自奥里诺科地区的萨拉多伊德人（los saladoides）来到了波多黎各岛，从而结束了奥拖瑞德人的时代。

泰诺人或泰诺文化，被一些权威机构划归为阿拉瓦克人的一支，因为他们是同一语族的后裔。通常认为，阿拉瓦克人（los arahuacos）于公元前7世纪至公元前6世纪间来到岛上定居。这期间，泰诺文化得以发展，并在公元前1000年左右成为主导文化。

哥伦布到达美洲之前，波多黎各被当地的印第安人称为玻瑞肯岛（Isla Boriken），意为"勇敢、尊贵之主的属地"。当时，岛上约居住着30,000—60,000名泰诺人，他们以小村落的形式聚居在一起，有统领民众的首长，并以打猎、捕鱼、采集木薯和水果为生。

1493年西班牙人到来之时，泰诺人正在抵抗试图从加勒比地区向安的列斯群岛进犯的入侵者。随着西班牙人的到来，泰诺人对波多黎各的统治也走到了尽头，泰诺族也由此开始走向消亡。然而，泰诺文化却在当代波多黎各文化中留下了深深的印记，如 maracas（沙锤）、güiro（奎罗）、hamaca（吊床），以及 mayagüez（马亚圭斯）、arecibo（阿雷西沃）、iguana（鬣蜥）、huracán（飓风）等单词都是泰诺人留下的遗产。

西班牙殖民时期

◇ 西班牙人的到来

1493年9月25日，哥伦布率领17艘船只、1200—1500名船员在西班牙加的斯港开启第二次美洲航行。在这次航行中，他发现了波多黎各并将其命名为"圣胡安"（San Juan Bautista，即施洗者圣约翰），以此向卡斯蒂利亚王国天主教双王之子、王储阿斯图里亚斯王子胡安[1]致敬。1493年11月19日，哥伦布在今天的阿瓜达市（Aguada）海滩登陆，并以卡斯蒂利亚王国的名义占领了该地。

1508年，哥伦布手下军官胡安·庞塞·德·莱昂[2]在北部海岸发现了一个保存完

---

[1] 约翰（John）的西语名为胡安（Juan）。
[2] 胡安·庞塞·德·莱昂（Juan Ponce de León, 1474—1521），西班牙征服者、波多黎各第一任总督。今波多黎各南岸最大城市庞塞就是以他的名字命名的。

好、可以停靠大批船只的港湾；8月8日，他在该港湾旁的高地上建起了岛上第一个居民点——卡帕拉（Caparra），这也是岛上的第一个采矿和农耕点。次年，殖民者放弃卡帕拉，转而开发离海岸不远处的另一座岛，名为波多黎各，因该岛有一处天然港口。

1511年，第二座城市圣赫尔曼（San Germán）在波多黎各岛的西南部建成。随着时间的推移以及波多黎各岛上天然港口的使用，16世纪20年代时，该港口便成为人们今天所熟悉的首府圣胡安，而波多黎各则正式成为整座岛屿的名称。

西班牙王室在美洲进行殖民活动时，实行了一套"委托监护制"来管理和统治印第安人。当西班牙殖民者1493年到达波多黎各群岛时，当地主要的印第安文化为泰诺文化。殖民者将泰诺人贬为奴隶，给他们提供军事庇护，同时奴役他们劳作。1512年12月27日，阿拉贡王国费尔南多二世颁布了布尔戈斯法（Leyes de Burgos），该项法案对监护征赋制进行了修改，结束对土著居民的剥削和奴役，并进一步用西班牙王室后来推行的分派劳役制（sistema de repartimientos）加以取替。

1511年，泰诺人对西班牙人发起反抗。为了验证西班牙人是否拥有不死之躯，他们把西班牙士兵迭戈·萨尔塞多淹死，之后，又将其尸体保留三天以确认其死亡。但是泰诺人的起义很快就被庞塞·德·莱昂轻而易举地镇压下去，几十年后，即16世纪下半叶，泰诺人由于无法抵抗西班牙人带来的疾病而大量死亡，同时，面对殖民者的残暴奴役，大批泰诺人选择自杀，再加上连年战乱不断，泰诺文化最终消亡了。

为了能在波多黎各岛上传教，胡里奥主教于1511年8月8日在新大陆设立了三个主教区，其中一个就位于波多黎各，另外两个位于拉伊斯帕尼奥拉岛（La Española），这三个主教区的主教都听命于西班牙塞维利亚大主教。阿隆索·曼索（Alonso Manso）当时被任命为波多黎各主教区的主教。1512年9月26日，阿隆索·曼索主教在到达波多黎各岛后，便着手在岛上开设第一所高等教育学校。1513年，阿隆索·曼索主教开始掌管波多黎各主教区，成为第一位到达美洲的主教，波多黎各也因此成为教皇莱昂十世任期新大陆的第一个教会中心。

从1513年开始，非洲奴隶陆续来到波多黎各岛。由于泰诺人口的减少，越来越多的奴隶被贩卖到波多黎各。然而，与邻近的岛屿相比，波多黎各的奴隶数量相对较少。西班牙在岛上的统治日渐稳固，一群加勒比海盗分别在1514年和1521年，两次对西班牙位于达瓜玛考（Dagua Macao）河岸的城市发起攻击，然而都被西班牙殖民者强大的火力击退了。

❖ 来自欧洲各国的威胁

自西班牙发现新大陆后，欧洲各国便对这块宝地垂涎不已，他们多次试图削弱西班牙在波多黎各岛的影响，然而，他们对该岛长期控制的所有企图均以失败告终。

1528年，法国人洗劫并烧毁了圣赫尔曼市，摧毁了许多西班牙建筑，但最后都遭到了西班牙军队的奋力抵抗。许多城市如瓜尼卡（Guanica）、索托马约尔（Sotomayor）、达瓜奥（Daguao）和洛伊萨（Loiza）因此遭到破坏，唯一安然无恙的城市是首都圣胡安。

为防止岛屿再度受到欧洲其他侵略者的侵犯，西班牙人花费数年时间修筑了多处要塞，如福塔莱萨（Fortaleza）、圣费利佩·德尔·莫罗城堡要塞（Castillo San Felipe del Morro）和圣克里斯托瓦尔城堡（Castillo de San Cristóbal）要塞。

1595年11月22日，英国人弗朗西斯·德雷克[1]率领27艘小船、2500名船员向圣胡安出发，企图抢掠该城。然而，在城内西班牙强大军事防御面前，英国海盗的进攻徒劳无功。数年后的1598年6月，乔治·克利福德[2]率领由21艘船只组成的英国皇家海军在桑图尔塞东部登陆，再次试图进攻圣胡安。在克利福德率英军准备跨过直通圣胡安岛的圣安东尼奥大桥时，遭到了西班牙军队的顽强抵抗。后来，荷兰人也曾试图攻占圣胡安岛，因此，1643年西班牙国王费利佩四世下令在圣胡安市四周修筑城墙，连接六座堡垒，并加固圣克里斯托瓦尔要塞。

1702年，英国人侵扰波多黎各北部的阿雷西沃市，但无功而返。

1797年，法国人和西班牙人向大英帝国宣战，因英国派拉尔夫·阿伯克龙比将军带领7000名士兵以及一支由64艘船只组成的舰队对圣胡安发动攻击，企图占领该岛，然而，拉蒙·卡斯特罗上将最终将其击退。

❖ 19世纪波多黎各社会、经济变化

1814年，第六次反法同盟[3]打败拿破仑军队，半岛战争[4]宣告结束。西班牙新任国

---

[1] 弗朗西斯·德雷克（Francis Drake, 1540—1596），英国著名私掠船长、探险家和航海家。据说他是继麦哲伦之后第二位完成环球航海的探险家。英国人视其为名留千古的英雄，西班牙人则把他看作十恶不赦的海盗。
[2] 乔治·克利福德（George Clifford, 1558—1605），英国贵族、大臣、探险家、航海家、海盗。
[3] 第六次反法同盟，指匈牙利、普鲁士、俄罗斯、瑞典、大不列颠与爱尔兰联合王国及莱茵联邦的某些邦国组成的同盟。
[4] 半岛战争（Guerra de la Independencia Española, 1808—1814），西班牙称其为"独立战争"，是拿破仑战争中最主要的一场战役，地点发生在伊比利亚半岛，交战方分别是西班牙帝国、葡萄牙王国、大英帝国和拿破仑统治下的法兰西第一帝国。

王决定通过一系列的经济改革来巩固西班牙在波多黎各的统治。此外，海地革命①的胜利也给西班牙殖民者敲响了警钟，对奴隶反叛的担忧也促使他们致力于维持各种族间的平衡。1815年，西班牙国王费尔南多七世敕令波多黎各开放与其他国家的商业往来，经济得到发展的同时，波多黎各的人口构成也由此发生了变化，数以万计的意大利人、爱尔兰人以及来自海地、路易斯安那州、瓜达卢佩（Guadalupe）和马提尼克（Martinica）的法国人带着他们的奴隶来到波多黎各岛；许多非洲奴隶也通过自由贩卖交易来到波多黎各。19世纪中期，新一轮移民潮又从法国科西嘉岛（Córcega）、西班牙马略卡岛（Mallorca）以及加泰罗尼亚地区涌来，以避开当时欧洲恶劣的经济大环境。

与其他国家通商之后，波多黎各的甘蔗、咖啡以及烟草等主要农产品输出量巨大，产量也随之迅速增长。和加勒比地区其他国家一样，为满足甘蔗种植所需要的大量劳动力，波多黎各的非洲奴隶贸易也日渐繁荣。然而，奴隶贸易仍然有其局限性，当购买奴隶的速度无法满足日益增长的劳动力需求时，地主便将目光投到了岛上自由的民众身上，其数量要远多过黑人奴隶。这些地主说服政府设立制度，强迫那些占人口大多数的没有土地的农民，以临时工身份工作。这些临时工随身携带几个本子，以便雇主登记其工作表现。这一制度被称为簿册登记制（régimen de la Libreta），自1849年起一直沿用至1873年。

19世纪下半叶，波多黎各被深深地烙上了争取民族独立的印记。1860年的人口普查显示，波多黎各的总人口为583,308人，其中51.5%为欧洲人，48.5%为有色人种（非洲奴隶、穆拉托人以及梅斯蒂索人的后裔）。当时，83.7%的波多黎各人不识字，生活贫困。岛上主要的收入来源——农业也因为交通运输不发达而发展受阻。加上飓风、洪水等天灾不断，波多黎各的经济遭遇严重损失，面对西班牙政府的高额税收，波多黎各人民不堪重负，许多有识之士踏上寻求改革之路，然而却遭到西班牙当局的镇压，其中一些杰出人物被流放或监禁。

在波多黎各独立运动领导人拉蒙·埃梅特里奥·贝坦塞斯（Ramón Emeterio Betances）以及塞贡多·鲁伊斯·贝尔维斯（Segundo Ruiz Belvis）的策动下，波多黎各人民于1869年9月23日在拉雷斯城举行起义，反抗西班牙殖民统治，争取波多黎各

---

① 海地革命（Revolución haitiana, 1790—1804），发生在海地的黑人奴隶和黑白混血人反对法国及西班牙殖民统治和奴隶制度的革命，是西半球第一个成功的奴隶反抗运动，最终在海地建立起第一个以黑人为主的自由的共和国。

独立，并宣布成立"波多黎各共和国"，史称"拉雷斯呼声"（Grito de Lares）。起义虽然遭到西班牙殖民军的镇压，但波多黎各却迫使西班牙让其享有更大的自治权。

相比之下，废奴运动则取得了相对良好的成效。1873年3月22日，西班牙国会正式宣布废除奴隶制。

美国殖民时期

◆ 波多黎各成为美国殖民地

19世纪末美国进入了帝国主义时期。正当美国准备向海外扩张时，整个世界已被老牌殖民大国瓜分完毕。美国企图重新瓜分世界，但毕竟力量有限，尚无法与英、法等国形成抗衡，因此把目光瞄向了日渐老朽的西班牙帝国。彼时的西班牙已日薄西山，昔日庞大的帝国仅剩下古巴、波多黎各及菲律宾几个殖民地。美国决定先拿西班牙开刀，夺取这几个西班牙殖民地，以控制中美洲及加勒比地区，作为向远东和亚洲扩张的基地。1898年2月15日，美国派往古巴的护侨军舰"缅因号"在哈瓦那港爆炸，美国遂以此为借口，于4月25日对西班牙采取军事行动。美西战争（Guerra hispano-estadounidense）最终以西班牙战败告终，同年12月10日两国在法国巴黎签订《巴黎和约》（Tratado de París）。根据和约，西班牙正式将波多黎各割让给美国，自此，波多黎各总督由美国总统指派。

◆ 美国统治下的波多黎各

美国接收波多黎各后，波多黎各的名字也被改为"Porto Rico"，直到1932年才又恢复为今天的"Puerto Rico"。此外，波多黎各原有的货币——波多黎各比索也被美元所取代。

20世纪最初30年，美国一直努力把波多黎各人美国化，英语成为公立学校的必修课。然而，面对波多黎各人的抵制，这个企图通过语言对一个民族进行同化的战略并没有奏效，时至今日，波多黎各讲英语的人口数量仍不到30%。[1]

在美国的统治下，波多黎各在许多方面都取得了发展：1903年，波多黎各成立了第一所公立大学——波多黎各大学；交通运输及医疗卫生等方面的条件也得到了改善。然而，美国三家公司在波多黎各大规模的蔗糖种植，却导致岛上越来越多的无产者失去土地，这大大激发了波多黎各民众的反美情绪。

---

[1] Ivonne Acosta, "Breve historia de Puerto Rico" en http://www.enciclopediapr.org/esp/print_version.cfm?ref=06100604.

第二节　波多黎各西班牙语与其他语言的接触

一、泰诺语对波多黎各西语的影响

西班牙人16世纪开始对波多黎各岛实行殖民统治，之前岛上居住着成千上万的泰诺人。然而，西班牙殖民者来到新大陆后不到半个世纪，即导致泰诺人人口剧减。1544年，卡洛斯国王下令清点波多黎各印第安人口数量，当时岛上估计就只剩大约150个印第安人了。究其人口数量骤减的原因，可归结为以下几点：

1. 泰诺人不适应殖民者奴役他们的劳动强度；
2. 对殖民者从欧洲大陆带来的疾病缺乏抵抗力；
3. 一个无法理解的异域文明的入侵以及原本生活方式的丧失产生的巨大压力；
4. 混血导致印第安血统不纯；
5. 许多印第安人逃到加勒比地区其他岛屿。

到18世纪末，波多黎各岛上的印第安人数量也就数百人而已。然而西班牙历史学家阿巴德·伊·拉西瑞亚（Abbad y Lasierra）却指出，1780年前后，在圣赫尔曼的驻军中仍有印第安人。波多黎各历史学家萨尔瓦多·布拉乌（Salvador Brau）援引了一项1787年的人口普查登记，当时登记在册的印第安人有2302名，也就是说，18世纪时岛上仍然居住着一定数量的印第安人，因此，印第安人对波多黎各种族、文化的影响不容小觑。而且，与其他美洲土著语言相比，泰诺语对美洲西语的影响也是最深的，曾经有人做过一个泰诺语—西班牙语词源、历史和人种地理的词汇表。

尽管泰诺文化及泰诺人已不复存在，在今天波多黎各人的日常生活中仍可以找到许多泰诺人的痕迹。他们用过的日常用品被西班牙人、黑人采用，经过时间的洗礼，得以流传至今，如印第安人休息用的吊床，如今在波多黎各人的家中随处可见。

波多黎各西班牙语中保留了大量源自泰诺文明的词汇，这些词汇当时在殖民者当中广泛使用，并逐渐进入卡斯蒂利亚语词汇当中。据统计，如今波多黎各的西班牙语中包括大量波多黎各城镇、山河的印第安名字，以及热带水果、飞禽走兽、生活用品、地方菜品和调料的名称。如：

乐器：güiro（圭罗），maracas（沙锤）等。

水果：caimito（星苹果），mamey（曼密苹果），guayaba（番石榴），papaya（番

木瓜），guanábana（刺果番荔枝）等。

生活用品：hamaca（吊床），macana（石刃木斧），piragua（独木舟），barbacoa（烤肉架，烧烤架）等。

动植物：tiburón（鲨鱼），iguana（鬣蜥），caimán（凯门鳄），carey（玳瑁），comején（白蚁），coquí（一种小爬虫）；tabaco（烟草），maíz（玉米），batata（甘薯），guásima（肥猪树），jobo（槟榔青），achote（胭脂树），bejuco（藤本植物），caoba（桃花心木），ceiba（木棉），maguey（龙舌兰）等。

有些现代城市的名称原是印第安地名或酋长名字，如：Caguas（卡瓜斯），Bayamón（贝雅蒙），Camuy（卡穆伊），Canóvanas（卡诺瓦诺斯），Yauco（尧科），Guánica（瓜尼卡），Jayuya（哈尤亚），Orocovis（奥罗科维斯），Manatí（马纳蒂），Yabucoa（雅布科港），Mayagüez（马亚圭斯），Arecibo（阿雷西沃），Guaynabo（瓜伊纳沃），Humacao（乌马考）等。

其他尚有：huracán（飓风），batey（院子），bohío（茅棚），cacique（酋长），boricua（puertorriqueño，波多黎各的）等。

二、非洲语言对波多黎各西语的影响

哥伦布第二次航行把甘蔗根从西班牙带到美洲大陆，三个世纪后整个美洲大陆便成了为欧洲市场提供蔗糖的大种植园。第一批非洲奴隶16世纪被带到波多黎各，18世纪末，随着岛上甘蔗种植规模的扩大，殖民者从非洲购买更多的奴隶，源源不断地向蔗糖王国提供大量无偿劳动力，波多黎各的非洲人口数量在这一时期达到了顶峰。尽管史料记载波多黎各有过31个不同的非洲部落，但公认来自中非刚果的部落对波多黎各西班牙语影响最大。

19世纪下半叶，奴隶制被废除，昔日的奴隶及其后人克服重重障碍，对波多黎各贡献良多，从而赢得了人们的认可；许多昔日的非奴纷纷移居到城市，他们的说话方式潜移默化地影响到社会下层人士，最终改变了加勒比地区西班牙语的发音，丰富了其词汇。他们对波多黎各的贡献以及影响之大，时至今日，在波多黎各音乐、饮食、方言以及宗教信仰方面都可窥一斑。

尽管一些非洲词汇融入今天波多黎各西班牙语词汇当中，但真正经常被使用的只是其中很少一部分，如：

饮食：calalú（一种食物），funche（黄油玉米糊），guarapo（甘蔗酒），mamplé

（劣质甘蔗酒），gandul/guandul（一种青豆），ñame（山药），malanga（海芋），mondongo（猪杂汤），bombotó（用面粉和黑糖制成的甜饼），mofongo（一种用炸制或烤制的绿香蕉做成的克里奥尔食品），tostón（一种绿香蕉油炸食品）等。

水果：banana（芭蕉），guineo, congo, mafafo, fotoco（不同品种的香蕉）等。

音乐舞蹈：bongó（黑人用的鼓），conga（孔加舞），samba（桑巴舞），mambo（曼博舞），bomba（一种木制的羊皮鼓）等。

名词：macuto（背包），bembe（厚嘴唇），bembón（嘴唇大的人），burundanga（素炒菜），mambí（古巴独立战争中的起义者），mandinga（曼丁哥奴隶），fufú（巫术）等。

形容词：matungo（瘦弱的，无力的），chévere（很棒的，了不起的）等。

动词：ñangotarse（蹲下）等。

西班牙语言学家拉法埃尔·拉佩萨认为，尽管非洲语言对波多黎各西班牙语有多方面的影响，但其对西班牙语贡献最大的还是词汇。

三、西班牙各地西语对波多黎各西语的影响

安达卢西亚地区西语对波多黎各西语的影响

哥伦布发现新大陆后，所有从伊比利亚半岛开往加勒比地区的船只，都必须从西班牙南部安达卢西亚的塞维利亚出发，有时还需要在塞维利亚停留多时；此外，15—18世纪去到波多黎各的西班牙殖民者中，大部分来自安达卢西亚地区；有研究表明，美洲诸国中，波多黎各是受安达卢西亚影响最深的国家，波多黎各历史上曾有超过80万的安达卢西亚人移民至此，今天波多黎各90%以上的人口是来自安达卢西亚和加那利群岛移民的后裔。因此，安达卢西亚的西班牙语对加勒比地区乃至整个美洲的西班牙语影响颇深，波多黎各的西班牙语也是以安达卢西亚的西班牙语为基础的。

安达卢西亚的西语对波多黎各的西语语音上的影响主要表现为：

1. 在波多黎各和塞维利亚，人们经常省略词尾-ado, -edo, -ido中间的辅音"d"的发音，将其说成-ao, -eo, -ío，如hablado读成hablao, dedo读成deo, vendido读成vendío等。

2. 受安达卢西亚西语发音的影响，包括波多黎各在内，几乎所有的拉丁美洲地区，都不区分辅音字母"s"以及"c/z"的发音，将其统一发成"s"音。如cocer（煮）和coser（缝），都读成"coser"；abrazar（拥抱）和abrasar（烧焦），都读成

"abrasar"；vez（次，回）和 ves（你看），都读成"ves"等。

3. 第三个特征是两个地区的西班牙语都将元音后的辅音，尤其是辅音"s"弱化。如"los dos"读成"lo do"，"buscar"读成"bujcá"，"los españoles"读成"loj ejpañolej"等。

4. 位于辅音前或词尾的字母"r"被发成"l"，如"cortar"读成"coltal"。

5. 第二人称单数代词 tú 的复数形式用 ustedes，而不用 vosotros。

6. yeísmo 现象。在安达卢西亚和波多黎各都不区分字母"ll"和"y"的发音。由于 yeísmo 的影响，在西班牙语中出现了很多同音异形词。如 haya（haber 的虚拟式现在时第一和第三人称单数）和 halla（hallar 的陈述式现在时第三人称单数），cayó（caer 的陈述式简单过去时第三人称单数）和 calló（callar 的陈述式简单过去时第三人称单数），hoya（大坑）和 olla（锅），baya（浆果）和 vaya（ir 的虚拟式现在时第一和第三人称单数）以及 valla（篱笆）。

7. 前鼻音后鼻音化是加勒比海地区和安达卢西亚地道方言的发音现象，例如，在波多黎各 comen（comer 的现在陈述时第三人称复数）发成 comen(g)；en（前置词，在）发成 en(g)。

加那利群岛西语对波多黎各西语的影响

前往加勒比海地区的西班牙船只离开塞维利亚后，一般都会先航行到加那利群岛。成千上万的加那利人也加入移民大军，带着去美洲发大财的梦想，踏上波多黎各这片土地。

1685年，西班牙人胡安·费尔南德斯·弗兰科·德·梅迪纳（Juan Fernández Franco de Medina）被任命为波多黎各圣胡安市的总督。1697年，他下命令把20个来自加那利群岛的家庭送往波多黎各，让他们在里约皮埃德拉斯（Río Piedras）定居，从此开启加那利群岛向波多黎各移民的历史。1720—1730年，大约有882人从加那利群岛漂洋过海到波多黎各，从而彻底改变了波多黎各的人口结构。1714年至1797年间，在波多黎各总共建起了28个新城镇，其中19个城镇由加那利群岛的移民聚居而成。由于加那利群体人口的持续增长，1745年设立下托阿（Toa Baja）市，随后的1751年设立上托阿（Toa Alta）市。

透过波多黎各的加那利移民群体的规模，不难推测，加那利群岛西语对波多黎各西语产生很大的影响。如今，波多黎各西语词汇中，依然可见加那利群岛留给波多黎各的财富，如：cachete（mejilla，脸颊），ensoparse/enchumbarse（mojarse，湿透），

cuarto（dormitorio，卧室），fósforo（cerilla，火柴），cocotazo（golpe en la cabeza，击打头部），trapiche/guarapo（制糖业），等等，源自加那利群岛的词汇如今依然在波多黎各的口语中广泛使用。

加那利群岛的西语和波多黎各的西语一样，都深受安达卢西亚地区西班牙语的影响，具有很多相似的地方。居住在波多黎各中部山区的居民所讲的语言中，加那利群岛西语的痕迹尤为明显。加那利群岛西语和波多黎各西语发音非常相似，具体来说就是元音的发音都相当长，因此，两地的西班牙语实际上非常相近。

西班牙其他地区西语对波多黎各西语的影响

19世纪西班牙的加泰罗尼亚、巴利阿里群岛、阿斯图里亚斯以及加利西亚等地的民众也开始移居波多黎各，这些地区的西语与波多黎各西语融合，前者对后者也产生了一定程度的影响。

四、美国英语对波多黎各西语的影响

美国接管波多黎各后，曾试图在岛上推行英语。1902—1948年间，波多黎各所有的公立学校，除西班牙语课程用西语授课外，其他所有课程均用英语授课。在这段双语共存期，许多美式英语词汇融入到波多黎各的西班牙语词汇当中。

1915年至20世纪80年代末，波多黎各曾出台数部法案，宣布西班牙语为官方语言及唯一教学用语，然而均未奏效。1991年4月5日，拉法埃尔·埃尔南德斯·哥伦布（Rafael Hernández Colón）总督签署了1989年3月27日第417号议院法案，废除1902年的语言法，宣布西班牙语为波多黎各的官方语言，波多黎各自由邦所有司法行政机关、政府部门以及下属单位均需使用西班牙语。此外，还通过教育部组织法，规定使用西班牙语授课，英语只作为第二语言教授。

因此，尽管英语作为波多黎各岛上的第二官方语言，即便在今天，大部分的波多黎各人在家都不讲英语，西班牙语依然是波多黎各人的母语。美国语言学家约翰·列普斯基[1]曾表示："尽管波多黎各在政治上归属于美国，波多黎各的西班牙语却没有被大规模英语化或被美国文化转化。"因此，许多波多黎各人的西班牙语与其加勒比地区其他邻国的西班牙语有着相同的语法结构。

---

[1] 约翰·列普斯基（John Lipski, 1950年出生），美国著名语言学家，主要研究西班牙语及葡萄牙语方言学及语言变体。他的研究方向还涉及西班牙语语音、双语、语码转换、非洲语言对西葡语的影响、混合语言以及克里奥尔语等。

由于波多黎各有相当一部分人定居在美国，尤其是纽约，因此美国对波多黎各语言及文化的影响不容忽视。2010年，美国人口普查局进行了历史上第23次人口普查，普查数据显示，波多黎各裔作为美国第二大西班牙语群体，其人数已经达到460万，较上一次人口普查（2000年）上升了36%（2000年时为340万）。[1]这一数字已经超过了波多黎各自由邦本身的人口372.2万（2010年数据）。许多现在生活在美国的第三、第四代波多黎各人在讲话时都会在西班牙语中掺杂英语单词或短语，这种现象叫"语码转换"（cambio de código），就是人们所熟知的"英式西语"（Spanglish）。波多黎各作家吉安妮娜·布拉斯齐（Giannina Braschi）1998年出版了第一部用英式西语写成的小说《Yo-yo boing!》，书中展现了居住在美国的拉丁裔移民所讲的英式西语的语言风格。然而，这种英式西语不过是西班牙语和英语这两种语言非正式的混合体，它既不是一门独立的语言，也不是一种方言，它并不具备西班牙语的基本特点，也不具备波多黎各文化的基本特点，只不过是一群英语和西班牙语都掌握不好的讲话人不经意间创造的两种语言共存的形式。

一个常见的语码转换就是使用英语单词so（因此，所以），如"Estoy tarde, so me voy."，正确的西班牙语说法应使用porque，再将语序做一下调整：Me voy porque estoy tarde.（我走了，因为我要迟到了。）

再举一个英式西语的例子："Me voy a comel un jambelguel."，标准的西班牙语应该是Me voy a comer una hamburguesa.（我要去吃一个汉堡），他将英语的hamburger按照波多黎各的西班牙语的发音方式进行了改写，变成了jambelguel。

然而，这些生活在美国、讲着英式西语的波多黎各人，并没有得到生活在波多黎各自由邦、讲相对标准的西班牙语的老乡的认同，波多黎各岛上真正讲英式西语的人也只占岛上居民的一小部分，其英式西语并没有对波多黎各西语语言结构产生严重的影响。

那么美式英语对波多黎各西语的影响主要体现在哪里呢？答案是西班牙语中的英语词汇。有人曾在波多黎各的圣胡安市做过一份问卷调查，问卷共包含3874个问题，从收回的7304份问卷中，得出了以下结论：

1. 随机挑选的7304个单词中，有480个单词属于英语词汇，占比6.5%。在马德里和墨西哥所做的同样的一个问卷调查中，马德里人使用的英语词汇只占1.73%，墨

---

[1] 美国人口普查局数据http://www.census.gov/prod/cen2010/briefs/c2010br—04.pdf。

西哥人使用的英语词汇还不到1%。

2. 在传媒、体育方面，英语词汇出现的频率更高，其次是服饰和交通运输，宗教、农业以及动植物方面几乎不见英语词汇的身影。

3. 在波多黎各有些英语词汇几乎所有人都使用，但在其他西语地区却不常出现，至少不会像在波多黎各那样使用频率高，这些词有：bate（球棒），box（邮筒），brassiere（胸罩），brown（棕色的），closet（壁橱），club（俱乐部），convención（大会），dry cleaning（干洗），emergencia（紧急情况），folder（文件夹），home run（全垒打），matress（床垫），one way（单行线），out（出局），panty（内裤），pie（馅儿饼），ponchar（刺破）等。

还有一些英语词汇，所有波多黎各人都熟知，而且许多人会用来替换西班牙语中含义相同的词，如：bacon 代替 tocineta（培根），break 代替 descanso（休息），counter 代替 mostrador（柜台），lobby 代替 vestíbulo（门厅），part time 替换 tiempo parcial（兼职），等等。

4. 还有大量的英语词汇不仅在波多黎各使用，在其他西语国家也通用，如：bikini（比基尼），clip（夹子），cóctel（鸡尾酒），champú（洗发水），cheque（支票），jeep（吉普车），jet（喷气式飞机），mitin（会议），set（套），show（演出），whisky（威士忌酒）等。[①]

第三节　波多黎各西班牙语的特点

今天的波多黎各西语是现代西班牙语的一种形式，是西班牙语互相间影响的众多方言或变体中的其中一个。

西班牙语的变体包括：

● 安达卢西亚地区及加那利群岛地区的西班牙语；

● 美洲西班牙语，美洲西语又细分为：美洲大陆西语及安的列斯群岛西语（安的列斯群岛属加勒比地区）。今天的波多黎各西语是属于安的列斯群岛西语三种方言的其中之一，其他两种方言分别是古巴西语及多米尼加西语。

[①] María Vaquero de Ramírez, *El español de Puerto Rico historia y presente*, Instituto de Cultura Puertorriqueña, 2001.

一、语音特点

波多黎各西语语音呈现以下特点：

被吃掉的"d"

位于两个元音间的/d/常被弱化或省略，如 pegao（pegado）、picua（picuda）、asopao（asopado）、metío（metido）等。古巴语言学家洛佩斯·莫拉莱斯曾研究过波多黎各圣胡安市的西班牙语中/d/的社会语言学分布情况。他指出，位于两个元音之间的/d/的省略常发生在词尾-ado, -edo, -ido中，人们会将其说成-ao, -eo, -ío，如hablado读成hablao, dedo读成deo, vendido读成vendío，等等；这一现象在社会阶层偏低的人群当中，尤其是农村地区出现的频率更高；长者间也很普遍，但年轻一代情况略有不同；在圣胡安市，/d/的省略只在女性群体中较为常见。

seseo

受安达卢西亚西语发音的影响，包括波多黎各在内的几乎所有拉美地区，都不区分辅音字母"s"以及"c/z"的发音，将其统一发成"s"的音。如cocer（煮）和coser（缝）都读成"coser"；abrazar（拥抱）和abrasar（烧焦）都读成"abrasar"；vez（次，回）和ves（你看）都读成"ves"；cien读成sien；pozo读成poso；等等。

s的弱化和省略

将位于音节末位或单词末位的辅音"s"弱读成送气音/h/或者直接省略。如"los dos"读成"lo do"，"buscar"读成"bujcá"，"los españoles"读成"loj ejpañolej"等。这一现象在各社会阶层、各年龄层都会出现，但研究表明，/s/的省略应该起源于首都圣胡安，继而向周边扩散。

r和l的混用

将位于辅音前或词尾的字母"r"发成"l"，或者将"l"发成"r"。如cortar读成coltal，armario读成almario，venir读成venil，caer读成cael；balcón读成barcón，falda读成farda。

将多击颤音/rr/发成软腭音，类似于法语中r的发音或西班牙语中j的发音。这也被视为最具波多黎各特色的发音方法。有时，波多黎各人会开玩笑说Ramón和jamón已经变成同音异义词了。关于这一现象产生的原因，语言学家们向来争论不休：贝尔德斯利（Beardsley）认为是受法语的影响，因为19世纪初，海地革命结束后，曾有大批法国种植工人来到波多黎各。罗萨里奥（Rosario）则认为是受非洲语言的影响。然而，被软腭化的/rr/在非洲西部诸语言中并不存在，更重要的是，即便在波多黎各非洲化程度最深的地区，如洛伊萨镇，也找不到被软腭化的/rr/的踪迹。反而在西班牙血统纯正的山区农村，这种现象却非常普遍。纳瓦罗·托马斯（Navarro Tomás）倾向于认为这一现象是受泰诺语的影响，这一观点也得到了梅根妮（Megenney）的支持。

无论这一语音现象产生的原因为何，可以肯定的是，它大致出现于19世纪中。如今这一语音特点已遍及全国，在内陆高地及波多黎各岛西部，/rr/软腭化的现象更为明显。尽管许多波多黎各人认为这一发音不标准，应尽量避免，但还是有很多人将其视作最有波多黎各特色的发音，甚至在较为正式的场合他们也会如此发音。社会语言学研究还指出，这种软腭化的/rr/更受社会阶层偏低群体、来自农村的人以及男性的偏爱。

yeísmo

即不区分字母"ll"和"y"的发音。由于受yeísmo的影响，在西班牙语中出现了很多同音异形词，如：haya（haber的虚拟式现在时第一和第三人称单数）和halla（hallar的陈述式现在时第三人称单数），cayó（caer的陈述式简单过去时第三人称单数）和calló（callar的陈述式简单过去时第三人称单数），hoya（大坑）和olla（锅），baya（浆果）和vaya（ir的虚拟式现在时第一和第三人称单数）以及valla（篱笆）；波多黎各人还会将llave说成yave，llover说成yover，llanto说成yanto等。

元音变化多端

西班牙语中的五个元音在波多黎各富于各种变化，既可能被发成开元音、闭元音、标准发音或口腔音，也可能被鼻音化，其音长也可长可短。这就意味着即便是同一个人，也会出于不同原因，如交谈情景或发音不连贯等，表现出上述各种发音。虽然波多黎各的语音富于变化，但有研究表明，这并没有破坏波多黎各西语的音位体系，其元音依然是a, e, i, o, u，变化只体现在语音上，并不是音韵上的变化，并没有改变语言本身的音素。如perro的尾音o，波多黎各人在读这个单词时，o的发音开口可大可小，但是不管其发音怎样变化，我们获取到的信息仍然是同一种动物——狗，并且是单数形式的单词。

二、句法特点

波多黎各的西班牙语保留了主格人称代词，尤其是yo, tú和usted，如"Yo quiero que tú vengas para yo hacer mejor el trabajo."。（我希望你来，这样我能更好地

工作。）我们知道，西班牙语是屈折语，动词丰富的语尾变化足以表达清楚主语所指何人，因此标准的西班牙语用法常常省略主格人称代词。波多黎各这种保留主格人称代词的用法被视作受英语的影响，而且该用法在安的列斯群岛的其他地区也存在，也可能是出于表述的准确性以及强调等方面的考虑吧。同时，像"¿Qué tú quieres?"以及"¿De dónde él viene?"这种主格人称代词前置、不倒装的提问方式也是波多黎各以及安的列斯群岛地区所特有的，甚至主语是名词时也如此。

波多黎各的西班牙语经常在原形动词前加上主格人称代词，如"al yo venir"，"al tú decirme eso"等。正常的西班牙语语序应该是将代词后置的："al venir yo"，"al decirme tú eso"。

当人做直接宾语时，越来越多的波多黎各人用与格代词 le 来做直接宾语，这种现象称为指代人的 leísmo。指代人的 leísmo 用法已经为标准西班牙语所接受，在波多黎各，这种用法已经延伸至书面语及其他场合，包括在书信、文件中都会出现类似 Le saluda (a Juana) 的用法。但是在波多黎各也不存在指代物的 leísmo 的用法（如"El libro le dejé allí."是错误的），也没有 laísmo 或 loísmo 现象[1]。然而，用单数与格代词 le 指代单数及复数的情况也越来越普遍，如"Le entregué los papeles a los empleados."。口语中用复数代词指代单数概念也很常见，如"Se los di (di el libro a ellos)"。

下列代词式动词的变位形式虽未被官方接受，但在民间却广泛使用：Siéntensen. (Siéntense.) 及 Siéntesen. (Siéntese.)；Súbansen. (Súbanse.) 及 Súbasen. (Súbase.)；Delen. (Dele.), Demen. (Deme.)；等等。

受英语影响，波多黎各西班牙语口语中还出现了如下的句法现象：

• 动词短语被拆散，如"Está su corazón latiendo bien."。

• 将副动词用作形容词或名词，如"Quería saber quiénes eran mis compañeros sabiendo español."；"Lo que hace es comparando muestras."。

• 在目的状语从句中使用动词原形，而不用虚拟式，如"Lo hice para ella aprender."（标准用法应为："Lo hice para que ella aprendiera."）；"No veía la hora de nosotros regresar a Puerto Rico."（标准用法应为"No veía la hora de que nosotros regresáramos a Puerto Rico."）

---

[1] 即用 la 或 lo 指代间接宾语，如"La envié una carta a Juana."。

- 虚拟式的消失，连带着与虚拟式相关的所有句法形式也随之消失。
- 对动词过去分词的偏爱。如 "Están siendo buscados por la policía." 正确的说法应为 "La policía los busca." 或 "La policía los está buscando." 这种用法在波多黎各西班牙语口语中越来越普遍。

三、词汇特点

波多黎各西班牙语的词汇，除第二部分列举的从泰诺语、非洲语言以及英语等外来语继承下来的词汇外，还有一些被认为是典型的波多黎各词汇，如：

A: abochornao（羞愧的），abombao（需要清洗的有难闻气味的东西），achaques（肌肉痛），afrentao（自私的人），afuego（大或好的东西），agallarse（费心费力），agitao（生气的），ajorar（急需），ajumao（醉酒的），albur（谎言），arao（傻瓜），atorrante（流浪的）

B: bendito（友善的；悲伤的），bizcocho（蛋糕），brutal（令人惊骇的），bruto（无知的）

C: caco（穿着打扮独特的人），cafre（平民，普通人），capear（购买非法毒品），cel, celu 或 celular（移动电话），coquí（一种小爬虫），cráneo（聪明人），cuneta（排水渠），charro（滑稽的，搞笑的），chin（数量少），china（甜橙），chocho（痛苦的老人），chota（胆小怯懦的人）

D: deo（手指）

E: enchisma o enchismao（烦人的人），eñangotarse（弯腰），estufón（勤奋的）

F: farandulero/a（粉丝），fiebrú（发烧友），friquitín（卖油炸食品的小店）

G: gistro（丁字裤），guagua（公交车），gufia 或 gufiao（有趣的事），guillú 或 guillúa（骄傲的人），guineo（香蕉）

J: jeringar（过度活跃），jeringue（多动的），jevos（情侣），jienda（喝醉），juruntungo（远方），juyir（逃跑）

M: maceta（吝啬的人），mahones（牛仔裤），mai o mami（妈妈），metrosexual（花样美男）

N: nene/a（小男孩/小女孩）

O: ojalá（但愿）

P: pai 或 papi（爸爸），palmao（没钱），pana（亲近的朋友），pantallas（耳环），

parkin（停车场），pataleta（愤怒地表示），pelao（没钱的），pendejo/a（愚蠢的），prender（点燃）

  R: raitrú（源自英语right true，真的，对的）

  S: sínsoras（远方）

  T: tráfala（街头小混混）

  Z: zafacón（垃圾桶）

第九章　哥伦比亚西班牙语

第一节　哥伦比亚概况及历史

哥伦比亚的全称是哥伦比亚共和国（República de Colombia），1502—1504年期间哥伦布第四次航行到达南美洲北岸，发现了这块土地。为了纪念这位伟大的航海家，人们便用他的名字来命名这个国家。哥伦比亚地处南美洲西北部，北濒加勒比海，西临太平洋，是南美洲唯一面对两大海洋的国家。它邻近中美洲地峡，素有"拉丁美洲门户"之称。国土面积为1,141,748平方公里，在拉美排名第五，仅次于巴西、阿根廷、墨西哥和秘鲁。殖民时期的哥伦比亚曾经是西班牙从安第斯地区掠夺的金银珠宝的转运地，直至今日，哥伦比亚依然在运送物资上扮演重要角色。哥伦比亚有着复杂多样的地形，大致分为山区、平原和岛屿。该国土地肥沃，物产丰盈，拥有巨大的矿物资源，有煤、石油、天然气、绿宝石、金、银、铜、铁等，其中绿宝石（esmeralda）的储量占世界的95%。另外，哥伦比亚是一个多人种和多文化交汇的国家，梅斯蒂索人、穆拉托人和桑博人（los zambos）聚居在一起。美洲、欧洲和非洲文化传统在这里相互交融，使哥伦比亚逐步发展为一个种族构成复杂而多样的国家。

一、殖民者到来前的哥伦比亚

哥伦比亚是一个历史悠久的国家，两万年前安第斯山区已出现以狩猎为生的居民，他们基本上生活在岩洞中，偶尔会栖身平原或河谷。公元前4000年，加勒比沿海开始出现定居的部落；公元前2000年，印第安人从沿海向内陆迁移，一些部落在河流或湖泊周围定居，另一些则选择在安第斯山区落脚。他们学习种植各种作物，如土豆、玉米等，逐步建立成了以酋长为首的部族社会。

公元1世纪起，哥伦比亚就居住着奇布查人（los chibchas）。奇布查人过着群居生活，从事农业生产，具有严密的政治组织和祭司组织，分为多个区，各区有世袭酋长统领。文化方面与玛雅人较为接近，文明发达，大多数奇布查人居住在中部和北部的寒温带地区。在西班牙殖民者到来之前，奇布查人已经创造了灿烂的文化和语言，形成了独特的奇布查文化。他们掌握了较为丰富的天文和地理知识，并会使用简单的文字。奇布查人实行双系制（sociedad bitriarcal），通过母系（matriarcal）继承职位，通过父系（patriarcal）继承财产和土地。他们崇敬太阳，视湖泊为圣地。除奇布查人以外，在哥伦比亚还居住着泰罗纳人（los taironas）、加勒比人（los caribes）和阿尔瓦克人（los arwacs）。泰罗纳人居住在圣马尔塔内华达山区，和奇布查人类似，他们也创造了自己独有的泰罗纳文化。加勒比人主要居住在大西洋沿岸，以捕鱼为生，文明水平并不发达，以动物崇拜为主。阿尔瓦克人主要从事农业、狩猎和捕鱼，其建筑水平高于奇布查人。

二、殖民统治时期

15世纪随着资本主义的不断发展及航海技术的进步，西班牙、葡萄牙等国在"黄金国"[1]的诱惑下积极向外探寻新航路。1492年，哥伦布发现美洲大陆后，西班牙王室便快马加鞭地对外开展殖民扩张，欲望的铁蹄从此踏上了原本风平浪静的哥伦比亚。哥伦布开辟美洲航线后，西班牙人在短期内就控制了加勒比沿海一带。西班牙人于1509年第一次抵达哥伦比亚的土地，这次登陆是阿隆索·奥赫达[2]率领的从马拉开波湖（Lago Maracaibo）那头出发的远征部队的一部分。奥赫达到达了瓜希拉半岛（Península Guajira），那里的居民坚信自己是独立自由的生灵，把西班牙人拒之门外。奥赫达只得继续前行，并来到卡塔赫纳海湾（Bahía de Cartagena），尝试在加勒比沿岸建立一块殖民地。因印第安人的强烈反对，加上其他不利因素使得殖民地的建立困难重重。一直到1525年，圣马尔塔（Santa Marta）殖民地才得以建立。建于1533年的印第安卡塔赫纳（Cartagena de Indias）已经成为南美洲北部沿海最重要的西班牙港口。起初，圣马尔塔承担了几乎全部的殖民重任，但后来殖民地官员们却因内讧而减少了对殖民地的关注。值得一提的是，此时的西班牙也正处于航海大时代的关键时期，于是卡塔赫纳便被强制沦为与西班牙往来的中间站。

西班牙人受到类似金子之城传说的诱惑，长驱直入，穿过奇布查土著居民区，发现了肥沃平原和印第安人用金子和宝石做成的首饰，但并未发现大型矿藏。圣达菲波

---

[1] 黄金国（El Dorado），传说在16世纪的新格拉纳达有一处储量丰富的金矿，当时的一个土著部落首领全身涂满金粉，在河中游泳以完成祭祀仪式。
[2] 阿隆索·奥赫达（Alonso Ojeda, 1468—1515），西班牙航海家、征服者，马拉开波湖发现者。

哥大（Santa Fé de Bogotá）始建于1538年，得名于一家设在加勒比的殖民企业。哥伦比亚南部的大片地区由塞巴斯蒂安·德·贝纳尔加萨①征服，此前厄瓜多尔已经在其手中沦为西班牙的殖民地。

西班牙人在哥伦比亚的殖民行为几乎只有一个目的，那就是夺取金矿。虽然他们从未找到大型矿区，但是在北部的冲积层和矿脉，弥补了他们为找寻金子而付出的努力。任何形式的采矿都是一项紧张的工作，于是西班牙实行"委托监护制"来管理殖民地，另外还对印第安土著居民进行奴隶制管理，通过以上手段来攫取财富。17世纪初，非洲奴隶曾一度沦为殖民地的主要劳力，乔戈（Chocó）、安蒂奥基亚（Antioquia）和波帕扬（Popayán）的矿区里有大量黑人，其他城市则为开矿提供粮食和物资储备。西班牙人大部分聚集在富庶的地区，除了被禁止的乔戈，那里的居民绝大多数都是黑人。

新格拉纳达，也就是被殖民的哥伦比亚，一开始属于圣多明戈的管辖范围，后来又隶属于利马，16世纪中在波哥大建立了特别自治区。1718年新格拉纳达成为总督辖区，理论上和秘鲁、墨西哥有着相同的地位，可实际上重要性却远不及后二者。由于地处闭塞的安第斯山区，交通不便，新格拉纳达起初并未受到西班牙王室的重视，"委托监护制"也严重地阻碍了生产力的发展，为了反抗西班牙殖民当局的压迫，印第安人和黑人曾进行多次起义和斗争。后来，新格拉纳达地位有所提升，在波哥大开始渐渐地创立起大学以及其他文化和宗教中心，随之而来的是一批批西班牙教士、老师和管理者。从语言角度来看，这一举措有利于波哥大与卡斯蒂利亚王国精英的语言进行不断交流。此外哥伦比亚的主要几个港口城市间相隔较远，也对哥伦比亚不同地区的西班牙语发展造成了影响：哥伦比亚高原地区的西班牙语和大西洋—加勒比地区的各方言有着显著不同。波哥大文雅的西班牙语因语音和正字法极其严谨和规范，从而在整个西语美洲备受尊崇。

三、独立战争

18世纪起西班牙殖民统治进入了衰落期，宗主国与殖民地民众间的矛盾日渐加深。当时的新格拉纳达有来自两方面的不满情绪，一方面来自土生白人，即出生在殖民地的欧洲人，他们虽然掌握着一些经济权力，却在政治上没有实权，备受歧视，新

---

① 塞巴斯蒂安·德·贝纳尔加萨（Sebastián de Benalcázar, 1495—1551），西班牙殖民先遣官、征服者。

格拉纳达总督区的建立又进一步激化了"半岛人"和土生白人之间的矛盾；此外，被残酷压迫和剥削的印第安人、黑人和混血种人对宗主国的怨恨也在不断加深，沉重的赋税迫使他们举起反抗的旗帜，为争取平等权利而斗争。大洋彼岸的美国和法国相继爆发的独立战争和大革命，对美洲殖民地无疑也产生了巨大而深刻的影响。

1808—1810年，拿破仑率兵攻入西班牙，抗法独立战争打响，西班牙王室岌岌可危。这一消息传出后，新格拉纳达人民便开始了反对西班牙的革命活动。1810年，圣达菲波哥大爆发了大规模反对殖民统治的斗争。人们涌向总督府，驱逐总督，宣布独立，整个城市的管理权落在市政议会手中，同时成立最高执政委员会。但是在建立中央集权政府还是采用联邦制的问题上，人们产生了分歧。其中，联邦派成立了昆迪纳马卡州，并于次月颁布宪法，选举总统。主张中央集权制的安东尼奥·纳里尼奥[①]发动政变，推翻原总统，自命新一任总统，并呼吁各省共同建立中央集权政府。安蒂奥基亚、卡塔赫纳等省代表签署了《联邦法案》，宣布成立新格拉纳达联合省（Provincias Unidas Neogranadinas），卡米洛·托雷斯担任联合省总统。昆迪纳马卡拒绝加入联合省，双方于1812年爆发战争。

1812年底，南美洲独立运动领导人西蒙·玻利瓦尔来到卡塔赫纳，率领新格拉纳达人民打退西班牙殖民者的军队。后来在玻利瓦尔的领导下，昆迪纳马卡并入联合省，圣达菲波哥大成为新格拉纳达联合省议会和联邦政府驻地。1814年西班牙费尔南多七世登基，西班牙大举镇压美洲独立运动，一大批令人敬畏的领导者被相继处死，独立运动转入低潮。此后几年里，战争一直没有停止过。玻利瓦尔率军在委内瑞拉境内抗击西班牙侵略者，与新格拉纳达的战争密切配合。后经博亚卡一战，新格拉纳达获得解放。

1819年12月17日，大哥伦比亚共和国宣告成立，由原新格拉纳达总督辖区的领地组成，这些领地是委内瑞拉、昆迪纳马卡和基多。1821年，在库库塔（Cúcuta）制宪会议上颁布了第一部宪法，该宪法具有中央集权制性质。在会议上，玻利瓦尔当选为大哥伦比亚共和国总统，会议还确定圣达菲波哥大为大哥伦比亚共和国首都。1822年，在玻利瓦尔及其率领的将士的努力下，厄瓜多尔也获得解放，并加入大哥伦比亚共和国。只是在为独立而战的过程中，玻利瓦尔与副总统桑坦德尔围绕着一些建国问

[①] 安东尼奥·纳里尼奥（Antonio Nariño, 1765—1823），新格拉纳达政治家、军人，被视为哥伦比亚摆脱西班牙殖民统治早期最伟大的先驱者之一。

题产生了分歧，前者主张建立中央集权政府，后者则坚持联邦制。由于各省在经济和政治上存在重重矛盾，人心不稳，大哥伦比亚共和国落入风雨飘摇的境地。1830年，委内瑞拉和厄瓜多尔相继独立。同年玻利瓦尔逝世，大哥伦比亚共和国土崩瓦解。

四、建国后的哥伦比亚

大哥伦比亚共和国解体后，1831年新格拉纳达成为独立的国家，同年更名为新格拉纳达共和国。1832年颁布新宪法，桑坦德尔当选为总统。任职期间，桑坦德尔颁布了一部具有自由思想的法律，制订了一套可行的财政方案，发展教育，积极研究西方进步思想家的著作。桑坦德尔离职后，政府分裂为两大政治派别：一派是支持桑坦德尔的自由党，另一派则是支持玻利瓦尔理念的保守党。两党为了各自利益，不断发生摩擦和冲突。在大哥伦比亚共和国解体后的1831—1903年间，巴拿马是哥伦比亚的一个省。原本由一家法国公司取得巴拿马运河的开凿权，但是由于贪污舞弊，管理疏漏，该公司宣告破产。另一家法国公司接手后，情况依然没有好转。几经周折，美国政府开始插手运河的修筑。哥伦比亚政府没有重视此事，而是选择一味拖延。这一态度激怒了巴拿马省的上层人士，尤其是那些持有法国公司股份的人。美国趁机与巴拿马省上层人士商议分裂计划，企图夺取巴拿马运河的开凿权。1903年，在美国的煽动下，巴拿马省宣布独立，成立巴拿马共和国。

五、"十年暴力"恐怖与"全国阵线"

"二战"后哥伦比亚内部的政治势力加速分化，保守党人向自由党人发动猛烈进攻。全国反法西斯战争的胜利，加强了公会和农民组织的凝聚力，共产党的力量有所发展，传统党派和各党派之间的矛盾日渐加深。1946年，保守党人马里亚诺·奥斯皮纳·佩雷斯当选为总统，从此开始了高压独裁专制统治。人民起义此起彼伏，他便集结军人、警察和暴徒，残酷镇压手无寸铁的民众。对外，保守党一切听从美国指挥。另一方面，自由党人在饱受欺辱和压制的同时，蓄势以待，为夺回政权而开始向保守党发动进攻。他们高呼自由与平等，誓为政权战斗到底。1948年4月9日，自由党人组成的"全国革命左派联盟"的领袖豪尔赫·埃利塞尔·盖坦惨遭毒杀，全国上下随即掀起了反对保守党的浪潮。当天，圣达菲波哥大爆发了大规模的人民起义。起义的群众焚烧建筑物，占领政府大厦，烧毁保守党领导人官邸，波哥大陷入一片混乱之中。从此，哥伦比亚进入"十年暴力"时期（1948—1957）。经历了两届军事独裁政府的黑暗统治，自由党人与保守党人先后签订了《贝尼多姆公约》《3月20日协定》，联合反对古斯塔沃·罗哈斯·皮尼利亚的军事独裁统治。但是由于保守党的温和、软弱，两党依然无法完全达成一致。1957年7月，两党签署协议，达成"全国阵线"的共识。协议规定，此后十二年里，总统一职由两党轮流担任。

"全国阵线"时期共四届政府，历届政府在改善哥伦比亚经济方面都做出了不同程度的贡献。第一届政府为改变农村落后的生产关系，加快资本主义的发展，颁布了《土地法》，成立了土地改革委员会。第二届政府实行与第一届相似的经济政策，并在制造业和金融领域做出了新的调整。但是由于民众失业率不断上升，通货膨胀加剧，群众运动使得政府体制受到新的挑战。后两届政府面对全国普遍存在的失业危机，都采取了措施来积极应对。总体来说，"全国阵线"时期四届政府在促进经济发展、稳定民主制度上都做出了努力，并取得了一定成效。但随之产生的一些问题也不容忽视，如传统政党内部派系斗争加剧，工农和学生为争取民主权利而斗争，游击队活动日渐频繁。

六、"全国阵线"后的哥伦比亚

哥伦比亚经历了"全国阵线"时期后，政府在经济上主张稳定，遏制通货膨胀；积极维护国家主权，奉行"温和的民族主义政策"；扩大就业机会，减轻民众负担；实行和平的外交政策。

面对国内恐怖活动和贩毒走私的严峻形势，政府加强打击力度，派出治安部队对游击队进行镇压，同时以谈判方式为辅。极端暴力行为对于哥伦比亚长期以来信奉的民主政治也是一次考验。恐怖分子绑架并关押了许多外国大使。1984年，被认为与国际毒品贸易有联系的一些坏分子暗杀了哥伦比亚的司法部长。1985年，游击队进入波哥大的最高法院，并在被军事人员逐出之前关押了许多人，估计约有100人丧生，包括一些最高法院的法官。这些事件显示了毒品贩子势力增长的不祥趋势，也表明政府在控制恐怖活动上的无能为力。尽管如此，针对贩毒集团的猖獗行径，全国上下共同开展了一场声势浩大的扫毒大战。

残暴骚乱之后几十年，归纳起来就是哥伦比亚更加现代化，人民的文化水平有所提高，这是前所未有的变化。然而，仍然存在的双重性问题就是：在经济成长的同时，还有四分之一的人口仍处在绝对贫困之中。令人失望的事还在继续发生，结果一再爆发反政府的游击队活动，非法毒品贸易仍然构成重要的政治和经济问题。

第二节　哥伦比亚西班牙语及其他语言的影响

与其他国家和地区相比，西班牙语在哥伦比亚显示出了很大的差异和矛盾。从方言学的角度来看，哥伦比亚是西班牙语美洲最具有研究价值的国家之一。曾经出版了一本语言地图册（Atlas lingüístico），其中包括许多专门描绘地区性方言和社会记录的报刊文章和专题著作。此外，哥伦比亚部分地区因交通闭塞，至今还流传着"不为人知"的方言。波哥大和其他一些内陆城市的文雅语言被称为"最纯正的西班牙语"，而这一美誉也得益于卡罗和克维佛研究机构[①]的设立。哥伦比亚同样有独一无二的克里奥约语，带有非洲—西班牙语美洲特点，是帕伦克·德·圣巴西利奥（Palenque de San Brasilio）的语言，近几十年来才被外来研究者所发现。从语音方面来看，哥伦比亚的西班牙语具有多样性，这种多样性体现在：一方面，一些高原地区所使用的保守型方言拥有教科书般的发音特点，而另一方面则是到了沿海地区就有一种不和谐的感觉。

一、哥伦比亚西班牙语的历史和现在

新格拉纳达总督区属地从北边哥斯达黎加—巴拿马的边界延伸到南边纳里尼奥（Nariño），并从太平洋延伸到今委内瑞拉奥利诺科河的河口。

印第安卡塔赫纳位于加勒比沿岸，是南美洲北部沿海最重要的港口，也是为数不多的接收非洲奴隶的授权地之一。绝大部分到达南美洲的奴隶和货物都会经过卡塔赫纳和波多贝罗[②]。西班牙船队在进入和离开加勒比海时，都会在到波多贝罗之前，经停两次卡塔赫纳。卡塔赫纳的居民频繁地接触来自加勒比和西班牙南部的语言新用法，直接导致了人们方言间的高度相似性。加勒比、卡塔赫纳和其他一些非洲人较多的地区，如古巴、巴拿马和委内瑞拉，在语言上有很大的相似性。

因战略位置重要，卡塔赫纳屡次被海盗们相中为掳掠的目标，多次受到海盗袭击，最惨烈的一次发生在1586年，英国海盗弗朗西斯·德瑞克强占了该城，并手持利刃向所有人索要高昂赎金。同样经历了多次抢掠的城市有圣马尔塔、里奥阿恰和一些

---

① 卡罗和克维佛研究机构（Instituto Caro y Cuervo），哥伦比亚集西语文学、文献学及语言学研究于一体的综合性研究中心。
② 波多贝罗（Portobelo），20世纪前一直属于哥伦比亚。

沿海小城。

哥伦比亚的西班牙语方言不存在一种被所有人接受的分类标准，但是最普遍的分类还是得到了人们的认同。弗洛雷斯（Julio Flórez）提出了七大方言区，这些方言区是根据语音特点来划分的，具体如下：沿海区（大西洋和太平洋）、安蒂奥基亚、纳里尼奥—考卡（Nariño-Cauca）、托利马（Tolima）、昆迪纳马卡/博亚卡（Cundimarca/Boyacá）、桑坦德（Santander）和亚内罗（Llanero）（亚马逊东部低地）。即使对方言区进行了精确分类，但是很少有哥伦比亚人能够区分三种或四种以上的方言。因此，尽管存在这样一条公认的分类标准，但民众对方言的划分，更看重发音和选择 tú, vos 还是 usted 上，而非词汇上的差异。

就如同将哥伦比亚人分为住在海岸的人（los costeños）和住在内陆高地的人（los cachacos）一般，学者将哥伦比亚分为两个"超级区"，即内陆和海岸（海岸包括加勒比海沿岸和太平洋沿岸），并以语音不同来作为区分标准：即是否保留或弱化结尾的/s/。同样，两大方言的区别也视乎/n/、/l/和/r/结尾的词如何发音。一方面，哥伦比亚加勒比沿海地区有几个全国重要的港口城市，如卡塔赫纳、巴兰吉拉和一些小城市，上述港口城市在殖民地时期发挥了巨大作用。这些曾是非洲人聚集的地区，在词汇方面带有明显的非洲语言烙印，还有可以肯定的是，该地区典型的辅音缺失现象也归因于此。另一方面，太平洋沿海地区虽存在一些辅音缺失的现象，但是该地区也有一些独有的特点，比如第二人称的不同表达方式和词汇总体上的特殊性。该地区包括乔戈和哥伦比亚西部地区，延伸至与厄瓜多尔的交界处，几乎涵盖了所有西班牙语美洲沿岸辅音弱化的区域。这种语音上的变化究其根本，有社会语言学原因，也有区域原因。和社会中上阶层人士集中聚集的地区相比，居住在这些地区的人处于社会的边缘，尽管其数量不大，但其语言的重要性却不容小觑。值得一提的是，民族语言学方面的原因也不言而喻，因该地区绝大多数的人口来自非洲，毫无疑问，他们对地区性语言产生了不可磨灭的影响。

中部高地从与委内瑞拉的交界处一直延伸到考卡谷地（Valle de Cauca），这是一片十分重要的方言区域，该地以其保守发音为主要特征，其词汇主要来源于西班牙语。另外有一个奇怪的现象，那就是当地居民除了对人称代词 usted 强烈偏好外，对 su mercé 和 vos 也推崇备至，这些尊称甚至在家人间也频繁使用。对于哥伦比亚亚马孙河流域（Amazonas）的很多居民来说，西班牙语只是其第二语言，于是这片区域被视为特殊方言区。东南端的纳里尼奥则显示出与其他地方截然不同的特点，在那里克丘亚语依然十分活跃。在哥伦比亚，首都波哥大的语言风格享有盛誉，影响深远。虽然沿海地区绝大部分居民的语言模式与波哥大的西语相去甚远，但是波哥大西语却是所有受过教育的哥伦比亚人追求的最终目标。操地区方言的人们则受到所谓下等语言的困扰，会十分注意措辞和新词的使用，因此可能于其本地区方言的发展是个不利因素。

二、西班牙语与哥伦比亚土著语

哥伦比亚存在的多种语言和方言使其被定义为一个多语国家。到目前为止共有72种土著语登记在册，2种起源于欧洲，分别是帕伦克·德·圣布拉西利奥的帕伦克语以及圣安德烈斯（San Andrés）的圣安德烈斯语（sanandresano），其他分布在不同地区的外语一般由外国移民带入。这些语言绝大部分都受到了研究人员的重视，但是有关西班牙语和它们之间关系的研究成果则少之又少。

上面提到，印第安卡塔赫纳是殖民时期运输非洲奴隶的重要港口之一。那时，成千上万的非洲奴隶到达哥伦比亚的加勒比海沿岸，随后他们被运往卡塔赫纳、里奥阿恰、圣马尔塔以及其他一些小城市。虽然很多奴隶被转运到新殖民地，但还是有大批非洲人留在哥伦比亚北部沿海地区，形成庞大的非洲居民区太平洋沿岸地区，尤其是乔戈，情况也是如此。卡塔赫纳的非洲裔人口曾一度达到75%，即便后来降至50%以下，非洲居民区依然形成了一股强大的语言和文化势力。在沿海的乡村地区，非洲人口仍占据主导地位。哥伦比亚的非洲人主要讲帕伦克口音的克里奥约语（criollo palenquero），但是他们所使用的词汇却大多来自非洲，在发音和句法上也受到了非洲口音的影响。

哥伦比亚的亚马孙河流域有相当数量的印第安部落依然保存其语言和文化，但是相对于哥伦比亚其他地区，其影响微乎其微，尤其在语言方面。瓜希拉半岛的印第安土著居民在整个殖民时期都使用自己的语言，并一直沿用至今。瓜希拉人与政府签订协议，承诺终身从事放牧或捕鱼业，而政府则承诺不把瓜希拉人的语言同化为西班牙语，这也从侧面反映了瓜希拉人的语言基本和西班牙语没有接触。

曾经在哥伦比亚内陆地区占人口大部分的奇布查人，除了一些地名和几个单词以外，没有给后人留下什么。奇布查的人口密度一直很稀疏，并未在持续一段时间里，既说西班牙语，又说土著语。奇布查语除了在哥伦比亚有所分布外，在洪都拉斯、尼加拉瓜、哥斯达黎加、巴拿马及委内瑞拉等国都可以找到其痕迹。奇布查语有约24种子语言，8种已消失，其余的也濒临灭绝。这些方言之所以绝迹，很大一部分原因是讲这些土著方言的地区，恰恰是西班牙殖民者政治和经济活动中心。

哥伦比亚西南部与厄瓜多尔交界处，在西班牙人还未入侵前，是印加帝国北边疆界，在那里人们讲的是一种克丘亚语，现今克丘亚语的使用已经有所减少。

第三节　哥伦比亚西班牙语的特点

一、词形方面

在形态句法学上最显著的变量是关于家庭成员的人称代词的选择，及相应口语中的词形表现。中部地区的哥伦比亚人偏向于在很多语言环境中使用 usted，甚至在夫妻之间、父母子女之间、好友之间，等等。东部地区几乎只用 usted，而 tú 几乎只出现在教科书中，实际上在该地区极少使用，仅限于乡村地区。根据蒙特斯·希拉尔德（Montes Giraldo）的研究，tú 只在卡塔赫纳和加勒比沿海一些地区使用，其他地区更倾向于结合着使用 usted 和 vos。不过值得一提的是，事实上 tú 在中部地区的使用频率还是相当高的。

中部一些地区的方言，尤其安第斯地区（如博亚卡、昆迪纳马卡等）会使用人称代词 su mercé 或 su merced，这是古代的一种尊称，在其他一些西语国家，su mercé 只会在一些特定语境下使用，比如向法官或者神甫进言。然而在哥伦比亚东部，su mercé 的使用有不同的社会含义。家人之间，su mercé 代表了一种亲切而紧密的关系，尤其是在父母子女之间或者兄弟姊妹之间。在商店里，通常卖家会用 su mercé 来称呼客人，试图给客人留下价格有保障、商品可信赖的印象，而买家则倾向于使用不带倾向的中立代词 usted。在波哥大，su mercé 和 usted，tú，vos 交替使用，而在西部及沿海地区则鲜见 su mercé 的使用。

加勒比海沿海地区只使用 tú，虽然太平洋沿岸人们使用更多的是 tú 的其他说法，在口语中还会出现 vosco[①] 和 tuteo[②] 的现象。vos 在西南部，考卡谷地以及纳里尼奥用得较多。

安提奥基亚、托利马、克拉达斯（Cladas）也使用 vos，在桑坦德和其北部会使用

---

① voseo，即以 vos 代替 tú 的现象。
② tuteo，以 tú（你）称呼对方。

vos 的不同形式，而在波哥大，由于当地居民结构的多样性，状况会显得更为复杂。伴随着 vos 的是不同形式的变位，-ás, -és, -ís。在纳里尼奥当地的语言中，会使用 -is 作为第二规则变位动词的词尾。在哥伦比亚北部的少数几块飞地（大部分位于玻利瓦尔），还可以发现一些二重元音式的词尾，如 -áis 和 -éis，但可惜的是，这些形式的词尾正在逐渐消亡。

哥伦比亚的西班牙语对使用指小词词尾 -ico 有着特殊的偏好，尤其是在以辅音 /t/ 或 /d/ 结尾的词之后，例如：momentico（momento），maestrico（maestro），ratico（rato），等等。这一特征在古巴、哥斯达黎加和西班牙语美洲其他一些地方是一致的，这是西班牙东北部（尤其是阿拉贡地区）的一种古老的用法。

二、句法方面

比较常见的一种情况是，哥伦比亚很大一片地区习惯使用 ser 来加强语气，比如：

    Lo hice fue el verano.

规范句型：Fue en el verano que lo hice.（我在夏天做了这件事。）

    Teníamos era que trabajar mucho.

规范句型：Trabajar mucho era lo que teníamos que hacer.（我们不得不努力工作。）

这种句型也可以在厄瓜多尔、巴拿马和委内瑞拉见到。在构建语句时，不是所有哥伦比亚人都这样做，但是相对而言，哥伦比亚人使用该结构的频率会比邻国高很多。

哥伦比亚人都习惯把主格人称代词置于原形动词之前，如：

    antes de yo salir de mi país

规范句型：antes de salir de mi país（在我离开祖国之前）

    para él sacar mejores notas

规范句型：para que saque él mejores notas（为了让他取得最好的成绩）

有一种看法认为这个句子结构产生于加勒比地区，但是奇怪的是，内陆人也同样使用该结构。

用中性代词来复指直接宾语，比如 lo veo el caballo（规范用法为：veo el caballo，我看见了马），这种情况出现在哥伦比亚最南端，但是在更南端的其他安第斯国家却不太常见。

在太平洋沿岸，尤其是在非洲—美洲乡村居民的会话当中常会遇到双重否定，在第二个 no 前面也没有停顿，如：No hablo inglés no.（我不会说英语。）

在亚马逊地区，双语人士（这里指除了方言外，仅掌握基础西班牙语的人）会使用一些特殊结构，而这些结构很明显地将他们与只掌握西班牙语的人士区分开来。与巴西交界的地区，人们会将不标准的葡萄牙语带进西班牙语中。其中有一个例子可以证明这一点：在应当使用宾格代词的地方使用了主格人称代词，这种特征在巴西葡萄牙语中也可以看见。如：

Cuando él mira nosotras, eyos juega.

规范句型：Cuando él nos mira, él juega.（他看我们的时候，在玩儿。）

三、词汇方面

哥伦比亚高地的方言继承了西班牙语的传统词汇，而在其他地区，非洲或者印第安语言相对来说对词汇有较大影响，事实上没有多少单词是真正的"哥伦比亚的"，如：amarrado（小气的），argolla（订婚戒指），biche（青的，未熟的），bituta/bitute（食物），cachaco（年轻漂亮殷勤有礼的人），cachifo/a（小伙子，小姑娘），cafongo（一种将玉米奶酪包在叶子里的食物），chanfa/chanfaina（工作），cuelza（生日礼物），fucú（霉运），furuminga（一大群人），guandoca（监狱），joto（小包裹），locho（金色的），mamado（疲惫的），mono（金黄的头发），pite（小块），verraquera（杰出或出众的某物）等。

四、语音方面

哥伦比亚的语言地图提供了很多地区发音特征的信息。许多学者对波哥大语音进行了广泛的研究，内陆地区也得到了一些学者的青睐。此外，一些专家学者对沿海地区的发音规则等也进行了专题性的研究。下面就以内陆高地、加勒比沿海地区、太平洋沿海地区、亚马孙地区的研究成果为例，对哥伦比亚各地的语音变化做初步的介绍。

/s/的发音：/s/的发音在上述四个地区的发音表现十分迥异。在内陆高地，人们习惯保留音节末尾的/s/并发出咝音，尤其是波哥大西部地区的居民，将舌尖顶住齿龈发出/s/音，与传统卡斯蒂利亚语十分类似。虽然居住在高地的哥伦比亚人喜于保留音节末尾的咝音，但有时在单词开头和中间将/s/发成送气音，比如把 nosotros 发成/nojotros/在哥伦比亚中部地区就极为常见，甚至在一些教育水平较高的人群中也屡见不鲜。当/s/出现在词组中的后一个单词的词首时，也会发成送气音，如 una señora 会发成/unaheñora/，此种现象并不常见，但是哥伦比亚中部地区是西班牙语世界中唯一一个频繁地将词首而非词尾的/s/发成送气音的地区。在加勒比沿岸地区，词尾的/s/几乎都被发成送气音，但是在城市中还是可以听到不少教育水平较高之人将/s/发成咝音。在太平洋沿海地区，音节以及单词末尾的/s/被发成送气音或是不发音。但是和加勒比海沿岸地区相比，太平洋沿岸地区的末尾/s/及其他辅音的弱化现象并不突出。对于中产阶级，尤其是南部海岸的居民来说，这个结论是准确的。此外，乔戈的当地语言大大减少了辅音的发音次数，而加勒比沿海地区的方言则恰恰相反。在亚马孙地区，大部分情况下/s/在音节和单词末尾都会发咝音，但是如果在词法上是多余的，那么/s/便不发音，例如 los muchachos。极少数情况下/s/也会弱化成送气音。

/n/的发音：在内陆高地，词尾的/n/常常是齿龈音。在加勒比沿岸地区，词尾的/n/则被发成软颚音，有一种发音是削弱/n/的鼻音，但是相应地加强/n/前元音的鼻音化。有趣的是，太平洋沿海某些范围不大的地区，人们还会将/n/发成唇音/m/。最后在亚马孙地区，/n/有时发成软颚音，这是内陆高地所没有的发音特点，也可能在一定程度上受到邻国秘鲁方言的影响。

/r/的发音：在内陆高地，/r/是一个弱擦音，当/r/处于单词的末尾时，一般会将其发成十分微弱的咝音。在加勒比沿海地区，词尾的/r/常常不发音，尤其是原形动词。

第十章 阿根廷西班牙语

第一节 阿根廷概况及历史

阿根廷共和国（República Argentina）是位于南美洲南部的一个联邦共和制国家，与智利、玻利维亚、巴拉圭、巴西、乌拉圭等国接壤，东南面向大西洋。阿根廷国土面积为2,901,400平方公里，在拉美各国中位居第二，全球排第八。阿根廷南美洲国家联盟（Unión de Naciones Suramericanas）成员，首都是布宜诺斯艾利斯（Buenos Aires）。阿根廷和英国在马尔维纳斯群岛（Islas Malvinas）上存有主权争议，该群岛目前由英国实际控制。2014年7月18日中国和阿根廷发表了《中华人民共和国和阿根廷共和国关于建立全面战略伙伴关系的联合声明》，在声明中习近平主席明确表示，坚定支持阿根廷对马尔维纳斯群岛的主权要求。此外，阿根廷还声称拥有南极大陆100万平方公里的土地主权。阿根廷是世界上综合国力较强的发展中国家之一，也是拉美经济较发达国家，是世界粮食和肉类主要生产和出口国，工业门类齐全，农牧业发达。同时，阿根廷还受益于丰富的自然资源、教育水平高的人口、以出口为主的农业以及种类齐全的工业，因此曾经有过一个相对其他拉美国家而言人数庞大的中产阶级群体。

一、西班牙人到来前的阿根廷

哥伦布来到美洲之前，整个南美洲存在三大古文明，与之相比，今天阿根廷所在的地区几乎没有积累什么物质基础，也没有形成统一的文化或部落。西班牙人来到美洲后的数年里，就一一征服了墨西哥的阿兹特克文明和秘鲁的印加文明，但却耗费了300年美洲殖民时期的大部分时间，才最终在阿根廷确立统治。1492年哥伦布到达加勒比海时，阿根廷的土著人口为90万，[1]守着一方肥沃的土地，却因没有合适的生产

---

[1] William D. Denevan, *The Native Population of the Americas in 1492*, Univ. of Wisconsin Press, 1992, xxvii.

工具，只能靠狩猎和采集为生，因此在西班牙人到达之时，这里并不存在可以维持大量欧洲人生存的物质基础。此外，这些早期居民没有形成统一的文化或部落，几十种不同的文化或部落讲着数种彼此间无法沟通的语言，这更加剧了政权的分散。在欧洲人到达阿根廷之时，这里不存在一个统一的帝国，西班牙人必须耗费大量精力，逐一击败各个部落，因此数个大部落在西班牙征服者的强攻之下，依然顽强抵抗了400年。

北部的农耕部落

迪亚吉塔人（los diaguitas）：阿根廷西北部尤其是萨尔塔（Salta）和胡胡伊（Jujuy）地区的印第安人有着类似秘鲁印加人的安第斯文化。他们种植玉米、大豆和辣椒，饲养美洲驼（alpaca）和羊驼（llama）来制作斗篷和裙子，同时还制作陶器。但在哥伦布到达前，他们没有如其他安第斯地区的印第安人那样，建造起大城市，也没有形成如印加帝国那样的世袭社会等级制度和社会分化。因为这片区域很晚才并入印加帝国版图，印加帝国对其影响不大。但是，迪亚吉塔部落的酋长们听得懂印加人的克丘亚语。在欧洲人到来之前，这里共存着丰富多样的文化，阿塔卡梅尼奥人（los atacameños）、乌玛瓦卡人（los humahuacas）、奇查人（los chichas）和卢莱人（los lules）共同生活在这片土地上，他们与迪亚吉塔人和平共处。

马普切人（los mapuches）：居住在今天智利南部，受益于迪亚吉塔人在农业上的突破，由狩猎向农耕文明过渡。15世纪图帕克·印加①一直打到智利中央河谷时，马普切人依靠坚固的堡垒和英勇善战击退了敌人的进犯，之后他们积极维护自治，其对欧洲人的抗争一直持续到19世纪80年代。

瓜拉尼人（los guaranís）：瓜拉尼人居住在今乌拉圭、巴西及阿根廷东北部亚热带丛林，沿森林和河流而居的瓜拉尼人形成了狩猎、捕鱼和刀耕火种的文明。这些农耕部落或多或少长期定居某地，容易成为沿河而居的其他部落或大查科地区游牧部族偷袭和掠夺的对象。这种充满危机的生活，正是瓜拉尼人在遇到似乎拥有神奇武器的西班牙人后，选择与其联手，抵御宿敌的原因。

南部的游牧民族

从大查科开始，穿越科尔多瓦丘陵和潘帕斯平原，并一直延伸至巴塔哥尼亚高原的广大地区上，生活着众多游牧部落和采集部落，他们既不依附于印加人也不归顺于入侵的欧洲人。这些好战的游牧部落不能忍受西班牙殖民者的压迫，进行了三个多世

---

① 图帕克·印加（Túpaq Inka），印加帝国第十位君王。

纪的抗争。他们好战，往往以闪电速度袭击敌人。在这些数不清的小狩猎部落中，有几个在文化和语言上存在关联，但由于缺乏统一领导和组织，因此没有哪个部落得以推行统一的信仰和语言。这些以狩猎为生的印第安人独立自主，即使生活贫穷也要追求生命的辉煌和个人主义。

大查科的印第安人：主要的南部狩猎部落最早居住在大查科地区，这里不是一个适于耕种的地方，不计其数、文化和语言素不相同的部族在这片植被稀疏的土地上争夺生存空间。这里资源的贫乏使西班牙人大为失望，早期与这些狩猎部族的冲突又频频失手，因此西班牙人在此后的300多年里都避开大查科地区。

查鲁亚人（los charrúas）：他们居住在今天的乌拉圭、巴西南部和阿根廷东北部。这里的所有部落在语言上有相通之处，他们靠狩猎动物和采集植物为生。其政治和社会权力处于分散状态。

潘帕斯和巴塔哥尼亚的印第安人：他们生活在今天阿根廷东部和南部省份广袤大草原上，以狩猎和采集为主，他们一般猎捕陆上动物，在巴塔哥尼亚高原生活的土著民，则以采集、种植和猎物为生。巴塔哥尼亚沿海地区的居民则猎捕海豹和鱼类。在好几个世纪里，这里人们的生活几乎没有什么改变，他们分散而居，热爱独立，使最早来到这里的欧洲人不知所措。

总的来说，当时南锥体①地区人口分散、政治不统一、物资匮乏，打破了首批来到这里的西班牙冒险家的如意算盘。西班牙殖民者必须在几个世纪里慢慢推行殖民，用从欧洲带来的新技术和经验，在荒野上建立起城市和农场，使其成为新家园。但不容忽视的是，这些土著人几千年积累的传统，包括语言、两性关系、宗教信仰、部落的多样性和不同文化及物质贡献等，都在后来该地区历史进程中留下了深深的烙印。事实上，古阿根廷人的某些工具、食物、习惯、运输方式、宗教信仰和社会关系也改变了欧洲入侵者，毕竟传承千年的土著传统才是最适应当地环境的。

---

① 南锥体（Cono Sur），南美洲位于南回归线以南的地区。一般所说的南锥体包括阿根廷、智利和乌拉圭三国，有时也包括巴拉圭和巴西的南里奥格兰德州、圣卡塔琳娜州、巴拉那州、圣保罗州。南锥体是南美洲经济最发达地区。

二、西班牙殖民时期

1502年，航海家亚美利科·韦斯普奇①一行成为首批抵达阿根廷的欧洲人。1536年，佩德罗·德·门多萨②在布宜诺斯艾利斯一带建立起小型定居点，但1541年在土著人的抵抗中被迫放弃。

殖民者进一步深入巴拉圭、秘鲁和智利。一批城市就是在这一时期建立起来的，如门多萨（Mendoza）、圣胡安（San Juan）、圣达菲（Santa Fe）和科尔多瓦（Córdoba）等。1580年胡安·德·加雷南下，重建布宜诺斯艾利斯。1596年，圣路易斯（San Luis）开始建立。

相比于玻利维亚和秘鲁的真金白银，阿根廷境内的经济潜力并不为西班牙帝国所重视，因此，1776年以布宜诺斯艾利斯为首府的拉普拉塔总督辖区成立之前，它一直是秘鲁总督区的一部分。

布宜诺斯艾利斯1806年和1807年两次击退英国入侵，彼时的启蒙思想和资产阶级革命对君主专制统治提出了质疑和批判，而拿破仑入侵西班牙，使阿根廷乃至整个西属美洲独立运动家看到了希望。

第二节 其他语言对阿根廷西班牙语的影响

一、土著语对于阿根廷西语的影响

一般人都会认为今天的阿根廷受土著影响不多，但事实上，当人们把目光放到阿根廷西北部和东北部时，就会看到一番完全不同的景象。当西班牙人最初抵达拉普拉塔河时，这一平原地带的土著居民的确不多，但这为数不多的土著居民却英勇好斗，正因如此，布宜诺斯艾利斯的建城迟迟难以实施。人们把这些锲而不舍摧毁西班牙人殖民据点的印第安人统称为潘帕斯人（los pampas），但准确地说，当时居住在布宜诺斯艾利斯附近的土著民叫作凯兰迪人（los querandís）。在与西班牙战斗的过程中，凯兰迪人

---

① 亚美利科·韦斯普奇（Américo Vespucio, 1454—1512），意大利航海家。美洲即以他的名字命名。1500年发现南美东北海岸线，据此推测这是块新大陆。1507年，瓦尔德塞弥勒在其绘制的世界地图上将南美标为"亚美利加"。
② 佩德罗·德·门多萨（Pedro de Mendoza, 1501或1502—1537），西班牙海军上将和征服者之一，首位拉普拉塔河总督，1536年2月创建布宜诺斯艾利斯城。

并没有留下多少语言印记，仅有一些地名，比如有人认为高乔（gaucho）这个词源自潘帕斯人的语言，但这说法一直未得到证实。

在阿根廷南部曾经居住着一些游牧民族，他们被认为是巴塔哥尼亚人（los patagonianos），在这些人当中有盖纳肯人（los guénakens）、乔尼可人（los choniks/los chonecas）；在麦哲伦海峡（Estrecho de Magallanes）居住着卡诺埃罗人（los canoeros）、如亚麻那人（los yámanas）和阿拉卡路飞人（los alacalufes）。今天的阿根廷，还留有这些土著人的后代，他们并未融入西班牙语社会，属于边缘群体，游离在西语语言文化之外。

阿根廷北部和西部依然留存着一些具体的土著语言的影响。在阿根廷东北部的科连特斯（Corrientes）、密西昂内丝（Misiones）和雷西斯滕西亚（Resistencia），居住着说瓜拉尼语的土著民。直至今天，在这片土地上，土著居民仍然讲着瓜拉尼语，并且向西班牙语注入了一些词汇，同时对其语音和语法也产生了一定影响。阿根廷西北部曾为印加人统治，随之而来的印加人的通用语——克丘亚语顺势"攻陷"了当地的地方语言。这一地区的土著民在臣服于西班牙人之后，西班牙语和瓜拉尼语、克丘亚语迅速交融，最终形成一些西班牙语地方方言。最原始的土著语——瓜拉尼语仅在地名的命名上留下痕迹，但阿根廷西北部克丘亚语的广泛使用，却深深影响了当地方言。

殖民初期，很多非洲黑奴被带到阿根廷，做劳工或仆人。他们大部分居住在布宜诺斯艾利斯，也有一部分人定居在沿波托西（Potosí）商业之路分布的城市，这些黑人奴隶和自由工人在图库曼（Tucumán）的甘蔗田和门多萨的葡萄园劳作，很快便与当地人进行了种族融合，因此并没有留下非洲语言及文化的印记。然而，在布宜诺斯艾利斯情况却大相径庭，那些在一起生活和工作的非洲人，按不同种族组建了多个教士会和教友会，比如在乌拉圭，众多阿根廷黑人参加了民族独立运动，他们成了高乔人，那些最优秀的即兴歌曲创作者或民间歌手中，就有一些非洲黑人。在《马丁·菲耶罗》或者《桑托斯·维加》这些高乔文学作品中，都可以看到黑人高乔人的影子。在奴隶制被废除以及摆脱西班牙统治之时，非裔阿根廷人（los afro-argentinos）都组织了狂欢活动以及群众游行，将其语言与文化展示给阿根廷民众。尽管在布宜诺斯艾利斯很多黑人生活在社会边缘，他们是工人、流动小贩、佣人和马车夫，但是他们却遍布在整个布宜诺斯艾利斯，他们的语言和音乐也广为人知。

今天的阿根廷西班牙语其实就是布宜诺斯艾利斯市区的西班牙语，但是在过去的阿根廷和乌拉圭，口语和文学作品使用的语言其实是潘帕斯草原牧民所讲的语言——高乔语。在埃斯塔尼斯劳·德尔·坎波的作品《浮士德》，伊拉里奥·阿斯卡苏比的《桑托斯·维加》，巴尔托洛梅·伊达尔戈的《一位高乔人为歌颂麦普之役而创作的爱国的西埃利托》以及何塞·埃尔南德斯的史诗《马丁·菲耶罗》等高乔文学作品中，都有那乡间守旧的高乔语的影子，可惜今天的高乔人已不能讲完整的高乔语了，而且由于今天阿根廷的高乔人就像美国西部牛仔一样稀少，即便是保留下来的高乔人当中，也鲜有人能即兴创作民歌了。值得庆幸的是，今天受过教育的阿根廷人仍然熟悉高乔语，在流行歌曲、电影和话剧中还能看到高乔语的影子。

高乔词汇包含了古风语言、乡村词汇及阿根廷方言等元素，还有不少来自土著语言。典型的高乔词汇有：yuyo，意思是"草，牧草"；sobre el pucho，即"立刻、马上"；chinchulines/chunchulines，意思是"羊羔或烤牛的肠子"，等等。很多高乔词汇被现在的阿根廷西语所吸收，并且还推广到邻国。高乔语一般围绕乡村、土地相关的事物，其语言形式具有不规范性和仿古性。因此，在墨西哥、哥伦比亚、西班牙和加那利群岛的乡村中都可以找到类似的语言，但是，这种语言只有和充满魅力的高乔人的生活结合，才得以升华到一种文学和文化高度。

下面是高乔语在文学中的应用：

Vos, porque sos ecetuao,	你这人与众不同，
ya te querés sulevar,	早就想造反称雄。
no vinistes a votar	每当要投票选举，
cuando hubieron elecciones:	你总是无动于衷。
no te valdrán eseciones,	从今后不许特殊，
yo te voy a enderezar.	我教育你学会正经。
……	……
— A otro, Martín Fierro	——《马丁·菲耶罗》"对另一个"，下卷第XXV章　赵振江译。

二、外来语对于阿根廷西语的影响

人们往往会形容阿根廷人是"身穿法国时装，脚踏意大利皮鞋，喝着英式下午茶，讲着意大利口音西班牙语的自以为欧洲人的美洲人"。这是因为阿根廷人在历史上一直受到来自欧洲的移民的影响，阿根廷一直被认为是一个移民国家，根据2010年的统计结果，阿根廷人当中有15.8%的人是美洲人种，4.15%是非洲人种，而欧洲人种则占到了 78.9%。

阿根廷 1810 年 5 月 25 日脱离宗主国西班牙，宣告独立。独立伊始，即筹划从欧洲招募移民，但效果不显著；直到 19 世纪 50—60 年代，欧洲居民才开始大规模向阿根廷迁徙；移民大潮滚滚而来，一年胜似一年，截至 1930 年，阿根廷全境已有 60 多万欧洲移民，成了欧洲移民落户最主要的国家。到 1967 年，印第安人和梅斯蒂索人只占全国总人口的 2.9%；全国人口的 97% 是白种人，绝大多数是欧洲移民及其后代；其中又以意大利人和西班牙人占多数，据 1912 年的统计，整个阿根廷的移民中，50% 是意大利人，30% 为西班牙人；其余来自英、法、德、俄等欧洲国家；还有少数叙利亚人、黎巴嫩人。英国威尔士人当年移入并定居下来的地方，如今仍然讲威尔士语。郝名玮在《欧洲移民与阿根廷》[1]总结这场移民潮的主要原因有：一、19 世纪中叶以后，欧洲各国人口增长过快，人们为了谋生，大量外流。二、19 世纪中叶至 20 世纪初叶，欧洲各主要资本主义国家工业革命相继完成，工农业生产实现机械化，劳动力大量过剩，欧洲各国劳动力市场上充满了失业工人、破产小手工业者以及失去生产资料的农民。他们中的许多人迫于无奈，移居海外，以求生存。三、欧洲各主要资本主义国家通过工业革命成为当时世界上经济最发达的国家，但社会财富的创造者——无产阶级却生活在水深火热之中。无产阶级起而反对资产阶级的剥削和压迫，阶级斗争尖锐，1871 年法国工人武装起义，夺取了政权，成立"巴黎公社"，将斗争推向最高潮。公社失败后，资产阶级政府疯狂迫害工人及其他劳动人民，许多人不得已离开法国，避难他乡。四、一些被压迫民族（如爱尔兰人、俄国境内的犹太人等）则由于不堪忍受统治民族资产阶级政府的贪婪、暴虐，愤而离乡，以示抗议。五、工业发展迅速的欧洲国家对原材料的需求，不论数量和种类都不断增加。由于海外农牧产品打入欧洲市场，与欧洲的农牧产品相竞争，欧洲农牧业生产越来越不景气，而受影响最大的是意大利、西班牙这些工业不发达、以农业生产为主的国家，特别是意大利，历史上长时期经受内乱、外侮，农业凋敝，工业落后，城市难以提供充分的就业机会，农民唯有远走异邦，落户谋生。

而这些欧洲人为什么选择阿根廷作为其归宿地呢？首先，阿根廷地广人稀，但劳动力奇缺。当时的潘帕斯草原还是一个野草丛生、牛马漫游的半野性世界。阿根廷的气候也极适合欧洲人。其次，阿根廷进入 19 世纪 50—60 年代之后，内战基本平息，

---

[1] 郝名玮：《欧洲移民与阿根廷》，《世界历史》1980 年第 6 期。

疆界大致确立，国家趋于统一，政局逐渐稳定，人心思治，急欲富国强民。阿根廷地处温带，沃野千里，自然地理条件优越，极适宜种植谷物、亚麻，放牧牛羊。为满足欧洲国家经济迅速发展的需要，阿根廷政府及时制订了发展计划，大力提倡生产粮食、肉类、皮、毛、亚麻等商品。无奈劳动力奇缺，急需人手，政府立即派人去欧洲招募移民，欧洲居民遂大批应招迁至阿根廷。当时这些大批欧洲移民大大地充实了当地劳动力，而且他们带来了先进的技术，遂使阿根廷在20世纪初，发展成为拉美经济最发达的国家之一。

而除了带来经济上的发展，这些欧洲人还大大影响了当地的语言。欧洲移民当中以意大利人为主，他们为拉近意大利方言和西班牙语之间的距离，创造了一种接触语——可可利切语（cocoliche）。然而随着移民后代慢慢把西班牙语作为自己的第一语言，这个接触语便逐渐消逝。20世纪初，布宜诺斯艾利斯地区超过一半的人口是意大利裔，因此，布宜诺斯艾利斯所特有的黑话（lunfardo）词汇中大部分源自意大利语。然而意大利语对当地西班牙语的影响却远不只贡献了几十个单词那么简单：意语对于拉普拉塔河流域西班牙语的发音有着深刻的影响。比如，在布宜诺斯艾利斯日常口语中位于词尾的/s/往往被弱化或省略，因为很多意思相近的意语和西语单词，往往那些词尾有/s/的西语单词在意语当中是没有/s/的，如西班牙语中的vos在意大利语中是voi；再者，西班牙语第一人称复数变位-amos, -emos, -imos在意大利语汇中是-iamo；意大利语名词复数词尾：阴性-e/阳性-i，而西班牙语的复数结尾是/s/。意裔阿根廷人在发位于词尾的/s/时往往直接将其省略，而位于辅音之前的/s/还保持为咝音的/s/，这种位于辅音之前的/s/在阿根廷西语中正常情况应该是送气的/h/的音。由此可以看出，导致这种与阿根廷西语完全不同的/s/的发音现象，主要是受到了意大利语的影响。

20世纪初的几十年间，大批意大利人移入布宜诺斯艾利斯、蒙得维的亚（Montevideo）及拉普拉塔河流域其他几座大城市，这些意大利人给当地人口结构带来了巨大变化。在移民最高峰时期，布宜诺斯艾利斯城中大部分人是外国人，根据时期与地区不同，意大利人的比例从25%到50%不等。大部分意大利移民贫穷且不识字，只有很少一部分人可以讲标准的意大利语，其他人则操着一口不同语言及方言混杂的语言，因此很多意大利方言都被西班牙语融合吸收了。当时工人阶层的意大利人并没有放弃自己的语言来系统学习西班牙语，他们只是简单地将自己说的意大利方言做些许变动，好让别人最大限度地了解自己要表达的意思，而且他们的意大利方言受到西班牙语的影响也越来越大。于是，在布宜诺斯艾利斯和蒙得维的亚便出现了一种语言接触[1]现象，也就是可可利切语，即第一代意大利移民所使用的"西班牙—意大利杂交语言"（habla híbrida ítalo-española）。这门语言最初是如何诞生的，并没有统一的说法，但是当时的戏剧家、诗人及记者很快接受了这门语言，并认为它是意大利人尝试说西班牙语的结果。

可可利切语与当时最底层社会密不可分，这一社会阶层的人自然接受不到系统的西班牙语教育。在当时受过教育的布宜诺斯艾利斯人看来，可可利切语滑稽可笑，于是这门语言很快便成为一种文学素材，出现在喜剧作品、报刊文章、小说诗歌和戏剧作品中。随着移入阿根廷的意大利人数不断减少，以及出生在阿根廷、把西班牙语作为第一语言的意大利人不断增加，可可利切语逐渐消逝。如今，与其说它是一门曾经风靡于布宜诺斯艾利斯和蒙得维的亚的语言，倒不如说它是一种民间流行文化的结晶。

今天的阿根廷人和乌拉圭人可能会怀疑可可利切语是否真实存在过，但是他们仍然健在的意裔祖父母或曾祖父母却知道在他们记忆的最深处仍留有这门语言的痕迹。

第三节 阿根廷西班牙语的特点

一、阿根廷通用西班牙语的特点

阿根廷是国土面积最大的西语国家，其西语是各个语言学研究的重点对象之一。尽管阿根廷有不同的区域方言和社会方言，但在其他西语国家看来，只有布宜诺斯艾利斯的西班牙语才是正宗的阿根廷西语。总的来说，阿根廷西语有以下特点：

形态特点

当第三人称单数作为直接宾语时，无论是指有生命还是无生命的物体，大部分阿根廷人都严格地使用 lo 来作为宾格代词，而不是 le。然而，在东北地区，le 的使用略为普遍。在西北部的胡胡伊省，人们有时候甚至用 lo 来指代第三人称单数的间接宾语，如：Lo di mi palabra. =Le di mi palabra.（我向他保证过。）

---

[1] 语言接触（lengua de contacto），又称接触语言学，语言学研究的现象，发生在不同的语言系统互动或影响之时。当不同语言的说话者密切接触时，这种接触会影响至少一种语言，并带来语音、句法、语意等社会语言学形式的变化。

在阿根廷西语中，第二人称单数做主语时不用 tú，而是用 vos，不分社会阶层也不论哪种语言环境，无一例外。尽管有些人表示有必要更正这一用法，但阿根廷人在 vos 使用上的高度一致，表明他们对自己土生拉美人身份的认同。相反在乌拉圭，尽管人们也经常在虚拟式中使用 vos，但他们同时对此颇不以为然，觉得有点不齿。除了北部的几个城市，在阿根廷，人称加上 tú 的变位这种现象（vos eres）基本上不存在，同样，tú 人称加上 vos 动词变位的现象也不存在，在阿根廷根本就没有 tú 这个人称。vos 的陈述式现在时-ar, -er, -ir 动词人称变位分别是-ás, -és 和-ís。但是在西北部的一些乡村，由于受克丘亚语的影响，那些没有上过学的人往往用变位-ís 来表达这个第二人称。此外，其他时态的变位如：在布宜诺斯艾利斯西语中如果说到否定命令式的第二人称单复数形式则-ar, -er, -ir 动词人称变位分别是-as, -ás, -es, -és, -is, -ís。

实际上，在西语国家中，vos 的使用并非阿根廷的专利，其他一些美洲国家和地区也会用到 vos，如巴拉圭、危地马拉、萨尔瓦多、尼加拉瓜、洪都拉斯、委内瑞拉西北部、哥伦比亚边境地区、马尔维纳斯群岛、乌拉圭西部以及位于巴西和乌拉圭边境的南海岸少数地区。

同时使用 tú 和 vos 的国家和地区有乌拉圭（以 tú 为主，动词变位采用 vos 的形式）、巴拉圭东南部、玻利维亚中南部地区、厄瓜多尔内地、智利、哥伦比亚、秘鲁北部和南部海岸末端、巴拿马南部、哥斯达黎加以及古巴中南沿海地区。

其余国家和地区则使用 tú：玻利维亚、秘鲁、厄瓜多尔沿海地区、委内瑞拉、波哥大（哥伦比亚）、哥伦比亚北部、巴拿马北部、古巴、多米尼加共和国、佛罗里达、墨西哥、西班牙及赤道几内亚。

句法特点

如果直接宾语是某个具体的人，跟南锥体地区其他人一样，阿根廷人也很喜欢用人称代词来复指，如 "Lo conozco a Juan."（我认识胡安。）；而在西语其他地区，这里的 lo 冗余且不被接受。受克丘亚语的影响，西北部很多没读过书的乡村人士在直接宾语非阳性单数名词的情况下，依然使用 lo，如 "Lo quiere mucho a su hijita."（我非常喜欢他女儿。）"¿Me lo va a firmar la libreta?"（能在本儿上给我签个名吗？）。

阿根廷西语的时态并不总是遵循既定的语法规则。例如，他们指一个延续到现在的动作时，会用简单过去式代替现在完成时："Juan no llegó." 可以指 "Juan no ha llegado aún."（胡安还没到。）再比如，一个主句的动词是过去式或条件式时，其从句中的动词却可以使虚拟式现在时："Juan me dijo que lo haga (hiciera) en seguida."

（胡安说他马上就去干。）阿根廷的很多地方甚至会用主语的 yo 来代替与格的 mí："Yo (a mí) me parece que me voy."（我觉得我会去的。）在阿根廷北部，人们喜欢在表达命令式第一人称复数时，把人称代词 nos 放在变位动词前，如："Nos sentemos. (Sentémonos.)"（我们坐下吧。）

词汇特点

阿根廷西语词汇有很多方言特色，而其中布宜诺斯艾利斯方言的影响尤为明显。阿根廷的西语词汇基本上可以分为三种类别：

来自西班牙语的词汇：阿根廷的 che 这个称谓语一直为人们所熟知，甚至邻国的人都直接用 che 来指所有的阿根廷人。尽管 che 这个词的起源尚有争论，但它是被加那利岛人带到阿根廷的事实却确凿无疑。加那利岛人主要在19世纪末、20世纪初移入阿根廷，在今天的加那利群岛，人们依然用 che 来称呼阿根廷人。

来自意大利语的词汇：意大利语对于阿根廷西语的影响主要集中在日常口语当中，还有一部分则体现在黑话上。比如，源自意大利语 ciao（你好）的 chau，在阿根廷人的日常口语当中，表示"再见"。还有一些阿根廷人直接用 chau 表示"你好"，这种用法跟意大利语相同。

杂交而来的黑话：黑话主要分布在布宜诺斯艾利斯最边缘的社会阶层。很多人认为这种黑话源自罪犯间的行话，就跟墨西哥人所说的 pachuco 一样，pachuco 指的是20世纪20年代身着奇装异服的墨裔美国年轻人[1]。这类行话的流通是为了替换人们所熟知的词汇，好让那些不了解内情的人摸不着头脑，阿根廷黑话就是用来指代某些犯罪行为及其用语。尽管人们普遍认为，是一些犯罪分子将其据为己有，并"发扬光大"，但也有人认为，其起源没有那么阴暗。在他们看来，这些黑话不过是发源于布宜诺斯艾利斯工人阶级的行话，就跟伦敦考克尼腔[2]的情况一样。很多受过教育的阿根廷人都接受这种定义，尽管有人质疑这种黑话，但大部分人认同它是拉美本土产生的语言现象，因此对其怀有一种区域优越感。

关于阿根廷黑话的起源众说纷纭。一说是源于意大利的伦巴第方言（lombardo）。毫无疑问，布宜诺斯艾利斯的意大利人对阿根廷俚语有着至关重要的影响，但

---

[1] 这类人的衣着特征为：裤子宽大肥硕，上面挂着长长的链条作为装饰，裤腰跟脚踝被勒紧；上衣的肩膀部分用垫肩垫宽；帽子是意大利风格的，上面偶尔还插根羽毛；鞋子则是黑白相间的法式鞋子。
[2] 考克尼腔，指英国伦敦的工人阶级，特别指伦敦东区以及当地民众使用的考克尼方言（即伦敦方言）。这个词也可指在伦敦的工人阶级中非常常见的"考克尼口音"，即伦敦口音。

事实上，很多阿根廷俚语词汇也源于西班牙语、葡萄牙语、法语甚至英语。时至今天，阿根廷俚语为了顺应时代，已经丢失了很多原来特有的民族语言元素，转而吸收了一些新的日常用语，比如年轻人、学生或体育运动的行话。本质上来说，行话指的是那些突出劳动阶级特性的词汇，而这些词汇往往具有自己独特的语音、语调，比如在布宜诺斯艾利斯，/y/发的强化擦音，即/ʎ/，以及彻底省略词尾/s/发音的情况。在阿根廷，有些人说标准阿根廷西班牙语，但同时掺杂部分俚语；有人则说俚语，但同时掺杂标准阿根廷西语的语音规则。很多黑话已逐渐成为布宜诺斯艾利斯当地方言的一部分，同时很多俚语也通过探戈曲目的歌词，进入中产阶级的日常生活中，有些俚语则已普遍使用于所有人的日常生活中，如：bacán（家伙），cana（警察；监狱），falluto（虚伪的），minga（一点儿也没），farabute（疯了的），menega（钱），manyar（理解），mina（女人），micho（穷人，被排斥的人），cafishio/cafisio（拉皮条的人），gil/otario（愚蠢的），sofaifa（男人），fiaca（懒惰的），morfar（吃），falopa（毒品），等等。

二、阿根廷的地区方言

阿根廷西语的词汇随着地区的不同有着明显的变化，有时候在不同的地区，还会存在显著的形态区别。在北部一些地区，双语并存也是一个很重要的因素。除了布宜诺斯艾利斯，阿根廷还有以下几种主要方言：

沿海地区：从布宜诺斯艾利斯、恩特雷里奥斯（Entrerríos）、圣达菲省一直到阿根廷南端；

阿西部地区：主要在门多萨省和圣胡安省，这里的西语和智利西语有许多共同之处；

西北地区：受克丘亚语影响较大，即图库曼省、萨尔塔省、胡胡伊省及邻省部分地区；

东北部：该地区受瓜拉尼语影响，包括科连特斯省、米西奥内斯省和查科省和福尔摩沙省部分地区；

中部地区：科尔多瓦省，这是连接其他不同语言区域的过渡地带。

一些正在消逝的"小语种"飞地：主要是圣地亚哥德尔埃斯特罗省（Santiago del Estero）方言及与玻利维亚交界处的玻利维亚人。

尽管今天的阿根廷国土自1810年独立以来没有太大的变动，但是殖民时期的一些辖区变动确实使得地区方言的状况变得更为复杂。阿根廷的殖民统治特点，意味着来自各方语言间的碰撞和接触及日后语言变革。布宜诺斯艾利斯城始建于1536年，然而数年后来自南部的潘帕斯草原的印第安人征服了该城，城里的居民被驱赶到亚松森（Asunción）。1580年殖民者重建了布宜诺斯艾利斯城。1536年后，很多其他城市，诸如图库曼、圣达菲、科尔多瓦、萨尔塔、科连特斯和胡胡伊，均依照布宜诺斯艾利斯的模式来建立，当时在布宜诺斯艾利斯和最盛产银矿的波托西之间出现了多个城市。两地间频繁的银矿贸易往来，直接导致了当时阿根廷人口的激增。图库曼及邻近城市在当时成了波托西最重要的肉类和布料供应地。而阿根廷北部则没有多少矿产资源，有的是肥沃的土地，因此当时很多西班牙小农业户和小商贩移居至此，随之带去的是乡村西班牙语在当地的落地生根。

1617年布宜诺斯艾利斯成了拉普拉塔河总督区首府，其重要性得到大大提升。当时的西班牙垄断贸易体制法规定，所有产品需经加勒比海运往波多韦罗，穿过陆地到达巴拿马城，在卡亚俄港装船后运往上秘鲁的安第斯飞地。其结果就是导致商品价格飞涨以及南美商品匮乏。而相比之下，从大西洋到布宜诺斯艾利斯的商道就短得多且商品价格便宜。因此，在整个殖民时期，这一带便形成了另一个市场，即所谓的"平行市场"，布宜诺斯艾利斯因此逐渐壮大，并成为西半球第二大城市及南美的社会及文化中心。

1726年，布宜诺斯艾利斯的一批殖民者离开该城，前往建立蒙得维的亚城，因此这两座城市的居民讲的西语有许多相似之处。之后的数十年间，南部的潘帕斯草原一直处于布宜诺斯艾利斯的管辖之下，因此其语言也顺势蔓延至整个阿根廷南部，乃至巴塔哥尼亚地区。住在布宜诺斯艾利斯周边及潘帕斯草原上的土著居民尽管一直抵制西班牙人的入侵，但是其人数不多且不断减少，于是潘帕斯便这样被拱手让给了不断涌入的欧洲殖民者。大批黑奴被带进布宜诺斯艾利斯城区及周边乡村后，成为自由手工业者。还有一部分黑奴成了高乔人，在广袤的草原上找到了自由。在东北部，瓜拉尼人的影响不容忽略，因此这里的西班牙语和瓜拉尼语相互交融，共同发展，情况跟巴拉圭一样。

阿根廷西部地区曾经被智利统治，今天的门多萨、圣胡安、圣路易斯以前都是属于智利的库约省。该地区的主要城市建于16世纪末，并一直受智利管辖，直至拉普拉塔河总督区的设立，这片区域才划归图库曼管辖，因此此地的西语吸收了图库曼的一些语言特点。今天，阿根廷西部方言和智利中部方言有很多共同特点，曾经在此居住的土著部落地位重要，并由不同种族组成。他们跟西班牙人融合后，其种族特征逐渐消失，但是在一些当地词汇和地名中尚能发现些许痕迹。

　　阿根廷西北部曾被来自秘鲁和玻利维亚的土著人统治，因此该地一直居住着众多讲克丘亚语的人，现在还能在当地语言中找到这些痕迹。克丘亚语对于当地方言的发展有着相当大的影响，而且还为阿根廷通用西语贡献了很多词汇。

第十一章 古巴西班牙语

第一节 古巴概况及历史

一、地理

古巴共和国（República Cubana）位于美洲加勒比海北部，处在墨西哥湾（Golfo de México）入口处，西与墨西哥隔尤卡坦海峡（Canal de Yucatán），东与海地隔向风海峡（Paso de los Vientos），东北方有巴哈马群岛。与美国隔佛罗里达海峡（Estrecho de Florida）相望。

古巴领土总面积为11,0861平方公里，作为一个群岛国，其领土由大大小小共4195个岛屿组成。主岛古巴岛形状狭长，海岸线全长3735公里，是加勒比海中最大的岛屿，也是世界第17大岛。青年岛（Isla de la Juventud）为古巴第二大岛，面积3056平方公里。

古巴是世界上五个社会主义国家[①]之一，也是美洲唯一的社会主义国家。

古巴首都哈瓦那（La Habana）是古巴第一大城市，也是其经济、政治中心，第二大城市为圣地亚哥（Santiago de Cuba）。

二、历史

前殖民时期的古巴

哥伦布在第一次航行时，于1492年10月27日到达古巴岛东北部海岸。当时古巴岛上居住着约10万印第安人，[②]各部落间社会、文化发展水平大相径庭。

哥伦布到达美洲之前的古巴居民信息主要来源于被称作"西印度群岛编年史家"（cronistas de las Indias）所撰写的故事及编年史，带有鲜明的个人色彩及浓厚的天主

[①] 其他四个社会主义国家分别是中国、朝鲜、越南和老挝。
[②] 参见 *Breve Historia de Cuba*, http://www.cubagob.cu/otras_info/historia/colonia.htm。

教气息。其中一位编年史家巴尔托洛梅·德·拉斯卡萨斯①将当时生活在这片土地上的土著人分为三种文化群体，他们分别是瓜纳哈塔贝伊人（los guanahatebeys）、西波涅人（los siboneys/los sibuneys）和泰诺人。

另一个重要的信息来源是20世纪完成的考古学、人种学和形态学领域的研究。相关专家根据土著居民生产方式的差异，又将当时的古巴土著人群分为三组：贝壳文化（Edad de la concha）部落（对应瓜纳哈塔贝伊人）、石器文化（Edad de la piedra）部落（对应西波涅人）以及陶器文化（Edad de la alfarería）部落（对应泰诺人）。

古巴一些权威的历史学家认为，当时古巴的印第安人主要来自现美国佛罗里达半岛、墨西哥尤卡坦半岛及南美洲委内瑞拉等地，而非土生土长。

总的来说，哥伦布到来之前，古巴岛土著居民的文明还处在非常低的发展水平，生产方式也很落后，没有超出石器时代。

西班牙殖民时期的古巴

✧ 西班牙对古巴的征服

哥伦布在1492年和1494年的美洲航行中曾先后两次到达古巴，但是因为没有在岛上发现大量黄金，故此后很少有人光顾古巴。1508年（一说1509年），受拉伊斯帕尼奥拉都督的派遣，塞巴斯蒂安·德·奥坎波②到古巴进行考察。在考察报告中，奥坎波描述了古巴岛肥沃的土地、美丽的海岸以及温顺的居民，激起了西班牙王室征服和殖民古巴岛的欲望。

1510年中，迭戈·委拉斯凯兹·德·奎利亚尔③率领300多人到达古巴最东端的南海岸，开始了对古巴的征服。1513年，西班牙殖民者在东部建立了第一个城镇——圣母亚松森·德·巴拉科阿（Nuestra Señora de la Asunción de Baracoa），它成为古巴的第一个首都。而后西班牙殖民者在1513—1515年间又建立了六座城市：巴亚莫（Bayamo）、圣特立尼达（La Santísima Trinidad）、圣蒂斯皮里图斯（Sancti Spíritus）、圣克里斯托瓦尔·德拉·哈瓦那（San Cristóbal de La Habana）、太子港（Puerto Príncipe）、圣地亚哥。

---

① 巴尔托洛梅·德·拉斯卡萨斯（Bartolomé de las Casas, 1484—1566），西班牙编年史家，代表作《西印度毁灭述略》是揭示西班牙殖民者种种暴行的重要文献。
② 塞巴斯蒂安·德·奥坎波（Sebastián de Ocampo, 1460—1514），西班牙海员、探险家，环古巴岛航海一周第一人。
③ 迭戈·委拉斯凯兹·德·奎利亚尔（Diego Velázquez de Cuéllar, 1465—1524），西班牙征服者、古巴第一任总督。

随着征服者对古巴大部分地区的占领和上述七个城镇的建立，西班牙开始了对古巴的殖民。

◆ 西班牙对古巴的殖民

在设立城镇的同时，殖民当局开始实行委托监护制，根据征服者和殖民者的等级高低和贡献大小，来分配不同数量的土地和印第安人。为了找到黄金，殖民者对印第安人任意驱使、剥削，再加上流行疾病盛行，印第安人最终大量死亡。西班牙人到达古巴时，岛上居住着约10万名印第安人，然而，到1542年委托监护制被废除时，印第安人只剩下数千人。[1]

◆ 黑人奴隶制

从16世纪初开始，西班牙征服者就把非洲黑奴经拉伊斯帕尼奥拉带到古巴。1513年黑奴被允许合法输入古巴。16世纪末输入古巴的黑奴人数大大增加。在长达三个半世纪的时间里，黑奴作为主要劳动力存在，与此同时，黑人一直为自身的解放及后来古巴的独立而斗争。直到1886年10月古巴奴隶制才被完全废除。

◆ 欧洲列强与西班牙对古巴的争夺

西班牙在征服美洲后，实行对美洲贸易垄断，所有西班牙美洲殖民地的进出口贸易，只能同西班牙一国进行，而且只能经由西班牙的塞维利亚港进行。这种垄断加深了欧洲列强同西班牙的矛盾和冲突。

16世纪30年代起，英国、法国和荷兰便不断袭击古巴，古巴岛的许多主要城市都遭受过海盗抢掠。针对这些袭击，西班牙当局采取了许多措施，如加强海岸戒备；组建大型船队，保护载货船只；建立城堡，包围城市，如在哈瓦那便修建了拉富埃尔萨（Castillo de la Real Fuerza）、圣萨尔瓦多·德·拉蓬塔（Castillo de San Salvador de La Punta）和莫罗（Castillo del Morro）等城堡。

1761年6月，一支强大的英国舰队进入并包围哈瓦那湾，一个多月后，占领了哈瓦那及其周边地区。英军占领期间，西班牙对古巴贸易的垄断被打破，古巴同英国及其在美洲殖民地的贸易量大大增加。1763年7月，西班牙恢复对哈瓦那的统治。

◆ 古巴独立战争

• 第一次独立战争——十年战争（Guerra de los diez años, 1868—1878）

---

[1] 何塞·坎东·纳瓦罗著，王玫译：《古巴历史——枷锁与星辰的挑战》，北京：当代世界出版社，1999年，第96页。

19世纪20年代，西班牙在美洲大陆的殖民统治崩溃后，进一步加强对岛国古巴的控制和奴役，古巴民众不满情绪日益高涨。

1868年9月，西班牙爆发革命，女王伊莎贝尔二世被推翻，古巴人民乘机掀起争取独立的斗争。10月10日，以种植园主、律师卡洛斯·马努埃尔·德·塞斯佩德斯①为首的爱国人士，在古巴东部"拉德马哈瓜"甘蔗园举行了史称"亚拉呼声"（Grito de Yara）的起义，宣布古巴独立。1869年4月10日，起义军在卡马圭省（Camagüey）瓜伊马罗（Guaimaro）召开制宪会议，通过宪法并选举塞斯佩德斯为总统。1874年1月，为摧毁殖民军占领区的经济与军事潜力，多米尼加人马克西莫·戈麦斯（Máximo Gómez）和黑人将军安东尼奥·马塞奥②率起义军向西挺进，在拉斯瓜西马斯之战（Batalla de las Guásimas）中以1300人击败殖民军3000人。起义军进入拉斯比利亚斯省③后，西进计划因保守派阻挠而失败，陷入消极防御的被动地位。此后西班牙增兵，并推行分化政策，制造分裂。起义军反复受挫，被迫在1878年2月签订《桑洪条约》（Paz de Zanjón/ Pacto de Zanjón），第一次独立战争失败。

● 第二次独立战争（1895—1898）

第一次独立战争结束后，西班牙殖民政府并没有履行《桑洪条约》所承允改革诺言，反而加强经济掠夺，致使古巴人民生活继续恶化。古巴杰出爱国领袖何塞·马蒂和第一次独立战争领导人马克西莫·戈麦斯、安东尼奥·马塞奥等为争取古巴独立，积极进行第二次独立战争的准备工作。

1892年4月，古巴国内外各革命组织在纽约组成古巴革命党，提出实现古巴岛完全独立并帮助波多黎各解放的斗争目标。1895年2月24日，黑人爱国者在奥连特省④的巴亚雷首先起义，开始了第二次独立战争。3月25日马蒂和戈麦斯共同签署《蒙特克里斯蒂宣言》（*Manifiesto de Montecristi*），号召古巴人民推翻殖民统治。5月19日，马蒂在多斯里奥斯（Dos Ríos）与西班牙军战斗中不幸牺牲。

1895年9月16日，古巴起义军在卡马圭省希马瓜市召开制宪会议，制定古巴共和

---

① 卡洛斯·马努埃尔·德·塞斯佩德斯（Carlos Manuel de Céspedes, 1819—1874），古巴"勇士将军"，反抗西班牙殖民统治、争取古巴独立，被称为"古巴之父"。
② 安东尼奥·马塞奥（Antonio Maceo, 1848—1896），古巴将军，19世纪下半叶拉丁美洲最杰出的独立运动领导人之一。
③ 拉斯比利亚斯省（Las Villas），古巴历史省份，1976年被划分为今天的西恩富戈斯省、圣斯皮里图斯省和比亚克拉拉省。
④ 奥连特省（Provincia de Oriente），1976年前古巴六个省之一，同年被重新划分。

国临时宪法，宣布古巴独立。9月18日，组成古巴共和国政府，西斯内罗斯（Salvador Cisneros Betancourt）当选战时古巴总统。

10月22日，在戈麦斯的配合下，马塞奥率领起义军开始了杰出的"突进战役"。这次战役使起义军控制了大部分国土，并摧毁大部分西班牙经济来源。

1897年11月，西班牙国王颁布命令，给予古巴自治权。起义军识破西班牙的阴谋，继续打击殖民军。1898年，起义军解放了全国近三分之二的土地，西班牙殖民统治土崩瓦解。同年4月28日，美国为夺取古巴人民的胜利果实对西班牙宣战，西班牙战败。12月10日，美、西两国在巴黎签订和约，西班牙承认古巴独立，并立即撤军。古巴第二次独立战争历时三年，抗击西班牙军20万，终于推翻了西班牙的殖民统治。1902年5月，古巴正式独立。

美国与古巴的关系

◇ 美国对古巴的第一次军事占领

19世纪末，美西战争爆发，并最终以西班牙无条件投降告终。8月12日，在没有古巴的参与下，美、西两国签订了停战协议书，规定西班牙放弃对古巴主权和所有权的任何要求，立即撤出古巴、波多黎各等岛屿。12月10日，美、西又在法国巴黎签订《巴黎和约》。根据和约，西班牙完全放弃古巴。1899年1月1日，西班牙军队从古巴撤出，美国取而代之，对古巴实行了第一次军事占领。在此期间，美国控制着古巴的财政、金融，并有权干涉古巴的内政，使古巴成为美国的附庸。

1901年12月31日，在美国的导演下，古巴举行了选举。次年5月20日，亲美的托马斯·埃斯特拉达·帕尔玛（Tomás Estrada Palma）就任古巴共和国首届总统，古巴共和国宣告成立。至此，美国在确保对古巴的控制后，才结束对古巴长达四年的军事占领，从古巴撤军，并承认古巴"独立"。

◇ 美国对古巴的第二次军事占领

帕尔玛任期内，古巴经济发展缓慢，农业荒芜，人民群众对国家依附美国的状态日趋不满，最终在1902—1906年间多次举行起义、罢工。帕尔玛要求美国进行军事干涉，1906年9月29日，美国开始对古巴的第二次军事占领。

在美国统治下的两年多时间里，政治风气腐败不堪，对工人的罢工严加镇压。美国巩固了其在政治、经济上对古巴的统治。

1908年11月14日，古巴再次举行大选，自由党候选人何塞·米格尔·戈麦斯当选为总统，次年1月28日，戈麦斯就任总统，从而结束美国的第二次军事占领。

✧ 美国的绝对统治

1909—1925年间，美国加紧对古巴的经济扩张，对古巴的投资急剧增加，投资额从1906年的1.6亿比索，增加到1914年的2.15亿比索，1925年又增加到13.6亿比索。1915年美国在古巴的投资已超过了英国在古巴的投资。到1927年，75家美资糖厂的产量占古巴糖总产量的68.5%。到1925年，美国已经控制了古巴的经济命脉，除蔗糖业外，美国还控制了矿业、公共事业、银行，美国几乎绝对控制了古巴的发电、电话、动力，并控制了大部分铁路、水泥、烟草、罐头等产业。

✧ 美国对古巴的敌视政策

1953年古巴爆发了反对亲美独裁统治的民族民主革命战争，1959年1月革命取得胜利，在拉丁美洲建立了第一个摆脱帝国主义统治的社会主义国家。

古巴革命胜利初期，美国同古巴仍保持正常关系。1959年4月，菲德尔·卡斯特罗[①]曾访问美国。但随着古巴革命的深入发展，美国开始对古巴采取敌对态度。

艾森豪威尔政府就古巴惩处战犯和杀人犯一事发动了污蔑古巴革命的毁谤运动。接着，美国又对古巴施加压力，要求古巴高价赔偿土改中被没收的美国企业的土地。美国还派飞机轰炸古巴城乡，并收买特务轰炸军火库和往古巴运送军火的轮船，策动和唆使古巴反革命分子进行破坏和颠覆活动。

在外交方面，美国竭力通过美洲国家组织孤立古巴，企图进行"集体干涉"。1959年8月在圣地亚哥和1960年8月在哥斯达黎加圣何塞召开的第五次和第七次美洲国家外长协商会议上，美国竭力拼凑反古阵线。1960年7月6日，美国取消95%的对古巴糖的采购定额，同年年底，又取消了全部定额，并停止对古巴的一切援助，对古巴实行贸易禁运。1961年1月3日，美国同古巴断交。

第二节　古巴西班牙语与其他语言的接触

一、土著语言与古巴西语的接触

哥伦布到达古巴之前，岛上已经居住着数量可观、文化发展程度不一的土著居

---

① 菲德尔·卡斯特罗（Fidel Castro, 1926—2016），古巴政治家、军事家、革命家，古巴共产党、古巴共和国和古巴革命武装力量的主要创立者和领导人；前古巴共产党中央委员会第一书记，古巴共和国前国务委员会主席（国家元首）及部长会议主席（政府首脑）。

民。如居住在古巴西部的瓜纳哈塔贝伊人，生活在古巴岛中部及临近岛屿的西波涅人，和生活在古巴岛东部、生产力最发达、文化最先进的泰诺人。

如今，我们可以在保存下来的编年史文献、文学作品以及地名中发现大量的土著语言词汇，语言学家通过对这些词汇的研究已经证实，当时古巴岛上的土著居民所讲的诸语言均属于阿拉瓦克语系（lenguas macroarahuacanas）。

据当时的编年史文献记载，西班牙人与古巴印第安人最初的交流是通过手势进行的，随着时间的流逝，双方不得不学习彼此的语言以便于更进一步的交流。然而，西班牙人对印第安人的殖民、剥削以及两者间无法避免的通婚，导致古巴印第安人作为一个种族、文化及语言实体走向消亡。文化及语言的不断交融，促使强势的西班牙语最终取代古巴土著语言，并通过借用土著语言的词汇，使西班牙语在新地理、文化背景下，满足交流与描述的需求。

如今，古巴的西班牙语词汇中仍保留许多土著语言的词汇，如：

河流名称：Agabáma, Arimao, Boma, Caonao, Jobabo, Mayabón, Onicajinax, Tayabacoa, Tinima, Yamagua；

港口及城镇名称：Banes（巴内斯），Baracoa（巴拉科阿），Bayamo（巴亚莫），Jaruco（哈鲁科），Jibara（希瓦拉）；

树木名称：abey（巴西蓝花楹），arabo（古柯），cuaba（胶香树；亮巴豆树），dagame（白花亮皮茜），guana（纤皮树），jaimiqui（海米基枪弹木），macagua（肥猪木波罗），caoba（桃花心木）；

其他：huracán（飓风），bohío（茅屋，茅棚），hamaca（吊床），sabana（牧场），canoa（独木舟），maíz（玉米），casabe（木薯面饼），cocuyo（萤火虫），jaba（筐，篮），ají（喧嚣，吵闹），areíto（阿雷托舞），barbacoa（烤肉），batata（甘薯），caimán（凯门鳄），maguey（龙舌兰），mamey（善解人意的人），maní（花生；钱），seboruco（多孔礁岩），tiburón（鲨），yuca（木薯）等。

甚至古巴国名 Cuba 以及古巴首都哈瓦那的名字 La Habana 也源自土著语言，关于其具体起源，目前存在多个说法，并没有一个确切的答案。其中一说，Cuba 是两个泰诺语单词的结合：coa（意为"地方"）以及 bana（意为"大的，广袤的"）；而 Habana 则源自一位泰诺部落酋长的名字——Habaguanex，这也是认可度最高的一个版本。

二、其他美洲土著语言与古巴西班牙语的接触

西班牙殖民者为古巴带来了战争、屠杀和疾病，使得古巴印第安人数量剧减。面对劳动力的匮乏，殖民当局不得不从邻近国家和地区引进新的劳动力。这批劳动力主要来自巴哈马（Bahama）、小安的列斯群岛（Antillas Menores）、海湾群岛（Islas de la Bahía）以及委内瑞拉、尤卡坦半岛、墨西哥和佛罗里达海岸。这些美洲异域的土著人来到古巴后，西班牙语又得以和阿拉瓦克语以外的美洲土著语言接触，如纳瓦特尔语、玛雅语、图皮—瓜拉尼语（tupí-guaraní）、加勒比语、克丘亚语以及阿尔冈昆语（algonquina）。

如今，在古巴的西班牙语词汇中仍可以找到源于非阿拉瓦克语族的美洲土著语言词汇，如：

纳瓦特尔语：aguacate（鳄梨），cacao（可可），chapapote（柏油），chicle（口香糖），chile（辣椒），chocolate（巧克力），chuchumeca（滑稽有趣的人），guacal（加拉巴木），guacamole（鳄梨酱），hule（橡胶），jícara（加拉巴木果），papalote（风筝），petaca（皮箱），petate（争吵），pinol（玉米炒面），sinsonte（傻瓜），taco（鞋），tamal（玉米粽子），tiza（粉笔），tomate（西红柿），zapote（人心果）；

克丘亚语：carpa（帐篷），chirimoya/cherimoya（番荔枝），guacarnaco（粗鲁的），guano（棕榈），papa（马铃薯，土豆）；

其他语言：canistel（具脉路枯马木），ipecacuana（南美吐根），arepa（玉米饼），mocasín（莫卡辛鞋）等。

三、英语与古巴西班牙语的接触

1898年美西战争爆发之前，美国就已经是古巴重要的贸易伙伴。古巴的蔗糖和烟草被大量运往美国；在古巴，美国人的踪影随处可见。

古巴独立之后，美国对古巴的影响力更为加深。数以百计的美国企业与古巴开展贸易，那些较为富裕的古巴人也频频走访美国，甚至去美国定居、学习。在古巴，上流社会人士也熟练使用英语。

赫拉尔多·马查多[1]政府作为古巴后殖民初期最重要的一届政府，奉行的是亲美

---

[1] 赫拉尔多·马查多（Gerardo Machado, 1871—1939），古巴总统（1929—1933）、独裁者。

政策，巴蒂斯塔执掌的两届政府同样与美国保持十分亲密的关系。在这一时期，美国人来到哈瓦那做生意或观光，古巴一下子多了许多大型美国企业，因此受过教育的古巴商人或多或少懂一点英语。再加上古巴人对美国体育运动的痴迷，尤其是棒球和拳击，使得大量英语词汇进入到古巴西班牙语当中，尽管卡斯特罗执政后推行严格的反美政策，这些英语词汇仍然得以在古巴扎根并推广开来。

英语对古巴西班牙语的影响主要表现在以下几个方面：

语义借词：这类词在西班牙语中可以找到完全相对应的词。但其使用频率之高，常常取代相对应的西班牙语单词。如：team（equipo，组，队），business（negocio，生意，交易），look（imagen, apariencia，外貌），homerun（cuadrangular，本垒打）等。

词汇复制：这类词通常在西班牙语中找不到相对应的词，于是就从英语中直接复制过来，这些词丰富了西班牙语的词汇。如：cake（果仁饼干），pullover/pulóver（套头衫，针织衫），cocktail/coctel/cóctel（鸡尾酒），short（短裤），out（球类比赛的出界）等。

英式句法：

● 滥用被动语态：西班牙语有被动句的结构，但有其他语法手段来表示被动，被动句的使用频率不高；

● 主语置于动词之前的结构使用频率过高，西班牙语中主语的位置灵活多变，并不局限于这一结构；

● 省略名词前的冠词；

● 误用前置词或动词搭配，如说"espero por ti"而不说"te espero"，说"de acuerdo a"而不说"de acuerdo con"，说"jugar un role"而不说"desempeñar un papel"等等。

● 词性转换：这类词是指在保持原有英语单词发音的基础上，按照西班牙语正字法将其转换成西班牙语单词，再派生出一系列不同词性的词。如从英语短语home run（本垒打）衍生出来的jonrón, jonronazo, jonronero；从英语动词hit（击球）衍生出来的 jit, jiteador, jitear；从英语动词短语 punch out（扎破、刺破）衍生出来的ponchado, ponchar, ponche, ponchador, ponchón等等。

四、非洲语言与古巴西班牙语的接触

被西班牙殖民者带到古巴岛上的第一批非洲奴隶其实并非来自非洲,而是来自伊比利亚半岛。他们出身于伊比利亚半岛上的西班牙人家庭,已经完全西班牙化,最初是以家奴身份被小批量带往古巴。1526年西班牙颁布了一份敕令,禁止将这些家奴运往西印度群岛。

另一批黑奴从撒哈拉以南非洲被贩卖到古巴,然而,这批黑奴分属于不同的民族语言群体,主要来自几内亚湾以及刚果和安哥拉地区,还有少部分来自莫桑比克沿海地区,他们为当时古巴的蔗糖加工业贡献良多。这些来自非洲但属于不同民族的黑奴在不断接触中,其各自所讲的撒哈拉以南非洲的语言得以结合;在与西班牙奴隶主接触中,这些黑奴又不得不开始学习西班牙语,这样,古巴西班牙语的语言构成渐趋复杂。

这些来自非洲的黑人所讲的西班牙语发生了很大的变化,如辅音体系被简化,词素句法规则被精简,词汇句法结构也被简化,17世纪初出现了一种非常特别的西班牙语——波塞尔西班牙语[1],然而这种主要混杂了西班牙语、刚果语以及葡萄牙语的语言在1850年左右便告消失。

1840年,古巴奴隶数量达到峰值——436,000名奴隶占岛上居民人口的50%以上。[2]1886年古巴奴隶制被废除。

如今在古巴西班牙语词汇中还可以找寻到大量源自撒哈拉以南非洲语言的词汇,它们广泛出现在各个领域,如:

饮食:fufú(大蕉泥,山药泥), funche(黄油玉米糊), gandul(木豆), guineo(一种小香蕉), malanga(海芋), quimbombó(秋葵), congrí(豆炒饭);

音乐:bembé(班贝鼓), conga(康加鼓), mambo(曼博舞), marimba(马林巴), tango(探戈), chachá(黑人用的鼓);

宗教:abakuá(阿巴瓜[3]), babalao(与非洲宗教有关的巫师), lucumí(鲁库米教派), ñáñigo(阿巴瓜的成员), bilongo(巫师用目光蛊惑);

---

[1] 波塞尔西班牙语(bozal),指受葡萄牙语影响的西班牙语和刚果语混合体,该语言于17世纪起为波多黎各、古巴以及中南美洲其他地区的非洲黑奴使用。

[2] F. Ortiz, *La abolición de la esclavitud en Cuba, Cuba y América*, La Habana 2da, Época 3, 1916.

[3] 阿巴瓜,古巴的秘密宗教社团,只招纳男性会员。

其他：moropo（头），ñinga（一点儿，少许），quimbo（砍刀），ñame（笨的），cahimba（烟斗），dengüe（登革热）。

五、汉语与古巴西班牙语的接触

19世纪中，随着非洲奴隶制的废除以及对劳动力的极度需求，大约10万名中国人来到古巴。20世纪上半叶，另一批中国移民潮涌向古巴。在这两批移民潮当中，绝大多数为男性，他们最终都与古巴女性组成家庭。这就在古巴形成了一个身份界限明确的古巴中国群体，他们保留了中国的文化传统，讲中文，同时也讲西班牙语并融入到古巴生活中。古巴革命之后，大部分中国人移居到了美国，在纽约及迈阿密形成了新的社会群体。

从语言角度讲，由于中文与西班牙语存在差异巨大，因而中文对古巴西班牙语的影响并不十分突出，这种影响主要体现在一些俗语上，词汇层面上的影响要相对小得多。如：

俗语：Búscate un chino que te ponga un cuarto. = Buscar una pareja（找对象）；No creo en velorio chino. = desconfianza（不信任）；ponerla en China = ponerla difícil（使人处境困难）；quedarse/estar en China = no entender（不懂，不明白）；mi china = expresión de cariño（表达亲切的情感）；tener un chino atrás = tener mala suerte（倒霉，不幸）。

词汇：charol（漆皮），caolín（高岭土），té（茶），chau-chau（松狮狗），pequinés（北京狗，又称狮子狗）。

在古巴还有一个俗语：¡A ése no lo salva ni el médico chino! 字面意为"这个人中国医生也救不了"，也就是说病人已病入膏肓，离死期不远了。这句话在古巴代代相传，深深地印在了古巴人民的头脑中。相传19世纪后期，有一位名叫Chang Pan Piong 的中国客家人随当时的移民潮来到古巴，在马坦萨斯省（Matanzas）做农活。他在中国曾学过医，便利用闲暇时间收集草药进行学习、研究，1870年以草药治病的本领成为当地最有名望的医生。从马坦萨斯省以及哈瓦那等地前来求医的人络绎不绝，许多岛上的病患更将他视作最后的救命稻草。随着时间的流逝，他成为岛上民众的一种信仰，一旦有病人无药可救时，人们都会说：A ése no lo salva ni el médico chino.

第三节　古巴西班牙语的特点

一、语音特点

古巴西语与加勒比地区的其他方言在语音上具有很多相似之处。古巴西语语音特点如下：

seseo 现象

古巴西语不区分齿间音/c/，/z/和咝音/s/，将其统一发成/s/的音，如 caza（猎物，野味）和 casa（家），都读成/casa/。直到 20 世纪初才有一些古巴人能够标准地发出 cocer（缝）以及 abrazar（拥抱）中的齿间音/c/和/z/，因为这些古巴人或是出生在西班牙，或是第一代古巴籍西班牙人，抑或是出生在西班牙人的聚居区。时至今日，在古巴齿间音已被弃用，或许只有上了年纪的西班牙裔才会使用了。

/d/音的消失

在以-ada，-ado，-eda，-edo，-ida，-ido，-uda，-udo 等结尾的倒数第二个音节为重读音节的单词中，位于两个元音之间的/d/的发音常消失。如 pasado 读成/pasao/，vestido 读成/vestío/，puede 读成/puée/，dedo 读成/deo/，comida 读成/comía/，peluda 读成/pelúa/，melenudo 读成/melenúo/，等等，这种发音方式和西班牙加那利群岛地区的口语发音一致；当/d/位于词首时，其发音省略的情况也存在，如：dónde 读成/ónde/；当/d/位于词尾，其发音或省略或变音为/t/，如 verdad 读成/verdá/或/verdat/，calidad 读成/calidá/或/calidat/等。

/s/音的省略

在古巴，尤其是古巴东部省份，人们在日常口语中常省略位于元音后的/s/或位于词尾的/s/，如 los tomates 读成/lo tomate/，basta 读成/bata/，aspirina 读成/apirina/，espalda 读成/epalda/等；在古巴西部，/s/音也常常会被一个送气音所取代，或者在省略/s/音的同时再拉长前一个元音的音长，如 bosque 会被读成/bohque/或/bo:que/；在古巴非正式西语中，/s/音的省略现象和圣多明戈及西班牙安达卢西亚地区的该现象一样常见。

yeísmo 现象

古巴现如今已经完全 yeísmo 化了，也就是说古巴人完全不区分字母 ll 及 y 的发音，在古巴人口中，valla（广告牌）和vaya（ir的变位）、cayó（caer的变位）和calló（callar的变位）的发音没有任何区别。

/r/音的同化

在古巴西部，尤其是在哈瓦那及马坦萨斯，/r/音被位于其后的辅音同化的现象已经成为该地区的语音特点之一，如carbón会被读成/cab-bón/，ardentía读成/ad-dentía/，argolla读成/ag-golla/等。在多米尼加共和国以及哥伦比亚加勒比地区也存在这种辅音重复发音的语音现象，至于其产生的原因，通常被认为与现在加勒比地区的非洲底层居民语言习惯有关。

/m/和/b/等辅音的变化

在古巴中部，圣斯皮里图斯省（Sancti Spiritus）周边的某些地区，过去未完成时复数第一人称的变位中，/m/的发音常会被/n/所取代，如将íbamos读成/íbanos/，estábamos读成/estábanos/等。然而，这种语音变化仅局限在口语中，书面语并未有此改变。在另一些地区，/b/还有可能消失，取而代之的是延长前一个元音的发音，如将preguntábamos读成/preguntá:amos/，tiraban读成/tiráan/等。

/l/和/r/的混用

古巴西语还常常将内破裂音/l/和/r/互换，安的列斯群岛地区其他西语方言中也存在该语音现象，如，alma会读成/arma/，反之，arma又被读成/alma/；当/l/或/r/位于词尾时，二者间互换的频率更高，如amor读成/amol/，calor读成/calol/，mujer读成/mujel/，trabajar读成/trabajal/等；当/r/位于单词中间时，也可能会被/l/取代，如将perdón读成/peldón/。有时还可以听到一种介乎于/r/和/l/间的发音，发音时会先发弱化了的/r/，紧接着再发出/l/。

/rr/的弱化

安的列斯群岛地区的西语还会将多级颤音/rr/发成哑音，发音时，先发出一个喉音/h/，紧接着再发出多级颤音/rr/，如perro读成/pejrro/，río读成/jrrío/，此时的j发音非常弱。然而这种发音现象并不十分普遍，在古巴的东部较为常见。还有些古巴人会将/rr/的发音发成西班牙西语中较为强化的/j/，或有点类似于法语中的/r/，但在古巴这种现象并不像波多黎各西语那样普遍。

/tl/的发音

在古巴，辅音连缀tl会作为一个整体黏着发声，如atleta读成/a-tle-ta/，Atlántico读成/A-tl-ántico/；而在西班牙大部分地区，这两个单词读音为/at-leta/，/At-lántico/。

二、词法特点

tuteo现象，即以"你"来称呼对话方。根据传统的西班牙语语法规则，当人们想对对话方表示尊敬或距离时，应使用人称代词usted，然而，现在古巴乃至西班牙，很多情况下人们都更倾向于使用tú而非usted，以示与对方的平等，避免usted带给人的身份等级差异感。

现如今，古巴西语中已不存在复数第二人称vosotros。

古巴西班牙语和哥伦比亚、哥斯达黎加的西班牙语一样，偏爱-ico作为以-to, -do结尾的单词的指小词，如ratico(rato)，momentico(momento)，chiquitico(chiquito)等。

从地名衍生出来的单词的后缀统一使用-ero，如：habanero（哈瓦那的，哈瓦那人，源自Habana），santiaguero（古巴圣地亚哥的，古巴圣地亚哥人，源自Santiago），guantanamero（关塔那摩的，源自Guantánamo），matancero（马坦萨斯的，马坦萨斯人，源自Matanzas）等。

三、句法特点

和多米尼加共和国以及波多黎各西语一样，古巴西班牙语也常在句子中加入主格人称代词，如"Susana dice que mañana ella no va a venir."（苏珊说明天她不来了。）。我们知道，古巴西语常省略词尾/s/的发音，西班牙语词尾的s在很多情况下承担词法、句法功能，如名词的复数形式、人称单词的词尾变化等，因此，古巴西语中加入这样的人称代词有助于避免句子产生歧义，如"¿Dónde tú trabaja(s)?" "¿Dónde él trabaja(s)?"。

在问句中，古巴西语也常将人称代词置于动词之前，如"¿Cómo tú está(s)?" "¿Adónde ella va?"在规范西语中，主格人称应该置于动词之后、句子倒装，即"¿Cómo estás (tú)?" "¿Adónde va ella?"，但对于很多古巴人而言，将主格人称代词置于动词之后会使问题的语气具有攻击性。这种主格人称代词前置、不倒装的提问方式在西班牙加那利群岛地区以及美洲安的列斯群岛地区也存在。

nunca más, nada más, nadie más等词组到了古巴次序发生了逆转，más常置于否定词之前，如más nunca, más nada, más nadie等。

非正式口语中，para引导的目的状语从句使用动词原形，而不用虚拟式变位，如"¿Qué tú me recomiendas para yo entender la lingüística?"（为了让我理解语言学，你有什么建议吗?)(标准用法应为 "¿Qué me recomiendas tú para que yo entienda la lingüística?")。

四、词汇特点

古巴西班牙语的词汇,除第二部分列举的从美洲土著语言、非洲语言、英语以及中文等外来语继承下来的词汇、短语外,还有一些被认为是古巴西班牙语词汇所特有的,如:(arroz) congrí(黑豆炒饭)、babalao(带有非洲特色宗教仪式的巫师)、bitongo(傲娇的)、biyaya(非常聪明的)、de botella(免费的)、pedir botella(搭便车)、dar cañona(使坏;危险驾驶)、chucho(开关)、fajarse(攻击,战斗)、fotuto(汽车喇叭)、estar en la fuácata(非常贫穷的)、guajiro(农民,乡下人)、jimaguas(双胞胎)、juyuyo(林林总总)、lucirle a uno(看起来像……)、máquina(汽车)、ñángara(共产党的;共产党员)、picú(d)o(狂妄的;花哨的)、pisicorre(小型运货车),等等。

第十二章　秘鲁西班牙语

第一节　秘鲁概况及历史

一、地理

秘鲁全称为秘鲁共和国（República del Perú），位于南美洲西部，北邻厄瓜多尔和哥伦比亚，东与巴西和玻利维亚接壤，南接智利，西濒太平洋，是南美洲国家联盟的成员国，首都为利马。

秘鲁领土面积1,285,216平方公里，海岸线长2254公里。安第斯山纵贯南北，山地占了全国面积的近三分之一。从地理上说，秘鲁从西向东大致可以分为三个区域：西部沿海的狭长干旱地带，是热带沙漠区，气候干燥而温和，有断续分布的平原，灌溉农业发达，城市人口集中；中部山地高原区，主要是安第斯山中段，平均海拔约4300米，同时也是亚马孙河的发源地，气温变化较大；而东部亚马孙热带雨林区，是亚马孙河的上游流域，多山麓与冲积平原，终年高温多雨，森林遍布，地广人稀，也是秘鲁新开发的石油产区。

由于这些地理上的天然优势，秘鲁的矿业资源非常丰富，尤其是铋、钒储量居世界首位，铜占第三位，银、锌占第四位。石油探明储量为4亿桶，天然气71,000亿立方英尺。森林覆盖率为58%，面积达7710万公顷，是南美洲仅次于巴西的国家。水力和海洋资源也极为丰富，尤其是渔业，其鱼粉产量居世界前列。

二、历史

印加帝国

印加人的祖先大约在1.1万年前越过白令海峡来到美洲大陆。印加人到达美洲后的几十个世纪里，与其他大陆上的居民接触甚少。在漫漫历史长河里，印第安人在南美洲创造了自己的文明。公元11世纪，印第安人以库斯科城为首府，在高原地区建立了"印加帝国",农业和手工业高度发展。14世纪时,安第斯山脉附近还共存着许多个土著小国。

直到14世纪末,印加帝国在帕查库特克(Pachacútec)的统治之下,开始了非凡的领土扩张。根据西班牙人的记载,印加在帕查库特克的统治时期,获得了其全盛时期三分之二的领土。在当时有限的运输和通信条件下,这种扩张相当迅速。

然而领土的扩张只是印加军队征服计划的附属品。征服战役不断地粉碎邻国的顽强抵抗,取得一次又一次的胜利。需要一提的是,并不是所有扩张所得的土地都是直接通过军事行动获得的。有一些领地的加入来自帝国间的和平协议;其他一些领地的加入则是迫于印加帝国的威慑,害怕一旦拒绝结盟建议,将会招致杀身之祸。

大约1470年,印加人战胜了位于秘鲁北部海岸的奇穆王国(Reino Chimú),该王国富有且强大。随着这次战役的胜利,南美洲剩下的小国中就再不能够挑战印加帝国,或阻止其扩张了。在印加王位继承人图帕克·印卡·尤潘基(Túpac Inca Yupanqui)继位之前,帝国的边界已经推进到了今天的厄瓜多尔北部边界。图帕克在位期间,又征服了秘鲁南部海岸,智利北部,阿根廷西北部大部分地区,及玻利维亚高原的一部分。

但征服的代价也是高昂的,战争的结果不仅给交战双方都带来了巨大损失,甚至导致某些小部落的整体灭亡。另外,还得面对之前征服的土地上时不时发起的暴乱。

在西班牙入侵前的最后几年里,印加帝国还在北部大肆扩张。瓦伊纳·卡帕克,印加王朝最后一代帝王阿塔瓦尔帕的父亲,在1527年去世时,已经统治了现厄瓜多尔首都基多的北部边沿地区。

印加帝国的灭亡与西班牙的入侵

随着1492年哥伦布发现新大陆,一批批欧洲殖民者带着宗教狂热和寻宝梦想,踏上了美洲大地。其中,最富戏剧性的就是西班牙殖民者皮萨罗率领169名士兵征服庞大的印加帝国的故事。

当时,美洲盛产的黄金和白银更让贪婪的欧洲殖民者趋之若鹜。随着欧洲人的到来,美洲大陆原本没有的天花开始大面积扩散。1526年,天花夺走了印加帝国国王瓦伊纳·卡帕克的生命,随即又夺去了许多大臣以及原王位继承人的性命。由于王位争夺而引起的内战使印加军队四分五裂,这种混乱局面正中殖民者的下怀。1531年,在得到西班牙国王的许可后,弗朗西斯科·皮萨罗带了169人从西班牙港口起航,开始了征服一个拥有600万人口的帝国的旅程。西班牙人成功于1532年11月16日俘虏了当时的印加国王阿塔瓦尔帕，并说只要他用黄金堆满一间长22英尺、宽17英尺、高8英尺的房间，便可放他生路。但当从帝国各地源源不断运来的黄金堆满了西班牙人的宝库后，西班牙殖民者却背信弃义，杀死了阿塔瓦尔帕。

然而在阿塔瓦尔帕死前几个月里，曾经强大的印加帝国并未对这169名西班牙殖民者发起有效的抵抗，这使得皮萨罗有足够的时间和精力分兵征服印加帝国其他地区，并从巴拿马调来援军。直到阿塔瓦尔帕死后，印加人反抗西班牙人的战争才真正打响，而此时西班牙殖民军的实力已大大加强。皮萨罗在向印加帝国首都库斯科进军途中，仰仗钢铁和骑兵优势，一路上大败印加军队，参加战役的西班牙人往往只有数十人，而每次战役击溃的印加军队则往往数以万计。不过，印加帝国王室继续抗击西班牙殖民者，直到1572年才被最终消灭。

西班牙殖民和独立战争

1542年，西班牙王室在利马设总督府，建立秘鲁总督区，成为西班牙在南美殖民统治的中心。当时秘鲁商业发达，商人操纵着大部分南美的进出口贸易，西班牙人从南美掠夺的贵重金属及其他物资均从秘鲁运出。殖民者在秘鲁大肆侵占土地，强制推行"米塔制"，迫使印第安人到矿场从事奴役性劳动，致使印第安人大量死亡。为反对西班牙殖民统治，印第安人举行过多次起义，其中规模较大的有1535年的曼科起义、1742年的胡安·桑托斯起义和1780—1781年的图帕克·阿马鲁起义。

与此同时，美洲大陆上其他西属殖民地也频频爆发不满和起义，1810年拉普拉塔发生"五月革命"，拉美独立战争拉开了序幕。1812年初，在西班牙军队服役的圣马丁返回拉普拉塔投身革命。1813年底，他被任命为北方军司令，击退了殖民军的反扑，保卫了独立成果。为了消灭秘鲁总督区的殖民军主力，保证拉普拉塔乃至南美洲整个地区的独立运动取得胜利，圣马丁主张穿越安第斯山，首先解放智利，然后联合智利爱国军从海路解放秘鲁。为此，他辞去北方军司令职务，于1814年任库约省省长，以门多萨城为练兵基地，在两年多的时间里，精心训练一支约有5000人的"安第斯山军"。他采取解放黑奴、与印第安人结成同盟等措施来发动广大群众。在这支军队里，被解放的黑奴占很大比例。

1817年1月，圣马丁和奥希金斯率安第斯军翻越安第斯山，向智利进军。1817年2月14日解放圣地亚哥。同年4月5日，在迈普战役中击败西班牙殖民军，巩固了智利的独立。

1820年圣马丁以智利为基础，组成了一支约4500人的"解放秘鲁军"，包括一支拥有24艘舰船的智利海军，圣马丁任舰队总司令。 8月，圣马丁率军从海上进军秘鲁，9月7日夜在皮斯科登陆，后又移师瓦乔，直指利马。1821年7月6日，西班牙总督率殖民军逃往东部山区，圣马丁解放利马。28日，秘鲁宣告独立。

第二节　秘鲁西班牙语与其他语言的接触

一、土著语对秘鲁西语的影响

从西班牙对美洲殖民的一开始，秘鲁因其丰富的矿藏而占领了很重要的地位。西班牙最好的技工和人力都被派往此处，建设防御工事，发展军事战略，以适应商业之路的需要。许多居住在其他殖民地上的西班牙人尽一切可能地移民到秘鲁。

西班牙人到来后，作为当时秘鲁官方语言的克丘亚语被西班牙语所取代。由于西班牙语具有书面文字传统，显得更为正统和具有强制性，所以在只有口头文化传统的土著语面前显示出巨大优势。这就导致印加人本已消除的语言障碍再次出现，克丘亚语成为仅少数统治者的语言。被征服的广大民众意识到语言统一必须以废除克丘亚语的合法地位为代价时，他们便反复强调各自语言的差异性，于是很多印第安部落放弃了克丘亚语，而开始在各种场合使用本部落的语言。这样一来，由于西班牙殖民者的到来，印加人曾经试图消除的语言复杂性和多样性再次出现。于是殖民者遇到的种种语言障碍，只能通过翻译来解决。很多当地贵族阶层及部分土著居民充当了翻译，他们借用其对作为通用语的克丘亚语的掌握，与母语非克丘亚语的当地贵族阶层进行联系和交流，克丘亚语从而成为建立殖民权威的工具。

另一方面，基督教各教派的执事都认为，用印第安人的语言布道，皈依基督教的人会更多；相反，使用西班牙语，印第安人未必接受基督教新思想，也不能培养出创造性的能力，他们只能像鹦鹉学舌一样，死记硬背祈祷词。出于这些考虑，秘鲁当局和西班牙决策者决定有选择地推广一种或几种印第安语。他们设置机构，选拔人员，开始语言推广工作。 最终西班牙同意在宗教事务中使用艾马拉语和克丘亚语。16世纪末，这两种印第安语言的使用人数便不断增多，使用范围扩大到文字、宗教仪式和布道中。

17世纪初，艾马拉语在西班牙宗教社区的传播受到冲击，使用艾马拉语的教士越来越少，取而代之的是克丘亚语。后来，修道士们用克丘亚文字材料传播基督教，但是，克丘亚语译本与原教义误差很大。1550年，卡洛斯五世国王写信给新大陆的代表，认为即使是"最完善的印第安语"都不能令人满意地、毫无缺陷地传达基督教义，提议向印第安人传播西班牙语；他建议为印第安人开办学校配备师资，只要他们愿意，就都可以进入这些学校学习。在卡洛斯五世的感召下，多明我会修道士在安第斯高原为印第安人开办了60多所小学。但宗教领袖却认为，土著语言是西班牙人与印第安人沟通的主要工具，传教士应继续用印第安诸语传授天主教教义，并着手解决土著语言标准化的问题。

但在整个殖民时期，在教化印第安人皈依天主教、臣服殖民者的统治方面，是用土著印第安人语言还是完全用西班牙语教学所展开的争论自始至终都相当激烈。直到1596年，菲利普二世国王以个人名义向各教会发出呼吁，认为如果传教士在小学像传授天主教教义一样教授西班牙语，印第安人儿童就会在成长过程中学会西班牙语。后来其子菲利普三世继续执行他对印第安人儿童进行西语化的教育政策。菲利普四世时期，殖民地的语言政策发生了根本性变化。1634年，菲利普四世向各大主教和主教签发了一道强硬命令，要求传教士和印第安人教师向所有秘鲁总督区的印第安人讲授西班牙语。菲利普四世实施的这项西班牙化语言政策，不仅提高了印第安人学习和理解教义的机会，并且为统治印第安人，改变其信仰和文化习惯带来益处。之后的历任西班牙国王虽没有对克丘亚语或任何一种前秘鲁通用语提出正式制裁，但是17、18世纪乃至19世纪初的法令，都旨在推进印第安人的西班牙语学习，而非印第安语，因此自殖民者踏足新大陆以来，一直竭力主张西班牙化的殖民语言政策才最终得以完全实施。西班牙殖民者在新大陆强制推行的西班牙化政策，加速了秘鲁印第安民族及其语言的灭绝。

西班牙语与克丘亚语超过四个世纪的接触，为秘鲁乃至整个美洲大陆的西班牙语贡献了不计其数的词汇；此外很有可能秘鲁地区的西语发音特征也受到土著语言的影响，比如发嗡音的/r/，非重读元音的弱化等等。从形态学上讲，西班牙语掌握得不太好的双语居民所用的句子结构上大多是基于克丘亚语或其他土著语言。而至于欧洲殖民者后裔的西班牙语受到土著语影响有多大，当今依然还在研究之中。

二、非洲语言对秘鲁西语的影响

非洲奴隶是在秘鲁的西班牙殖民集团的重要组成部分。最初的奴隶用于开采矿藏，主要分布在库斯科到现玻利维亚境内的波托西地区。然而，他们在语言上留下的痕迹甚少，仅有一些歌曲被认为是代表了17世纪初的"洋泾浜式"非洲西语。

后来非洲人主要在城市里工作，在利马出现了人数众多且稳定的黑人群体。这个群体保持其少数民族的身份特征、风俗习惯及文化传统，一直到19世纪。

在秘鲁出生的黑人讲的西语并无特别之处，但出生在非洲的黑人所操的是一口勉强近似于西语的语言。后者的语言特点在16—20世纪曾在文学作品中被模仿，而20世纪初时一些年迈的秘鲁人也会讲这种语言。

许多黑人在奴隶制废除后，成为街头小贩，他们为了吸引顾客而叫卖，这种叫卖也渐渐成了利马文化的一部分。在秘鲁其余海岸地区，非洲人主要从事农业，尤其是甘蔗种植。如今海岸地区还分布着秘非人口，并保留着从前非洲人的文化点滴。

总体说来，秘非人口在语言上留下的影响是西班牙语语音的减少，现在一些边沿地区例如钦卡（Chincha）所保留的发音特征，就是很好的例子。比如辅音连缀在元音前的省略：trabajo>tabajo，hombre>hombe 等；元音间的 r 发音向/d/的转化：quiero>/quiedo/，或者反过来元音之间的 d 发音向/r/转化：adentro>/arento/。再比如偶尔也会有元音之间的 r 发音向/l/转化：ahora>/ahola/。

三、中文对秘鲁西语的影响

1849年非洲奴隶制废除后，秘鲁急需廉价劳动力来建设铁路和住宅，同年第一批中国人——75个广东人来到秘鲁，与其雇主签订合同。渐渐地雇主开始强迫这些"苦力"（coolies）从事强度和密度更大的劳作，其情形与当年非洲奴隶如出一辙。据统计，1854—1874年间，超过十万中国人来到秘鲁，他们与雇主签订的合同一般在五六年，但大部分人由于债务问题无法按时脱身。后来一部分中国人逃到城市，做起小本生意，一般都与餐饮有关。美味的中国菜给利马人留下了深刻的印象，于是从共和国建立之初起，有钱人家的厨师中总有至少一位中国人。

太平洋战争结束之后，在秘鲁的中国人开始渐渐向利马历史中心城区聚拢，逐渐在卡彭大街（calle Capón）建起了中国城（Barrio chino），也就是从这里开始出现了众多的中国餐馆，秘鲁西语将所有中国餐馆统称为"chifa"，其实是粤语"食饭"的谐音。也就是在"食饭"方面，中文在秘鲁西语中留下了最深最明显的印记。比如：chaufa（炒饭），wantán（云吞，馄饨），sillao（豉油，酱油），kion（姜），men-si（面豉，豆豉）等等。

第三节　秘鲁西班牙语的特点

一、语音特点

尽管秘鲁的西班牙语在不同地域会有不同的特点，但它们还是有着一些共同的特征。主要体现在：语速缓慢，节奏独特（重音总是落在倒数第二个音节上）是其突出的特点；rr和r发齿擦音，嗞嗞声；内陆地区比沿海地区更用力发不送气的舌尖音s，总的来说s与辅音一起比s与元音一起更为明显；ll的发音依然保留，有时甚至过分强调；c和g的发音逐渐演变成内爆破音/j/。

二、形态学特点

秘鲁西语方言的一个重要问题就是vos的存在以及其使用的广泛。受过良好教育的秘鲁市民可能根本没听过vos，因而常常否认其在秘鲁的使用。然而，秘鲁土著居民中依然使用vos。但是如今vos仅限于南部高原地区，从阿雷基帕（Arequipa）到北部沿海地区使用，通常集中在社会地位较低的社区。在土著居民中，较多使用-ís作为第二人称变位，然而沿海地区的居民则通常使用-és。

在同时掌握土著语言和有限西语的人群中，代词的使用常常与规范的西语不同。他们常常会在需要用与格代词的时候使用宾格代词，比如："Él los dio algunas instrucciones."（Él les dio algunas instrucciones. 他给了他们一些指引。）同样，在土著的双语人群中，与格代词和宾格代词的乱用是很常见的。一般来说，lo会广泛用在直接宾语和间接宾语中，而且会有很多种情况，比如"No lo vi a sus hermanitos."（No los vi a sus hermanitos. 我没看到他的兄弟们。）再比如"A María nosotros lo adoramos."（A María nosotros la adoramos. 我们都爱玛利亚。）

在很多双语人群中，也会出现主语和动词或主语和表语不搭配的情况，尤其是在第三人称单数中数的变化："Los informes fueron excelente."（Los informes fueron excelentes. 报告很棒。）；"Las otras chacras no tiene riego."（Las otras chacras no tienen riego. 其他的农场没有得到灌溉。）

在一些印第安高原地区，会出现强度副词muy和形容词最高级词尾-ísimo一起使用的情况："El niño juega muy poquísimo."（El niño juega muy poco. 或 El niño juega poquísimo. 这个孩子不怎么玩。）

三、句法特点

在秘鲁的西语中，甚至在很多正式场合，主句的过去时动词后面可以接一个现在时的虚拟式动词，比如："Él quería que lo hagamos."（Él quería que lo hiciéramos. 他希望我们这样做。）

秘鲁的西语倾向使用现在完成时代替一般过去时，尽管在上下文已经明确指出此事在过去已经结束，例如："He nacido en 1950."（Nací en 1950. 我是1950年出生的。）

克丘亚语和西语的双语使用者经常会在地点副词前加 en，如："Vivo en acá."（Vivo acá. 我住在这里。）；"En arriba sale agua."（Arriba sale agua. 上面有水流出来。）

受克丘亚语的影响，会出现省略冠词的情况，如："Y cuando tocan [la] campana, se entran a su clase."（当铃声响起的时候，他们就进去上课了。）；"Trabajaba en [un] hospital."（他在一家医院上班。）

在不流利的双语使用者中常用的一种句法就是 diciendo，代替 dice，尤其是在描述性的口语中，如："Entonces sale una señora. Qué cosa, diciendo…"（于是一位女士出来了。"什么东西"，她说道……）；"No sé dónde está mi marido, diciendo."（我不知道我丈夫在哪，她说。）

安第斯地区的西班牙语会同时使用两种表示物主的方式：物主形容词以及 de 开头的形容词短语。在那些克丘亚语影响强大的地区，de 开头的形容词短语会放在句首，如："Lava su pantalón del niño."（Lava el pantalón del niño. 他洗孩子的裤子。）；"de mi perro su hocico."（el hocico de mi perro 我狗狗的嘴。）；"De mi mamá en su casa estoy yendo."（Estoy yendo a casa de mi mamá. 我在去我妈妈家的路上。）；"de alguna señora sus perros."（los perros de alguna señora，某个太太的狗。）类似的结构也会出现在秘鲁的亚马逊地区。

直接宾语的缺失在秘鲁高原地区十分常见，但在沿海地区则没有，如："Porque siempre nos Ø traía. A vez nos traía carne, así. Nos Ø traía siempre para vendernos así. O, a veces, de regalo, así, siempre nos traía."（因为他经常给我们带东西，有时候带肉。他带东西给我们是为了卖给我们，有时候也当礼物送给我们。反正总是这样给我们带东西。）；"A veces en la noche dejo su quacker ya preparado en la mañana Ø caliento y Ø toman."（有时候我晚上把已经做好的早餐留给他们，早上我再热热，他们就能吃了。）

代词的复指不出现在直接宾语被提前的情况下，如："Mi letra [la] conoce."（他认得我的字迹。）；"A mi señora [la] dejé allá casualmente para venir acá."（我偶尔把妻子留在那儿，然后来这里。）；"A la chica [la] he visto en misa."（我在做弥撒时见过这个女孩。）

在秘鲁的印第安西语中，代词用法最常见的特点就是直接宾语代词的复指，不管宾语指人还是指物。在最不流利的西语使用者中，常使用 lo 代替所有类型的直接宾语，而不管性数如何；而流利的西语使用者则规范很多。典型例子有："No lo encontró a su hijo."（No encontró a su hijo. 他没找到他儿子。）；"Le pedí que lo calentara la plancha."（Le pedí que calentara la plancha. 我请求他加热熨斗。）；"Este es el perro que lo mordió a mi hermano."（Este es el perro que mordió a mi hermano. 这就是那只咬了我弟弟的狗。）；"Se lo llevó una caja."（Se llevó una caja. 他带走了一个盒子。）；另一种宾格代词使用的独特方式是，在同一个句子中两次使用："Me está castigándome."（Está castigándome. 他在惩罚我。）；"La voy a consultarla con mi prima."（Voy a consultarla con mi prima. 我会和我表妹一起去咨询她。）

在印第安地区的双语使用者间，会出现很多与其他西语地区有很大区别的句法现象。有一些只是在西语最不流利的那部分人群中使用，这些应该被视为是语言混合的现象。另外一部分句法则十分常见，甚至可以成为某些印第安地区的标志。很多西语不好的土著人群中出现的句法现象均源自克丘亚语或阿依马拉语。所以，就会出现例如宾语+动词（例如 comida tengo），这种句法以及副动词的不规范用法和其他一些动词的不规范用法，如："¿Qué diciendo nomás te has venido?" "¿Por qué has venido?"（"¿Qué dice nomás te has venido?" "¿Por qué has venido?" "你刚到时他说什么了？" "你为什么来了？"）；"A tu chiquito oveja véndeme."（Véndeme tu pequeña oveja. 卖我你的小羊。）；"Después encima con las hierbas todo tapa bien bonito."（Después todo tapa bien bonito con las hierbas encima. 上面放草就可以盖得很漂亮。）；"A cortar alfalfa mi mamá está yendo."（Mi mamá está yendo a cortar alfalfa. 我妈妈正要去割苜蓿。）；"La puerta sin cerrar nomás me había dormido."（Me había dormido nomás sin cerrar la puerta. 我只不过没关门就睡着了。）；"Mi santo de mí lo han celebrado."（Mi santo lo han celebrado. 他们庆祝我的命名

日。);"En Ayacucho ya estábamos."(Ya estábamos en Ayacucho. 那时我们已经在阿亚古乔州。)

这些非规范、源于克丘亚语的句法，也常见于很多秘鲁的大众印刷物和当地文学作品中，但实际上这些句法只在西语最不流利的那部分人当中使用。

四、用词特点

秘鲁的西语用词地区性很强，这也反映了各个区域的人种分布。其中最重要的非西语词汇来源就是克丘亚语。由于秘鲁在西班牙殖民地中的重要性，很多克丘亚语词汇后来融入整个拉美地区的西班牙语之中。还有一些仅限于南美安第斯山脉的克丘亚语地区。最常出现的秘鲁当地用词举例如下：

ajiaco: plato hecho con ajo y patatas（用蒜和土豆做的一道菜）

ancheta: una buena ganga（物美价廉的东西）

anticucho: ipo de kebab（烤肉，烤串）

cancha: palomita de maíz（爆玉米花）

chacra: granja pequeña（小农场）

choclo: mazorca（玉米棒）

chompa: jersey（毛衣）

chupe: tipo de guisado（一种炖菜）

concho: sedimento del café o vino, etc.（咖啡或酒等的残渣）

dormilonas: tipo de pendientes（一种耳环）

escobilla: cepillo, cepillo de dientes（刷子，牙刷）

jebe: goma（橡皮）

jora: maíz fermentado para hacer chicha（用来做饮品的发酵玉米）

pisco: brandy destilado de uvas（葡萄蒸馏白兰地）

第十三章 巴拉圭西班牙语

第一节 巴拉圭概况及历史

一、地理

巴拉圭全称巴拉圭共和国（República del Paraguay），位于南美洲中部地区，与阿根廷接壤，与玻利维亚和巴西为邻。全国总面积为406,750平方千米，划分为17个省份及首都亚松森。该国被巴拉圭河分为东、西两大区域。东部人口较密集，境内有山峦、平原和森林，富饶而美丽；西部则相对人烟稀少，有大片草原。虽然巴拉圭是内陆国，但是有巴拉那河注入大西洋，同时巴拉圭河又横穿整个国家，因此巴拉圭并非完全封闭的国家。巴拉圭的原始居住民可以追溯到公元前3200多年的新石器时代，在哥伦布踏足新大陆之前，就有印第安部落在巴拉圭定居。西班牙人到达巴拉圭后，即开始对其进行殖民统治，巴拉圭直到19世纪才取得独立。巴拉圭宪法确立其为一个多文化和双语国家，西班牙语和瓜拉尼语同为它的两种官方语言，后者约有87%的居民在使用。在经济方面，巴拉圭正处于蓬勃发展的阶段，电能出口居美洲第一。另外，巴拉圭积极参与地方区域性组织，加强与邻国的交流与合作，它和阿根廷、巴西以及乌拉圭四国是南方共同市场的成员。巴拉圭是目前尚未与中国建立外交关系的唯一南美国家。

二、历史

殖民者到来前的巴拉圭

在西班牙殖民者到来之前，巴拉圭居住着许多印第安部族，其中发展最为壮大的是瓜拉尼族人，他们大多居住在巴拉那河、巴拉圭河、乌拉圭河流域及查科北部。15世纪前后，来自北部和东部的瓜拉尼族，由于人数众多，物质文化发达，得以生存并延续下去。瓜拉尼族中最先进的是卡里奥人，他们在农业方面拥有发达的生产技术，不但熟练掌握了木薯、玉米、花生等作物的生产，还研究出了先进的耕种方法，并且熟悉家具制作和棉纺织品加工。这使得瓜拉尼民族得以世代流传下来，并日渐壮大。瓜拉尼人热情好客，对其他部落的居民或是第一次到访的人都给予优待，但对于俘虏来的敌人，他们就非常残暴，会将其养肥后吃掉。

西班牙殖民者入侵之时，印第安人还处在新石器时代晚期。他们的捕猎工具都是木制的，生活用品也多为石头和骨头雕刻而成。他们掌握了摩擦取火的技术，知道把颜料涂在身上可以防止日光暴晒。妇女们将动物羽毛用作美丽的装饰物，并制作精美的陶土用具。另外，他们还掌握了动物的驯化和饲养，发现了许多动植物的医药价值。印第安人的生活并不富足，各部落间时有小摩擦，但却从未有过大的冲突。然而，16世纪西班牙殖民者的入侵，给他们的生活带来了翻天覆地的变化。

征服时期的巴拉圭

1516年，西班牙人胡安·迪亚斯·德·索利斯（Juan Díaz de Solís）率领船舰到达拉普拉塔河，但不幸被当地印第安人杀死。在他死后，船队启程重返西班牙，但是其中一支在巴西沿岸发生意外，该船队其中一名幸存的船员阿来霍·加西亚（Alejo García）留了下来，并进行了一系列探险活动。在听说当地瓜拉尼人的许多传说后，他非常希望寻访那富产黄金的地方。后来，加西亚从拉普拉塔河口向西进行探险，发现了伊瓜苏（Iguazú）瀑布。他又跨过巴拉那河，进入一片灿烂的花海和深红的大地，这就是巴拉圭。后来，加西亚带领两千多名瓜拉尼武士到达印加帝国的边界，并获取了数量可观的银器。可好景不长，加西亚后来被结盟的印第安人杀死，成为第一批死在南美洲的欧洲探险家之一。加西亚在印加帝国的奇遇也吸引了西班牙其他冒险家，两年后塞巴斯蒂安·卡沃特（Sebastián Caboto）抵达了巴拉圭河。

1535年，西班牙国王卡洛斯一世派佩德罗·德·门多萨远征巴拉圭。远征队于1536年2月登上拉普拉塔河南岸，即今天的布宜诺斯艾利斯。在即将断粮的危急时刻，由胡安·德·阿约拉斯（Juan de Ayolas）所率领的小分队到达今天的亚松森，与瓜拉尼人取得联系，并收到他们作为礼物送来的美女，双方结为盟友。1537年，由于布宜诺斯艾利斯缺少食物，门多萨便逆流而上，力图寻找更有发展潜力的地方。他到达巴拉圭河东岸，并建立了一个木寨，作为基地。为纪念圣母玛利亚，他给这个木寨取名为"亚松森"，意为"圣母升天"。西班牙政府一开始委派阿尔瓦·努涅斯·卡贝萨·德·巴卡（Álvar Núñez Cabeza de Vaca）管理巴拉圭，可多明戈·马丁内斯·德·伊拉拉（Domingo Martínez de Irala）篡夺其职位，并将其流放回西班牙。

伊拉拉自1538年起，三度担任巴拉圭都统，任职时间长达15年。在其治理下，巴拉圭成为一个相对独立而巩固的殖民地，人口也有所增长。1556年，伊拉拉溘然长逝，为巴拉圭留下三所教堂、三所修道院和两所学校，以及其一手创办的纺织业和畜牧业。

1555年，亚松森迎来了历史上第一位教士。1588年，另一批教士从巴西前往巴拉圭，他们首先在瓜拉尼人中间传教，东巴拉圭和巴拉那河上游的瓜拉尼人很快接受了教化。在后来西班牙完成殖民征服的200多年里，耶稣教会对巴拉圭经济和社会生活的影响逐步加深。

三、巴拉圭的独立进程

一直以来，西班牙王室都不重视巴拉圭这块遥远而贫瘠的殖民地，也不愿意花费太多人力和物力去进行管理。西班牙王室和当地居民一直保持着很大的距离，因此巴拉圭人民相较于其他殖民地而言，有着更强的独立性。

关于西班牙王室与巴拉圭居民的紧张关系，需追溯到耶稣会与当地殖民者之间的矛盾。1610年，王室颁布命令，要求西班牙远征队不得再用武力征服印第安人，而是要用温和的传教方式将其变成西班牙的子民。于是，在巴拉圭传教的教士被赋予了更大的权力。殖民地开始逐步设立起传教区，印第安人在传教区里劳作，可以免去奴役，同时获得较高的生活质量。但是，这种做法却引起了殖民者的普遍不满。1720年，管辖巴拉圭地区的秘鲁总督恢复了被当地殖民者废黜的首领职务，而这名首领原本是由耶稣会委派的。该举动进一步激化了殖民者的不满情绪，由此触发的革命成为1811年独立斗争的一次预演。

此后，法国大革命以及无休止的欧洲国家间的战争，使得西班牙无法将注意力过多地放在殖民地上，于是巴拉圭人民在弗朗西亚的策划下，于1811年5月14日发动起义，大获成功。巴拉圭同年5月17日宣布独立，6月18日，起义者们在亚松森召开议会，并通过临时宪法。

四、独裁统治下的巴拉圭与巴拉圭战争

何塞·加斯帕尔·罗德里格斯·德·弗朗西亚①是一位有声望的律师，在1811年的起义中扮演了重要角色。独立之初，他是洪达会议主席的副手，参与了起义和独立后的许多工作。内忧外患之际，弗朗西亚认为只有用强硬的统治方式才能力挽狂澜，稳定局面。他当政以后，确实显示出了卓越的管理才能。他对周围形势有着清醒的认识，认为巴西、阿根廷等邻国都对巴拉圭虎视眈眈。弗朗西亚奉行闭关锁国政策，提倡自给自足，这也中断了巴拉圭与其他国家的来往。在国内，弗朗西亚实行高压独裁统治，政府所有部门都没有决策权，一切大小事宜都必须听命于他。在弗朗西亚统治的近30年里，巴拉圭的共和政体名存实亡，但是与其他国家相比，国内局势相对稳定。

1840年9月20日，最高元首弗朗西亚去世。为了争夺继承人席位，国家再度陷入混乱之中。1841年，卡洛斯·安东尼奥·洛佩斯（Carlos Antonio López）当选为首席执政官，成为巴拉圭第二位独裁者。在位期间，洛佩斯推行了多项有用的政策，其中划时代的一项就是结束巴拉圭的闭关自守状态，采取积极措施，鼓励外国移民，尤其是来自欧洲的投资者和技术工程师；他还大力鼓励对外出口，购买外国技术和军事装备。巴拉圭与阿根廷长期处于对立的僵局中，直到阿根廷独裁者罗萨斯下台后才得以结束。洛佩斯把拉普拉塔河水系各河流向其他国家开放，缓和了其在国际上的孤立地位。然而，西北部领土纠纷及河流的航行自由问题，为巴拉圭和巴西间的关系埋下了隐患。

巴拉圭战争又称为三国同盟战争，巴西、阿根廷和乌拉圭组成同盟，共同对抗巴拉圭。从战争伊始，双方的整体实力就相差悬殊。在人口、自然资源、领土面积和武器装备等方面，巴拉圭都远远落后于三国盟军。虽然巴拉圭的军队并不逊色，但是巴拉圭根本无法维持持久的战争，注定难逃败北的厄运。1870年，巴拉圭总统索拉诺·洛佩斯（Francisco Solano López）被杀，战争宣告结束。持续了五年多的战争，为巴拉圭及其民众带来了不可磨灭的深重灾难。战后与巴西和阿根廷签订的屈辱条约，

---

① 何塞·加斯帕尔·罗德里格斯·德·弗朗西亚（José Gaspar Rodríguez de Francia, 1766—1840），巴拉圭律师、政治家、最高元首。1814年成为最高独裁者，1816年改为终身独裁者，独揽政治、经济、军事大权，对外积极维护国家独立，实行闭关锁国政策；对内鼓励工业、农业的发展，同时削弱教会的势力。在其统治期间，巴拉圭成为南美洲少有的自给自足的国家。

使得巴拉圭失去了大约40%的领土，国内由于战争造成男女比例严重失衡，疾病肆虐，社会经济遭到致命打击。

五、查科战争

巴拉圭战争使巴拉圭不但失去了大片领土，还被巴西、阿根廷和乌拉圭三国占领长达十年之久。战后巴拉圭国内局势动荡，政变不断，权力分散地掌握在各考迪罗①手中。1887年，曾参与巴拉圭战争的贝纳迪诺·卡瓦列罗（Bernadino Caballero）创建了国家共和党，又称红党，该党是巴拉圭历史上第一个真正意义上的政党。为了在巴拉圭实现自由选举，1887年还成立了"民主中心"，即后来的自由党。

在巴拉圭还在复苏之际，玻利维亚开始对两国边境的查科地区虎视眈眈。北查科地区石油资源丰富，玻利维亚宣称其为自己的领土。于是，巴拉圭和玻利维亚间发生激烈争执，一些拉美国家和国际联盟介入调停，都没能阻止战争的爆发。虽然巴拉圭最后取得了胜利，但也为此付出了惨痛代价——巴拉圭战争后刚刚喘了口气的小国巴拉圭再次遭到重创。

六、"二战"后的巴拉圭

"二战"后，巴拉圭进入了阿尔弗雷多·斯特罗斯纳（Alfredo Stroessner）时代，他曾是查科战争中的英雄，然而，巴拉圭等来的是另一个残暴的独裁者。斯特罗斯纳用镇压和恐吓的手段来对付反对者，禁止人们的新闻和结社自由。巴拉圭由亲美派控制，政府中充斥着美国的影子，巴拉圭人民敢怒不敢言。为了巩固斯特罗斯纳的统治地位，政府于1967年颁布新宪法，正式允许其连续担任两届总统。至此，新宪法不但保证了斯特罗斯纳的独裁，还为其披上了民主的外衣。斯特罗斯纳为了延续其独裁统治，不惜大费周折，但是全国不断地发出反对独裁的声音，游行示威此起彼伏。1989年2月，安德烈斯·罗德里格斯（Andrés Rodríguez）将军发动政变，推翻斯特罗斯纳政府。1993年，巴拉圭根据新宪法举行了第一次大选。从此，巴拉圭告别独裁时代，进入宪政新时期。

---

① 考迪罗(caudillo)，拉美夺取政权的军事独裁者及军队支持的独裁者。

第二节 巴拉圭西班牙语及其他语言的影响

人们常说，巴拉圭是一个双语国家，是拉丁美洲唯一一个将印第安语言看得和西班牙语同等重要的民族。巴拉圭的语言状况引起了语言学界研究者的高度关注，尤其是对其双语并重的突出特点，许多专家学者进行了有针对性的研究。其中有人指出，巴拉圭人所操的西班牙语断断续续，带有大量瓜拉尼语词汇，并且很大程度上模仿了其他语言的句法，甚至有研究认为，巴拉圭几乎与阿根廷和智利所使用的西班牙语如出一辙。然而，实际情况要复杂得多。

一、巴拉圭语言的历史及双语现象

早在西班牙殖民者踏足瓜拉尼部族领地的那一刻起，就注定了西班牙语和瓜拉尼语难分难舍的命运。为了在巴拉那河流域附近栖身以获取金银财富，西班牙殖民者与当地的瓜拉尼居民结成同盟，打退了布宜诺斯艾利斯的印第安人。有西班牙人作为坚实的后盾，瓜拉尼人便能更有效地抗击西部的查科部族。随着时间的推移，瓜拉尼人甚至将西班牙人奉为首领，这在很大程度上为西班牙殖民者提供助力，使其加速在巴拉圭的殖民进程。和布宜诺斯艾利斯大都市般的繁华喧闹不同，为数不多的欧洲殖民者在巴拉圭逐渐安顿下来，过上了朴实无华的生活。于是瓜拉尼人与西班牙人之间的联系日趋紧密，最显著的特点就表现在他们彼此通婚，二者孕育的后代就是最初的双语使用者。如此一来，现今巴拉圭的双语现象就找到了原因，并且值得一提的是，巴拉圭人在两种语言之间更偏爱瓜拉尼语，将其视作"心的语言"。

在巴拉圭双语进程中，耶稣会教士扮演了重要角色。起初，他们来到巴拉圭以及巴西、阿根廷等邻近的地区传教，瓜拉尼人自然也是他们主要的传教对象之一。教士们将瓜拉尼人组织起来从事农业生产，包括纺织和茶叶的生产，而这茶叶是巴拉圭引以为豪的农产品，称为巴拉圭茶，也称马黛茶（mate），至今都是该国出产的主要农产品之一。耶稣会安排当地印第安人有组织地进行农业生产的举动，虽然饱受争议，但也不失为西班牙语美洲历史上一个颇有价值的尝试。1767年，耶稣会教士遭到驱逐，印第安人合作社性质的农业生产活动也被迫中断，可是耶稣会时期的语言模式却保留了下来，继续遭受争论和挑战。当时，教士们普遍使用瓜拉尼语作为其传教的口头用语和书面用语，这为瓜拉尼语的传承和广泛使用提供了可能。

在接下来一段相对较短的时期内，亚松森得到了西班牙王室的重视，其得天独厚的地理位置成为运送金银珠宝绝好的转运点。然而，途经查科的线路充满艰难险阻，政治阴谋和诡计也使得殖民地不得安宁。1617年，亚松森正式从布宜诺斯艾利斯分离出去，自此便踏上了没落之路。因为和秘鲁总督区相距甚远，与利马缺乏联系，海运方面的作用也逐渐淡去。取得独立以后，巴拉圭便深陷弗朗西亚独裁的阴霾之中，几乎与外界失去了所有联系。在此期间，外国人遭到驱逐或是被迫和当地人断绝往来，巴拉圭语言不再从布宜诺斯艾利斯等地汲取活力，这严重阻滞了语言的发展进程，对语言创新尤为不利。直至今日，巴拉圭依旧拒绝接受布宜诺斯艾利斯式的说话风格和语调。

巴拉圭的双语共存现象在某种程度上也体现了语言在巴拉圭社会层面的一些特点，其中一个突出特征是瓜拉尼语与西班牙语有着迥异的地位，前者较多为土著居民所使用，地位较低；后者则更多地由统治阶层，或是特权阶层所掌握，地位较高。1967年颁布的宪法首次将瓜拉尼语列为官方语言之一。1992年颁布的宪法，再次强调瓜拉尼语是巴拉圭官方语言之一，也是国家文化遗产之一，与西班牙语享有同等待遇。这对于长久以来都只作为家庭内部用语的瓜拉尼语来说，是百年难遇的幸事。瓜拉尼语的地位上升到了前所未有的高度，并开始逐渐摆脱人们一直以来对其形成的根深蒂固的看法，即瓜拉尼语的重要性不及西班牙语。亚松森在众多双语城市中显得引人注目，许多语言学家将注意力投向了那里。人们发现当前巴拉圭的语言现状有以下这些特点。首先，讲瓜拉尼语的民众强烈的自豪感体现在对瓜拉尼语的特殊忠诚上，这种自豪感在说西班牙语的人群中也同样可以感受到，但前者发自内心，后者则更多出于实用性和社会性；其次，对语言的忠诚还体现在坚持语言的纯正性，许多人不愿意接受不同西班牙语和瓜拉尼语间互相影响的事实；最后，掌握双语的人在一些社会领域对双语并存的态度也是较模糊的。虽然瓜拉尼语作为工具语言纳入到教育中，但相对西班牙语，依然没有得到足够重视，西班牙语仍然以绝对优势继续活跃在社会各个领域。此外，一些语言学家对瓜拉尼语的前景持悲观态度，他们甚至认为会讲瓜拉尼语，并非巴拉圭人的首要身份象征；瓜拉尼语会在不久的将来被西班牙语所取代，成为留存在人们记忆中的文化遗产。

然而，归根到底，西班牙语和瓜拉尼语并不是一成不变的两种独立语言，从西班牙殖民者踏足瓜拉尼民族土地的那一天起，二者就在互相排斥但同时又互相融合的过程中发生着细微而深刻的变化。在巴拉圭，除了两种官方语言之外，还存在着多种语言变体，而这些变体随着岁月的推移依旧经历着不断的改变。

二、其他语言对巴拉圭西语的影响

从殖民时期开始，瓜拉尼语就对巴拉圭语言结构的形成做出了不可磨灭的贡献。巴拉圭西班牙语的不少特点都可以归功于瓜拉尼语，而这在西班牙语美洲是一种十分独特的现象。人们通常认为，瓜拉尼语的广泛使用在一定程度上阻碍了语言的多样性，不少部落的语言被扼杀，或是被同化，形形色色的土著语言渐渐趋于一致，失去个性。不过，有一些印第安部落仍然坚持着自己的语言和文化，其中的部落仅有数百人。

非洲的奴隶语言对巴拉圭的语言也产生过影响。18世纪初，非洲人口占巴拉圭总人口的10%，但是19世纪人口输入总量减少了很多，巴拉圭本地的非洲人口也在锐减。独立战争期间，数以千计的黑人士兵跟随乌拉圭领导者阿尔提加斯[1]来到巴拉圭，还有许多非洲与巴西混血的人种在巴拉圭定居。遗憾的是，非洲语言对巴拉圭当地语言的影响鲜有文字记载，这也在研究上加大了难度。

19世纪末至20世纪初，欧洲大批移民涌向巴拉圭，其中数量最多的当属德国人，当然也不乏意大利人、法国人和黎巴嫩人。渐渐地巴拉圭西班牙语中混入了意大利语的某些词汇。那些在巴拉圭定居下来的欧洲人也熟练掌握了巴拉圭的两大语言，在他们身上已然找寻不到其母语的痕迹。巴拉圭许多部落间的联系极为微弱，因此其自身独特的语言和风俗传统得以保存下来。

第三节　巴拉圭西班牙语的特点

一、词形方面

巴拉圭西班牙语中有使用 voseo 的情况，和拉普拉塔河流域使用的口语表达形式相一致。在受教育的人群中依然可以看到 tú 的使用，但是在巴拉圭很难找到只使用 tuteo 的"孤岛"。

---

[1] 何塞·赫尔瓦西奥·阿尔提加斯(José Gervasio Artigas, 1764—1850)，拉普拉塔河流域军人、政治活动家，乌拉圭最重要的显贵之一，为阿根廷独立战争和战后建设做出巨大贡献。

二、句法方面

在巴拉圭，受教育程度高的人所使用的西班牙语和南美洲其他操西班牙语的国家差别甚微，但是一提到双语模式对语言的影响时，便不得不说到一些特别的句法结构。

公民教育水平高低直接影响其瓜拉尼语或西班牙语的流利程度，而教育水平又和其社会、经济地位密不可分。那些移居国外的巴拉圭人，鲜有研究中所列举的巴拉圭西班牙语的特点；在城市居民中的工人以及乡村居民受教育有限，其西班牙语涉及不规范的语法，和标准西班牙语相去甚远；受到瓜拉尼语影响而形成的西班牙语被称作guarañol，这种现象甚至让人猜想，在巴拉圭是否存在第三种语言？事实上，在巴拉圭至少存在三种不同的交流方式：首先是西班牙语和瓜拉尼语的交错使用，也就是在这两种语言词汇的基础上，分别套用适合的句法框架，这是巴拉圭双语者典型的说话方式，尤其在城市更为常见，此种现象在巴拉圭，乃至其他双语国家都可以看到。其次，巴拉圭的双语者也操着一口受西班牙语影响颇深的瓜拉尼语，这种影响既有词汇方面的，也有句法方面的。jopará是瓜拉尼语词汇，字面意思即"混合"，通常用来表示瓜拉尼语持续地受到西班牙语影响，也就是说在两种语言间游刃有余、自由进出的同时，把西班牙语元素渗入到瓜拉尼语中。最后，很多讲不好西班牙语的双语者在说西班牙语时经常犯语法错误，这情况和guarañol比较相似。他们在讲西班牙语时带有浓重的瓜拉尼语色彩，瓜拉尼语的句法和词形会影响到他们的西班牙语表达。

曾经就当地人掌握语言的流利程度在巴拉圭不同地区和社会阶层开展了一项调查，尽管数据来源不是很可靠，但也在一定程度上反映了实际情况。在亚松森和其他较大城市，大约30%的居民倾向使用西班牙语作为家庭用语，20%则偏爱瓜拉尼语，50%自由选择两种语言的任一种。然而，仅在亚松森一个城市做出的统计结果则表明，超过40%的居民更喜欢西班牙语。而在乡村地区，仅有2%的人口倾向于使用西班牙语，75%的人口倾向于使用瓜拉尼语，仅有25%的人口自由选择任何一种。这些数据显示了城市和乡村人口在语言选择上的显著差异，也解释了巴拉圭的西班牙语为何在举例时会出现如此多的分歧。

以下所举例子是西班牙语受到瓜拉尼语影响后，出现的部分句法结构：

有时不定冠词会与物主形容词放在一起使用，如："un mi amigo"（规范西班牙语：un amigo mío），"otro mi hermano"（规范西班牙语：otro hermano mío，我的另一位兄弟。）；

当西班牙语中应为主动的情况，使用被动的 ser+过去分词的结构，如："si él fuera venido ayer"（规范西班牙语：si le vendieran ayer，要是他昨天就来的话）；

在询问数量时会使用 qué tan, qué tanto 提问，这在乡村的一些地区较为常见，墨西哥和中美洲也可以见到，但在南美洲却是很罕见的情况；

Todo（ya）用来指某件已经完成的事或刚刚做完的事，如："Ya trabajé todo yo."（规范西班牙语：Ya he terminado de trabajar. 我做完活儿了。）；"Mañana compraré todo para tu ropa."（规范西班牙语：Mañana terminaré de comprar tu ropa. 明天我就去给你买衣服）。以上例子中 para 用来表示所属。

在巴拉圭，人们会使用 de+人称代词来替代西班牙语中的利益与格，如："Se murió de mí mi perrito."（规范西班牙语：Se me murió el perrito. 我的狗狗死了。）；"Se perdió de mí mi chequera."（规范西班牙语：Se me perdió la chaqueta. 我的外套丢了。）

西班牙语掌握不扎实的双语使用者常常在同级比较句中将 tan 一词省略，如："Mi hermano es [tan] alto como el de Juan."（我弟弟和胡安一样高。）

瓜拉尼语掌握得极为熟练的巴拉圭人不能很好地区分 tú 和 usted，因为瓜拉尼语中表示第二人称的只有一个人称代词 ndé。

系动词 ser 可能在一些结构中省略，如："Eso[es]lo que yo te pregunté."（那就是我问你的事。）

定冠词或定冠词的特定部分在一些情况下会省略，如："El día de hoy es más caluroso que [el] de ayer."（今天比昨天热。）；"Los de[l] tercer grado son más cabezudos que los de[l] segundo."（三年级的学生比二年级的风头可劲多了。）

三、词汇方面

事实上，巴拉圭西班牙语中的词汇和南美洲，尤其是拉普拉塔河流域使用的词汇一致。瓜拉尼语词汇让巴拉圭的西班牙语变得与众不同。比如，ñandutí 指的是巴拉圭精美的花边装饰物；ñanduí 指的是与鸵鸟类似的一种鸟；urubú 指兀鹫；yopará 指瓦罐或是葡萄藤。这其中很多词都是双语者使用的，为的是方便命名动植物、食物、服装等。这样一来，他们用 mitaí 替代 niño/niña，karaí 等同于 señor。巴拉圭人用西班牙语和外地人对话时，若对方没有瓜拉尼语知识，便很难明白巴拉圭人所言何物。

四、语音方面

巴拉圭西班牙语中还保留着硬腭边音/ʎ/。这个音在巴拉圭并无消失的迹象，尽管在一些城市，这个发音已逐渐被/y/音替代。有关/ʎ/音保存至今的众多说法尚无法让人完全信服：有专家对此提出设想，认为西班牙语对于大部分巴拉圭人而言并非一种熟悉的语言，所以与西班牙语美洲绝大部分地区不同的是，巴拉圭人并没被迫接受语言方面的转变；另外有语言学家则将该假设延伸得更远，他们断定"当瓜拉尼语完全涵盖了难发的外来音，和/y/音相区别开就产生了荣誉方面的问题"。也有专家认为瓜拉尼人是最近才开始渐渐接受/ʎ/音，他们原先对这一发音非常抗拒。这些假设并不建立在任何语音改变的理论之上，和/ʎ/音逐步被/y/音取代的说法也背道而驰；另外还有专家举证说从西班牙北部巴斯克地区过来的移民，是以其/ʎ/音著称的；此外历史上巴拉圭在地理、社会和政治长期遭受孤立，这或许也是/ʎ/音得以保存下来的另一大原因。

/rr/常常是齿龈多颤音，很少受到安第斯高原地区的典型擦颤音影响。

/r/在词尾时通常发弱化的擦音，有时甚至不发音，但是在末尾发咝音则是很罕见的。在巴拉圭，词尾辅音不发音是非常普遍的现象。

/s/在音节末尾或是在词尾时都要发送气音，但是完全不发音则很罕见的，除了在语段的末尾。在很多乡村居民和城市社会下层居民中，很容易听到完全省略/s/的情况。和智利、玻利维亚低地及加勒比地区相比，巴拉圭/s/音的消失比例是很高的。值得一提的是，巴拉圭受教育程度较高的人群中，/s/音完好无损地保留了下来。

第十四章　加泰罗尼亚语与西班牙语

第一节　加泰罗尼亚语的概况及历史

加泰罗尼亚语属印欧语系罗曼语族，由通俗拉丁语演变而来。其使用人口主要位于西班牙、法国、安道尔（Andorra）和意大利，其中大部分使用者在加泰罗尼亚。以加泰罗尼亚语为唯一官方语言的国家是安道尔，加泰罗尼亚语同时也是西班牙加泰罗尼亚、瓦伦西亚和巴利阿里群岛的官方语言。

加泰罗尼亚语最早的文学作品出现于12世纪教堂的传教书中，那时还有许多用加泰罗尼亚语创作的游吟诗。加泰罗尼亚语文学在中世纪达到鼎盛时期。然而，随着卡斯蒂利亚王国的兴起，加泰罗尼亚语文学逐渐走向衰落，后几经浮沉，但加泰罗尼亚语文学却从未停止其复兴之路。

据2012年的统计数据，以加泰罗尼亚语为母语的人数是410万，2018年的统计数据则显示，全世界有超过1000万的人讲这门语言。

一、加泰罗尼亚语史

公元前1000年至公元前218年间，在现今的加泰罗尼亚自治区、瓦伦西亚自治区、巴利阿里群岛生活着索罗塔普陀人（los sorotaptos）、凯尔特人、腓尼基人、希腊人和伊比利业人。这些土著人的语言自然成了日后影响加泰罗尼亚语的下层语言[①]。

公元前218年，大西庇阿带领由两个军团一万五千士兵组成的联军登陆恩波里翁，从此，伊比利亚半岛开始漫长的罗马化进程。然而，加泰罗尼亚地区的罗马化进程直到公元前1世纪才开始，而当时加泰罗尼亚地区的中心是塔拉戈纳（Tarragona）。加泰罗尼亚罗马化进程开始后，罗马的文化、立法、风俗习惯以及罗马帝国使用的拉丁语也开始

---

① 下层语言（sustrato），指对同一地区稍后出现的语言产生影响的语言。

在加泰罗尼亚地区得到扩散。但加泰罗尼亚各地的罗马化进程并未同步进行，安普尔丹（Ampurdán）和沿海地区的罗马化程度普遍较高，奥洛特（Olot）和加泰罗尼亚内陆地区则相对缓慢，西比利牛斯山地区则直到中世纪才开始罗马化进程。因此，虽然在经过了一段拉丁语和土著语言并存的双语时期后，拉丁语最终得以取代土著语言成为通用语，但各地因其拉丁语化程度参差不齐，再加上受到当地原土著语的影响，他们的拉丁语呈现出各自不同的特点。

公元5世纪，罗马帝国逐渐分崩离析。476年最后一个皇帝罗慕路被蛮族将领奥多亚克废黜，西罗马帝国从此灭亡。帝国的语言——拉丁语也从一个统一的语言逐渐分崩离析成差异显著的多个罗曼斯语，其中就有加泰罗尼亚语。

二、加泰罗尼亚语口语形式的出现以及与拉丁语的分离

公元410年，西哥特大军攻占并洗劫了罗马城。公元475年，西哥特国王尤里克（Eurico）在高卢西南和西班牙建立了以土鲁斯①为中心的罗马帝国境内第一个日耳曼王国——西哥特王国，把加泰罗尼亚并入版图。此后，西哥特王国统治加泰罗尼亚长达两个半世纪。

日耳曼人入主伊比利亚半岛后的这段时期，加泰罗尼亚语逐渐形成口语形式，从拉丁语结构中分离出来，并不断从日耳曼诸语言及阿拉伯语中吸收词汇。

公元711年，来自中东及北非的穆斯林教徒，在瓜达雷特战役中大败西哥特王国。自此，阿拉伯人开始了对伊比利亚半岛长达八个世纪的统治。公元718年，北非穆斯林势力占据加泰罗尼亚地区，使其成为倭马亚王朝②中安达卢斯的一部分。

占领了绝大部分伊比利亚半岛的摩尔人跨越比利牛斯山脉，继续向法国挺进。公元732年，法国军队在图尔战役中击败了穆斯林军队，并决定反攻回去，将穆斯林彻底赶回伊比利亚半岛。公元795年，查理大帝③在加泰罗尼亚设立了多个封地，成立西班牙边区（Marca hispánica），作为法兰克王国与摩尔人的倭马亚王朝之间的缓冲

---

① 土鲁斯（Tolosa），又译图卢兹，今为法国西南部大城市。
② 倭马亚王朝（Califato Omeya），阿拉伯和北非穆斯林（西方称摩尔人）统治下的伊比利亚半岛和塞蒂马尼亚。
③ 查理大帝（Carlosmagno, 742—814），又作查理一世，法兰克卡洛林王朝国王（768—814年在位），德意志神圣罗马帝国的奠基人，公元800年，由罗马教皇立奥三世加冕为"罗马人的皇帝"。他引入欧洲文明，将文化重新从地中海希腊一带转移至欧洲莱茵河附近，被后世尊称为"欧洲之父"。

区。公元801年，路易一世①率领军队征服了巴塞罗那，驱逐了那里的穆斯林，巴塞罗那就此成为法兰克王国的一部分。

公元8世纪晚期至9世纪，查理大帝及其后继者在欧洲推行卡洛林文艺复兴运动（Renacimiento carolingio），企图通过重新推广古典拉丁语使当时的欧洲摆脱蒙昧状态。也正是在此期间，生活在西班牙边区的加泰罗尼亚人开始意识到他们所讲的"拉丁语"已经发生了巨大的变化，甚至完全变成了另一种语言。

公元813年，查理大帝在法国图尔市召集各教区主教举办图尔教士会，会上做出了一项非常重要的决定，即为确保所有的教民都能够听懂布道，要把布道词翻译成通俗罗曼斯语，而不再使用拉丁语进行布道。这也是历史上第一次明确指出罗曼斯语的存在。

三、日耳曼语及阿拉伯语与加泰罗尼亚语的接触

无论是西哥特人还是法兰克人，都没能像罗马人一样用自己的语言替换掉加泰罗尼亚地区所使用的语言，究其原因有二：一是当时生活在加泰罗尼亚地区的西哥特人、法兰克人数量有限，无法对当地语言产生重大影响；二是西哥特人以及法兰克人也都在某种程度上被罗马化了。因此，西哥特人及法兰克人对加泰罗尼亚地区语言上的影响便局限在常用词汇以及人名、地名词汇上。

加泰罗尼亚语的常用词汇中有大量源自日耳曼语的词汇，一方面是由于公元1—5世纪期间，日耳曼部落与罗马帝国交流频繁，一些日耳曼语词汇在当时就已经进入通俗拉丁语当中；另一方面则是日耳曼语，尤其是哥特语及法兰克语（franco）直接向加泰罗尼亚地区输入词汇；还有一部分日耳曼词汇是通过临近的罗曼斯语——如法语或奥克语（occitano）传入的。在人名、地名专有词汇方面，尤其是人名，9—10世纪源自日耳曼语的人名是使用最多的。起初，大部分人名都源自哥特语，如Sunyer→Suniari，但后期也出现了源自法兰克语的名字，如Wilhelmus→Guillermo。地名方面，在旧加泰罗尼亚地区②可以找到很多源自日耳曼语的地名，这些地名大多形成于卡洛林王朝时期，如Ricosind→Requesens。

阿拉伯语对加泰罗尼亚语的影响是比较显著的。但由于二者分属不同语系，语言结构差异明显，故前者对后者的影响也主要体现在词汇及人名、地名等专有名词上。

---

① 路易一世（Luis Ⅰ，778—840），法兰克国王及皇帝（814—840年在位），查理大帝之子及继承人。
② 此处指西班牙边区范围内的地区。

许多阿拉伯语词汇通过商贸往来或文学、科学等作品的翻译进入加泰罗尼亚语中；还有一些与军事、民用机构相关的词汇也源自阿拉伯语，但这类词汇正在逐渐消失，如 gutzir, alamí；一些和城市建设以及灌溉系统相关的用语也源自阿拉伯语，如 alfatara, almanara；还有些其他的词汇如 safata, matalàs, guitarra, albarà, duana, sínia 等。源自阿拉伯语的地名则主要位于被伊斯兰教徒统治时间更长、阿拉伯化更深入和彻底的地区，如 Binissalem, Benicàssim 等。

日耳曼语和阿拉伯语对加泰罗尼亚语的影响范围也有不同：阿拉伯语对新加泰罗尼亚[①]地区所讲的加泰罗尼亚语影响较大，因为新加泰罗尼亚被摩尔人统治的时间更长；而旧加泰罗尼亚长期以来都处于法兰克帝国的统治之下，自然受到日耳曼语的影响更深。

四、加泰罗尼亚语书面语的出现

7世纪末至8世纪初，加泰罗尼亚语口语就已经形成。然而，其书面语形式的出现却要到几个世纪后才开始。9世纪和10世纪，在用拉丁语撰写的文章中就已经明显出现了古加泰罗尼亚语词汇和句子结构。

到了11世纪，加泰罗尼亚语的元素越来越多地出现在采邑文献中——尤其是誓词和咒语中。现存的第一批完全用加泰罗尼亚语书写的采邑文献在11世纪末出现：《卡波家族的领主吉塔尔德·伊萨恩的咒语》（*Greuges de Guitard Isarn, senyor de Caoet/Agravios de Guitard Isarn, señor de Caboet*）是现存最早的完全使用加泰罗尼亚语书写的文献，写于1080—1095年间；另一篇同时期用加泰罗尼亚语撰写的文献名为《佩雷·拉蒙·德·帕亚斯·胡撒伯爵致乌赫尔主教的和平休战誓词》（*Jurament de pau i treva del comte Pere Ramon de Pallars Jussà al bisbe d'Urgell/Juramento de Paz y Tregua del conde Pere Ramon de Pallars Jussà al obispo de Urgel*），大致写于1098年。此外，其他一些于12世纪用加泰罗尼亚语书写的采邑文献也得以流传至今。

但是12世纪，加泰罗尼亚语已经不仅仅局限于用来撰写采邑文献了，第一批用加泰罗尼亚语书写的法律文件的译文或改编就出自这一时期，如一部名为《律法之书》（*Liber iudiciorum/Libro de los Juicios*）的西哥特人法典就是在12世纪末写成的，现

---

① 此处指12世纪后由巴塞罗那伯爵拉蒙贝伦格尔四世攻下的地区。

存于蒙特塞拉特修道院图书馆（Biblioteca de la Abadía de Montserrat），但人们认为这只是12世纪中期译文的一部誊写版，因为在乌赫尔教堂的乌赫尔教会文档中保存着另一版用加泰罗尼亚语撰写的《律法之书》，标注的日期为12世纪上半叶。

13世纪加泰罗尼亚语书面语的使用更加广泛，现今已知最早的巴塞罗那《习惯法》译文出现在13世纪初。此外，《奥尔加尼亚的颂歌》[①]也在12世纪末13世纪初问世，它被认为是第一篇用加泰罗尼亚语书写的具有文学性质的文章。在瓦伦西亚，为规范新征服土地的司法秩序，政府于1261年颁布了拉丁语书写的《瓦伦西亚法典》（Fueros de Valencia），随后该法典又被译成加泰罗尼亚语。这部法典具有非常重要的法律及语言学价值。

五、加泰罗尼亚语文学

12世纪末13世纪初，《奥尔加尼亚的颂歌》的问世标志着加泰罗尼亚语文学的开端。

中世纪期间，包括普罗旺斯语在内的奥克语同加泰罗尼亚语的区别微乎其微，甚至在很长一段时期内都被看作是同一种语言。15世纪以前，所有高雅的诗人在创作时都使用普罗旺斯语，因此，中世纪使用加泰罗尼亚语创作的文学作品多是一些游吟诗人所做的游吟诗。而这一切都在拉蒙·尤以出现后得到改变。

13世纪出生于巴利阿里群岛的拉蒙·尤以（Ramón Llull, 1232—1315）被认为是中世纪加泰罗尼亚文学最杰出的人物之一，他为加泰罗尼亚语文学奠定了基础，使刚刚作为书面语出现的加泰罗尼亚语拥有了属于自己，同时具有哲学和科学价值的巨作，他还创造了大量的词汇，丰富了加泰罗尼亚语，使加泰罗尼亚语同奥克语区分开来。因此拉蒙·尤以也被公认为加泰罗尼亚语散文之父。他的代表作有《艾瓦斯特与布兰凯尔纳的浪漫史》（Romanç d'Evast e Blanquerna/ Romance de Evast y Blanquerna）、《费利克斯或奇迹之书》（Fèlix o Llibre de meravelles/ Fèlix o Libro de maravillas）以及《骑士全书》（Llibre de l'orde de cavalleria/ Libro del orden de caballería）。

13世纪末至14世纪，有四部用加泰罗尼亚语书写的编年史问世，它们分别是：

[①] 《奥尔加尼亚的颂歌》（Homilías de Organyà），即用加泰罗尼亚语写成的对拉丁语版《福音书》中几个篇章的评论。

征服者海梅一世[①]的自传式编年史《功过簿》(*Llibre dels fets/ Libro de los hechos*)，贝尔纳特·德斯克洛特的《编年史》，拉蒙·蒙塔内尔的《编年史》以及佩德罗四世的《编年史》。这四部编年史不仅具有史学价值而且还有很高的文学价值，标志着拉蒙·尤以开启的加泰罗尼亚语散文走向成熟，其中还隐约可见之前文学作品中不曾出现过的民族主义和爱国主义情怀。

宗教对中世纪社会的影响不容小觑，在其影响下，出现了一大批以训导基督教道德准则为目的的文学作品。赫罗纳人弗朗切斯科·艾辛门尼斯（Francesc Eiximenis）、瓦伦西亚人维森特·费雷尔（Vicent Ferrer）以及马略卡岛人安瑟伦·图尔美达（Anselm Turmeda）都是14世纪道德宗教散文最独树一帜、出类拔萃的文学家。

14世纪末传入的人文主义思潮，在阿拉贡联合王国的作家中掀起了一股痴迷古典时期及拉丁语的浪潮，人类中心论也在这一时期诞生。这种新兴的人本主义文化在拉丁语及加泰罗尼亚语中都得到过阐释，其代表人物是著有《梦》（*Lo Somni/ El Sueño*）的巴塞罗那作家伯纳特·梅特格（Bernat Metge），他革新了加泰罗尼亚散文的风格。

15世纪的加泰罗尼亚语文学，因一位作家及一部作品的出现达到了繁荣鼎盛的时期。这位诗人就是瓦伦西亚诗人奥斯阿斯·马奇（Ausiàs March）。他摒弃了游吟诗的创作传统，加入了其他文学形式，如意大利的"新体"，经典翻作以及基督教的神秘主义。然而，他最突出的贡献还在于开创了极具个性的诗歌世界，作风干脆，与过分强调高超写作技巧决裂。他所做的128首诗分为3组，分别以《爱情之歌》（*Los cantos de amor*）、《死亡之歌》（*Los cantos de muerte*）和《精神之歌》（*El canto espiritual*）为题。另一位瓦伦西亚作家朱安诺·马尔托雷尔（Joanot Martorell）所著《白朗骑士》（*Tirant lo Blanc/ Tirante el Blanco*）[②]则为流浪汉小说带来了一场革命，这部小说有别于传统的写作方式，它描绘出一幅现世的画面：其主人公都是些有血有肉的饮食男女，充分反映了新兴资产阶级的价值观和思想。

[①] 征服者海梅一世（Jaime I el Conquistador, 1208—1276），阿拉贡国王（1213—1276），加泰罗尼亚亲王，马略卡国王（1229—1276），瓦伦西亚国王（1239—1276），巴塞罗那伯爵和蒙彼利埃领主。
[②] 又译《骑士蒂朗》。

六、加泰罗尼亚文学的衰落

1412年，根据《卡斯佩协议》①，费迪南一世被选为阿拉贡国王，成为阿拉贡、巴塞罗那、德索夫拉韦、里瓦戈萨、马略卡、蒙彼利埃、西西里和撒丁岛的共同君主，加泰罗尼亚开启了特拉斯塔马拉王朝（Casa de Trastámara）时代，宫廷语言也被卡斯蒂利亚语所取代。1469年，卡斯蒂利亚语女王伊莎贝尔一世和阿拉贡联合王国国王费尔南多二世结婚，1474年，伊莎贝尔和费尔南多二世夫妇宣布阿拉贡和卡斯蒂利亚合并，两人成为西班牙的并肩王，加泰罗尼亚人摆脱卡斯蒂利亚人统治的希望变得更为渺茫。15世纪末，卡斯蒂利亚语文学迎来了其黄金时期，大部分加泰罗尼亚语作家也都用卡斯蒂利亚语写作，人们甚至达成了一种共识，即加泰罗尼亚语并不适用于文学创作，加泰罗尼亚语文学也因此经历了长达三个世纪的没落期。

尽管如此，仍可以透过以下作家的作品窥见这三个世纪的文化活动对文学所产生的影响：佩雷·塞拉菲（Pere Serafí），这一时期用加泰罗尼亚语进行文学创作的最优秀的诗人；弗朗切斯科·维森特·加西亚（Francesc Vicent García），也被称作"巴尔福戈纳教区的首席神甫"，他深受同期卡斯蒂利亚语诗歌的影响，创作的诗歌具有巴洛克风格，他也是这一时期最受欢迎的作家；朱安·拉米斯（Joan Ramis）则是新古典主义运动的代表作家。

七、加泰罗尼亚重生

19世纪上半叶，西班牙兴起了一场加泰罗尼亚重生（Renaixença）运动，旨在复兴加泰罗尼亚语言、文学以及加泰罗尼亚文化。

1833年，博纳文图拉·查尔斯·阿丽宝（Bonaventura Carles Aribau）用加泰罗尼亚语所写的诗歌《祖国颂》（*Oda a la Patria*）在《蒸汽日报》（*El Vapor*）发表，这也被视为加泰罗尼亚重生运动的开端。1835年，巴塞罗那大学得以重建。1839年，米格尔·安东·马蒂（Miquel Anton Martí）出版了第一部加泰罗尼亚语诗集《寡居之泪》（*Llàgrimes de viudesa/Lágrimas de viuda*）。《加泰罗尼亚真相》（*Lo Vertader Català/ La verdad catalana*）直到1843年才问世。在加泰罗尼亚语被欧洲认可的过程

---

① 1410年阿拉贡巴塞罗那世系的马丁二世去世，无嗣。为了选举新国王，阿拉贡联合王国、瓦伦西亚王国及加泰罗尼亚公国代表于1412年签署《卡斯佩协议》，选举马丁二世的外孙——卡斯蒂利亚国王胡安一世的儿子费尔南多一世为国王。

中，哈辛托·贝达格尔（Jacint Verdaguer）、安赫尔·吉梅拉（Àngel Guimerà）以及纳西斯·奥勒（Narcís Olle）为此做出了卓越的贡献。

作为19世纪加泰罗尼亚最伟大的人物，贝达格尔以其两部具有象征意义的作品——《亚特兰底斯》（L'Atlàntida/ La Atlántida）和《卡尼戈》（Canigór）——征服了大众，同时为加泰罗尼亚语诗歌奠定了基础。

吉梅拉的作品则将现实主义的主要元素与浪漫主义相结合，并革新了19世纪的戏剧作品。其代表作有《海洋与天堂》（Mar i cel/ Mar y cielo）、《玛利亚·罗莎》（María Rosa）、《海洋之女》（La filla del mar/ La hija del mar）以及《低地》（Terra baixa/ Tierra baja）。

在叙事文学方面，贡献最大的当属纳西斯·奥勒。他把加泰罗尼亚语小说汇入当时欧洲美学潮流之中，加入了现实主义和自然主义元素，代表作有《淘金热》（La febre d'or/ La fiebre de oro）和《疯狂》（La bogeria/ La locura）。

八、20世纪的加泰罗尼亚文学

19世纪末20世纪初的加泰罗尼亚文学的繁荣伴随着两个重要的文学运动，现代主义运动[1]以及九百年代派运动[2]，这两项运动有一个共同的目标，即加快加泰罗尼亚文化的现代化步伐，使其尽快融入当时的欧洲文化。

现代主义的代表作家有朱安·马拉加尔（Joan Maragall）、华金·若易拉（Joaquim Ruyra）以及卡德莉娜·阿尔伯特（Caterina Albert）。其中马拉加尔是现代主义诗歌的集大成者，其诗作充满活力与生机，风格简练，直击心扉，其代表作有《幻觉与吟唱》（Visions i Cants/ Visiones y Cantos）、《阿尔瑙伯爵》（El comte Arnau/ El conde Arnau）以及《灵歌》（Cant espiritual/ Canto espiritual）。

20世纪初出现的九百年代派运动，则将源自资产阶级的加泰罗尼亚民族主义政治和文学联系起来，企图通过政治干预来实现对加泰罗尼亚文化的变革。尤金尼·多尔斯（Eugeni d'Ors）提出了其美学思想体系，拒绝浪漫主义，推崇理想主义、古典主义及矫饰艺术。这一潮流下最受欢迎的文学形式是诗歌，而其最具代表的人物则是约

---

[1]《西班牙语词典》（1899）对现代主义（modernismo）的定义为："对于现代的过分热爱，和对于古代的过分轻视，尤其是在文学和艺术方面。"西班牙现代主义文学运动开展于1890—1910年间，主要成就在诗歌领域。
[2] 九百年代派运动（novecentismo）是加泰罗尼亚20世纪初最重要的社会运动，内容涉及政治、文化、艺术等方方面面。

瑟·卡尔纳尔（Josep Carner），著有《甜美的果实》(*Los frutos sabrosos*)、《平静的心》(*El cor quiet/ El corazón quieto*) 和《预言家》(*Nabí*)。

20世纪20—30年代比较重要的加泰罗尼亚语文学家有诗人卡莱斯·里巴（Carles Riba）、约瑟·玛利亚·德·萨卡拉（Josep María de Sagarra）、约瑟·布拉（Josep Pla）。其中，约瑟·布拉的《灰色本子》(*El quadern gris/ El cuaderno gris*) 被视为加泰罗尼亚语文学最重要的作品之一，同时约瑟·布拉也是当代加泰罗尼亚语文学史上最重要的散文家。

30年代末，西班牙内战爆发，佛朗哥在西班牙内战中胜利后取消加泰罗尼亚的自治，并禁用加泰罗尼亚语，打压加泰罗尼亚民族主义。在佛朗哥的独裁统治下，一些作家艰难地坚持了下来，一批新生代作家的涌现，为加泰罗尼亚语文学做出了贡献。这一时期最杰出的文学家有约伦克·比亚隆加（Llorenç Villalonga）和梅尔塞·罗多雷达（Mercè Rodoreda）。梅尔塞·罗多雷达更被誉为20世纪最重要的文学家之一，也是加泰罗尼亚语文学界最具国际知名度的女作家。

第二节　加泰罗尼亚语的现状

一、政治

佛朗哥统治时期的加泰罗尼亚语

1939年弗朗西斯科·佛朗哥（Francisco Franco, 1892—1975）领导的民族主义军队在西班牙内战中获胜，西班牙从此进入近四十年的佛朗哥独裁统治时期。

佛朗哥上台后，加泰罗尼亚语及其文化陷入最灰暗时期，加泰罗尼亚自治章程、加泰罗尼亚议会以及加泰罗尼亚自治政府均被废除。此外，加泰罗尼亚语在佛朗哥政权管辖地区的官方语言地位也被取消，当局为取缔加泰罗尼亚语，甚至规定禁止使用加泰罗尼亚语为墓碑撰文。人们只能在家中和家人使用加泰罗尼亚语。

根据当时国家教育部的规定，巴塞罗那自治大学（Universidad Autónoma de Barcelona）被关闭，与加泰罗尼亚文化相关的如加泰罗尼亚语语言文学、加泰罗尼亚现代史、加泰罗尼亚地理、加泰罗尼亚民法及加泰罗尼亚中世纪艺术史等课程亦均被取消。

加泰罗尼亚教育保护协会（Asociación Protectora de la Enseñanza Catalana）被

取缔，印有加泰罗尼亚语书写的佛朗哥政权宣传语的卡车被没收，大街小巷都印满了带有佛朗哥肖像的卡斯蒂利亚语宣传句子，如"如果你是西班牙人，就要讲西班牙语"或"此地讲帝国之语"。卡斯蒂利亚语继而成为教育、行政及传媒机构可使用的唯一语言。

二、现代时期的加泰罗尼亚语

1975年11月19日佛朗哥逝世，胡安·卡洛斯一世[①]登上王位，实行君主立宪制并展开民主改革，近四十年的独裁统治结束，西班牙迎来了民主过渡期（Transición）。

1977年加泰罗尼亚自治政府重建，1979年瓦伦西亚自治政府重建，1983年巴利阿里群岛议会重建，加泰罗尼亚语开始走上复苏和重生之路。

1978年的西班牙宪法（Constitución Española）规定，卡斯蒂利亚语为国家官方语言，全体国民有义务掌握它、有权利使用它；根据各自治区的规定，西班牙的其他语言亦为各自治区的官方语言。同年加泰罗尼亚颁布了加泰罗尼亚语法令（Decreto del catalán），将加泰罗尼亚语作为一门课程引入学校中。

1979年加泰罗尼亚自治章程（Estatuto de Autonomía de Cataluña）宣布，加泰罗尼亚语同卡斯蒂利亚语同为加泰罗尼亚地区的官方语言。

1983年语言正常化法（Ley de normalización lingüística）颁布，该法案规定加泰罗尼亚语为教学语言，除其他语言的授课外，所有课程均使用加泰罗尼亚语授课。

2006年加泰罗尼亚自治章程规定，加泰罗尼亚的语言是加泰罗尼亚语；加泰罗尼亚语是加泰罗尼亚政府部门及公共传媒的常规语言，也是教学使用的工具语，学校应讲授加泰罗尼亚语。该章程再一次从法律上巩固了加泰罗尼亚语的地位。

1978年以来，在各项政策的推动下，加泰罗尼亚语已成为加泰罗尼亚地区餐馆菜单、公共海报及街道名称中所使用的唯一语言（也有双语并用的情况）；加泰罗尼亚语还成为加泰罗尼亚自治区教育体系中的第一语言。

然而，关于加泰罗尼亚语的未来，加泰罗尼亚社会语言学研究院院长米格尔·斯特鲁贝尔（Miquel Strubell）指出，加泰罗尼亚出生率偏低以及从西班牙其他地区，尤其是讲卡斯蒂利亚语的地区迁移到加泰罗尼亚的居民数量增加等原因，都使得加泰罗尼亚语的未来充满了不确定性。

[①] 胡安·卡洛斯一世（Juan Carlos I），西班牙退位国王，佛朗哥时代结束后的首任国王，1975年登基，2014年6月2日宣布退位。

现如今，加泰罗尼亚语的普及遇到了一系列的障碍：西班牙大部分媒体，包括电视台、电台、日报及杂志等，均用卡斯蒂利亚语作为工作语言，而科学技术领域则以使用英语为主；在街头，尤其在城区及年轻人群体中，卡斯蒂利亚语的使用频率要比加泰罗尼亚语高；在加泰罗尼亚，卡斯蒂利亚语、法语以及意大利语的大量使用也拖慢了加泰罗尼亚语在社会上普及的进程，甚至影响到加泰罗尼亚语词汇及语法的纯粹性。

三、媒体

加泰罗尼亚语传媒

1983年"TV3"成立，这是第一个加泰罗尼亚语电视频道，也是首个加泰罗尼亚语大众传媒。同年"加泰罗尼亚广播"（Catalunya Ràdio）开播，作为加泰罗尼亚语第一个广播频道，它承载着传播加泰罗尼亚语及文化的重任。

报纸方面，《先锋报》（La Vanguardia）和《加泰罗尼亚报》（El Periódico de Cataluña）都有加泰罗尼亚语版，像El Punt Avui, Ara, Diari de Balears和L'Esportiu则只用加泰罗尼亚语作为出版、发行的语言；此外，还有大量用加泰罗尼亚语编写的地方报，如Segre, Regió7, Diari de Girona及El 9 Nou；用加泰罗尼亚语编写的杂志，如El Temps及Sàpiens；用加泰罗尼亚语编写的大量的电子报，如VilaWeb, Racó Català, Nació Digital, Ara.cat, 324.cat等。

广播方面，除了"加泰罗尼亚广播"外，较为突出的还有"Ràdio Nou"，"IB3 Ràdio"以及"RAC 1"等地方广播，"加泰罗尼亚新闻"（Catalunya Informació）24小时播出新闻，"加泰罗尼亚音乐"（Catalunya Música）、"Sí Radio""Radio Flaixbac""Flash FM"以及"RAC 105"则是音乐类电台。

电视方面，除了"TV3"，还有"Canal Nou""IB3 Televisió""8tv"等自治区地方频道，以及"El 33""Canal Nou Dos""3/24""Canal Super3""Esport3""Barça TV""RAC 105 TV""Estil 9"等专题频道。

加泰罗尼亚语出版物情况

西班牙国家统计局2013年对西班牙出版物作详细调查后显示，2013年西班牙全国出版物总数达56,435种，其中卡斯蒂利亚语出版物占了80.1%，加泰罗尼亚语出版物仅为9.8%。

加泰罗尼亚2013年的出版物共16,086种，其中卡斯蒂利亚语出版物占据大半壁江山,高达66.13%,加泰罗尼亚语出版物仅占26.22%。[①]可见,卡斯蒂利亚语在使用范围上仍远超过加泰罗尼亚语。

四、教育

民主过渡时期,加泰罗尼亚教育领域恢复使用加泰罗尼亚语。然而,各地区将加泰罗尼亚语引入课堂的模式不尽相同。在瓦伦西亚,卡斯蒂利亚语和瓦伦西亚语并列为教学语言,父母可以选择孩子用何种语言接受教育;然而在加泰罗尼亚以及巴利阿里群岛,加泰罗尼亚语是教学的主要工具语言,尤其在加泰罗尼亚,孩子9岁前完全用加泰罗尼亚语接受教育,9岁后,学校里会增设"卡斯蒂利亚语语言文学"课程,每周2学时,也就是说,从9岁起,卡斯蒂利亚语才转为加泰罗尼亚人的常用语。

在高等教育阶段,以卡斯蒂利亚语作为教学语言的课程无法获得加泰罗尼亚自治政府的补助金。例如,加泰罗尼亚开放大学(Universidad Abierta de Cataluña)只对以加泰罗尼亚语作为教学语言的本科及硕士学位提供补助金,因此,在这所大学如果修读同样的课程,选择卡斯蒂利亚语授课的费用就会高出两至三倍。

五、社会

2013年加泰罗尼亚统计局(Instituto de Estadística de Cataluña)和语言政策总署(Dirección General de Política Lingüística)以加泰罗尼亚15岁以上人口为调查对象,对卡斯蒂利亚语和加泰罗尼亚语的使用情况做了一项调查,主要目的是了解加泰罗尼亚语的使用现状,包括人们对于加泰罗尼亚语的态度及意见。报告显示,50.7%的加泰罗尼亚人将卡斯蒂利亚语作为常用语言(lengua habitual),而经常使用加泰罗尼亚语的人数仅为36.3%,此外6.8%的加泰罗尼亚人为双语使用者。与2008年相比,加泰罗尼亚语的使用人数仅增加了0.7%,而卡斯蒂利亚语的使用人数却增加了4.8%。而2003年调查显示,当时加泰罗尼亚语和卡斯蒂利亚语的使用人口比例不相上下。

在巴塞罗那这样的大都市,加泰罗尼亚语只是当地27.8%人口的常用语言,而卡斯蒂利亚语的常用者却高达60%。

加泰罗尼亚自治政府文化厅厅长费兰·马斯卡莱尔(Ferran Mascarell)在报告中指出,这种现象的出现是由于近几年移民数量的增加,尤其是来自南美洲移民数量的

[①] 数据来源:加泰罗尼亚统计局 http://www.idescat.cat/pub/?id=aec&n=1013&lang=es

大幅度上升。报告还指出，十年来加泰罗尼亚的外国移民人口比例从9.3%上升至17.5%。

报告还指出，94.3%的加泰罗尼亚人能听懂加泰罗尼亚语，会说的占80.4%，能读的占82.4%，会写的占60.4%。此外，40.6%的15岁以上人群表示愿意学习加泰罗尼亚语或提高自身的加泰罗尼亚语水平。①

六、加泰罗尼亚语对卡斯蒂利亚语词汇的影响

1137年，西哥特人的阿拉贡王国在撒拉森人（los sarracenos）和摩尔人的打击下摇摇欲坠，阿拉贡国王拉米罗二世（Ramiro Ⅱ）想到了联合富足的加泰罗尼亚人，于是把女儿嫁给了巴塞罗那伯爵拉蒙·贝伦格尔四世（Ramón Berenguer Ⅳ），并将阿拉贡王位传于他，巴塞罗那和阿拉贡就此合并，此后的270年间阿拉贡王位一直属于加泰罗尼亚人的巴塞罗那世系。地理位置上的接近以及政治文化上的密切往来，均有助于促进加泰罗尼亚语和卡斯蒂利亚语的交流。

据不完全统计，西班牙皇家语言学院的词典中共收录约700个仍在使用的源自加泰罗尼亚语的词语，此外还有很多词语已弃用。

12世纪至中世纪末期，加泰罗尼亚的海上贸易在地中海地区处于绝对优势，大量航海、地理、商贸及捕鱼方面的词语被卡斯蒂利亚语吸收。

航海

船舶名称：buque（大船，舰），bajel（船舶），bergantín（双桅帆），galera（大帆船；战船），nao（船），esquife（小船，轻舟）；

船体部分名词：antena（帆桁），cofa（桅楼），andarivel（渡船缆绳），balso（吊索），serviola（锚杆）；

海上作业：viaje（航行），bojar（周长），aferrar（卷收），calafatear（填塞船缝），amainar（收起船帆），encallar（搁浅），zozobrar（遇难，沉没）；

船员：capitán（船长），timonel（舵手），maestre（大副），contramaestre（水手长），bogavante（第一桨手）。

地理

大气：tramontana（北风），jaloque（东南风），viento maestral（寒冷西北风）；

---

① 数据来源：西班牙国家统计局 http://www.ine.es/jaxi/menu.do?type=pcaxis&file=pcaxis&path=%2Ft12%2Fp401%2F%2Fa2013。

地形地貌：golfo（海湾），freo（海峡）；

人工建筑：muelle（码头）。

商贸

bala（捆，包），mercería（小百货），mercader（商人），oferta（供应），granel（散装的），balance（结算账目），peaje（过路费），pujar（竞价），cotejar（核对），lonja（商场），avería（破损）。

海上捕鱼及海洋生物

palangre（曳绳钩），calamar（枪乌贼，鱿鱼），anguila（欧洲鳗鲡），jurel（鲹），rape（鮟鱇鱼）。

16世纪之前，加泰罗尼亚的手工业非常繁荣；19世纪起，加泰罗尼亚的工业也日渐蓬勃，这都有利于加泰罗尼亚词语融入到卡斯蒂利亚语中。

手工业：artesano（手工业工人），obrador（工场，作坊）；

服装、纺织：falda（裙子），faja（腰带），sastre（裁缝），calceta（长袜），cortapisa（饰边），brocado（锦缎），guante（手套），quijote（护腿甲）；

金银铁器业：metal（金属），molde（针），crisol（炉膛），ferretero（钢铁厂主），buril（雕刀）；

建筑：capitel（柱头），escayola（石膏），nivel（水平面），formalete（半圆拱）；

印刷艺术：imprenta（印刷），prensa（印刷机），lardón（原稿上的增补），papel（纸），cartel（广告）；

运输：carreta（大车），volquete（翻斗车），carruaje（车）；

休闲娱乐：festejar（庆祝；纪念），sardana（萨尔达纳舞），gresca（喧哗，喧闹），naipe（纸牌），justa（马上比武），cohete（升空烟火，信号火箭）；

自然界：bosque（树林），follaje（枝叶），palmera（椰枣树），boj（锦熟黄杨），trébol（三叶草），clavel（康乃馨），escarola（苣荬菜），borraja（琉璃苣），coliflor（菜花），caracol（蜗牛）；

饮食：convite（宴会，筵席），paella（海鲜饭），confite（糖果），chuleta（排骨），ensaimada（鸡蛋卷），butifarra（灌肠），anís（八角），dátil（椰枣），manjar（食品，美食），alioli（蒜油）；

房屋、家居：barraca（简陋小屋），escabel（脚凳），frazada（毛毯，绒毯），picaporte（碰锁），reloj（钟，表），retrete（马桶）。

令人惊讶的是，加泰罗尼亚语中有大量形容品行不端之人的词语进入到卡斯蒂利亚语中，如：bandolero（强盗，土匪），gandaya（游手好闲），forajido（在逃犯；流亡者），orate（疯子），esquirol（工贼），panoli（笨蛋），forastero（异乡人；外国人）也可归为此类，因有时其使用含些许贬义。

还有很多源自加泰罗尼亚语的词语进入卡斯蒂利亚语后，随着时间的推移已经被弃用。其中有些单词仍可以在西班牙皇家语言学院词典中找到，但被标为"过时不用"，如 oraje（风暴），bel（漂亮的），usaje（使用；模式），jaquir（放置）；还有些词甚至在皇家语言学院词典中已经不再出现了，如 tinel, vidriol, pebrel 等。

或许，过去几百年间西班牙人使用频率最高的源自加泰罗尼亚语的词就当属 peseta（比塞塔）了。

第十五章 加利西亚语与西班牙语

第一节 加利西亚语的概况及历史

加利西亚语是罗曼斯方言的一种，由通俗拉丁语发展而来，现今主要分布在西班牙加利西亚自治区一带，在阿斯图里亚斯西部和卡斯蒂利亚莱昂（Castilla y León）西北部地区也能觅得其踪迹。从中世纪起，加利西亚语和葡萄牙语就有着密不可分的关系，早先加利西亚语和葡萄牙语为同一种语言，即加利西亚葡萄牙语（galaicoportugués），后由于种种历史原因分裂为两种极为相似的语言。中世纪的加利西亚语文学以即兴游吟诗为主，在加利西亚葡萄牙语遭受分裂之后也随即淡出了历史舞台，从此加利西亚语文学便踏上了漫长的复兴之旅。

一、加利西亚语的历史起源

公元411年，苏维汇人在古罗马的卢西塔尼亚省落脚。585年，西哥特人入侵，直到公元8世纪被阿拉伯人占领之前都掌握着该省的统治权。在对抗阿拉伯人的光复运动中，大大小小的战役为众多基督教王国的出现和建立提供了契机，位于伊比利亚半岛西部的加利西亚，便是这林林总总的小王国中的一个，其领地极小，与阿斯图里亚斯王国接壤，后来这两个王国相继和莱昂王国合并。公元8世纪末，这片土地上出现了这样一个独特的语言现象：拉丁语作为社会上层语言，而加利西亚语，作为罗曼斯语众多方言的一种，以下层语言的姿态活跃在伊比利亚半岛西北地区。虽然拉丁语是毋庸置疑的官方语言，无论是官廷文件还是文学作品均是以拉丁语写成，但神奇的是，上至王公贵族，下至平民百姓，似乎都对加利西亚语情有独钟，整个地区几乎人人都操着一口加利西亚语。毫不夸张地说，加利西亚语是官廷王室的口头用语，且长期保持通用语地位，难以撼动。从阿斯图里亚斯国王奥尔多诺二世起，阿斯图里亚斯的历代国王开始承认加利西亚的独立性，从阿方索二世起，由于在孔波斯特拉（Santiago de Compostela）发现了耶稣十二门徒之一圣地亚哥的墓地，加利西亚得到了莱昂和阿斯图里亚斯国王的高度关注，并且在其推动下，光复了不少由阿拉伯穆斯林统治的城镇，这些城镇就是后来的加利西亚地区和葡萄牙。因此，加利西亚语不但是加利西亚的语言，同时也受到莱昂王国及阿斯图里亚斯王国人民的喜爱。然而，加利西亚语正处在如日中天的当口，却被卡斯蒂利亚语抢得了先机，彻底失去了原本的统治地位。其原因一方面是由于卡斯蒂利亚语的迅速发展，另一方面，葡萄牙王国的独立和壮大也是加利西亚语丧失统治地位的重要因素之一。

  在与穆斯林战斗的过程中，莱昂与卡斯蒂利亚国王阿方索六世向勃艮第公爵请求支援。勃艮第（Borgoña）在中世纪的欧洲是一处非常重要的领地，有自己的都城，880—1482年间一直保持独立。勃艮第公爵将其子恩里克·德·勃艮第（Enrique de Borgoña）派去带兵攻打穆斯林军队。作为伟大的将领，恩里克在攻打穆斯林时战功赫赫，为光复运动做出了不可磨灭的贡献。阿方索六世为表谢意，授予其伯爵封号，赐予其米诺河和蒙特哥河周边的领土。恩里克与阿方索六世相交甚欢，后来还跟其女特蕾莎·德·莱昂（Teresa de León）结为连理。

  恩里克和特蕾莎的儿子阿方索·恩里克斯（Alfonso Enríquez）和父亲一样，投身于反穆斯林的战斗中，并一役成名，打败了阿里莫拉维德王朝①彪悍的军队。士兵们也士气高涨，一致拥戴他为葡萄牙国王。战役1139年取得胜利，但恩里克斯到1143年方成为葡萄牙国王。当时的莱昂与卡斯蒂利亚国王阿方索七世为了登基后巩固疆土，开始为自己统治下的附属国任命负责人，勇敢的将领恩里克斯被推选为葡萄牙国王，并被授予阿方索一世的封号。在征战沙场的四十多年间，他收回的领土也在成倍增加，他当之无愧地成为一方土地的君王，并且继续不知疲倦地打下一座又一座新城池：科英布拉、圣塔雷姆（Santarem）和里斯本。他被人们称为"征服者"，并先于卡斯蒂利亚人到达了大西洋海岸。其玄孙唐迪奥尼斯国王（Don Dionís/ Dionisio I de Portugal）开始在社会和文化各个领域大力推动葡萄牙语的发展，就像当时卡斯蒂利亚的国王智者阿方索十世那样。

  葡萄牙的崛起与壮大，使加利西亚地区面临前所未有的失落，加利西亚语的前景也不再明朗。葡萄牙从加利西亚语区南部的一小块领土，开始逐渐向一个独立的强国迈进，甚至成为加利西亚的劲敌，相反加利西亚地区却身陷孤立境地，不得不和安达

---

① 阿里莫拉维德王朝（Almorávide），来自撒哈拉沙漠的一支游牧民族，信奉伊斯兰教，并于11—12世纪活跃于西方穆斯林世界，控制大片领土。

卢西亚地区联合起来，继续投身光复运动。此后不久加利西亚上层贵族在选举中的错误决定，深刻影响了加利西亚的命运。贵族们选出的国王将卡斯蒂利亚贵族和教士带到加利西亚，这些人在加利西亚地区开始强制推行卡斯蒂利亚语。接下来形势对加利西亚语更为不利，卡斯蒂利亚语逐步取得统治地位，不但成为加利西亚官廷用语，同时也是加利西亚贵族热衷的语言。另一边的葡萄牙国内发展渐趋成熟，开始向巴西，以及非洲和亚洲国家扩张。而加利西亚地区则不断受到卡斯蒂利亚王国的影响，其地区法院开始隶属于巴利亚多利德。此外，从1480年起，加利西亚的公众抄写员也开始受到托莱多皇家委员会（Real Consejo de Toledo）的监督，并被强制修改他们原本使用的书面语言。更有甚者，葡萄牙不但不帮助加利西亚，还将加利西亚语视作乡下人才说的语言加以排斥。至此，加利西亚语和葡萄牙语彻底决裂，分道扬镳，时至今日，这两者之间依然存在难以逾越的鸿沟。

二、加利西亚语文学与复兴之路

加利西亚语早期文学概况

加利西亚语最早出现文学形式要追溯到中世纪，那时候葡萄牙语和加利西亚语仍属同一种语言。早期的加利西亚语文学从12世纪末期至14世纪中叶，有将近153位诗人进行创作。早期的加利西亚语文学以诗歌为主，而诗歌中则以抒情诗（lírica）为主，一般是为了乐曲谱写的歌词，或是和着音乐吟唱的诗文。这些诗歌分为两类，一类是世俗诗（lírica profana），另一类是宗教诗（lírica religiosa）。

加利西亚语在很短的时间里迅速普及开来，不仅在社交各个层面成为通用语言，而且在文化生活中拥有一席之地。维戈诗人马丁·科达克斯（Martín Codax）、身为教士且是行吟诗人的阿里亚斯·努内斯（Arias Nunes）、拉科鲁尼亚诗人阿方索·厄尔涅斯（Alfonso Eanes）等诗人用加利西亚语写就诗歌，主题围绕爱情、友情和诽谤展开。历史证明，这种语言极具魅力，诗歌中讲述的故事哀婉动人，整个伊比利亚半岛的人都被加利西亚语这门诱人、睿智而讨人喜欢的语言深深地迷住了。

就连卡斯蒂利亚国王智者阿方索十世这样一位伟大的卡斯蒂利亚语学者，也推出了加利西亚语作品《圣母玛利亚之歌》（Cantigas de Santa María）。该诗集由420首左右的诗歌组成，其中至少有10首出自阿方索十世本人之手。此外，葡萄牙第六任国王唐迪奥尼斯也用加利西亚语写成了个人作品，他在作品中讲述了其人生中一段光辉岁月。

15世纪的加利西亚语文学同样涌现出了一批优秀的行吟诗人，比如帕伦西亚诗人戈麦斯·曼里克（Gómez Manrique），直到今天，用加利西亚语书写的这些诗歌作为西班牙文学史上一颗颗璀璨的明珠，仍然受到专家学者的热烈追捧。

然而好景不长，由于加利西亚语文学作品大部分是口口相传，很多诗歌是口头即兴创作，未曾留下书稿，于是在大量书写成文的卡斯蒂利亚语面前，明显处于劣势。15世纪，加利西亚国内政治局势发生重大变化，加利西亚语和葡萄牙语也朝着两个截然不同的方向发展。葡萄牙语和卡斯蒂利亚语都有一个强大的王国作为后盾，而加利西亚语却只能依附于其他王国才得以勉强站稳脚跟。不难想象，昔日加利西亚语文学的光辉也将随着加利西亚语的没落而不复存在。加利西亚语文学不得不迎来它的"黑暗世纪"[1]。在长达三个多世纪的沉默以后，加利西亚语文学再一次被圣地亚哥的光芒照亮。1649年起，自从圣地亚哥·德·孔波斯特拉的大学开办法律和医学专业，招收的学生越来越多，师生们于是开始组织多种多样的文学活动，其中有一项活动就是收集16和17世纪的加利西亚语文学作品，于是曾经淡出人们视野的加利西亚语诗歌又重新回到了历史的舞台。

加利西亚语文学复兴运动

1808年，拿破仑带兵入侵西班牙，恰逢加利西亚语文学复兴（Rexurdimiento）初露锋芒。欧洲的文学浪潮一波接一波，拍打着加利西亚人的民族意识，加利西亚语也迎来了重生的曙光。从1840年起，很多知识分子把加利西亚视作落后地区，认为有必要为其注入新的发展动力。他们感到要想实现这个目标，需要建立拥有强大民族意识的政府机构。于是知识分子们为了加利西亚的未来，发起了地方运动，发起地就是圣地亚哥·德·孔波斯特拉大学。直到1863年，罗萨莉亚·德·卡斯特罗[2]出版了《加利西亚民歌》（Cantares gallegos），加利西亚语文学复兴运动才浩浩荡荡地开始。这期间的55年被视作加利西亚语文学恢复生命力的前过渡时期。

1846年，民众在索利斯[3]的带动下，与中央政府发生冲突，一批起义者被枪杀，他们就是为人们所熟知的卡拉尔的烈士（mártires de Carral）。烈士们的义举唤醒了加利西亚人心底沉睡已久的民族意识，尤其是对加利西亚语的强烈感情。人们开始将加

---

[1] 黑暗世纪（Sécuros Escuros），指16—18世纪期间加利西亚语在文化和科学上黯淡无光的一段历史。
[2] 罗萨莉亚·德·卡斯特罗（Rosalía de Castro，1837—1885），著名的加利西亚作家、诗人，在加利西亚语文学中的地位举足轻重，被视为整个加利西亚民族的象征和代表人物。
[3] 米格尔·索利斯·库埃托斯（Miguel Solís Cuetos，1816—1846），西班牙贵族、军人。

利西亚视作自己的祖国，陆续开办报纸杂志，如《加利西亚的哨兵》(*El centinela de Galicia*)、《加利西亚的曙光》(*La aurora de Galicia*) 等。贝尼托·比塞托 (Benito Vicceto) 发表的《加利西亚的故事》(*Historia de Galicia*)，以歌颂英雄事迹的形式将加利西亚的往事娓娓道来。1849年剧作家安东尼奥·贝尼托·方迪诺 (Antonio Benito Fandiño) 发表作品《媒婆》(*A casamenteira*)。1853年胡安·马努埃尔·宾拓斯 (Juan Manuel Pintos) 发表了《加利西亚风笛》(*A gaita gallega*)，作品描述了加利西亚典型的乡村生活，并使用了加利西亚语丰富多彩的语言表达。1861年在拉科鲁尼亚举办了首次加利西亚游戏花会 (Juegos Florales de Galicia)。

1863年，加利西亚语文学迎来了硕果颇丰的季节。先是旗手罗萨莉亚·德·卡斯特罗开启了文学复兴的大门。人们开始对报刊出版界投入大量的精力，另外还有文学竞赛、语法规范类词典的编纂和修订等等。同时，中世纪行吟诗人的作品也被重新搬上舞台。除此以外，爱德华多·彭达尔[①]创作出了全新的加利西亚语作品中的《松树之歌》(*Os Pinos*)，1977年加利西亚区政府正式将这首诗用作区歌的歌词，我们一起来欣赏一下加利西亚语和对应的卡斯蒂利亚语诗歌选段：

加利西亚语	卡斯蒂利亚语
Que din os rumorosos	¿Qué dicen los rumorosos,
na costa verdecente,	en la costa verdeante
ó raio transparente	bajo el rayo transparente
do prácido luar?	de la plácida luna?
Que din as altas copas	¿Qué dicen las altas copas
de escuro arume harpado	de oscura aguja arpada
co seu ben compasado	con su bien acompasado
monótono fungar?	monótono zumbar?
Do teu verdor cinguido	De tu verdor ceñido
e de benignos astros,	y de benignos astros
confín dos verdes castros	confín de los verdes castros
e valeroso chan,	y valeroso suelo.

[①] 爱德华多·彭达尔 (Eduardo Pondal, 1835—1917)，西班牙加利西亚诗人，同时用加利西亚语和卡斯蒂利亚语写作。

non deas a esquecemento	No des al olvido
da inxuria o rudo encono;	de la injuria el rudo encono;
desperta do teu sono	despierta de tu sueño
fogar de Breogán.	hogar de Breogán.

1880年是加利西亚语文学丰收的一年，三部以加利西亚语写成的作品标志着新纪元的到来，这三部作品是卡斯特罗的《新佛利亚舞》(*Follas novas*)、库洛斯·恩里克斯（Curros Enríquez）的《我故土的风》(*Aires da miña terra*)和瓦伦丁·拉马斯·卡尔瓦哈①的《拉米罗一世》(*Ramiño primeiro*)。通常诗歌为文学开辟道路，加利西亚语文学也不例外，随后进入第二个阶段，也就是散文阶段。在此阶段受俸牧师安东尼奥·洛佩兹·费雷罗（Antonio López Ferreiro）的作品《伯纳哈的纺织女》(*A tecedeira de Bonabal*)很好地顺应了历史潮流。当时居住在乡村的人们虽然很想使用卡斯蒂利亚语，但由于条件所限，他们久久没能如愿，然而在文化先驱们的指引下，操加利西亚语的人们也拥有了更多可能性。

加利西亚语的规范化进程

19世纪后期是加利西亚语文学重获新生的时期，但是并没有扩大加利西亚语口语的使用范围。可以说，加利西亚语在社会生活中的各个领域依然遇到了种种阻碍，和乡村相比，这一情形在城市尤为明显，这很大程度上是因为在教育过程中使用单一的卡斯蒂利亚语。

1906年，皇家加利西亚语言学院（Real Academia Gallega）的成立改善了这一情况。它比西班牙其他地区的语言学院都成立得晚，其宗旨是推动加利西亚语的规范化。值得一提的是，得益于19世纪的文学复兴运动，加利西亚语的声望不断提高。原本不受重视的那些社会阶层在经济活动中也更游刃有余，加利西亚民族意识重新得到审视，不少机构对加利西亚语的态度也有所改善，这都大大促进了加利西亚语在社会交流方面的发展。文化界也诞生了新的出版机构，如 A nosa terra 和 Nós 杂志。知识分子提倡取消语言中的民俗成分，将其用法向艺术潮流靠拢。1931年，加利西亚语首次被定为加利西亚官方语之一，但是1936年西班牙内战的爆发给重获新生的加利西亚语以沉重打击。

---

① 瓦伦丁·拉马斯·卡尔瓦哈（Valentín Lamas Carvajal, 1849—1906），诗人、记者，加利西亚语文学复兴运动先驱诗人之一，皇家加利西亚语言学院创立者之一。

第二节 加利西亚语的现状

加利西亚语是西班牙四大官方语言之一，全世界范围内讲该语言的共有348万人之众，其使用者遍布西班牙加利西亚、阿斯图里亚斯、莱昂以及葡萄牙、阿根廷等地区和国家。其主要分布地区位于西班牙加利西亚方言区，据加利西亚委员会的数据统计，仅该地区居民人数就已经超过280万，此外还有阿斯图里亚斯和莱昂西部、萨莫拉（Zamora），以及埃斯特雷马杜拉等地的民众。历史上加利西亚人曾多次向外移民，因此至今世界各地仍保留多处加利西亚人聚居区，如在乌拉圭首都蒙得维的亚和阿根廷首都布宜诺斯艾利斯等地都能觅得其踪迹。这些重视传统的异乡人不仅在日常交流中继续使用加利西亚语，而且还将其使用推广到公众媒体上，如电视、广播、报纸等。

一、内战后的加利西亚语

内战结束后，佛朗哥主义在语言文化领域一度横行，对加利西亚语及其文化造成沉痛打击。佛朗哥独裁时期，加利西亚语几乎在所有的官方及公共场合销声匿迹，更不用说开展与其相关的文化活动了。在高压政治下，加利西亚语从所有领域中被隔离开来，而卡斯蒂利亚语则逐渐成为小康阶层和城市居民的首选语言，多亏了有银河出版社（Editorial Galaxia）这样的文化机构，加利西亚语才得以保留一点星星之火，不至于完全退出历史舞台。

佛朗哥统治西班牙的40年里，加利西亚语被彻底剥夺了20世纪初的光芒和荣耀。这段沉寂和被压制的岁月被称为"石头长夜"（longa noite de pedra/larga noche de piedra），该名称源自赛尔索·艾米利奥·费雷伊罗（Celso Emilio Ferreiro）1962年出版的同名诗集。诗人在该诗集中抒发了对当时政治、文化和语言等方面的不满情绪。

这一时期，加利西亚语被驱逐出文化和研究领域，并不得用于撰写书籍。尽管当时政府并未明令禁止使用加利西亚语，但在政府部门及正式场合公开使用加利西亚语，被视作是对佛朗哥政府的大不敬。即便如此，随着时间的推移，加利西亚语在社会、文化中出现了细微的变化。1940年起的十年间，加利西亚语完全受到压制，但是从1950年起加利西亚语出现了一线生机，这很大程度上归功于加利西亚出版社。60

年代一些社会团体的出现，比如 O Galo 和 O Facho，1963 年 5 月 17 日确立"加利西亚语日"（Día de Letras Gallegas）等，都为加利西亚语回归文化领域创造了契机，70 年代佛朗哥在政策上放宽对语言的限制，这也使得加利西亚语在教育和媒体中开始占有一席之地。

值得一提的是，当加利西亚语中的方言词语在佛朗哥高压统治下逐渐消失时，执着的加利西亚语方言支持者们在流亡海外期间依旧致力于恢复加利西亚语的地位，他们把发展重点放在了阿根廷、巴西、委内瑞拉、墨西哥和古巴的西班牙加利西亚侨民，其中居住在阿根廷的侨民成为中坚力量，在捍卫加利西亚语方言的文化及政治地位上做出了突出贡献。加利西亚的一部分人移民到瑞士、法国、德国，还有一部分移居西班牙其他地区，如加泰罗尼亚、巴斯克及马德里，因此尽管加利西亚语在加利西亚本地遭受重重限制，但在上述加利西亚侨民聚居地却扮演着不可忽视的角色，为传播和保留加利西亚语言及文化做出了贡献。

1936 年颁布的《加利西亚自治章程》（Estatuto de Autonomía de Galicia）已经将加利西亚语列为西班牙官方语言，与加泰罗尼亚语等一同纳入西班牙四大官方语言之列。然而，内战后佛朗哥政权采取高压语言政策，因此 20 世纪 40 年代的加利西亚语文学作品均出自被迫流亡海外的作家之手。70 年代，尤其是佛朗哥去世后，情况发生了重大变化，1978 年《西班牙宪法》承认加利西亚语为其官方语言之一，1981 年《加利西亚区域自治法》也对此予以承认。

如今，在加利西亚，绝大部分的加利西亚语使用者居住在乡村，城市鲜有人使用，很大一部分原因是城市居民普遍使用卡斯蒂利亚语，尽管如此，根据最新调查，将近 80% 的加利西亚人仍然在使用该方言。2001 年的一项调查也显示，91.04% 的加利西亚人口会讲加利西亚语。加利西亚语在一些传统的民族主义者中间更受欢迎，但是却没能像加泰罗尼亚语那样受到西班牙社会的高度关注，尽管加利西亚语和加泰罗尼亚语一样，都在佛朗哥执政时期受到打压和排挤。从中世纪开始，加利西亚语就被视作农民和社会底层人士的语言，尽管如此，和其他拥有地区方言的地区相比，加利西亚语并未受到大规模外来移民浪潮的冲击，因此在幸运地保存其语言核心和架构的同时，加利西亚语也从卡斯蒂利亚语中吸收了词汇、发音等方面的特点。不过今天不少加利西亚城市居民操的是一口夹杂卡斯蒂利亚语的加利西亚语。

在加利西亚地区，每年的 5 月 17 日被定为"加利西亚语日"，这一天无论是政府机构还是社会文化组织，都会参与这一纪念活动，以此彰显其继续发扬和光大加利西亚语文学和文化的决心。

二、加利西亚语的法律现状

1981年,《加利西亚区域自治法》宣布加利西亚语为加利西亚地区的语言,与卡斯蒂利亚语同为该地区的官方语言。该自治区法规定,所有加利西亚人均有权掌握并使用加利西亚语。该法还同时规定,所有公共权力机构都应积极推动加利西亚语在各领域的规范化。两年后,即1983年6月15日,加利西亚区议会(Parlamento de Galicia)出台《语言规范法》(*Ley de normalización lingüística*),保证并规定了所有公民的语言权利,尤其是那些管理、教育及媒体传播的从业人员。

上述法规的颁布显著加强了加利西亚语的法律依据,提高了加利西亚语在当地行政、司法和军事领域的地位。法规明确要求各政府部门间的协调与沟通,须通过加利西亚语来完成,其所涉及的地名均用加利西亚语,并被视作唯一官方承认的地名。另外,《语言规范法》还规定,当地行政管理部门及自治区政府的所有官方文件必须用加利西亚语起草,加利西亚语必须贯穿整个教育体系。值得一提的是,该法规还保证了移民在外的加利西亚语民众继续使用该方言的权利,与加利西亚毗邻的地区也可以自由选择使用加利西亚语。

《语言规范法》颁布后的二十多年间,加利西亚语的规范化取得了突破性进展,要想入职行政管理部门的人员必须掌握加利西亚语。1997年,当地通过的另一部《本地制度法》(*Ley de régimen local*)及其相关法律对消费者、产品商标等都做出了相应的规定,然而和卡斯蒂利亚语相比,加利西亚语在法律上还没有完全享受到同等的待遇。

三、加利西亚语主流媒体

电视广播

在电视和广播方面主要有加利西亚公共频道(TVG/Televisión de Galicia)和加利西亚公共广播调频(Radio alega)。

报纸杂志

用加利西亚语发行的报纸和杂志主要有《我们加利西亚》(*Sermos Galiza*)、《加利西亚机密》(*Galicia confidencial*)、《公共广场》(*Praza pública*)、《自由日报》(*Diario liberdade*),其中纸质媒体有《我们加利西亚》、《加利西亚新闻》(*Novas da Galiza*)。

四、其他语言对加利西亚语的影响

卡斯蒂利亚语对加利西亚语的影响导致其一些书面规则与其原有的口语形式有较大的出入，比如，支持国家统一的人们建议加利西亚语使用-vel, -çom, -aria 等后缀，而支持加利西亚自治的则更愿意使用-bel, -za, -aría 形式的后缀。此外有部分加利西亚人将加利西亚语和葡萄牙语看成同一语言的不同方言，但也有人认为两者间完全不同。有学者做出研究后得出的结果表明两者间的可通性高达85%。

现今有一部分人主张将卡斯蒂利亚语的正字法规则用于加利西亚语上，但是这又带来一个问题，那就是后者有一些音节在卡斯蒂利亚语中根本不存在。还有一部分人主张使用葡萄牙语的规则，虽然这也是完全错误的。第三种方案则认为没有必要将葡萄牙语的正字法规则分毫不差地套用在加利西亚语上，因为后者的一些音节在葡萄牙语中也找不到踪迹，因此完全没必要把葡萄牙语规则原原本本地用在加利西亚语书面语当中。基于对后两个方案的相关研究还很缺乏，因此很难出现一个令人满意的解决方案。

五、加利西亚语教育

加利西亚自治区颁发的《加利西亚语正常化法》（*Ley de normalización del gallego*），预测到加利西亚社会有推进加利西亚语的必要，这不仅在公共部分，而且在教育方面也同样如此。加利西亚自治区为推动当地语言正常化进程，专门设立了区域法律机构，并且从二十年前起就开始评估加利西亚语在教育方面的优势。同样，自治区政府还创立了制定语言政策的领导机构，专门研究与推进加利西亚语正常化有关的任务。在教育领域，加利西亚语和巴伦西亚语的推展模式更相似，而与加泰罗尼亚语和巴斯克语大相径庭。与后两者不同的是，加利西亚自治区教育系统规定所有中小学学生必须使用卡斯蒂利亚语和加利西亚语作为学习工具，当然与卡斯蒂利亚语相比，加利西亚语占的分量要轻些，而且根据学习阶段不同，其比例在教学大纲上也做相应调整。

在幼儿及小学低年级，法律规定学生要接受母语教育，但到了小学高年级和中学教育阶段，虽然加利西亚语还是授课语言，但是不再频繁使用了，法律规定必须有两门课程强制使用加利西亚语作为授课语言，而其他课程也可根据需要，选择使用加利西亚语。

加利西亚的一些教育部门更愿意遵从和谐而纯粹的双语教育模式，但也考虑到政治和意识因素，尽量避免人为的矛盾和纷争。但相反，相当一部分加利西亚籍作家表示不认同这一做法，认为这样的授课模式将使加利西亚语长期受到卡斯蒂利亚语的压制。

六、来源于加利西亚语的西班牙语词汇荟萃

albariño（白葡萄酒），arrebatiña（争夺，抢夺），broa（小饼干，源自加利西亚语"borona"），cachear（搜查），chaira（钢刀器），chantar（刺入，插入），chopa（一种鱼，源自加利西亚语"choupa"），choza（茅屋），costa（海岸），embicar（使帆倾斜以致哀），grelo（云苔叶子），jeito（沙丁鱼网，源自加利西亚语"xeito"），mantelo（围裙），muñeira（穆涅伊拉舞，加利西亚地区一种民间舞蹈，源自加利西亚语"muiñeira"）。

七、加利西亚语的规范化

2003年6月12日，加利西亚语言学院通过了新的修订案。对加利西亚语的使用主要有以下规定：

不建议在法律文件的书写中使用第二人称，建议书写 cambiar as cousas 而非 cambiar-las cousas。

建议将一些词合并书写，例如 apenas, amodo, devagar, acotio 等，这些词曾经分开书写。

建议一些词尾的使用，例如 -aria 和 -ao，还有问号和感叹号建议只在一句话的末尾书写。词典中引入以 -zo, -za 结尾的新词汇，例如 espazo, servizo, diferenza, sentenza 等等。这样一来，Galiza（加利西亚）一词就被视作符合传统和文学习惯，为新规所认可。

一般来讲，如果 -ct-, -cc- 这样的组合在元音 i 或者 u 前面，那么其中的 c 将会消失，例如 dicionario, ditado。

允许使用 até, porén, estudante 等词汇，之前是不允许的。

第十六章　巴斯克语与西班牙语

第一节　巴斯克语的概况及历史

一、巴斯克语的起源

巴斯克语是一门孤立的黏着语，也就是说，它与世界上现存的任何一种语言都没有共同起源，因此关于其起源，一直有诸多理论和猜测，但大都依然缺乏足够依据。唯一被证实的是，巴斯克语与法国阿基坦大区（Aquitania）、古代巴斯克地区有着千丝万缕的联系，不过也就仅留下了400条简短的墓碑铭文，散布在如今的法国阿基坦大区、西班牙语阿拉贡、拉里奥哈、纳瓦拉和巴斯克地区等地方。正因如此，关于巴斯克语的亲缘关系中唯一被认为已得到证实的，是其与阿基坦语的亲缘关系，后经专家进一步研究得出的结论是，现在的阿基坦语就是古巴斯克语。

其他的主要语言史学理论尚有：

巴斯克语与伊比利亚语亲缘关系论

几乎整个20世纪该理论都坚持巴斯克语和罗马人到达伊比利亚半岛前的伊比利亚语有着密不可分的关系，但能作为依据的仅有一些刻在钱币或青铜板上的文字。该理论最著名的捍卫者是现代语言学之父威廉·冯·洪堡[①]。他认为伊比利亚语实际上就是巴斯克语的前身。支持这一理论的一些学者强调这两种语言的亲缘关系，而另一些学者则仅限于讨论地域上的相近而引起两者间语法或语音上的相似，还有第三种意见认为这两种语言同属一个语族，但伊比利亚语并非巴斯克语的前身。

高加索语

20世纪下半期，另一种假设开始初具规模，即巴斯克语是公元前8世纪随着印欧

---

① 威廉·冯·洪堡（Wilhelm von Humboldt, 1767—1835），德国学者，柏林洪堡大学创始者，现代语言学之父。

入侵者的到来而覆灭的某个语族里的唯一幸存者，其前身很可能就是高加索语。巴斯克语与格鲁吉亚语之间的相似之处尽管不多，但却支持了这个理论。这个猜测甚至得到了政治上的支持，为此巴斯克地区比斯开首府毕尔巴鄂与格鲁吉亚首都第比利斯缔结友好城市。

柏柏尔语

20世纪出现了巴斯克语和非洲西北部柏柏尔语亲缘关系的说法。通过对两者词汇的统计，学者们找到其相似之处，尽管在句法、语法等其他方面，两者大相径庭。

除了纯粹的语言学上的研究，人类学和历史学也试图解答巴斯克语起源，主要有以下三种看法：

神学起源

这是古代就有的关于巴斯克语起源的假设之一，与威廉·冯·洪堡的巴斯克伊比利亚语亲缘论和拉腊门蒂[1]的巴斯克坎塔布里亚语亲缘论都有关系。该假设认为世界上所有的语言都源自巴别塔（Torre Babel）[2]。巴斯克语也许是最原始的语言，出现于所有语言混淆之前。18—19世纪初的一些支持者甚至坚称，一种如此完美的语言只能是由上帝本人创造的，这些人当中包括阿斯塔尔劳阿[3]和拉腊门蒂。有趣的是，阿拉克斯河（Araxes）沐浴着阿拉腊尔山[4]，此处是比利牛斯山脉中石墓最集中的地方。而在阿勒山[5]，挪亚方舟登陆之处，有一条河也叫阿拉克斯河。也就难怪有这么一个巴斯克语起源的猜想。

前印欧语

多个假设均认为巴斯克语与多个欧洲语言有亲缘关系，在欧洲的许多地区都有巴斯克语地名。俄罗斯学者卡尔·保德（Karl Bouda）认为巴斯克语和西伯利亚的数种语言有亲缘关系；而阿根廷学者甘地阿（Gandía）则认为巴斯克人是欧洲最古老的民族，在旧石器和新石器时代，其语言从高加索延伸至大西洋，从非洲北部延伸至欧洲北部，雅利安人（los arios）或印欧人（los indoeuropeos）、伊特鲁里亚人（los etrus-

---

[1] 马努埃尔·德·拉腊门蒂（Manuel de Larramendi, 1690—1766），吉普斯夸人、牧师、作家、语言学家，启蒙运动时期巴斯克语言和文学的传播者，巴斯克语规范化、合法化的推动者。
[2]《旧约·创世纪》称，当时人类联合兴建通往天堂之塔，为阻止其计划，上帝让人类说不同的语言，使其不能沟通，巴别塔最终没能建成，人类也自此各奔东西。
[3] 巴勃罗·佩德罗·阿斯塔尔劳阿（Pablo Pedro Astarloa, 1752—1806），比斯开人，牧师、巴斯克语言学家，曾编写《巴斯克语词典》（Diccionario del euskera）。
[4] 阿拉腊尔山（Monte Aralar），西班牙北部山峰，属于比利牛斯山脉。
[5] 阿勒山（Monte Ararat），土耳其最高峰，《圣经·创世纪》记载，此处为挪亚方舟最后停泊处。

cos)、伊比利亚以及欧洲其他古老的民族均为古巴斯克人的后代。

古欧洲语

德国语言学家提奥·文内曼（Theo Vennemann）所做的巴斯克语起源研究表明，现在的巴斯克语和欧洲史前居民，即印欧民族到来前的居民有密切关系。这些研究也支持了19世纪初巴斯克语言学家莫戈尔（Juan Antonio Moguel）提出的在整个伊比利亚半岛上使用的共同语言，也就是说同语系的众多语言，都与巴斯克语有亲缘关系。但文内曼的假设受到许多巴斯克语言学家的批评，也不被大多数语言专家所接受。《科学美国人》杂志2002年发表了一份由文内曼和彼得·福斯特编写的报告，该报告称原始巴斯克语可能是欧洲最早居民使用的语言。

二、巴斯克语文学

早期手稿

尽管有关公元3—5世纪间是否存在真正的巴斯克语文字的争论从未停止过，但一般认为保存至今最早的巴斯克文字是在法国阿基坦地区发现的一些公元2世纪的墓志铭。在莱尔加[①]人们也发现了一座写着古老宗教内容的西班牙罗马人的墓碑，研究人员比较莱尔加发现的文字、阿基坦的墓志铭以及后来发现的一些巴斯克文字后，发现它们之间存在某种承继关系，因此，他们认定今天的阿基坦语就是古代的巴斯克语。

现存的关于中世纪巴斯克文字的信息十分有限且不完整，有关研究都集中在对于地名和人名的研究上，以及纳瓦拉王国法典出现的少数文字和某些俗语。拉丁语和罗曼斯语是当时少数精英阶层、政府以及教会的官方语言，但是他们也应该懂得底层人民的语言。尽管当时的书写员用罗曼斯语来书写，但日常用语却是巴斯克语。公元11世纪，在拉里奥哈的圣米扬修道院（这里也发现了最早的书写罗曼斯语），出现了最早的巴斯克文翻译，这就是经文注解，这份手稿的第31和第42页出现了巴斯克语的句子：

巴斯克语	西班牙语
jçioqui dugu	nos alegramos,
guec ajutu eç dugu	nosotros no tenemos adecuado

[①] 莱尔加（Lerga），西班牙北部城市，位于纳瓦拉省。

公元10世纪后的数百年间，比利牛斯地区巴斯克语的文字记录开始多起来。公元11世纪吉普斯夸（Guipúzcoa）地区欧拉萨巴修道院（Monasterio de Olazábal）的一份手稿中，除了有拉丁语，还出现了用巴斯克语书写的当时领土地界信息。在12世纪某个圣地亚哥朝圣指南中，也出现了巴斯克语的踪迹，其作者在指南中使用了一些巴斯克语的词汇。1349年韦斯卡城（Huesca）发布了一项法令，规定如在集市使用阿拉伯语、希伯来语或巴斯克语，将被处以罚款。

中世纪之后一直到15—16世纪，有关巴斯克语的信息越来越丰富，尽管尚未出现长篇大论之作。在这一时期，巴斯克语偶尔在史书中以歌谣或民谣的形式出现，例如西班牙历史学家加里巴伊（Esteban de Garibay）1596年收录在其回忆录中的民谣"拉斯图尔的米丽亚之哀乐"（Cantar fúnebre de Milia de Lastur）。巴斯克语也出现在同一时期在潘普洛纳（Pamplona）出版的《格言与警句》（Refranes y sentencias），这是一部毕尔巴鄂地区的谚语汇编集。此外，一些私人信件、手稿和法庭证据等，都十分有研究价值。在这些私人信件中，最值得一提的是苏玛拉贾（Juan de Zumárraga）手稿。苏玛拉贾是墨西哥首任主教，1537年他分别以比斯开地区的巴斯克方言和卡斯蒂利亚语，给家人修了封家书。这封信十分有价值，皇家巴斯克语言学院把它印在了其官方杂志《巴斯克语》（Euskera）上。这很可能是巴斯克语在真正用于出版之前，字数最多的通俗巴斯克语文献了。

第一本公认的巴斯克语书籍出版于1545年，标题为《巴斯克语言的初实》（Linguae vasconum primitiae），作者是下纳瓦拉地区牧师德切巴勒（Bernat Dechepare）。这是一本自传、宗教以及色情诗篇的诗集，其中一段诗歌是为专为巴斯克语撰写的，表明了作者深知自己是世界上第一个用巴斯克语出版书籍的人。在名为 Kontrapas 的诗中他写道：

巴斯克语	卡斯蒂利亚语译文	中文译文
Berce gendec vstà çuten	Otras gentes creían	别人创造了它
Ecin scriba çayteyen	que no se te podía escribir	但不让你书写
Oray dute phorogátu	ahora han demostrado	现在它证明了
Enganatu cirela.	que se estaban engañando.	这是错的。
Heuscara	Euskera,	巴斯克语
Ialgui adi mundura.	sal al mundo.	出现在世上。

此外，2004年发现了一份1564—1567年间巴斯克阿拉瓦人拉萨腊贾（Juan Pérez de Lazarraga）写的巴斯克语手稿，共有106页，上面收录了文艺复兴艺术家创

作的田园诗以及小说。另一个出名的作品是1571年拉罗歇尔①出版的由纳瓦拉女王胡安娜三世（Juana de Albret）交由牧师雷萨腊贾（Joanes Leizarraga）翻译的《圣经·新约》。此外，反宗教改革的派别与此同时出版《语言政策》（Politica lingüistica）一书，并开始大量翻译天主教书籍和作品，拉拢信众。

17世纪，法国巴斯克地区有一群作家，今天人们称之为"萨拉学院"。他们在拉波地区②语言的基础上，发展出了规范的巴斯克文学文字。西班牙的巴斯克地区17世纪起也开始出现巴斯克语的书籍，并逐步把比斯开和吉普斯夸地区的方言规范化和官方化。刚开始这些书籍只是把一些宗教文章简单地翻译成巴斯克语。

古典时期

第一部真正意义上的巴斯克语文学作品"后来"（Gero/ Después），作者是牧师阿格雷·阿兹皮里库尔塔，收集在《古典拉波特语》（Labortano clásico）一书中，并于1643年首次在法国坡市③出版，被当时巴斯克语区的作家们奉为文学典范。在这段时间里，鲜有世俗话题的巴斯克语书籍，当时出版的大部分作品均与宗教有关，主要是翻译宗教教义、圣人传记以及神学和哲学内容。在那些少数世俗主题的书籍中，可以看见语法、语言学（尝试保持巴斯克语纯洁性的内容）、散文和诗歌合集以及一些传统巴斯克地区戏剧作品。

18世纪重要的巴斯克文化奠基者是拉腊门蒂神甫。他编写了一部巴斯克语法以及巴斯克语词典。以他为分水岭，巴斯克文学分为前后两个阶段。他花费大量时间和精力，帮助当时的巴斯克作家在作品出版前修改手稿，是当时巴斯克语文学的领路人。

近现代时期

19世纪后半叶，内战结束以及一系列社会变革，使巴斯克人开始担心其语言的命运，于是相继成立了一些语言机构，例如纳瓦拉巴斯克语协会，人们开始举办巴斯克语文学讨论会以及办报纸、杂志等。欧洲语言学研究者也开始对巴斯克语产生了兴趣，并运用科学手段研究这门语言。巴斯克语文学蓬勃发展，民俗学家和音乐学家也加入了拯救这门传统语言的行列。1918年巴斯克语研究院成立，一年后西班牙国王阿方索八世成立了皇家巴斯克语言学院。

另一方面，当时的一些巴斯克学者，如米格尔·德·乌纳穆诺则呼吁接受巴斯克

---

① 拉罗歇尔（La Rochelle），法国西部沿海城市。
② 拉波地区（Labort），指法国西南部地区，与西班牙接壤，是法国巴斯克地区的重要组成部分。
③ 坡市（Pau），法国南部城市，属阿基坦地区。

语消亡的现实。他认为巴斯克语无法表达抽象概念，他甚至认为巴斯克人要融入当代西班牙社会，就应该放弃巴斯克语及其传统。

> 巴斯克文化，所谓的"文化"实质都是用西班牙语或者法语写就。耶稣会的创始人伊纳爵·罗耀拉用西班牙语写信和文章，皇家港的奠基者圣西亚，用法语来书写……在巴斯克语无法表达普遍广泛的含义时，巴斯克地区的民众就会选择西班牙语或者法语。①

当时绝大部分左派或自由主义学者都对巴斯克语持这种态度，只有少数民族主义者、民粹主义者以及传统地区的民众支持巴斯克语的保留和发展。

1848—1936年间兴起了巴斯克语复兴运动，当时涌现了大批象征主义诗人，如奥尔马尔谢阿·奥里谢（Nicolás Ormaetxea Orixe）、利萨尔迪（Xabier Lizardi）、乌尔奇亚贾·拉乌阿谢塔②，然而内战使这场声势浩大的文学语言运动戛然而止。

巴斯克语所特有的田园气息以及理想主义色彩，在20世纪50—60年代吸引了众多巴斯克人，从那时起，巴斯克社会中开始酝酿一股巴斯克文化和政治风潮，巴斯克语也开始在城市以及一些大学生中间流行开来。工业时代前夕巴斯克地区北部仍然通行巴斯克语。根据一份1866—1868年的统计数据，当时吉普斯夸地区176,000人口中的10%，比斯开地区183,000人口中的149,000人使用巴斯克语，12万阿拉维斯人中的10%，纳瓦拉地区30万人中的20%以及法国巴斯克地区的124,000人使用巴斯克语。最新数据显示，如今巴斯克语区28.4%的民众讲巴斯克语，西班牙境内占其中的93.2%，法国巴斯克语区仅占其余的6.8%。

三、巴斯克语方言

1729年耶稣会牧师拉腊门蒂在萨拉曼卡出版了一部巴斯克语语法书《不可战胜——巴斯克语的艺术》（*El imposible vencido. Arte de la lengua vascongada*）。书中提到了各种巴斯克语方言：吉普斯夸语（guipuzcoano）、比斯开语（vizcaíno）、纳瓦拉语（navarro）或者拉伯特语（labortano），一般认为后两个是同一种语言。之后一部关于巴斯克方言分类的著作出自拿破仑侄子、语言学家路易斯—卢森·波拿巴（Louis-Lu-

---

① Miguel de Unamuno, "La unificación del vascuence", en *Obras Completas (VI)*, Madrid: Afrodisio Aguado, 1958, pp. 344-348.
② 埃斯特万·乌尔奇亚贾·拉乌阿谢塔（Esteban Urkiaga Lauaxeta, 1905—1937），巴斯克语诗人、记者，曾参与筹建皇家巴斯克语学院，内战期间为佛朗哥派所杀害。

cien Bonaparte）之手，他把巴斯克语分为八种方言，但并非与行政辖区重合。

1998年巴斯克语言学家库尔多·苏阿佐（Koldo Zuaco）根据新规则对巴斯克方言的分布进行了调整。这个现代分类把巴斯克语分成了六个方言：西部方言、中部方言、纳瓦拉语、东部纳瓦拉语、纳瓦拉—拉波特语和南部方言。这些方言在语音、语态和词汇上的区别有时就像卡斯蒂利亚语和加泰罗尼亚语间的区别那么大，如分别在巴斯克地区一东一西两个区域使用的比斯开语和南部方言。尽管如此，大部分巴斯克语的使用者还是能够听懂对方的方言，当然，其理解程度取决于很多因素，如地理位置、习俗、发音习惯、教育程度以及随之产生的对语言的认知程度等。

现在巴斯克地区学校教育中使用规范化的"标准巴斯克语"（euskara batua）是以吉普斯夸省的方言为基础，尽管如此，大部分巴斯克人或多或少都会受到其本地语言的影响。尽管有标准巴斯克语的存在，各地方言依然在电台、报刊等媒体上大量使用，主要是为了更贴近当地民众的日常交流语言。西部巴斯克语和南部方言则在各自地区的学校使用，并有自己的一套书写规范。它们并没有和官方巴斯克语发生冲突，因为人们认为方言与官方语言的共存，有助于保持语言的生命力。

由于巴斯克文学在历史发展上的特殊性，学者们并没有制定一个统一的书写规范，而是发展出了好几种，并且互不妥协。巴斯克语规范运动从16世纪便开始。在巴斯克文学发展历史上，记录了一些"书写方言"，吉普斯夸语、比斯开语和南部方言是文学创造中流传最广的三种书写方式。规范的吉普斯夸语在比利牛斯山以南使用，而南部方言则在比利牛斯山以北统一规范，并相当具有影响力。20世纪60年代在统一巴斯克语书写时，把这两种规范作为重要的参考依据。

euskera这种叫法，在西班牙的巴斯克人（吉普斯夸、比斯开和纳瓦拉）中间比vascuence更为流行，euskera也被正式收录在《皇家西班牙语言学院词典》21世纪的新版本中。然而，在官方巴斯克语中，一般称为euskara，尤其是中部巴斯克地区，同时，在其他地方，根据当地习惯，也会称为euskala, eskuara, eskuera, eskara, eskera, eskoara, euskiera, auskera, oskara, uskera, uskaa, uska oüskara等等。

第二节 巴斯克语的现状

一、官方身份

在各个巴斯克语使用区，其身份的合法性不尽相同。

虽然西班牙和法国都在1992年欧洲议会发起的《欧洲地区及少数语种宪章》（Carta europea de las lenguas regionales o minoritarias）上签了字，然而只有西班牙在2001年由政府正式批准承认该宪章并开始正式生效，西班牙并且把该宪章中所承诺的对少数语种的义务、责任，覆盖到境内所有的自治区官方语言，因此就巴斯克语而言，正式承认其在巴斯克自治区以及纳瓦拉的巴斯克语区（zona vascófona de Navarra）的合法地位。

现行1978年西班牙宪法在第三条中规定"卡斯蒂利亚语是西班牙王国的官方语言"以及"西班牙其他语言在各自自治区里根据其自治法也拥有官方地位"。

因此，在巴斯克地区，根据其1979年的自治章程（Estatuto de Autonomía），巴斯克语与卡斯蒂利亚语均为其境内的官方语言，并且不再有巴斯克语区和卡斯蒂利亚语区之分。这条法律后续在1982年被扩充为巴斯克语使用正常化基本法（Ley básica 10/1982 de normalización del uso del euskera），确定了其在行政、教育、社会中的官方地位并且强制推广巴斯克语教育，包括课程内容及授课语言。

而纳瓦拉地区的情况则有所不同。纳瓦拉法律制度恢复及改善组织法（Ley orgánica de reintegración y mejoramiento del Régimen Foral de Navarra）明确指出，巴斯克语只有在传统巴斯克语使用区才是官方语言，但并未划定哪些地区是传统巴斯克语区。因此，1986年通过的巴斯克语法令（Ley foral del vascuence，以下简称"法令"），根据传统语言分布，划定了纳瓦拉自治法中所指的"传统巴斯克语地区"为"法令"中规定的巴斯克语地区。在该地区，巴斯克语和卡斯蒂利亚语同为官方语言，而"混合语言区"及"非巴斯克语区"的官方语言为卡斯蒂利亚语。

传统巴斯克语区的教育体系推行巴斯克语义务教育（包括课程和授课语言）并推广巴斯克语的规范用法。另外，"法令"还规定，纳瓦拉地区"混合语言区"的民众，有权根据需求接受巴斯克语教育以及在政府机关办理事务时使用巴斯克语，而无须提供卡斯蒂利亚语翻译文本，这是因为纳瓦拉地区的城市人口主要聚居潘普洛纳属于"混合语言区",此外比利牛斯山区不宜居住,因此大部分的巴斯克语使用者都生活在"混合语言区"。

二、佛朗哥独裁时期的巴斯克语

1939年弗朗西斯科·佛朗哥领导的民族主义军队在西班牙内战中获胜,西班牙从此进入近40年的佛朗哥独裁统治时期。至今,鲜有学者深入研究过佛朗哥独裁时期巴斯克语经历的变化,就这一时期的巴斯克语,西班牙学者持各种不同意见,有人认为其经历了大衰退,也有人则认为巴斯克语仍维持原状。巴斯克语在这一时期经历了打击,同时也得到发展,毕竟在近40年的独裁时期,整个西班牙社会及政府本身都发生了很多变化。

可以明确的是,当时的巴斯克和纳瓦拉的政治基础是亲佛朗哥派的。占该地区大部分人口的天主教徒及当地民众在内战中帮助佛朗夺得胜利,但他们却无法阻止佛朗哥政权在其后的统治中,对巴斯克语实施边缘化,禁止推广巴斯克语言文化及文学作品等。佛朗哥的统治思想是极端民族主义,崇尚"西班牙统一、强大、自由",推崇卡斯蒂利亚语的唯一地位,以及佛朗哥本人对巴斯克人的偏见,巴斯克语在教育、文化等方面备受排挤和忽视。尽管官方没有完全禁止巴斯克语的政策,但是在公众场合讲巴斯克语基本成为不可能。

然而,佛朗哥政府强行推广的卡斯蒂利亚语教育,导致了很多巴斯克人的反抗、极端巴斯克民族主义的抬头并对其他西班牙人的仇视。极端巴斯克民族主义组织"艾塔"(ETA/ Euskadi Ta Askatasuna)1958年成立,1961年首次进行暗杀活动,并在佛朗哥独裁结束后变成一个彻底的恐怖组织。

佛朗哥的独裁在70年代中期已是强弩之末,政府开始允许出现巴斯克语的出版物、新闻、音乐等,但其后又因劳工问题以及对"艾塔"的关注,收紧了这些政策。尽管如此,独裁时期的巴斯克语出版物数量还是远远超过了1900—1936年间的约1000种,这一切为巴斯克语后来的复苏提供了重要基础,当然这并不完全由于政策的放宽,而更应归功于巴斯克民众的觉醒和推动。

总之,关于这一时期的巴斯克语的发展众说纷纭,研究不多,还有待后人评判。

三、现行教育体制中的巴斯克语状况

巴斯克自治区

早在1983年巴斯克政府教育文化厅出法令，把巴斯克语纳入教育体系。该法令明确巴斯克语和卡斯蒂利亚语同为授课语言，其相关语言课程也列入了非大学教育范畴。作为当地居民，家长可以在以下几种模式中，选一种作为其子女义务教育阶段的语言教育模式：

A模式：除了巴斯克语言文学外，其余课程均采用卡斯蒂利亚语为授课语言；

B模式：部分课程采用卡斯蒂利亚语（主要是阅读、写作、数学等），其余的则为巴斯克语（主要是实验操作类的课程，如艺术、物理等）；

D模式：巴斯克语为所有课程的授课语言，课程读物为卡斯蒂利亚语。

在大学和职业教育阶段，同样设置相似的模式以供选择，但只有选项A和选项D。此外，在比斯开省的部分地区，还允许学生有第四个选项（模式X），在此模式下，全部课程均采用卡斯蒂利亚语授课，巴斯克语言文学课程为选修课，学生可自行选择修或不修。

自1983年实行至今，选择模式A的学生比例从64%降到了11%。从下表可以看出，幼儿教育阶段，模式A只占不到4%，到了高中阶段，则上升至40%左右。[①]

各模式选择比例（2011—2012学年）

	模式A	模式B	模式D	模式X
学前教育	5.5%	24.7%	69.1%	0.7%
小学教育	5.7%	24.6%	69%	0.7%
中学教育	11.4%	26.7%	61.2%	0.7%
本科教育	38.7%	1.6%	59%	0.6%
总体	15.8%	19.6%	64%	0.6%

分区域来看，在吉普斯夸省，模式D是占主导地位，超过3/4的学生选择D；在比斯开省，模式D占了过半数；而在阿拉瓦省（Álava），尽管模式D仍是多数，但已不过半数。

[①] 数据来源：巴斯克地区统计局 http://www.eustat.eus/elementos/ele0002400/ti_Alumnado_de_ense%c3%b1anzas_de_regimen_general_no_universitario_de_la_CA_de_Euskadi_por_Territorio_Historico_nivel_modelo_de_ense%c3%b1anza_bilingue_y_titularidad_Avance_de_datos_20112012/tbl0002427_c.html

各模式选择比例（2011—2012学年）

	模式A	模式B	模式D	模式X
阿拉瓦	23.3%	30.7%	46.0%	—
比斯开	18.1%	21.9%	58.8%	1.2%
吉普斯夸	9%	11.3%	79.7%	—
巴斯克总体	15.8%	19.6%	64%	0.6%

在职业教育阶段，最新的2012—2013年数据显示，74%的学生登记接受模式A的课程，24.7%的选择模式D；而在大学，只有29%的学生学修巴斯克语课程。

纳瓦拉自治区

在纳瓦拉自治区，巴斯克语的教育根据巴斯克语法令来制定，即划分为三个不同的语言区：

巴斯克语区：由占纳瓦拉三分之一的北部山区组成，人口占纳瓦拉的9%，该区的主要语言为巴斯克语，巴斯克语和卡斯蒂利亚语同为官方语言。

混合语言区：包括了潘普洛纳省的大部分地区、比利牛斯山东部以及埃斯特拉（Merindad de Estella）的部分城镇，该区的主要语言为卡斯蒂利亚语，其唯一官方语亦是卡斯蒂利亚语。但由于近现代历史中，该区的传统语言为巴斯克语，因此法令特别承认巴斯克语在此地的合法性。这一地区人口占纳瓦拉的53%。

非巴斯克语地区：由纳瓦拉超过一半的面积组成，包括埃布罗河（Ebro）谷地区以及埃斯特拉和奥丽特（Olite）的大部分地区。该区历史上及现代均通用卡斯蒂利亚语，因此卡斯蒂利亚语是其唯一官方语言。该区人口占36%。

因此，1988年纳瓦拉颁布法令，制定了四种义务教育阶段的语言模式：

模式A：除了巴斯克语言课程外，其余全部课程用卡斯蒂利亚语授课。

模式B：双语教学（部分课程用巴斯克语，部分课程用卡斯蒂利亚语）。

模式D：除了卡斯蒂利亚语和英语课程外，其他课程用巴斯克语授课。

模式G：全卡斯蒂利亚语授课，无巴斯克语课程。

由于此法令同时规定了在巴斯克语区，巴斯克语课程为义务教育必修课程，因此在该区，可选的语言模式只有A、B和D；非巴斯克语区只允许选择模式G和A；混合语言地区则四种模式都可选择。

在这四种模式的基础上，后来又新增了用英语授课的教育模式，即：

British：一半课程英语、一半课程卡斯蒂利亚语；

TIL：即卡斯蒂利亚语和英语的课程比例可协调；

TIL-A：即在TIL模式的基础上，允许学生选择每周4小时的巴斯克语课程。

后来以上三种模式统称为多语言模式。各种语言模式在纳瓦拉地区的比例如下表：①

各模式选择比例（2012—2013学年）

	模式A	模式B	模式D	模式G	多语言模式
学前教育	14.67%	0.26%	25.46%	37.63%	21.99%
小学教育	20.14%	0.31%	27.02%	45.87%	6.66%
中学教育	10.90%	0.13%	24.07%	63.70%	1.21%
大学教育	4.34%	—	22.98%	72.68%	—
职业教育	—	—	1.64%	98.36%	—
总体	13.95%	0.20%	23.78%	54.69%	7.38%

四、巴斯克语对卡斯蒂利亚语词汇的影响

普通词汇

在中世纪，巴斯克语对卡斯蒂利亚语有着重要的影响，但从15世纪开始，这一影响逐渐减少甚至消失了。现代卡斯蒂利亚语仍在使用的来自巴斯克语的词汇甚少，而且使用频率也不高，最常用的有：alud（雪崩），chabola（茅屋，贫民区），chaparro（矮胖的人），chatarra（废铁），gabarra（驳船），izquierda（左边），laya（铁锹），socarrar（烧糊），zamarra（羊皮），zurrón（皮口袋）等。

姓氏和人名

除了那些常见的明显是巴斯克语的姓氏外，如Mendizábal，巴斯克语对现代卡斯蒂利亚语姓名最大的贡献是人名Javier，来源于纳瓦拉的一个地名Javier。使用最多的来源于巴斯克语的姓氏是García，原本是用作名字的，后来慢慢地演变成了姓氏。另外一些比较常见的来源于巴斯克语的姓氏有：Aznar, Barrios, Bolívar, Mendoza, Ochoa以及Ortiz等。

---

① 数据来源：纳瓦拉教育局 http://consejoescolar.educacion.navarra.es/attachments/article/433/Informe_educacion_Navarra_12_13.pdf.

第十七章　瓦伦西亚语与西班牙语

第一节　瓦伦西亚语的概况及历史

瓦伦西亚语（valenciano）是瓦伦西亚自治区（Comunidad Valenciana）所使用的官方语言的正式名称，由拉丁语演变而来。有语言学家认为，瓦伦西亚语是瓦伦西亚自治区所说的加泰罗尼亚语的名称，在此意义上，它被认为是西加泰罗尼亚语变异而来的方言。瓦伦西亚语经历过繁荣也尝过衰落的滋味，甚至还出现过文学黄金时期。对于其起源，众说纷纭。

一、起源

关于瓦伦西亚语的起源，1908年开始出现了意见相左的争论。这场争论也称为瓦伦西亚之争或瓦伦西亚语言冲突。主要有两派：

瓦伦西亚语派（Teoría valencianista）

其主要观点是，瓦伦西亚语是一门独立的语言，有自己发展和进化轨迹：摩尔人入侵瓦伦西亚地区后，一部分西班牙罗马人留守当地，他们保留了自己的语言，即通俗拉丁语，他们被称为莫莎拉贝人，其语言便是如今的瓦伦西亚语的起源。

随着基督教光复者和平收复瓦伦西亚后，当地的瓦伦西亚罗曼斯语吸收了这些光复者带来的不同的罗曼斯方言。而光复者中许多人是在摩尔人征服期间，逃亡到北部和西北部的原瓦伦西亚人，也就是说他们本身就是说瓦伦西亚地区的罗曼斯语。

瓦伦西亚文化皇家研究学院（Real Academia de Cultura Valenciana）支持这一观点，提倡把瓦伦西亚语视作一门独立的语言，并声援与右翼政党有关的瓦伦西亚少数派人士，支持他们将瓦伦西亚语及加泰罗尼亚语的书写标准分开的企图。但是他们的主张并没有得到大学或罗曼语族专家的广泛支持。

泛加泰罗尼亚语语派（Teoría pancatalanista）

这一派坚持认为瓦伦西亚语是加泰罗尼亚语的一个变体。他们认为今天的瓦伦西亚语来源于光复运动时期，进入瓦伦西亚的加泰罗尼亚人所说的加泰罗尼亚语。在他们看来，光复运动时期，瓦伦西亚地区已经没有还讲着瓦伦西亚罗曼斯语的罗马人了，而参与光复运动的大部分人是加泰罗尼亚人。此外他们还认为，瓦伦西亚地区的语言并不能被称为瓦伦西亚语，而应该被称为加泰罗尼亚语。也就是说，瓦伦西亚语其实是瓦伦西亚自治区所说加泰罗尼亚语的名称，于是被称为瓦伦西亚语，是为了将其与整个加泰罗尼亚语或"巴塞罗那的加泰罗尼亚语"加以区分，因此，它应该是由西加泰罗尼亚语演变而来的方言。西加泰罗尼亚语还包括加泰罗尼亚西部、佛朗哈地区[①]、安道尔、莱里达省、塔拉戈纳省西部以及马略卡岛的方言。支持这一派观点的包括瓦伦西亚语学院（Academia Valenciana de la Lengua）和加泰罗尼亚语研究院（Instituto de Estudios Catalanes）。

二、历史

罗马人的统治

瓦伦西亚于公元前138年由罗马人建立，当时的名称是 Valentia Edetanorum，是罗马在伊比利亚半岛上建立的最早的几个殖民地之一，因此瓦伦西亚语中有四分之三词汇的词根源自通俗拉丁语和书面拉丁语。

穆斯林的统治

阿拉伯穆斯林自公元8世纪起统治伊比利亚半岛，当时有很多伊比利亚罗马人（los iberorromanos）依然留在阿拉伯人统治的土地上。被阿拉伯人征服的莫莎拉贝人，也就是说当地的伊比利亚罗马人还讲着通俗拉丁语。随着时间的流逝，通俗拉丁语渐渐失去了统一性，进而在不同地区演变成了不同的语言。当时瓦伦西亚大部分地区所讲的莫莎拉贝语，和今天的瓦伦西亚语已经有些许相似之处了。

尽管有一定数量的伊比利亚罗马人，无论其出于无奈还是自愿，放弃自己的基督教转而信奉伊斯兰教，但这并不意味着他们就丢弃了自己源自通俗拉丁语的语言，只说阿拉伯语。更何况穆斯林和莫莎拉贝人之间并非完全能够和谐相处，而是各有各的生活圈，恪守各自的风俗习惯。

基督教徒的光复运动

在阿拉贡国王征服者海梅一世带领基督教军队收复瓦伦西亚地区之时，就曾统计

[①] 佛朗哈地区（La Franja/ Franja de Aragón），指阿拉贡东部与加泰罗尼亚交界处。

过瓦伦西亚地区的莫莎拉贝人数量。于是，在设立瓦伦西亚法典时，考虑到讲罗曼斯语的人数以及为方便其理解并遵守法典，海梅一世下令将法典翻译成瓦伦西亚人都说的罗曼斯语。

瓦伦西亚帝国

关于瓦伦西亚帝国所讲的语言，瓦伦西亚语派和泛加泰罗尼亚语派各执一词。

✧ 瓦伦西亚语派

多亏了海梅一世制定的法典，瓦伦西亚帝国得以有别于阿拉贡王朝。海梅一世在收复瓦伦西亚时，其士兵当中有许多是之前居住在瓦伦西亚的莫莎拉贝人，他们在穆斯林入侵时，逃亡到北方，现在他们随着光复大军，又回到了自己的故乡，于是顺其自然地带回了自己祖辈的家乡语。

相反，加泰罗尼亚人似乎对海梅一世收复瓦伦西亚一事兴趣泛泛，这也是可以理解的：加泰罗尼亚人并不认为瓦伦西亚是自己地盘，因为一直到19世纪，埃布罗河以南的地区都是阿拉贡王室的领地，因此瓦伦西亚不属于巴塞罗那伯爵领地，也不属于任何一个加泰罗尼亚地区。

这一派认为在第一批到达瓦伦西亚的基督教光复者中，来自加泰罗尼亚地区的光复者比较少，因此加泰罗尼亚语对瓦伦西亚罗曼斯语的影响微不足道。这解释了今天的瓦伦西亚语之所以和"东部加泰罗尼亚语"存在明显差异，是因为两者在光复运动时期就已经有着很多不同之处。

他们认为历史上，加泰罗尼亚语从来都不是瓦伦西亚王朝的流行语言。此外，要想解释为什么瓦伦西亚语和加泰罗尼亚语之间有着相似之处，必须要知道这样一个事实：瓦伦西亚语是伊比利亚半岛上首个迎来文学黄金时期的语言，比卡斯蒂利亚语的文学黄金时期还要来得早，因此其文学成就对半岛上其他语言的文学产生了深远的影响，对加泰罗尼亚语的影响尤甚，后者吸收了很多瓦伦西亚语的形式，因此后来加泰罗尼亚语和瓦伦西亚语就越来越相似。

随着瓦伦西亚王朝法典的废除以及《新基本法令》的颁布，瓦伦西亚王朝受到"卡斯蒂利亚化"（castellanización）的影响，瓦伦西亚语中的部分词汇被卡斯蒂利亚语所代替。

✧ 泛加泰罗尼亚语派

在海梅一世和平收复瓦伦西亚地区之时，光复大军中讲加泰罗尼亚语的士兵便把加泰罗尼亚语带入此地，他们中的大部分来自今天的加泰罗尼亚西部。除去一些阿拉伯词汇和地名，之前的莫莎拉贝语和阿拉伯语在今天瓦伦西亚语的形成中，似乎没有多大的影响。

三、瓦伦西亚语文学的黄金时期

15世纪瓦伦西亚的文学繁荣标志着瓦伦西亚民族走向成熟，当时与阿拉贡王朝联系密切的地中海地区流行的多个语言中，没有一个能与成熟的瓦伦西亚语相提并论。当时瓦伦西亚王国发展到鼎盛时期，身处其中的瓦伦西亚文学也迎来了自身的繁荣，它甚至深深影响了西班牙18世纪的文学以及19世纪的浪漫主义文学。

瓦伦西亚语文学的繁荣几乎贯穿了整个16世纪。以下是当时最出名的几位作家：

奥斯阿斯·马奇（Ausiàs March, 1397—1459）

奥斯阿斯·马奇是中世纪后期（baja Edad Media）最出名的瓦伦西亚诗人，甚至被认为是瓦伦西亚有史以来最伟大的诗人。他是新拉丁民族诗歌历史中首屈一指的诗人，被封为是"瓦伦西亚的彼特拉克"和"诗歌王子"。他一生创作无数，其中最杰出的作品是《爱、德、精神和死亡之歌》（Cantics d'amor, morals, spirituals e de mort）。该诗集1539年被翻译成卡斯蒂利亚语，之后卡斯蒂利亚语译本层出不穷。奥斯阿斯·马奇的手稿至今仍然保存在西班牙国家图书馆中。

海梅·罗逸（Jaume Roig, 15世纪初—1478）

海梅·罗逸出生于瓦伦西亚城，是位著名的医生和宫廷诗人，但他主要因为一部讽刺作品而为人所知，并青史留名，这就是其在1459—1460年间创作的《镜子》（El espejo），或被称为《女人书》（Libre de les dones/ Libro de las mujeres）。该作普遍被看作是部流浪汉小说，评论则认为是部讽刺之作。这部作品流传甚广，至今仍然有一些版本在出版。

朱安诺·马尔托雷尔（Joanot Martorell, 1413—1468）

朱安诺·马尔托雷尔的生平多个世纪以来一直为人们所津津乐道，无论是其文学成就还是道德污点。如果单从他所创作的那部被塞万提斯称为"世界上最好的作品"以及被19世纪末20世纪初西班牙作家、政治家梅嫩德斯·佩拉约（Marcelino Menéndez Pelayo）认为是"世界上最好的骑士小说之一"来看，马尔托雷尔确实称得上是文学史上一颗闪耀之星。

马尔托雷尔1413年生于刚蒂亚，是个勇敢、好斗又傲慢的骑士。其祖父也是一位骑士，其父则直接服务于国王马蒂诺二世①。马尔托雷尔生性好斗，一生中由于各种各样的问题和他人有过多次冲突，甚至是决斗。

因为工作上的缘故，马尔托雷尔得以游历整个欧洲，甚至还到过东方。在其作品中，他写过很多骑士小说的片段。但是让他名垂青史的还要数小说《白朗骑士》。这部小说因离奇的故事情节以及现实主义元素，被看作是现代小说的伟大开山之篇。在这样一位读万卷书、行万里路的作者手中，该小说以奇妙构思，丰富想象，离奇情节，让人拍案称绝。

小说中的人物都具有英雄气概和传奇色彩。故事发生在欧洲地中海地区和东罗马帝国的君士坦丁堡。主角是具有传奇色彩的白朗骑士，生于布列塔尼半岛②。小说叙述了白朗骑士传奇的一生：他先是介入了英法两国之间的骑士争斗，后来拜占庭帝国国王请求他帮助对抗突厥人，因为突厥人在当时严重威胁到了拜占庭帝国首都君士坦丁堡的安全。白朗骑士接受了拜占庭国王的请求，成功击退了突厥人的进攻，挽救了整个帝国。后来他又陆续击败在地中海东部和非洲北部的突厥人。白朗骑士在与拜占庭公主成亲前夕，不幸身故。

跟同时代的大部分作家一样，这部小说中的语言采用了瓦伦西亚地区使用的通俗语言，所谓的通俗语言指的是通俗拉丁语，而民众中间使用的属于罗曼斯语的土著瓦伦西亚语。

《白朗骑士》最终在1490年得以面世，但不幸的是，当时发行的700本小说中，现仅存3本，分别藏于瓦伦西亚大学、伦敦博物馆以及纽约。之后，《白朗骑士》多次再版并且翻译成多国文字。这部巨作被认为是中世纪小说中的一颗璀璨明珠，在后世阿里奥斯托③和莎士比亚的作品中也能找到《白朗骑士》的影子。2006年这部巨著被好莱坞改编成电影。

维烈纳修女（Sor Isabel de Villena, 1430—1490）

维烈纳修女生于瓦伦西亚城，其父拥有阿拉贡王室血统，其母则是卡斯蒂利亚王室后人。其代表作《基督的生活》（*Vita Christi*），1497年在瓦伦西亚出版，用瓦伦西

---

① 马蒂诺二世（Martín Ⅱ de Aragón/ Martín Ⅱ el Humano/ Martín Ⅱ el Viejo）1396年登基为阿拉贡、瓦伦西亚、撒丁及科西嘉国王并任巴塞罗那伯爵，1409年登基为西西里国王。
② 布列塔尼（Britania），法国西北部半岛，法国一文化及行政地区名称。布列塔尼半岛北部面向英伦海峡，南部对着比斯开湾、古城阿摩里卡，范围包括塞纳河和罗亚尔河之间的沿海地区。
③ 卢德维科·阿里奥斯托（Ludovico Ariosto, 1474—1533），意大利文艺复兴诗人，代表作为《疯狂的罗兰》。

亚当地罗曼斯语写就，描绘了耶稣的生活，其特色之处在于所描绘的耶稣生活并非正统福音书里面出现的故事。这部作品语言纯正，感情随性释放，充满了宗教文化、人文主义和生活气息，同时也具有宫廷色彩。维烈纳修女逝于1490年，《基督的生活》这部小说却让她芳名永存。

四、历史记录中的瓦伦西亚语

瓦伦西亚语这一名称首次出现在《爱与被爱之书》（Lo Libre De Amich E Amat）的一篇拉丁文评论文中，这篇评论由该书作者拉伊蒙托·鲁里奥[①]的一位佚名学生所写。书上这样写道：

Ista expositio excerpta fuit ex magno volumine in lingua valentina composito per quemdam discipulum Raymundi. Inceptum Valentie mense decembris et finito mense Martii anni 1335.

而在法律文件上首次出现valenciano这个词来指称瓦伦西亚人自己的语言，在1343—1346年间出现在梅诺尔卡岛。之后瓦伦西亚语便断断续续地出现在法律及宗教文献当中。15世纪时，瓦伦西亚语被指定为瓦伦西亚帝国通用语言，当时，罗曼斯语已经近乎被废弃。

《白朗骑士》作者马尔托雷尔就曾说过：

Me atrevire expondre: no solament de lengua anglesa en portuguesa. Mas encara de portuguesa en vulgar *valenciana*: perço que la nació don yo soc natural sen puxa alegrar.

1472年，第一部瓦伦西亚语所著的词典《典雅辞书》（Libre elegantiarum），由埃斯特维（Joan Esteve）创作完成。

16世纪时，指称瓦伦西亚语的lengua valenciana出现在各种官方文件上。如在1599年皇家办事处写给费利佩二世的信件中可以看到：

aunque escrita en lengua valenciana, pues podrá servir portuguesa. Mas encara de portuguesa en vulgar de intérprete el Marqués de Denia.

然而17世纪瓦伦西亚语开始走向衰落，因为此时统治阶层逐渐使用卡斯蒂利亚语

[①] 拉伊蒙托·鲁里奥（Raimundo Lulio, 1232—1315），马略尔卡哲学家、诗人，同时也是一位神学家及传教士；被认为是加泰罗尼亚文学创始者之一，同时也是最早使用新拉丁语表达科学、哲学思想的作家之一；每年的11月27日被定为其纪念日。

撰写文件。尽管如此，在当时的很多文件还是频繁提到瓦伦西亚语。

18—19世纪的瓦伦西亚官方文件仍然用瓦伦西亚语和卡斯蒂利亚语撰写而成。一直到20世纪，很多官方文件还会用瓦伦西亚语书写，由此可见瓦伦西亚语在瓦伦西亚地区的生命力以及影响力。

1931年西班牙第二共和国成立后，瓦伦西亚语开始有了一些不一样的变化，我们将在下一节详述。

第二节　瓦伦西亚语的现状

一、概况

瓦伦西亚语自治区所讲的瓦伦西亚语普遍被认为是加泰罗尼亚语的一种方言。1982年，西班牙国会（Cortes Generales）通过了瓦伦西亚自治章程（Estatuto de Autonomía de la Comunidad Valenciana（Ley Orgánica 5/1982, de 1 de julio, art. 7）），作为瓦伦西亚自治区的一部基本法，它规定："瓦伦西亚自治区的两个官方语言是瓦伦西亚语和卡斯蒂利亚语，所有瓦伦西亚人有权掌握并使用这两门语言"。1983年，瓦伦西亚语使用及教育法（Ley de uso y enseñanza del valenciano/ Ley 4/1983, de 23 de noviembre, art. 2）重申此项规定："瓦伦西亚语是瓦伦西亚自治区自己的语言，因此，瓦伦西亚公民有权掌握并使用这门语言，无论是口头还是书面形式，无论是私人还是公共场所"。

二、政治

佛朗哥时期

19世纪起，瓦伦西亚语即是瓦伦西亚地区的主流语言，尽管在此期间，由于政治和移民因素，瓦伦西亚语受到了一些影响，但这主要反映在书面上。

1936—1939年的内战以弗朗西斯科·佛朗哥的胜利告终，这意味着跟加泰罗尼亚有关的一切都受到打压，而被认为是加泰罗尼亚语分支的瓦伦西亚语自然也受到影响。佛朗哥统治期间（1939—1975），加泰罗尼亚语被认为是野蛮的文化侵犯，仅被局限于家中使用，卡斯蒂利亚语成为教育、行政机关和媒体使用的唯一语言。一直到佛朗哥去世，西班牙的各方言才有了正常化发展的机会。

方言的正常化发展

人们对于瓦伦西亚语的了解自1982年后开始有了显著的增长，这一年瓦伦西亚自治区政府（Generalitat Valenciana/ Generalidad Valenciana）开始大力推广瓦伦西亚语教育，并提出一些用瓦伦西亚语进行学校教育的规定：自治区居民的瓦伦西亚语识字率由1982年的4%上升到2001年的38%。1989年，瓦伦西亚地区的卡斯蒂利亚语使用者为49.6%，瓦伦西亚语使用者为45.8%，双语言使用者为4.5%，其他语言使用者为0.1%；1995年，卡斯蒂利亚语使用者为47.2%，瓦伦西亚语使用者为50.0%，双语言使用者为2.8%，其他语言使用者为零。[①] 尽管自治区政府做了众多努力并且取得了一定成效，但总的来说，整个20世纪瓦伦西亚语还是由于外来移民的不断迁入而颓势渐成。瓦伦西亚主要的移民潮发生在1960—1975年。这十五年间，该地区人口由250万激增至350万，这新增的100万主要是来自卡斯蒂利亚—拉曼却、安达卢西亚、穆尔西亚和阿拉贡讲卡斯蒂利亚语的地区，这直接导致了今天卡斯蒂利亚语在瓦伦西亚地区的普及。

20世纪80—90年代，瓦伦西亚地区的瓦伦西亚语和卡斯蒂利亚语的使用人数基本保持较为稳定的状态，但是近年来，卡斯蒂利亚语的使用者比例再次出现小幅度增长，此外，双语使用者及其他语言使用者的人数目也都有所增长，唯一下降的则是瓦伦西亚语使用者的人数，其主要原因是近年来外来人口的剧增，这些外来人口除了来自国内的卡斯蒂利亚—拉曼却、安达卢西亚和穆尔西亚地区，还有来自西语美洲国家及非洲马格勒布（Magreb，即撒哈拉沙漠以南）地区。迁入人口主要讲卡斯蒂利亚语，瓦伦西亚自治区的语言天平开始不可避免地倾向卡斯蒂利亚语。2005年，卡斯蒂利亚语使用者为54.5%，瓦伦西亚语使用者为36.4%，双语言使用者为6.2%，其他语言使用者为2.9%；2008年，卡斯蒂利亚语使用者为56.8%，瓦伦西亚语使用者为32.3%，双语言使用者为7.6%，其他语言使用者为3.3%。

瓦伦西亚人民党（Partido Popular de la Comunidad Valenciana）自1995年起在瓦伦西亚自治区执政，一些工会和文化组织出于政治目的而宣传少用瓦伦西亚语。2007年，瓦伦西亚教育工作者工会（Sindicato de Trabajadores de la Enseñanza del País Valenciano/STEP）指出瓦伦西亚语的教育自1997年起便停滞不前。

---

① 瓦伦西亚自治区政府瓦伦西亚统计局2001年人口普查数据。

各政党对于瓦伦西亚语态度

一方面，自1931年西班牙第二共和国成立后，在多个组织的倡议下，西班牙出台了一些自治法规，第一条便是1931年布拉斯科激进党①提出的《瓦伦西亚地区自治法规前身》，其中规定："瓦伦西亚语和卡斯蒂利亚语同为瓦伦西亚地区的官方语言，两者皆可使用。"

此倡议提出后，1936年西班牙工会国家劳动联盟（Confederación Nacional del Trabajo）提出了"瓦伦西亚自治法规若干基础"，第一个"基础"提到："与卡斯蒂利亚语一样，瓦伦西亚语同为瓦伦西亚的官方语言，因此官方文件需用这两种语言书写；卡斯蒂利亚语用于与他国以及与本国其他自治区间的交流。"

最后两条倡议是1937年由瓦伦西亚左翼党（Esquerra Valenciana）提出的《瓦伦西亚地区自治法规草案》以及由国家共和联盟提出的《瓦伦西亚地区自治法规方案》。前者规定："瓦伦西亚语是瓦伦西亚地区的官方语言，另一个官方语言则是卡斯蒂利亚语，相关机构出具的官方文件必须用这两门语言书写。在与他国交流时的官方语言是卡斯蒂利亚语。"后者规定："在区域性组织中，瓦伦西亚语和卡斯蒂利亚语一样，同为官方语言。"

1979年西班牙民主过渡时期颁布的皇家法令规定了教育体系中瓦伦西亚语的地位："皇家法规2003/1979规定，瓦伦西亚语纳入瓦伦西亚地区教育体系。"

三、瓦伦西亚语和卡斯蒂利亚语的碰撞

瓦伦西亚自治区两门使用广泛的语言——瓦伦西亚语和卡斯蒂利亚语，前者是瓦伦西亚地区自己的语言，而后者日常生活及大众媒体使用则是人们更广泛的语言，两者都有深厚的文化和文学传统。此外，这两种语言在瓦伦西亚自治区内，各自有作为主流语言的官方区域，这两个语言区由《瓦伦西亚语使用和教育法》根据19世纪这两门语言分布地域进行划分。

卡斯蒂利亚语区主要集中在自治区中部、西部及南部，该区域占自治区面积的25%，人口的13%，该地区的居民对瓦伦西亚语知之甚少。瓦伦西亚语区主要集中在沿海及其周边，占自治区面积的75%，人口的87%。根据2005年的调查，瓦伦西亚语区36.4%的人更喜欢在家用瓦伦西亚语，54.5%的人在家说卡斯蒂利亚语，后者主要集中

---

① 布拉斯科激进党（Partido Radical Blasquista），以19世纪末20世纪初瓦伦西亚籍著名作家布拉斯科·伊巴涅斯（Blasco Ibáñez）命名的民族共和党派。

在较大城市，此外，这里人们讲的卡斯蒂利亚语的发音和词汇受瓦伦西亚语的影响很大。根据瓦伦西亚教文体厅 2010 年的统计显示，瓦伦西亚语区在家中讲卡斯蒂利亚语的人口占 56.5%，讲瓦伦西亚语的占 33.4%，二者都讲的也有 6.9%。而 2005 年瓦伦西亚委员会的统计显示，在家中说卡斯蒂利亚语的人占 48.1%，说瓦伦西亚语的人占 32.6%，这些数据清楚地反映了卡斯蒂利亚语逐步取代瓦伦西亚语的过程。

这个过程在南部的阿里坎特城已经完成，瓦伦西亚城尚处于演变当中，而农村的变化尚不很明显。近年来，很多瓦伦西亚人都正逐渐成为双语言使用者，他们渐渐习惯了在非正式场合讲瓦伦西亚语，在正式场合讲卡斯蒂利亚语。据 2001 年瓦伦西亚教文体厅的统计显示，大城市的家庭里，瓦伦西亚语使用的比例较低，在中小城市的家庭中，其使用比例较高。

瓦伦西亚语逐渐被卡斯蒂利亚语替代，一方面由于父母决定在家中跟孩子讲卡斯蒂利亚语，另一方面则是因为一部分人为了融入周围环境而改说卡斯蒂利亚语：当周围讲卡斯蒂利亚语的人越来越多时，他们本来所讲的瓦伦西亚语与卡斯蒂利亚语相比，便成为相对小众的语言，于是，他们中的大多数人在此社会压力下，选择成为大众中的一员，而非继续做一名小众人士。也就是说，一个操着相对弱势语言的人，会为了更好地融入社会而改变其原有语言，转向使用其交流者常用的语言。

在如今的瓦伦西亚地区，各行各业在大多数情况下都会首选卡斯蒂利亚语，包括书面传播媒体（杂志、地方报等），口头传播媒体（收音机，但是一些地方台还会使用瓦伦西亚语），视听传播媒体（瓦伦西亚地区的公共台同时使用两种语言，地方台习惯使用瓦伦西亚语，但广告一般用卡斯蒂利亚语，电影一般用卡斯蒂利亚语）。卡斯蒂利亚语在正规行业中是主流语言，比如法律程序、政治家的演讲、谈话，正规表格和印刷文件、公证处、财产登记处、大学课堂、商品标签说明、广告、饭店菜单等均使用这门语言。

四、瓦伦西亚语教学

为了让瓦伦西亚人均衡地掌握瓦伦西亚语和卡斯蒂利亚语这两门官方语言，瓦伦西亚教育部门颁布了以下三个针对义务教育阶段（即幼儿教育和中小学教育阶段）的语言教学方案：

瓦伦西亚语教学方案（Programa de enseñanza en valenciano/ PEV）

此方案是针对居住在主导语言为瓦伦西亚语地区的讲瓦伦西亚语的学生。课堂上的教学语言为瓦伦西亚语，该方案在试图持续提升瓦伦西亚语在以此为母语的学生中威信的同时，也不忽略卡斯蒂利亚语的教育，因此在中等及高等教育中逐步引入卡斯蒂利亚语。尽管该地区很多学校的语言指导方针设定为瓦伦西亚语教学方案，但实际上，一部分学生接受的是此方案，而另一部分学生所接受的则是渐进式的混合语言教学方案。

浸入式语言教学方案（Programa de inmersión lingüística/ PIL）

此教学方案是针对居住在瓦伦西亚语言区但是只说卡斯蒂利亚语的学生，但此类学生的家庭氛围也是倾向于学习瓦伦西亚语。根据此方案的设计者描述，其目的是通过学生家庭语言环境到学校语言环境的转变来达到教育目的。这项方案自20世纪80年代末便开始在阿里坎特、艾尔切（Elche）和瓦伦西亚市的中小学实行，它规定卡斯蒂利亚语的教学在小学教育中的第二个阶段开始引入，然而，此方案无法在初中教育中持续下去，这使得学生从小学教育阶段过渡到初中教育阶段的过程中碰到了不少语言问题。

渐进式的混合语言教学方案（Programa de incorporación progresiva/ PIP）

在以上两种教学方案都不能推行的情况下，教育部门便强制推行渐进式的混合语言教学方案，此方案适用于历史上说瓦伦西亚语的地区。该方案规定教学主要用卡斯蒂利亚语进行，但瓦伦西亚语会在不同教学环境中以渐进的方式传授给学生。但是随着时代的变迁，瓦伦西亚语的教学环境也在不断调整中。当地瓦伦西亚语的整体氛围是否浓厚，家长希望孩子学习瓦伦西亚语的愿望是否强烈，或者是双语教师团队对于瓦伦西亚语的熟练程度等，这些语言学习氛围中存在的变数都将影响整体的教学环境。只要家长申请此种教学方案，并且其子女就读的学校也提供这种方案的话，在卡斯蒂利亚语语言区，甚至是在瓦伦西亚语语言区（虽然后者这种情况很少会发生），都可以实施此方案。

在瓦伦西亚自治区，渐进式的混合语言教学方案在各中小学中的使用率占明显优势，几乎65%的瓦伦西亚自治区中小学生所接受的语言教育方案均为此方案。

五、瓦伦西亚语对卡斯蒂利亚语词汇的贡献及二者用法差异

受瓦伦西亚语的影响，瓦伦西亚人在说卡斯蒂利亚语时，会用一些源自瓦伦西亚语的词语。比如，他们会称呼比较熟悉、亲密的朋友为nano/na, tete/ta；而mocho"拖把"的词义也源自瓦伦西亚语；potroso在卡斯蒂利亚语中是"幸运的"，而瓦伦西亚

语则是"停止哭泣的小孩";patio在卡斯蒂利亚语中大多数情况下是"院子"的意思,而它的另一个词义"门廊"则是受瓦伦西亚语的影响;卡斯蒂利亚语 arremángate el camal "挽起你的裤管",但奇怪的是camal在卡斯蒂利亚语中是"缰绳",而其"裤管"之义也是受到瓦伦西亚语的影响。

瓦伦西亚的海鲜饭举世闻名,于是paella(海鲜饭)这个词也顺势传入了卡斯蒂利亚语。除此之外,卡斯蒂利亚语和瓦伦西亚语中在表达食物时有一些差异,如在卡斯蒂利亚语中aceituna和oliva都有"油橄榄"的意思,但在瓦伦西亚,人们只用aceituna来表示"油橄榄";在卡斯蒂利亚语区,limonada是"柠檬水",然而在瓦伦西亚地区,limonada则是"带气柠檬饮料"。

第三部分
西班牙语的未来

第十八章　巴西与西班牙语

第一节　巴西概况与历史

巴西即巴西联邦共和国（República Federativa del Brasil），是南美洲最大的国家，享有"足球王国"的美誉。国土总面积851.49万平方公里，居世界第五位。总人口2.01亿。与乌拉圭、阿根廷、巴拉圭、玻利维亚、秘鲁、哥伦比亚、委内瑞拉、圭亚那、苏里南、法属圭亚那十国接壤。

历史上巴西曾为葡萄牙的殖民地，1822年9月7日宣布独立。巴西的官方语言为葡萄牙语。巴西拥有丰富的自然资源和完整的工业基础，是金砖国家（BRICS: Brasil, Rusia, India, China y Sudáfrica）之一，也是南美洲国家联盟（Unión de Naciones Suramericanas）成员，是里约集团（Grupo de Río）创始国之一，南方共同市场[1]、20国集团（Grupo de los 20/G20）成员国，不结盟运动（Movimiento de Países No Alineados）观察员。

巴西文化具有多民族性，作为一个民族大熔炉，有来自欧洲、非洲、亚洲等世界各地的移民。足球是巴西人文化生活的主流运动，巴西是2014年世界杯（Copa Mundial del Fútbol）举办国。2016年的奥运会在巴西里约热内卢举办。

一、欧洲人到达之前的巴西

当欧洲人到达后来被称为巴西的这片土地时，遇到了分布在沿海一带和巴拉那河——巴拉圭河流域的美洲居民，这些美洲居民之间的文化、语言十分类似。

在葡萄牙人征服的年代，生活在巴西的印第安人有数百万人，而今天仅剩下了30万—35万人。

---

[1] 南方共同市场(Mercado Común del Sur/Mercosur)，包括阿根廷、乌拉圭、巴拉圭和巴西四国。

二、殖民地时期的巴西（1500—1822）

葡萄牙人早在13—14世纪的远洋贸易中积累了丰富的航海经验，15世纪初开始的海外扩张，是葡萄牙社会各个阶级、社会集团和组织的利益所在。

葡萄牙与另一个海上强国西班牙为瓜分美洲殖民地，1494年6月7日签订了《托德西利亚斯条约》，划定了各自的势力范围，此条约规定在佛得角群岛以西370里处划界，以东的土地归葡萄牙，以西归西班牙。

1499年7月，瓦斯科·达伽马（Vasco da Gama）的回程船队的第一艘轮船抵达葡萄牙，在国内掀起了一个巨大热潮。数月后的1500年3月9日，一支由十三艘船只组成的船队，在佩德罗·阿尔瓦雷斯·卡布拉尔（Pedro Álvares Cabral）的率领下，从里斯本启程，表面上的目的地是印度群岛。船队绕过佛得角群岛后，便偏离非洲海岸，向西方开去，4月21日船队远远望见那片后来被称为巴西的土地。根据《托德西利亚斯条约》的划分，这一地区属于葡萄牙，5月1日，葡萄牙国王宣布这一"发现地"为葡萄牙的殖民地。

巴西刚发现之初，葡萄牙人并没有意识到其价值，认为那只是一个大岛屿而已。人们首先被其异域情调给吸引住，当时的葡萄牙国王马努埃尔一世喜欢称它为维拉·克鲁斯，后来又称为圣克鲁斯，即"圣十字架之地"。巴西这个名字，最初出现在1503年，与初期巴西主要财富的来源——巴西红木（braza）有关。这种树树干颜色深红，被用作染料；又因其木质十分坚硬，常被用来制作家具和建造轮船。

随后的三百年里，葡萄牙人逐渐定居于此。1580年，西班牙费利佩二世继承葡萄牙王位，两国签署协定，规定当时葡萄牙实际上从属于西班牙。此伊比利亚联盟使得西、葡两国民众可以在拉美殖民地之间相互流动。

1624—1654年，荷兰人一度占领巴西，1654年葡萄牙在第一次英荷战争后，重新夺取巴西。

1640—1648年间，西班牙和葡萄牙之间发生冲突。西、葡两国爆发战争，1648年葡萄牙脱离西班牙获得完全独立。

1808年，拿破仑入侵葡萄牙，葡萄牙女王玛利亚一世携王室贵族和政府迁往巴西，1821年返回葡萄牙。这期间巴西开始对英国开放贸易港口，并成为葡萄牙王国的一部分。

三、独立后的巴西

1822—1889年间，为巴西帝国时期，由葡萄牙亲王佩德罗一世及其子佩德罗二世统治。1889年佩德罗二世被废黜，德奥多罗·达·丰塞卡（Manuel Deodoro da Fonseca）建立的第一共和国取而代之，巴西帝国宣告灭亡。

第一共和国时期从1889年丰塞卡将军发动的政变开始，直至1930年。

在1930年代的世界经济大恐慌下，巴西"咖啡经济"遭受沉痛打击，随之而来的是政治上的混乱。

1964—1985年为军事独裁时期。

1985年，巴西开始了自由民主的道路。

四、巴西与周围西语国家的冲突

拉普拉塔之战（1851—1864）

阿根廷军事独裁者胡安·马努埃尔·罗萨斯以武力统一阿根廷后，在乌拉圭问题上，支持当时的白党并试图推翻受巴西支持的执政党——红党，于是，1851年乌拉圭内部矛盾直接演变成阿根廷和巴西之间的利益冲突。

巴西武装力量同阿根廷反罗萨斯的武装力量联合，共同反对乌拉圭白党。在其强大攻势下，白党宣布投降。巴西和乌拉圭联合支持乌尔基萨领导的阿根廷反对派，试图共同推翻统治达23年之久的罗萨斯政府。1852年罗萨斯军队在一场战役中被击败，阿根廷和乌拉圭新政府允许巴西船只在巴拉那河和乌拉圭河流域航行。数年后，乌拉圭白党重新执政。白党领导人上台后继续支持其旧盟友。于是，阿根廷和巴西又联合红党，向乌拉圭发动进攻。白党再次战败，战争使巴西巩固了它在拉普拉塔河地区的地位。

巴拉圭战争（1865—1870）

由于巴西在拉普拉塔战争中的行为，巴拉圭将其视为一大威胁。1864年，巴拉圭军队扣押了巴西商船。1865年，巴拉圭军队占领了阿根廷的奥连特省。同年，阿根廷、巴西和乌拉圭三国建立共同对付巴拉圭的三国联盟。1866年，巴拉圭军队向盟军发起进攻，双方展开了南美地区有史以来最为激烈的战斗，最终盟军取得胜利。1868年，盟军攻占巴拉圭首都亚松森，1870年，巴拉圭独裁者被击毙，战争结束。

巴拉圭战争是19世纪南美洲持续时间最长、最为残酷的战争。战后，巴拉圭人口减少一半，国家遭受严重破坏，陷入瘫痪，巴西也因战争耗尽财力，负债累累。

与阿根廷在帕尔马斯的边界问题

帕尔马斯（Palmas）位于巴西南部与阿根廷的交界处。巴西主张以河流分界，但未能得到解决。后巴阿双方一致同意将边界问题提交国际仲裁。1895年冲突地区被划归巴西，两国边界问题得到解决。

与玻利维亚在阿克里地区的边界冲突

1867年巴西和玻利维亚两国签订《阿亚库乔协定》，巴西将阿克里（Acre）地区让给了玻利维亚。然而由于该地区橡胶业的发展，当地巴西采胶人和商人不断与玻利维亚人发生冲突。后经过协商，巴西、玻利维亚和秘鲁三国于1903年在里约热内卢签订了《佩德罗波利斯协定》，巴西用200万英镑买下原属于玻利维亚和秘鲁的阿克里地区，后又改为阿克里州。

五、巴西同拉美国家的和平外交

除了厄瓜多尔和智利，巴西同南美几乎所有国家都接壤，此外，巴西与周边国家在国土面积和语言存在差异，因此巴西历来与周边西语国家互不信任。所以直至20世纪90年代，巴西才开始将其与阿根廷及南美其他国家的战略合作作为自己的外交重点之一。拉普拉塔战争和巴拉圭战争后，巴西一直奉行较为温和、稳健的外交政策，此后它同南美洲其他国家基本保持良好关系，发展同拉美国家的外交和经贸关系是巴西外交政策的重点之一。1991年建立了包括巴西、阿根廷、巴拉圭和乌拉圭在内的南方共同市场，1995年设立自由贸易区，巴西与其他拉美国家的关系得到进一步发展和改善。南共市成员国内90%以上的商品已实现自由进出口。

南共市建立前，巴西与其他成员国的贸易仅占巴西对外贸易的7%，1999年上升为14%。1990—1999年期间，巴西与南共市其他国家的贸易增长400%。2000年巴西向南共市国家出口77.33亿美元，进口77.96亿美元。1998年，南共市与安第斯共同体国家签订协议，从2000年开始建立南美洲自由贸易区。为了进一步加强巴西同南美洲国家的关系，2001年在巴西首都巴西利亚召开了南美洲国家首脑会议，倡议建立南美洲共同市场。南共市各国在有关2005年建立美洲自由贸易区、同欧盟建立贸易自由区等问题上的立场保持一致。南共市建立后，集团内部的经贸发展迅速。在发展南共市关系的同时，巴西还努力改善和发展同安第斯共同体国家的关系，为建立南美洲共同市场努力。

巴西是阿根廷的第一大贸易合作伙伴。2001年阿根廷爆发经济和金融危机，影响了巴西的经济发展。为了克服这种影响，巴西在国际上为阿根廷获得贷款而奔走，同时改善同阿根廷的外交和经济关系。2002年10月当选的巴西总统卢拉选定阿根廷为其首个出访国，并表示新政府将南共市和拉美作为未来外交关系的重点。2008年两国的双边贸易额达到308亿美元。受国际金融危机的影响，巴西和阿根廷相继采取了一系列贸易限制措施，使得两国的贸易摩擦明显增加。2009年头9个月两国的双边贸易额为160亿美元，与2008年同期相比下降了40%左右。2009年11月18日，巴西总统卢拉和阿根廷总统克里斯蒂娜在巴西利亚宣布两国已建立了解决双边贸易纠纷的机制。

除此之外，巴西还努力发展同南美洲其他国家的关系，特别是同安第斯共同体①的关系，通过南共市与安第斯共同体签订的自由贸易协定，发展同委内瑞拉、哥伦比亚、玻利维亚、厄瓜多尔等国的关系。为团结南美国家，2002年巴西组织召开了第二次南美洲国家首脑会议，以加强南美洲国家之间的政治团结，发展经贸关系。

巴西的出口产品有20%都是销往南美其他国家，尤其是制成品；最近几年，巴西对于在南美其他国家企业的投资也是一直呈现增长趋势；南美其他国家同巴西之间的移民往来日益增多；20世纪90年代开始的区域一体化政策的必要性也日益增长。

除了美洲国家，巴西还积极与世界其他国家发展经贸关系，其主要贸易伙伴还有中国、美国和欧盟。2012年巴西总出口额达到2426亿美元，其主要出口国为中国（17%），美国（11.1%）和阿根廷（7.4%），2013年达到了2448亿美元。2012年巴西总进口额为2232亿美元，2013年总进口额为2414亿美元。2012年其主要进口国为中国（15.3%），美国（14.6%）和阿根廷（7.4%）。正因为巴西积极发展进出口贸易，在经济危机后，它才得以迅速恢复经济实力，最近几年经济增长显著。②

2000—2011年间，其国内生产总值增长了47%。据国际货币基金组织（Fundo Monetario Internacional/ FMI）的统计，巴西2012年的国内生产总值（Producto Interno Bruto/ PIB）达到25,000亿美元，是拉丁美洲最大的经济体，同时也是整个美洲第二大经济体，仅次于美国，在世界各国排名第六位。据国际货币基金组织、南方银行和世界银行的统计数据，在未来十年内，巴西同中国、美国、印度和墨西哥一样是最具经济潜力的国家。

---

① 安第斯共同体(Comunidad Andina de Naciones/ CAN)，1969年由哥伦比亚、秘鲁、智利、玻利维亚和厄瓜多尔南美洲五国成立。
② 参照美国中央情报局数据，更新至2013年。

第二节　巴西的西班牙人和西班牙语

一、概况

巴西的官方语言是葡萄牙语，但是越来越多的巴西人意识到学习西班牙语的重要性，除了巴西在地理上被西语国家包围之外，还有其他多种原因：首先，近年来巴西跟其他三个南方市场国家间贸易往来日益频繁；在文化方面，跟一个讲西班牙语的国家打交道比跟其他语言国家要容易得多，因为西班牙语跟葡萄牙语在语音和结构方面有很多相似之处；此外，在巴西还生活着一些讲西班牙语的塞法丁人，他们和来自其他拉美国家的移民也都把西班牙语当作自己的母语。

二、在巴西的西班牙人

想要知道西班牙语何时出现在巴西，需追溯到1494—1495年间哥伦布在南美洲海岸进行的探险之旅，其目的是了解《托德西利亚斯条约》划分的辖区，以便为西班牙国王出谋划策。此外，1580—1640年间葡萄牙为西班牙兼并，因此巴西也就顺势归属西班牙王室。

但是，也有人认为西班牙和巴西相互影响最密切的是，在出现大量移民的19世纪末至20世纪。19世纪中期西班牙深受经济危机影响，其中受影响最严重的地区是工业不发达、贫穷落后的加利西亚和安达卢西亚地区，而此时巴西逐渐放弃奴隶，转向选用廉价劳动力来进行劳作，咖啡种植园需要大量劳工。西班牙移民中大部分人前往与其他西语国家相邻的巴西南部及东南地区，于是西班牙语在这些地方便自然而然地流行开来，并最终在南方地区演化成了一种类似葡萄牙语的语言。据统计，1888—1930年间有400多万的外国移民涌入巴西，其中西班牙人占12%，这些西班牙人中大部分人来到了南部及东南部以及圣保罗州。据西班牙国家统计局2014年1月1日的统计数据，居住在巴西的西班牙籍人为117,523人，2013年1月1日统计的数据显示为110,422人，一年内增长了6.43%。

三、西班牙语在巴西的现状

全球说西班牙语的人数已经超过了5.7亿，按照总使用人数来说，它是世界第二大语言，仅次于汉语（据2018年塞万提斯学院的统计数据）。在美洲大陆上，平均每10个人中就有9个人说西语。而巴西是西班牙语使用者增长最快的国家之一。约有1100万的巴西人正在学习西班牙语，巴西政府仍在努力使西班牙语的潜在学习者达到5000万。2005年巴西政府规定巴西的中学（针对14—17岁学生的教育阶段）将西班牙语设为选修课。于是1200万的学生便有了学习这门语言的机会，同时，教师职业中也掀起了为传授这门语言而做准备的热潮。当时巴西总统卢拉就规定将西班牙语教育扩展至小学，用网络授课的方式进行线上教学。这种教学方式直接涉及5000万之多的学生和成千上万的老师，西班牙语俨然成为巴西对外交流的第二大语言，并且成了巴西的一大潜力语言，因为巴西在地理上就处于西班牙语国家的包围之中。

塞万提斯学院在巴西拥有几个分校，这对西班牙和巴西来说意味着双赢，但准确地说是更有利于西班牙语的发展，因为它大大促进了西班牙语在巴西的传播。为了推动这门依法成为全国高中必修课的语言的进一步发展，塞万提斯学院在2009年提出了一项跟巴西教育局合作的蓝图，计划将西班牙语正式纳入巴西教育体系，将西语设为小学的选修课。这直接导致新生4500万的潜在西语使用者。这份合作协议得到了当时西班牙副首相玛利亚·特蕾莎的批准，她指出西班牙语的经济价值已经超过了150亿欧元，占国内生产总值的15%左右。

针对这门在全球已经是第二大需求量，并且使用人数达到近6亿的语言，塞万提斯学院规定DELE证书（Diploma de español como lengua extranjera）为西班牙语的官方认证证书，并且规定西语教育在巴西是一个"得到保障的权利"。

塞万提斯学院很好地见证了巴西人在近几年对于西班牙语兴趣的增长。巴西第一所塞万提斯学院1998年创建于圣保罗，其最初的目的仅是进行西语教师培训。2001年在里约热内卢建立的塞万提斯学院就已经是一个文化中心了，从那时起塞万提斯学院在巴西不断扩张。早期的塞万提斯学院培养了10,000名教师，而如今，随着新的塞万提斯学院在巴西的不断落成，这个数字有望翻一番。此外，如今巴西已经成为世界上拥有塞万提斯学院最多的国家，前总统卢拉也曾说过如果巴西想要融入伊比利亚美洲的话，就必须会说西班牙语。

占世界人口总数10%的英语国家贡献了全球国内生产总值的40%；西语国家的人口占到世界人口总数的7%，国内生产总值占到了世界总数的9.4%；人口占到21%的中国的国内生产总值只占到世界总数的4%，由此可见西语国家的经济潜力不容小觑。

四、原因

为什么在短短十年间,巴西那么多家公立和私立学校相继开设了西班牙语课程,并且呈增长趋势?原因无非是经济、社会和文化方面的:1991年南方共同市场的创立,1996年后西班牙外资企业的不断进驻,与西班牙日益频繁的商贸往来,以及随之而来的西班牙文化的冲击;此外西班牙语教育工作者以及巴西当地老师为传播西班牙语和西语文化做出了不懈努力,从而为西班牙语在巴西的传播奠定基础,再加上社会、经济和文化大环境,西班牙语在巴西蓬勃发展。

经济方面:在当今全球经济一体化的大趋势下,南方共同市场展现出了巨大的经济和社会潜力,尤其是巴西南部地区。关于南方共同市场,巴西政治家及参议员何塞(José Fogaça)在1998年的一份报告中就曾说过:

> 要知道当今世界经济全球化的大趋势要求不同的国家在国际大背景下,采取积极措施加强它们间的交流。在拉丁美洲,南方共同市场的成立,标志着这些国家在世界经济的大舞台上正带着对彼此的承诺和信任,开始一步步走向一个团体。南方共同市场要想成功,就需要这些成员国的不断努力,来缩短彼此间的距离,以方便彼此的互相理解。由此可见,一个统一的语言是非常必要的。[1]

从何塞的这段话中,可以看出为了方便各国间经贸和文化交流,建立一个统一的拉丁美洲团体,一门统一的语言有着至关重要的作用。其实这种想法在巴西人的思维中早已根深蒂固了,尤其是在南部跟东南部各州。巴西人对于周边国家都在使用的西班牙语十分好奇,这也进一步促进了普及西班牙语的具体法律法规的颁布。在南方共同市场的影响下,西班牙语从业人员需求量大幅增加。

另外一个促进西班牙语在巴西增长的原因是西班牙大公司在巴西设立分公司。这些企业在为巴西提供大量就业机会的同时,也提高了西班牙在巴西的影响力,从而大大促进当地人学习西语的热情。1996年,西班牙电信公司(Telefónica)和西班牙国际银行有限公司(又称Banco Santander,桑坦德银行)进驻巴西。20世纪90年代末至21世纪初,巴西与西班牙的贸易往来日益密切,于是西语教学班的需求量大大增长。以前经常会有巴西人在填写履历时,在语言一栏写上西班牙语达到基本合格水

---

[1] 引自 Diário do Senado Federal, 8-98: 12.711。

准，因为他们完全能看懂西班牙语，尽管不会说也不会写。

文化社会方面：西班牙文化和西班牙语文化的入侵，它的影响非常明显。从20世纪90年代末开始直至现在，西班牙音乐、电影、文学、体育在全世界取得了不少成就，因而很多人都喜欢上西班牙的文学、艺术作品，还有体育，巴西人也不例外。整个巴西对与西班牙有关的一切都有特殊的偏爱，包括西班牙的西班牙语，周边西语国家不能与之相提并论，尤其是阿根廷：距离产生美，遥远的西班牙比身边的阿根廷更富魅力，况且巴西和阿根廷比邻更增加了彼此间的竞争。

西班牙语与葡萄牙语相似，让巴西人觉得西语文化与葡语文化有相似之处，因此对西班牙语文化感觉亲近。即使在葡萄牙，民众觉得没有必要学习和使用西班牙语，但当他们必须选择学习一门外语时，他们会选择自己认为更有用的西班牙语，而非其他外语。经常会有巴西人因为发音或者词汇上的使用，被人误认为是西语国家的人，这种信任以及互相间的更容易理解，促进了西班牙语和葡萄牙语在巴西的混杂和缠绕，从而产生了西式葡语或葡式西语（portuñol）。

第三节　西班牙语和葡萄牙语的杂交

一、西式葡语

在最大的葡语国家——巴西与其周边西语国家的交界处，存在着两种不同的语言——西班牙语和葡萄牙语，因而形成了这两种语言混杂而成的多种语言变体，此外，这些方言中偶尔还夹杂着一些诸如瓜拉尼语的土著语言，于是在诸如巴拉圭和巴西的交界处，便产生了一种被称为边疆语（fronterizo）、西式葡语（葡式西语）、卡甲巴欧语（carimbáo）或巴亚诺语（bayano）的接触语言，这些接触语的主要使用人群是农村的中层阶级。西式葡语是为了方便口语交流而产生的流行的、即兴的语言，语言学家又称之为乌拉圭葡萄牙语方言（dialectos portugueses del Uruguay，DPU）。一些调查者从20世纪70年代就开始对这些方言进行研究，比如阿道夫·埃切戈尔（Adolfo Eichengerger），他负责研究乌拉圭和巴西交界处的葡西接触语，他认为西式葡语是一门建立在葡语基础上并深受西语影响的中间语言，尽管如此，它也有着自己的特点。

此外，由于受到南共市的影响，除了这些国家的交界地带，西语国家和葡语国家间的相互理解也深入各个国家内部，尤其是南方共同市场成员国。这种相互理解同样也导致了语言间的相互影响——一系列以西式葡语创作而成的"流行"音乐和文学应运而生。比如巴西人道格拉斯·迭戈斯（Douglas Diegues）创作的《裸体行走于这片丛林的趣味》（*Da gusto andar desnudo por estas selvas-sonetos salvajes*），这是第一部用西式葡语完成的诗集；西式葡语音乐作品有磁乐队（Os Magnéticos）的马努超（Manu Chao）。

甚至在说西式葡语的地方，一些造型艺术家的作品中也融入了葡语和西语的因素，从这点来看，西式葡语已然不仅仅是一个杂交语言，而是阿根廷、巴拉圭、乌拉圭和巴西文化交融的产物。跟巴拉圭的葡萄牙语方言DPU不同的是，这些地方新出现的西式葡语，涉及的地域融合性更加广泛。由此可见，西式葡语有着其忠实的拥护者，每年的10月13日甚至被定为"国际西式葡语日"。

二、西式葡语文学

从现实生活中的西式葡语口语发展到文学作品需要一个先决条件：把文学语言当作是现实语言的转换。这种转换偶尔才会忠于现实，大部分情况下作者在创造文学语言时，都是选择有独特特征的语言，也就是说根据角色不同的社会阶级、职业背景和方言等选择不同的语言风格。最正宗的西式葡语作家主要产生于巴西和乌拉圭的交界处。

乌拉圭和巴西交界处的西式葡语方言经常会受到一些语言规划政策的威胁，以及葡语和西语母语者的抵触，他们认为正规的西班牙语和葡萄牙语才是有威望的语言。但同时，人们也不得不承认西式葡语地区其实是一个令人惊奇的、充满文化活力的地方。西式葡语是边界文化最具代表性的产物，一些南美作家将这个"产物"融入文学作品中，精确地描述了边界民众的生活和历史。不同的作者在其文学作品中对这门语言的运用也是有所差异的，这里仅举两个最具代表性的例子：乌拉圭作家萨乌·伊巴尔戈因和巴西作家威尔森·布埃诺。

萨乌·伊巴尔戈因（Saúl Ibargoyen, 1930—2019）出生在乌拉圭和巴西边境，是20世纪70年代的诗人和小说家，属后文学大爆炸时代。在他的第一篇小说《霍阿金高炉那的边疆》（*Fronteras de Joaquim Coluna*）中，他以两国交界处的乡村生活为原型，创作出一个独特的文学小世界。在他的小说《地球》（*Toda la tierra*）中，基于同样的素材，他创作了何塞·坤达（José Cunda）这一人物形象和他的家庭。小说中的场景其实就是现实生活中这样一个没有国界区分的乡村，这里充满了双重文化和双语言色彩。萨乌为了文学叙述，将这源于现实的元素进行了文字化处理；在刻画人物形象时，对现实进行文学再创造，把居住在边界处的居民现实生活中的语言进行了文学上的再处理。

不少语言学家都对出现在萨乌文学创作中的西式葡语，从语言学角度进行了研究。其中就包括玛格达莱娜·高尔（Magdalena Coll）的研究，她分析了萨乌一篇短篇小说中正字法的选择，尽管书写上是按照西班牙语规则，却让读者看到了一个不一样的第三种语言，因为这种语言融合了边界地区人民所讲的西班牙语和葡萄牙语的混合形式，比如词汇berso, diñero, farina, paisiño和filio等，这些都反映了这门语言的杂交特性。

我们接下来的一段节选自《地球》的片段中，可以明显感受到这种语言混杂的特性：

Aquí les estoy presentando a meu sobrino, Juanito Bautista. Es él de Cangu.-ueiro, mesmamente que yo. Largo camino tiene hecho el coitado, pasando por Puerto Polvo… Lo mandé buscar, como vosés saben, nos hizo el favor de allegarse hasta Siete árboles." "Beinvindo, bienvenido a sus casas de usté, don Juanito. Boa visita es la suya para nos..." "Placer tengo en conocerlo, sí..." "Mais, cansado debe de estar, viaje complicado seguramente tuvo, con tales caminos…Si el señor querer, pos ya le endilgamos su recámara. Depois de trocar ropas, podemos cenar." "Voy a agradecer, do.a Juana Mangarí. Es lo que la soñora disponga." "Gué, veo que están en buen entendimiento. Y a ti, Almendorina, miña filia, béin bonita te apreciamos esta noche. (Capítulo XX, p. 121)

除了一些诸如benvindo, coidado等葡语词汇的摄入以及一些诸如bein或filia等发音更偏向于葡语而非西语的音节，在这个片段中葡语物主词汇的使用以及vocês和nós使用也相当突出，以及在将来从句中条件句或副动词的使用也喜欢用葡语的句法结构（si el señor querer, Estoy presentando），这些都是巴西葡萄牙语的特征。萨乌在这部小说以及其他小说中运用的这种语言杂交手段，不仅是一个"表达边界身份"的工具，同时，正如他自己说的，也是质疑后现代主义"推崇文雅语言"的主张。

巴西作家威尔森·布埃诺（Wilson Bueno, 1949—2010）是一名多产小说家，从20世纪80年代开始创作生涯，迄今已发表十部小说。1992年出版了《巴拉圭海》

(*Mar paraguayo*)，叙述了一名放荡妓女的独白，独白从一个保护她的老人的去世开始，主人公试图通过这个独白证明老人不是她谋杀的。

作者为小说中的巴拉圭主人公创造了一种语言，它融合了西班牙语、葡萄牙语和瓜拉尼语。通过这样一个来自瓜拉杜瓦乡村地区的角色所讲的语言，表达这种国界相交之处的风土人情，而非通过对现实生活中某种语言变体的文学再创造来表达。所以《巴拉圭海》中的西式葡语，是作者自己的文学化设想，于是产生了一门仅属于他的个人语言。在这门语言中我们可以看到极具个人色彩的诗歌魅力。这小说一开始就提醒读者注意这种"离经叛道的语言杂交"。

Un aviso: el guarani es tan esencial en nesto relato quanto el vuelo del párraro, lo cisco en la ventana, los arrullos del português. Los derramados nerudas en cascata num solo só suicidio de palabras anchas. Una el error dela outra. Queriendo-me tal vez acabe aspirando, en neste zoo de signos, a la urdidura esencial del afecto que se vá en la cola del escorpión. Isto: yo desearía alcan.ar todo que vibre e tine abaixo, mucho abaixo de la línea del silêncio. No hay idiomas aí. Solo la vertigen de la linguagem. Deja-me que exista. E por esto cantarê de oido por las playas de Guaratuba mi canción marafa, la defendida del viejo, arrastrando-se por la casa como uno ser pálido y sin estufas, sofriendo elviejo hecho así un mal necessário – sin nunca matarlo no obstante los esfuerzos de alcanñar vence a noches y dias de pura sevicia en la obsesión macabra de eganar-lhe la carne pisada del pescoño. No, cream-me, hablo honesto y fundo: yo no matê a el viejo.

读者在这段节选中可以轻易看到几种语言的交融，因其不是不同语言语音、词汇和句法的交替使用，从而达到了一种多语言完全交融的状态，其杂交程度也远胜上面提到的萨乌小说中的语言。这种语言对于以西语或葡语为母语的人来说乍一看来颇为陌生，但却无须翻译即能读懂。可以看出威尔森·布埃诺的创作已不再是简单的将现实进行再加工，而是创作出自己独特的文学语言，这种建立在多语言杂交基础上的文学语言，也是现实中南美洲语言杂交特征的产物。除了小说创作，戏剧作品中也有用西式葡语进行创作的。西式葡语已不再是边境方言的变异体，而是面向未来的产物，尤其对南共市而言。尽管目前只有一些零星的文艺作品，但其创作者在作品中反复强调多文化间的碰撞，实际上就是要求把边境作为其身份特征。仅此一点即可预测南共市将给西式葡语提供多么广阔的舞台。

三、其他葡西杂交语言

除了西式葡语（葡式西语）外，巴西亚马孙地区还讲着另一种西班牙方言，叫作亚马孙西班牙语（español amazónico）。这种方言被认为是卡斯蒂利亚语和多种亚马孙语混合的语言。这种方言跟卡斯蒂利亚语的主要区别在于发音方面。比如，单词中的j发音为/f/，Juan读成/fan/；另外一个区别是句法方面，专有名词前加冠词，句子中的单词顺序也有所改变，比如de Antonio sus amïgas（las amigas de Antonio）。但是这种方言从来没有被整理汇编过，通常被认为是一门方言而非一种语言。

第十九章　美国的西班牙语

第一节　北美殖民和领土扩张

一、无敌舰队和海上霸主的更替

自1492年发现新大陆后,西班牙为保障其海上交通线及在海外的利益,于16世纪建立了当时最庞大的、拥有100多艘战舰、3000余门大炮、数以万计士兵的强大海上舰队,最盛时舰队有千余艘舰船,总排水量超过现在美军的单支航母编队。[①]这支横行于地中海和大西洋之间的舰队,西班牙人称之为"无敌舰队"。

据统计,1545—1560年间,西班牙海军从海外运回的黄金达5500公斤,白银达24.6万公斤。到16世纪末,世界贵金属开采中的83%为西班牙所得。[②]通过在美洲殖民地的巧取豪夺,西班牙成为欧洲最富有的海上帝国。

当时的西班牙国王费利佩二世统治的疆域包括西班牙、尼德兰(Neerlandia,即今荷兰)、西西里与那不勒斯、弗朗什孔泰(法国中东部)、米兰及全部西属美洲和非洲殖民地,而梦想建立庞大天主教帝国的费利佩二世,却不得不面对此起彼伏的起义和独立运动,即使有美洲源源不断地输血,也无法支持其长年四处征战的庞大军费开销,更不用说用来发展工业,西班牙逐渐被英国赶超。

彼时的英国正处于资本主义萌芽阶段,轻工业的发展迫使它急于寻找海外商业市场;而舰船制造和航海技术的革新,也燃起了英国与老牌殖民帝国,如西班牙争夺殖民地的勃勃野心。英国尚无力正面挑战西班牙海上力量,于是大肆颁发私掠许可证,鼓励民间船只攻击西班牙商船,甚至军舰,西班牙人痛斥其为海盗行为;此外,英国还通过海盗开辟贩运黑奴的"三角贸易",经济活动渗入西属中美洲,被西班牙人认定为走私。

[①] 数据来自360百科。
[②] 同上。

西班牙自然不能对此坐视不理，英国海上的抢劫以及对中美洲的掠夺已严重威胁到它对殖民地的垄断地位，引起了费利佩二世的仇视。起初他并不想对英国大动干戈，而是谋求扶持其第二任妻子，同样信奉天主教的苏格兰女王玛丽一世登上英国王位，但玛丽一世很快被其妹妹，信奉新教的伊丽莎白一世推翻。费利佩二世决定攻打英国，1588—1601年西班牙无敌舰队五次远征英国，均无功而返，而英国当时在其四次远征和九年战争后也大伤元气。1639年西班牙为镇压尼德兰反叛，与葡萄牙联手，在英吉利海峡唐斯与荷兰开战，并谋求夺取英吉利海峡控制权。战事以西葡联军战败告终，同时标志着这两个老牌殖民帝国海上霸权的结束。自此，英国和荷兰崛起，成为新一代海上霸主。

二、北美早期移民史和美墨战争

北美洲原住民为印第安人。16—18世纪，正在进行资本原始积累的西欧各国相继入侵北美，法国人建立了新法兰西（包括圣劳伦斯流域下游大湖区，密西西比河流域等处）；西班牙人建立了新西班牙（包括墨西哥和美国西南部的广大地区）；16世纪末17世纪初，北美许多大西洋沿海地区经英国船队率先发现后，成为英国新领土，1607年英国在北美大陆开拓了第一块殖民地，名为"弗吉尼亚"。1620年9月6日，"五月花号"载着包括男女及儿童在内的102名船员由英国出发，驶往北美洲。这并非从英国搭乘移民前往北美的第一艘船只，但因运载分离派清教徒去北美建立普利茅斯殖民地，并在船上制定了《五月花号公约》，而成为改变世界的标志性事件。

到了18世纪中期，北美大西洋沿岸共建立了十三块殖民地，殖民地的经济、文化和政治相对成熟。英国对北美地区采取的高压政策引起了居民强烈不满，殖民地与英国之间逐渐产生了裂痕，1776—1783年，北美十三州在华盛顿领导下取得了独立战争胜利，美国正式诞生，并先后制定一系列民主政治的法令，逐步成为一个完全独立的民族主权国家。独立后的美国继续领土扩展，逐渐由大西洋沿岸扩张到太平洋沿岸，经济随之发生显著变化，北部和南部经济朝着不同方向发展，南北矛盾日益加重。1865年4月，持续了四年的南北战争，又称美国内战，北方领导的资产阶级获胜，并统一全国。

1810年邻国墨西哥的独立运动也进行得如火如荼，墨西哥人民先后在伊达尔戈和何塞·雷洛斯的领导下，发起反抗殖民统治者，要求民族独立的大规模起义，1821年获得独立并在1824年确定为联邦共和国。

先后获得独立的美国和墨西哥，在1846—1848年爆发了一场关于领土控制权的战争，战败的墨西哥被迫签订《瓜达卢佩—希得尔戈条约》（*Tratado de Guadalupe—Hidalgo*），把占其国土面积一半以上，且是其最肥沃230万平方公里土地的得克萨斯、新墨西哥、亚利桑那和佛罗里达贱卖给美国；美国通过这场战争，不但豪取大片土地，还一跃成为跨大西洋和太平洋的大国，从此获得在美洲的主宰地位。

美国和墨西哥，乃至西班牙都很有渊源，19世纪中墨西哥北部一半国土被迫割让给美国，居住在那里的原为西班牙臣民的墨西哥人便成了美国人。美国有许多地名是西班牙语，下面就介绍其中最负盛名的地方。

Arizona（亚利桑那，源自西班牙语árida zona，"不毛之地"）
California（加利福尼亚，源于16世纪初西班牙一部知名戏剧中假想岛屿的名字）
Colorado（科罗拉多，西班牙语colorado，"红色的"）
Florida（佛罗里达，西班牙语florido，"鲜花盛开的"；"华丽的"）
Montana（蒙塔纳，源自西班牙语montaña，"山"）
Nevada（内华达，西班牙语nevado，"白雪皑皑的"）
New Mexico（新墨西哥，西班牙语Nuevo México）
Texas（得克萨斯，西班牙语Tejas，"朋友"；"欧洲红豆杉"）
Utah（犹他，源自西班牙语yuta，西班牙人对当地土著居民的称呼）
La Paz（拉巴斯，亚利桑那州一城市，"和平"）
Los Angeles（洛杉矶，美国第二大城市，位于加利福尼亚州，"天使们"）
Las Vegas（拉斯维加斯，世界著名赌城，"低洼有水的地方"）
San Francisco（旧金山/三藩市，"圣弗朗西斯科"）

三、美帝国主义扩张和美西战争

19世纪末的西班牙已是穷途末路，海外殖民地也所剩无几，此时美国进入帝国主义时期，想重新瓜分世界殖民地，但因力量有限，无力同英法等国抗衡，只有向日薄西山的西班牙下手，1898年发动的夺取西班牙属地古巴、波多黎各和菲律宾的美西战争，是列强重新瓜分殖民地的第一次帝国主义战争。美国拿西班牙开刀，夺取这几个西班牙殖民地，其目的是控制中美洲和加勒比地区，并取得向远东和亚洲扩张的基地。西班牙战败后，同年12月10日在巴黎与美国签订和约，放弃古巴并承认其独立，将关岛和波多黎各割让给美国，并以2000万美元转让菲律宾群岛主权给美国。

美西战争后，菲律宾和古巴虽然脱离西班牙殖民统治，但实际上又处于美国的占领和控制之下。1946年美国同意菲律宾独立，西班牙语作为菲律宾官方语言一直持续到1973年，1987年从学生必修课中除去，2007年总统阿罗约曾提议恢复西班牙语官方语言地位，但目前其官方语言为菲律宾语和英语。

美国接管波多黎各后，将其改名为"Porto Rico"，1932年才恢复其原来的西班牙语名字"Puerto Rico"；1917年，美国国会通过琼斯法案，将"美国公民籍"强加给波多黎各人民；1952年美国给予波多黎各自由州地位。20世纪头三十年，美国一直努力把波多黎各人美国化，英语成为公立学校的必修课。然而，面对波多黎各人的抵制，这个企图通过语言对一个民族进行同化的战略并没有奏效，时至今日，波多黎各讲英语的人口数量仍不到30%。因此，尽管英语作为波多黎各岛上的第二官方语言，即便在今天，大部分的波多黎各人在家都不讲英语，西班牙语依然是波多黎各人的母语。

由于波多黎各有相当一部分人定居在美国，尤其是纽约，因此美国对波多黎各语言及文化的影响不容忽视。2010年，美国人口普查局进行了历史上第23次人口普查，普查数据显示，波多黎各裔作为美国第二大西班牙语群体，其人数已经达到460万，较上一次人口普查（2000年）上升了36%（2000年时为340万）[①]，这一数据已经超过了波多黎各自由邦本身的人口372.2万。许多现在生活在美国的第三、第四代波多黎各人在讲话时都会在西班牙语中掺杂英语单词或短语，就是人们所熟知的"英式西语"。波多黎各作家吉安妮娜·布拉斯齐1998年出版了第一部用英式西语写成的小说《Yo-yo boing!》，书中展现了居住在美国的拉丁裔移民所讲的英式西语的语言风格。

第二节　美国和西式英语（英式西语）

一、西式英语（英式西语）

英语和西班牙语同为当今世界上最通用的语言之一，以这两种语言为母语的人数都接近五亿，以这两种语言为官方语言的国家分别超过七十个和二十个。在美国，西班牙语和英语同为新墨西哥州和波多黎各（美国自由州）的通用语言，有些州和城

[①] 美国人口普查局数据 http://www.census.gov/prod/cen2010/briefs/c2010br-04.pdf.

市、尤其是与墨西哥接壤的美国南部诸州和城市，由于拉丁移民人数的不断增长，英语和西语从开始的接触到后来的相互碰撞和抵触，发展到今天的相互交融和渗透，形成了你中有我、我中有你的局面，其间走过了一个多世纪。西式英语或叫英式西语就是这一过程的产物，它既是语言现象，同时也是历史、社会、政治、文化、种族等诸多因素的结果。尽管对西式英语（英式西语）的定义、发展和前景众说纷纭，其文学形式的出现似乎预示着它有朝一日会突破口语及随意的局限性，而成长为一门新的规范语言。

spanglish（或 espanglés；西班牙语和英语在西班牙语中分别是 español 和 inglés，在英语中分别是 Spanish 和 English，因此 spangish 或 espanglés 就是西班牙语和英语混合之意），正如它的名字那样，是西班牙语和英语混合的产物。1848年墨西哥战争结束后，墨西哥把得克萨斯、新墨西哥、亚利桑那和佛罗里达贱卖给美国，于是当地居民从墨西哥人成为美国人。在英语这个陌生而强势的语言包围下，他们面临着要么放弃自己语言和文化、皈依英语及美国文化，要么坚守自己语言和文化、被排除在主流社会之外的两难境地。这个问题尤其困扰那些后来出生在美国的墨西哥裔。当美国其他族裔移民，如波兰人、意大利人在第二代，最迟第三代就基本弃用祖辈原住国语言而使用英语时，拉丁裔移民，尤其是墨西哥裔，依然坚守着自己的母语，当然他们的西班牙语已不再是标准西班牙语，而是在美国这个民族大熔炉里，经过和英语不停搅拌和发酵后的混合语言，并且根据原住国、移民本身特点、其融入英语的程度、现居住地、交流对象、场合及目的等的不同，显示出惊人的多样性、随机性和随意性，在英语和西班牙语中自由穿插、组合甚至创新，只要对方有一定英语和西语知识，就可以达到交流的目的。

西式英语（英式西语）在其发展的不同阶段和地区以及移民来源国不同，有过不同的名称，如 Tex Mex（19世纪末得克萨斯墨西哥式英语）、Pocho（20世纪40年代墨西哥移民讲的西式英语）、Mix-im-up（西语和英语杂交语）、Cubonics（古巴式英语）、Dominicanish（多米尼加式英语），一直到今天的迈阿密英语。[1]美国人对西班牙语的态度也发生了变化：最早强迫墨西哥人改学英语；20世纪70—80年代，随着拉丁裔

---

[1] J. L. Blas Arroyo, *Sociolingüística del español, desarrollos y persectivas en el estudio de la lengua española en contexto social*, 2005, p. 422; A. Cortés Koloffon, "El spanglish: la frontera del idioma", *La jornada semanal*, Sunday, 07/10/2007, Num: 657; E. Núñez, "Nace un nuevo dialecto en EE UU.: el inglés miamense", *BBC Mundo*, 20/09/2013.

人口的剧增，美国担心西班牙语会对美国语言甚至政治形势造成变数，发起了"只讲英语"的运动，试图对西班牙语边缘化，但是正是从那时起，西班牙语以不可阻挡之势，在美国迅速普及开来。如今，西班牙语是美国第一大外语，有600万美国人学习西班牙语；[1]会英语、西班牙语和计算机语言意味着不愁找不到工作。在美国西南部，英语由于接受了直接来自西班牙语的词语和句子而得到丰富。一些城市，如迈阿密、洛杉矶、纽约，人们通用英语、西班牙语以及西式英语（英式西语）。2008年度普利策小说奖获得者、多米尼加裔作家朱诺特·迪亚兹认为，美国实际上已是双语国家，只是有些政客不愿意承认这一事实罢了。

研究西式英语（英式西语）的美国墨西哥裔专家伊兰·斯塔万斯认为，美国拉丁裔移民由于历史、人口以及原住国靠近美国等因素，"正改变着被英语同化的模式，这意味着，他们同样不可避免地被英语及其文化所同化，但是他们以自己的方式完成这一过程。"[2]西式英语（英式西语）就是千千万万拉丁裔移民融入美国社会，同时保留自己拉丁身份的文化工具。

拉丁裔移民在三四代之后，依然坚守着西班牙语或者操西式英语（英式西语），有几方面的原因。其一，西班牙语作为抵制被英语文化完全同化，并保留自己文化和身份的工具，无论是在早期被排挤的年代，还是今天拉丁文化大行其道之时。其次，拉丁移民潮几乎没有中断过，而且还在源源不断地涌入，这改变了美国的人口结构：2001年拉丁裔人口首次超过黑人，成为美国第一大少数族裔；[3] 2012年人口普查显示，美国拉丁裔人口超过5300万，占美国总人口的17%，这一数字尚未包括波多黎各人以及拉丁非法移民，在这些人当中，有3800万在家讲西班牙语，占美国总人口的13%。[4]再者，美国其他族裔移民的原住国远在万里之外，而拉丁移民的原住国靠近美国，其迁徙路途短，而且不断涌入的新鲜移民，使拉丁裔总能和西班牙语保持联系。

---

[1] "Idioma español en Estados Unidos", http://es.wikipedia.org/wiki/Idioma_espa% C3% B1ol_en_Estados_Unidos_Ilán Stavans.
[2] I. Obiols, "El spanglish nace de la necesidad", "Ilán Stavans catedrático de splanglish", *El País*, 15/05/2002.
[3] "Censo de los Estados Unidos de 2000", http://cs.wikipedia.org/wiki/Censo_de_los_Estados_Unidos_de_2000.
[4] "Más de 53 millones de hispanos residen en EEUU", *Washington: in La Gente, Radio la Primerisima*, 11 Aug. 2013, http://www.radiolaprimerisima.com/noticias/146787/mas-de-53-millones-de-hispanos-residen-en-eeuu.

2000年，美国马萨诸塞州艾姆赫斯特学院开设了全球第一个西式英语（英式西语）讲堂，其目的就是把这种杂交语看作是正在形成的方言。其主讲老师伊兰·斯塔万斯认为，西式英语（英式西语）是西班牙语在美国强大生命力的象征，同时也是其在美国顽强生存下来所付出的代价。① 19世纪中期，墨西哥把一半国土让给美国，洛杉矶、圣地亚哥、旧金山等重要城市落入美国手里，原来的墨西哥居民被强迫学习英语，但是他们没有放弃西班牙语，因此开始使用混杂着西班牙语的英语，作为自己曾经是墨西哥人的象征，来反抗美国政府。20世纪下半叶开始的拉丁裔移民潮，更推动了西班牙语以及西式英语（英式西语）的普及。对于西式英语（英式西语），正统的语言学家把它看作是英语对西语的入侵。他们认为，讲这种语言的人，掺杂了大量的英语词汇，更有甚者，改变了西班牙语原有的句法和语法，对西班牙语文化是极大的危害；对于拉丁移民而言，也阻碍他们在美国主流社会的发展。他们认为西式英语（英式西语）是拉丁移民中穷人的语言，他们既不精通西语，也不精通英语，因此在日常会话中随意加入英语单词和词组。但西式英语（英式西语）也有其坚定的支持者，其中就包括伊兰·斯塔万斯。他认为西式英语（英式西语）之所以正在成为一种语言，是因为有人数众多的拉丁移民在使用它，而且，他相信，在美国，西式英语（英式西语）要比西班牙语更有前景。② 在他看来，英语和西班牙语在美国极有可能演变成一种新的语言，就像古拉丁语和欧洲各地土著语言结合，产生了今天的西班牙语、葡萄牙语、意大利语、法语，等等。伊兰·斯塔万斯还出版了一本西式英语（英式西语）词典，收录了他在歌曲、诗词、小说、故事，还有街头和网上收集到的6000多个单词和短语。③

有专家认为与其说是语言现象，西式英语（英式西语）更多的是一种社会现象。他们认为，西式英语（英式西语）给了使用它的人一个同时用两种语言交流的机会，同时也让他们觉得自己属于两种文化，并且随着西式英语（英式西语）不断壮大，它已不再被看作是对西班牙语的颠覆，而是忠实地反映两种文化合并的状况。

拉丁移民则把西式英语（英式西语）看作是一个平等的国度，正如美国墨西哥裔画家兼作家哥麦斯—贝纳说的："西式英语（英式西语）是我们唯一的祖国。我们很

---

① J. Valenzuela, "Una universidad de Massachusetts crea la primera cátedra mundial del 'spanglish'", *El País*, 03/09/2000.
② "El cóctel de español e inglés invade las calles de Nueva York por boca de su población hispana", *El País*, 15/04/1997.
③ I. Obiols, "El spanglish nace de la necesidad", "Ilán Stavans catedrático de splangish" (Gómez-Peña).

多墨西哥人在美国生活了数年后回到我们的原住国，发现自己成了外人，我们也的确是外人。墨西哥说我们不是墨西哥人，美国也天天不断地重复说我们不是盎格鲁—撒克逊人。只有西式英语（英式西语）及其杂交文化才给了美国和墨西哥都拒绝给我的完整国民身份。"[1] 在他看来，在这个世界上，只有西式英语（英式西语）给了那些在其原住国和美国都自觉是外国人的拉丁移民及其子女一个安身之所，因此是他们唯一可能的祖国及身份象征。

西式英语（英式西语）在美国的拉丁移民中广泛使用，并且出现在大众媒体上，但是却没人能够准确地对这语言现象进行归纳和总结。除了那些广为人知的单词、短语以及固定句型外，很多情况下，西式英语（英式西语）表现出惊人的灵活性、随意性和即兴性，其原因在于拉丁裔移民来自多个国家，他们本身的西班牙语就不尽相同；每个说话者英语掌握程度不同；对话者对西班牙语熟知程度不同；拉丁移民是西式英语（英式西语）的主要使用者，但是随着拉丁移民人数和影响力不断增加，甚至一些非拉丁裔的美国人也加入了这场语言大狂欢中。

Voy a tomar un break.（"我要休息一下。"西语主体，穿插英语名词break）

Te llamo par'atrás.（I call you back.）（"我给你回电。"英语句型西语直译）

correr para presidente（run for president）（"竞选总统"，英语句型西语直译）

vacunar la carpeta（"给地毯吸尘"，西语句型，vacunar 是近似vacuum写法的西语动词，原意"打预防针"；carpeta是近似carpet写法的西语名词，原意"文件夹"）

Yo soy el Army.（"我是军人。"西语主体，穿插英语单词Army。美国军队招募拉丁青年参军口号）

When do you need un abogado?（"你什么时候需要一名律师？"英语主体，穿插西语不定冠词un，"一个"和名词abogado，"律师"）

Hola! Newo Yorko! El stormo grande es mucho dangeroso.（"你好，纽约人，大台风很危险。"西语句型，想当然地把英语名词New York 和 storm，形容词dangerous 西诺化。纽约市长彭博2011年8月27日在推特网呼吁居住在该城的200万拉丁民众密切关注艾琳超级飓风。）

西式英语（英式西语）从早期夹杂英语单词和短语，对西班牙语进行改造，到今

---

[1] A. Prieto Osorno, "Spanglish, una nación de iguales", *Ómnibus*, 01/07/2005, Num: 4º.

天在某些地方发展为掺杂西班牙语单词和短语，对英语进行改头换面，进而形成了诸如迈阿密英语的方言，这个结果早在十几年前，当西式英语（英式西语）开始盛行之时就有人预测到了。这跟美国拉丁移民人口的变化密不可分，尤其是在迈阿密这种拉丁人口稠密的城市。2013年9月20日英国广播公司BBC做了题为《在美国诞生了一种新方言：迈阿密英语》的报道。文中说到，迈阿密二十来岁的年轻人讲的是一种掺杂大量西语单词的英语，这些年轻人中包括在迈阿密土生土长的拉丁裔及非拉丁裔。文中还说，尽管有些人对西班牙语不甚了了，但是在耳濡目染之下，自然而然就掌握一些西语单词和短语，这恰恰是迈阿密人的交流方式。文中还指出，迈阿密英语是地域很强的方言，迈阿密以外的人觉得这种奇怪的英语很好笑。①

西式英语（英式西语）是早期拉丁裔移民出于交流目的的街头语言，随之走向大众文化，在流行音乐、电视、电影、时尚、美食以及大众媒体，如电台、电视台、报纸、杂志，甚至互联网上大行其道。曾经在欧美风靡一时的拉丁流行音乐，就有桑巴、伦巴、曼波、萨尔萨、恰恰、探戈、波萨诺瓦等十数种；1979年格莱美颁奖晚会上出现了最佳拉丁唱片奖，后又设立各种拉丁音乐奖；拉丁裔歌手喜欢在歌词中夹着几个西语单词，甚至直接使用西式英语（英式西语）。在饮食方面，出现混合了来自拉美及美国不同地区口味和食材的"新拉丁菜式"，整个美国都有餐馆供应这些菜名用西式英语（英式西语）写成的菜肴。1995年福克斯电视台制作了名为《布金之家》(*House of Buggin*)的喜剧秀，以哥伦比亚裔纽约人勒基萨姆（Leguizamo）为首的一群拉丁演员，对关于他们族群的种种传闻进行调侃和自嘲，其语言就是穿插了大量俚语的西式英语（英式西语），结果该节目一举拿下了年度第二高收视率。2004年好莱坞拍摄了《西班牙女佣》(*Spanglish*)的电影，讲述的是一对墨西哥母女在美国遭遇的文化、语言、种族、代沟等种种冲突。近年上映的一些美国动画大片，如《极速蜗牛》(2013)、《玩具总动员3》(2010)，都穿插了西班牙语或西式英语（英式西语）的对话。

传媒对于西式英语（英式西语）的传播起到了关键性作用。20世纪80年代，西式英语（英式西语）首先出现在电台广播中，拉丁裔晚间播音员艾德·戈麦斯（Ed Gómez）在节目结束时总是用一句"Hasta sun"（西班牙语Hasta pronto，"再见"和英语单词 soon的混合），来跟听众道别；西式英语（英式西语）随后推广到电视中，

---

① E. Núñez, "Nace un nuevo dialecto en EE.UU.: el inglés miamense".

出现了两个西式英语（英式西语）电视台，之后更推向报纸、杂志。总部设在纽约的高端女性时尚杂志《拉丁女性》(*Latina*)，是一本面向年轻拉丁女子的双语杂志，除了发表纯英语和纯西语的文章，同时也有西式英语（英式西语）的文章。其主编认为，西式英语（英式西语）恰恰反映了该杂志读者介于两种语言和两种文化之间的生活。

二、美国墨西哥裔奇卡诺文学

如果说大众传媒对原本随意性和即兴性很强的西式英语（英式西语）起到了一定规范化和标准化作用，那么，文学则对其进一步抛光和完善，剔除那些变质或有缺陷的部分，因此文学把这种英西杂交语提升到了新的高度，使其获得了前所未有的社会、经济和知识地位。[①]

20世纪60年代，美国经历了争取民权、妇女解放和反越战等运动，同时也兴起了"奇卡诺"(chicano，美国墨西哥裔) 运动。奇卡诺作家认为，美国墨西哥移民生活在墨美边界，从历史、经济、思想和文化上和墨西哥有割舍不断的关系，因此他们的文化既非完全美国的，亦非完全墨西哥的。他们发起的奇卡诺运动，旨在通过社会和政治手段，对美国墨西哥裔重新定位，唤醒其民族自豪感和自信心，并提醒美国墨西哥裔这个占美国拉丁裔人口65%的庞大族群牢记自己的种族和文化，防止被盎格鲁—撒克逊文化同化。奇卡诺运动认清了一个真理，那就是一个人只有靠近自己的族群，才能获得真正的存在；美国墨西哥裔既不是美国人，也不是墨西哥人，他们是奇卡诺人；[②] 西式英语（英式西语）是他们除了英语和西班牙语外，讲的第二种语言。

奇卡诺文学通过不同文学形式控诉美国墨西哥裔面临的种种问题，以及他们在语言和文化混合面前的无助与彷徨。奇卡诺文学的主要特点是：经常提及墨西哥历史和神话；评判盎格鲁—撒克逊人一直对奇卡诺文化所持的敌对态度；魔幻现实主义是其主要文学创作手法；使用的西班牙语中掺杂来自其他语言的词汇，比如英语和美洲印第安土著语言。[③] 此外奇卡诺作家的语言策略有在整个英语环境中穿插西语句子，也有只使用西班牙语，当然还有如双语口语演讲那样，在西语和英语中自由穿插和跳

---

① A. Prieto Osorno, "Literatura y spanglish", in Centro virtual Cervantes, 13/05/2004. http://cvc.cervantes.es/el_rinconete/anteriores/ mayo_04/13052004_01.htm.
② 1969年阿兹特兰奇卡诺学生运动在圣巴巴拉计划中提出的口号。
③ P. Taylor, "Bronzing the Face of American English: The Double Tongue of Chicano Literature", T. Hoenselaars and M. Buning (eds.), *English Literature and the Other Languages*, Rodopi, 1999, pp. 255-268.

跃，如西式英语（英式西语）。①

奇卡诺文学关注的话题非常广泛，从来自美国主流社会的各种压迫，到墨西哥殖民前的神话故事和人物、墨西哥战争、民族身份、种族、宗教、移民问题、性别歧视、语言，到社会阶层、家庭生活、边境问题都有涉及，他们就这些共同的话题阐述各自的观点和看法，把神话和边境看作是有象征意义的空间。对于他们而言，写作就是一个可以在多个有象征意义边界进行穿越的空间，是他们经历过或向往的双文化、双语的理想空间。奇卡诺文学中的小说代表作，如鲁道夫·阿纳亚（Rudolfo Anaya）的《保佑我，乌尔迪玛》（*Bless me, Última*）、米格尔·门德斯（Miguel Méndez）的《岩间圣母之梦》（*El sueño de Santa María de las Piedras*）和荣·阿里阿斯（Ron Arias）的《通往托马昆查拉之路》（*The road to Tomacunchala*）都曾是很畅销的作品。

进入80年代后，奇卡诺作家主要用英语进行创作，显示出某些同化和妥协的迹象，而用西式英语（英式西语）发表的作品主要是诗歌和戏剧。罗兰多·伊诺豪萨（Rolando Hinojosa）是少数坚持同时用英语和西语写作的奇卡诺小说家，他的《我亲爱的拉法》（*Mi querido Rafa*）再现了得克萨斯州格兰德河谷人们的说话方式。但是原作销量却不甚理想，因为鲜有读者掌握的英语和西语足以理解格兰德河谷方言，并读懂原作。后来小说翻译成英语出版后销量大增。儿童文学作家弗朗西斯科·阿拉尔贡（Francisco Alarcón）在其作品中加入了奇卡诺文学的所有元素，如神话故事、历史人物、传统习俗等。他的儿童故事《微笑的西红柿》（*Smiling Tomates*，西语名词 tomate，"西红柿"）就是用双语写成，意图通过妈妈做的饭菜，给小读者灌输对自己身为墨西哥裔的自豪感。

20世纪80年代迎来了奇卡诺女性文学鼎盛时期，其间发表了众多影响广泛的女性作品，其中包括葛洛丽亚·安撒尔杜瓦（Gloria Anzaldúa）1987年出版的《边境：新式混血》（*Borderlands/La frontera: The New Mestiza*，西语定冠词 la，"这个"，名词 frontera，"边境"和名词 mestiza，"混血"），其书名本身就是西式英语（英式西语）的一个典型例子。在书中，作者收录了诗歌、散文、自传、访谈录、小说等多种体裁的作品。在葛洛丽亚·安撒尔杜瓦看来，新式混血象征着经历了深刻精神变化后

---

① J. L.Blas Arroyo, *Sociolingüística del español, desarrollos y persectivas en el estudio de la lengua española en contexto social*, p. 359.

可能达到的超凡脱俗的境界，而边境则是暴力，边缘人以及那些没有发言权的人的空间。①《边境：新式混血》被看作是研究奇卡诺文学的必读之作。安娜·卡斯蒂约（Ana Castillo）的小说《如此远离上帝》(*So Far From God*) 描述了新墨西哥州一个鲜为人知的地方，那里人们的信仰混合了土著迷信和天主教，其人物来自完全不同的世界：江湖医师和城市医生、牧师；疯女人和白领小姐；身为传统女性的母亲却梦想当村长。安娜·卡斯蒂约在小说中，一会儿用英语单词和短语，一会儿用西语单词和短语，一会儿又是两种语言的混合，带领读者进入真正的奇卡诺文学内心深处。②

三、纽约波多黎各裔作家

如果说早期的奇卡诺作家用西式英语（英式西语）创作还是处于摸索阶段，那么真正把这种杂交语言带入文学的则是一群名为"纽约波多黎各裔作家"（Nuyorican Writers，Nuyorican 为 New York 和 Puerto Rican 结合而成的词，专门指 20 世纪 70 年代聚集在纽约的一群波多黎各裔诗人和剧作家）。他们在纽约生活，用英语和西班牙语会话和写作。1973 年，他们在纽约下曼哈顿区成立了"纽约波多黎各裔诗人咖啡室"（Nuyorican Poets Café，西班牙语 Café，"咖啡室"），这个咖啡室很快就成了西式英语（英式西语）新文学的加油站。"纽约波多黎各裔诗人咖啡室"的创始人之一、诗人兼演员米格尔·比涅罗（Miguel Piñero）因其生平被搬上大银幕而名噪一时。他的诗作穿插了西班牙语和英语，其社会及政治意图非常明确，那就是通过街头语言记录城市生活。

在这个咖啡室里，每天都有西班牙语和英语作家朗读自己的作品，他们的听众主要来自工人阶层。有诗人甚至尝试把诗歌、音乐、戏剧和独白结合起来，表演单人秀，来描述在美国谋生的波多黎各移民的骄傲。纽约波多黎各诗人的作品总是围绕一些特定的话题：生存法则、性爱、发现自我。不同文化、语言和作家的汇合很快引起了评论界的关注，同时吸引了当时知名美国文坛人士，如"垮掉一代"作家威廉·巴勒斯以及诗人艾伦·金斯伯格，一时间"纽约波多黎各裔诗人咖啡室"成了纽约大都市的文化中心之一。

---

① Cortés Koloffon, A., "El spanglish: la frontera del idioma", in *La jornada semanal*, Sunday, 7 Oct. 2007, Num: 657.
② G. Limón, "El impacto del español sobre el inglés en la literatura chicana", *El español en la Sociedad de la Información of El II Congreso Internacional de la Lengua Española*, 16-19/10/2001.

"纽约波多黎各裔诗人咖啡室"呵护美国拉丁裔作家的文学创作,捍卫西式英语(英式西语)以及双文化身份的努力,对年轻的拉丁裔作家以及美国拉丁文化的影响广泛而深远。①时至今日,"纽约波多黎各裔诗人咖啡室"依然引导着美国文学以及新拉丁文学创作的走向,纽约波多黎各诗人更是主导了美国诗歌创作的潮流。

正是在这种活跃的文化氛围中,波多黎各裔女作家安娜·丽迪雅·维加(Ana Lydia Vega)1977年发表了社会讽刺短文《小鸡,小鸡》(Pollito chicken:西语pollito,"小鸡")。故事讲述了波多黎各裔女子苏茜对自己卑微的出身感到羞耻,梦想成为真正的"美国女孩",她染着金发,只讲英语。但当她回到波多黎各时,则一边享用着"当地拉丁情人",一边从灵魂和肉体深处用尽所有力气,喊出那"亘古响亮的咆哮:自——由波多黎各万岁!"整篇短文语调诙谐幽默,语言机智俏皮,用的就是典型的西式英语(英式西语)。通过对苏茜这个人物的刻画,作者毫不留情地批评了那些在美国迷失了自己身份的移民。故事里苏茜一直对与波多黎各有关的一切不屑一顾,但在故事的结尾,苏茜内心真正的情感被唤醒了,她情不自禁地用西班牙语喊出了"自——由波多黎各万岁!"至于故事名Pollito chicken,安娜·丽迪雅·维加解释道,它有特殊的文化含义,因为这两个西语和英语单词连在一起,曾经用来教了整整一代波多黎各移民如何掌握英语单词发音的节奏。《小鸡,小鸡》全文字数不过一千五百字,却被看作是西式英语(英式西语)文学的关键之作。

四、最新拉丁文学动向

2008年度普利策小说奖颁给了多米尼加裔作家朱诺特·迪亚兹的《奥斯卡·沃精彩小传》。一方面是对美国多米尼加移民人数不断增加以及其对美国文化贡献的肯定。另一方面也是对美国众多拉丁族群使用的西式英语(英式西语)背后的语言和文化现象的重视。《奥斯卡·沃精彩小传》用英语写成,同时加入了西班牙语元素。西班牙语在美国的影响随着拉丁移民人数的剧增而大大提高,越来越多的美国非拉丁裔也懂得一些西班牙语词汇,并在日常生活中使用。迪亚兹以英语进行文学创作,加入西班牙语词汇,英语读者可以借助情景猜测其中西语词语的含义,因此作品不但赢得了更多的英语读者,而且也得到了评论界的青睐。迪亚兹的这种混合着西语的叙述有其特定含义,它忠实地反映了美国多米尼加移民家庭的语言状况。尤其当迪亚兹刻画

---

① A. Prieto Osorno, "Spanglish, una nación de iguales".

人物内心深处时，他通常会用西式英语（英式西语），在他看来，这个内心深处恰恰反映了人物身上的文化冲突。

《奥斯卡·沃精彩小传》讲述的是多米尼加移民奥斯卡及其家人在美国可笑又可悲的生活。奥斯卡一家似乎无法摆脱祖辈厄运的诅咒：在多米尼加，奥斯卡的外祖父受尽了独裁者拉法埃尔·特鲁希约（Rafael Trujillo）的压迫；来到美国，在追逐美国梦的同时，他们一家又遭遇语言和文化的巨大差异。小说的字里行间充满了震撼、碰撞和冲突，围绕多米尼加移民面临的种种生存问题：活生生地被移植到他处的不适，不同语言导致的文化撕裂，以及其他紧张的社会关系。总而言之，就是在一个敌视环境里挣扎着求生存。为了逃避现实，奥斯卡躲进了科幻小说的世界里，虚幻的美妙世界和真实的残酷现实交织在一起，这种大喜与大悲恰恰是加勒比海地区的真实写照。朱诺特·迪亚兹认为，在加勒比海地区发生过许多可怕的事情，人们为了生存，必须高声歌唱，因此，那里的人们以乐观著称。《奥斯卡·沃精彩小传》正是以幽默的手法引起人们关注那些不得不背井离乡的多米尼加移民的悲惨生活。此外，朱诺特·迪亚兹还加入了漫画、流行文化和历史背景资料等元素。《纽约时报》评论认为这部小说"独特，与众不同，让人有触电的感觉"。

西式英语（英式西语）在迪亚兹的书中并非随意的，或者仅出于纯粹美学或文学的考虑，而是有其清晰的表达和交流目的：通过多米尼加族群反映了美国拉丁移民普遍的双语现实，同时反映了多米尼加族群独特性和价值观。在描述家庭、宗教、食物时，那些无法翻译成英语的西班牙语名称也有其特殊的含义，一方面，这就是多米尼加文化及其独特的世界观；另一方面带有强烈的感情色彩和浓浓的乡愁。[①]朱诺特·迪亚兹生于多米尼加，7岁随家人移民美国。迪亚兹认为自己不是生活在两种文化之间，而是就浸泡在这两种文化之中，朱诺特·迪亚兹自己说，他连做梦都是用双语的。儿时他一点点地学习和习惯母语和英语的摩擦与合并，到成年后主要使用英语，可能正因如此，他成为"美国现代小说最突出和最有吸引力的声音之一"（《纽约时报》），杂志《纽约客》更把他评为21世纪美国最重要的二十位作家之一。

年轻一代的美国拉丁裔作家更是把西式英语（英式西语）看作是他们双重文化背景的本质及其杂交身份的关键组成部分。尽管美国出版社一般不出版带有西式英语

[①] D. Arrieta, "El Spanglish en la obra de Junot Díaz: instrucciones de uso", http://eprints.ucm.es/20598/1/Arrieta_Junot.pdf.

（英式西语）、西班牙语或者拉美方言句子的作品，但美国文学圈中的新锐拉丁作家正尝试打破这个枷锁。一本名为《讲西班牙语，美国拉丁之声》(*Se habla español, voces latinas en USA*) 的故事集，正是这一努力的结果。书中收集了美国拉丁裔作家的36个故事，他们主要来自墨西哥和中美洲，还有一部分智利、秘鲁、阿根廷、乌拉圭和哥伦比亚裔作家。该书的主编智利裔作家阿尔伯特·福格特（Alberto Fuguet）俨然成了70后拉丁作家领袖及其文化领军人。

《讲西班牙语，美国拉丁之声》旨在显示美国拉丁文学的力量以及西式英语（英式西语）作为另一种语言的重要性。文集中的36个故事夹杂着大量英语和西班牙语的句子，尽管以西班牙语为主，但还是需要有良好的英语基础才能读懂某些故事。在文集中的大部分故事里，都可以看到两种文化的交融。总的来说，像《小鸡，小鸡》那样纯用西式英语（英式西语）的作品不多见，通常仅限于在西班牙语或英语写作的小说中穿插一些西式英语（英式西语）的对话和段落。尽管西式英语（英式西语）在日常生活中的强势不可阻挡，但美国出版商对其是否有市场尚心存疑虑，认为西式英语（英式西语）还不太适合文学创作。

西式英语（英式西语）文学的最新举措还有2006年出版的由伊兰·斯塔万斯编辑的名为《新鲜的语言》(*Lengua fresca*) 的文集，收录了西式英语（英式西语）最具代表性的作品。其中，《猴头》(*Chango*) 的标题用的西班牙语chango（猴子）指的是故事中的主角，一名少年形影不离的护身符，一只猴头。《外国女子》(*La extranjera*) 用西式英语（英式西语）讲述一名墨西哥女子从一个地方去到另一个地方，每样东西她都用西语和英语讲一遍。《文身》(*Practicar los tatuajes*) 讲述的是父子间的冲突：出生在墨西哥的移民与他们在美国出生的子女之间的文化冲突，这种冲突是身居美国和墨西哥两个文化之间，一半美国人一半墨西哥人造成的。

2004年伊兰·斯塔万斯用西式英语（英式西语）翻译了西班牙名著《堂吉诃德》的部分章节，[1]此举立即引起了正统语言学者的极大不快。对此，伊兰·斯塔万斯乐观地认为，如果西式英语（英式西语）的语法和句法能够标准化，那么它将成为一门新的语言。伊兰·斯塔万斯提到了在哥伦布发现新大陆的同一年，即1492年出版的

---

[1] 《堂吉诃德》第一章，西班牙语：En un lugar de la Mancha, de cuyo nombre no quiero acordarme, no ha mucho tiempo que vivía un hidalgo de los de lanza en astillero, adarga antigua, rocín flaco y galgo corredor... 西式英语（英式西语）：In un placete de la Mancha of wich nombre no quiero remembrearme, vivía, not so long, uno de esos gentlemen who always tienen un lanza in the rack, una buckler antigua, a skinny caballo y un gray-hound para el chase...

《卡斯蒂利亚语语法》。①这是古拉丁语在一统局面结束后欧洲诸国的一项语言创举。在此之前，任何一个欧洲民族语言都没有自己的语法。随着《卡斯蒂利亚语语法》的颁布以及哥伦布发现新大陆带来的国力强盛，西班牙进入了持续一百多年的文学黄金世纪。②

他还列举了13世纪出现的意第绪语。意第绪语是犹太女人、小孩以及文盲的语言，士大夫阶层则不屑于使用。然而，700年后，用这种语言进行文学创作的美国犹太作家艾萨克·巴什维斯·辛格获得了1978年的诺贝尔文学奖。伊兰·斯塔万斯预言道：或许50年后，某位用西式英语（英式西语）写作的小说家也能获得该殊荣。③朱诺特·迪亚兹凭借《奥斯卡·沃精彩小传》获得2008年度普利策小说奖，似乎预示了这种可能性。

据美国人口普查办公室2008年的预测，到2050年，美国拉丁裔人口将达一亿三千二百八十万，占美国总人口的30%，④这意味着，届时，每十个美国人中，就有三个是拉丁裔，拉丁裔也将从现在人数最多的少数族裔成为美国人数最多的族裔。如今，越来越多的美国年轻一代正在流行音乐、电视、电影、互联网以及生活当中接触到西式英语（英式西语），并掌握了一些西班牙语单词和句型，为西班牙语以及西式英语（英式西语）在美国的普及创造了条件。

西式英语（英式西语）文学经过拉丁裔作家的不懈努力，已经得到了美国非拉丁裔读者的认同。他们在向世人介绍其独特文化的同时，也推广和普及了西班牙语以及西式英语（英式西语）。相对于最初口语使用上的随意性和不规范性，拉丁裔作家在作品中对西式英语（英式西语）进行了提纯：尽管是英语和西班牙语的杂交语，但是从语言角度来看，西式英语（英式西语）既遵循英语语法，又符合西班牙语语法，用美国语言学家里皮斯基教授的话来说，是"在同一个对话或文学作品中，西班牙语和英语之间流畅和经常的穿插"。⑤西式英语（英式西语）还在不断更新中，用伊兰·斯塔万斯的话来说，是"一种使来自拉美不同地区的移民能够相互交流的通用语言，

---

① A. Cortés Koloffon. "El spanglish: la frontera del idioma".
② 董燕生：《西班牙文学》，北京：外语教学与研究出版社，1998年，第27页。
③ A. Cortés Koloffon. "El spanglish: la frontera del idioma".
④ "Latinos, serán minoría dominante en EU en 2050", http://www.proceso.com.mx/?p=200908 (J. M. Lipski).
⑤ J. M. Lipski, "Variación del español", Serie Cultura Hispánica, num. 10, Centro de Estudios Hispánicos Universidad Sofía, 2004.

就像阿拉米语、拉丁语和英语在它们各自统治的时代那样"[1]。

  没有文学作为载体,语言难以取得更大的扩张;文学使其更稳固,在时空中变得更坚不可摧。西班牙16—17世纪的作家为西班牙语在全世界的扩张迈出了坚实的一步。[2]今天,美国拉丁裔作家正做着跟他们前辈一样的工作,那就是通过文学形式,在美国推广西班牙语以及西式英语(英式西语)。目前预言西式英语(英式西语)将成为一门独立的新式语言可能为时尚早,但是文学加大了这种可能性。

---

[1] A. Cortés Koloffon, "El spanglish: la frontera del idioma".
[2] Rafael del Moral, *Historia de las lenguas hispánicas, contada para incrédulos*, 2009. p. 281.

第二十章　西班牙语的多样性与统一性

第一节　西班牙语的多样性

与世界上其他语言一样，西班牙语也存在很多不同的变体。在本节中，我们将分析其多样性的成因，并试图对其表现进行概括性总结。

一、多样性的成因

语言处在复杂的自然与社会环境中，其发展有历史渊源，同时又不断地与人类的社会活动交换作用，就像《当代社会语言学》中所言："自然语言从本质上就是变异性的。使用自然语言的交际一般是不精确的。被使用的语言形式的准确含义往往是从具体的语言环境中获得的，对于语言信息的理解往往需要相当程度的非语言的文化背景以及足够类似的交际经验。"[1]因此语言多样性的原因也是多种多样的，但地理和社会文化通常被认为是其两大主要成因，西班牙语多样性的情况也不例外。

世界上有21个国家以西班牙语为官方语言，此外，在美国、菲律宾等地，西班牙语也享有重要，甚至举足轻重的地位。其覆盖区域辽阔，且由于历史、政治、经济等诸多原因，尤其在和不同语言接触过程中受到的影响，各地西班牙语发生了分化和变异，并逐渐形成各地区语言相对独立发展的局面，语言的完全一致性自然难以维持，由此产生的变体被称为"地域变体"（variante geográfica/variante diatópica）。在西班牙语世界中，地域变体就有西班牙西班牙语、阿根廷西班牙语、哥伦比亚西班牙语等，甚至包括美国西班牙语。即使在同一个国家的不同区域也可能存在不同的地域变体，比如西班牙南部安达卢西亚的西班牙语。因此，严格来说，人们普遍把西班牙语分为西班牙的西班牙语和拉丁美洲的西班牙语，是不准确的。在前面几章中，我们已经陆续介绍了数个西班牙语国家以及西班牙本国不同地区的西班牙语的主要差异和特

---

[1] 徐大明：《当代社会语言学》，北京：中国社会科学出版社，1997年，第15页。

点，其中有些是多个地区共有的，有些则是某个特定地区所特有的。

20世纪初，社会语言学的诞生给语言多样性的研究揭开序幕，社会语言学家们发现很多社会、文化因素会影响语言的发展与变异，语言与其使用者的年龄、性别、阶层、文化背景等有着密切关系。比如，对于同性恋者，年长者可能倾向于用homosexual，但年轻人则更愿意使用英语借词gay。

此外，以韩礼德为代表的语言学家认为语言会随着其功能的变化而变化，并用"语域"（registro）的概念来表示语言使用的场合或情景。该概念主要包括语场（campo）、语旨（modo）、语式（tenor）三个方面，每个方面都会影响语言的选择，这也是导致语言多样性的一个重要原因。比如，语场指的是话语使用的场合或领域，不同语场对语言专业性的要求不同。说到"教"，大部分情况下首先想到enseñanza，但教学研讨等场合会使用更专业的词didáctica；"治疗"，普通人会首先想到tratamiento，但业界人士会用terapia。和这一点类似的还有所谓的"行话"（jerga）。行话指一些特定领域或专业人士之间的用语，或是由于专业性表达的需要，或为了方便行内人的交流，或是为了对行外人隐瞒某种真实意义。对于"行外"的人，有时候这种语言变体是很难理解的。语旨决定了语言的正式程度。比如dar和conceder两个词都有"给予"之意，但conceder就显得正式很多，类似中文的"授予"，因此多用于庄重的场合，而dar在正式场合中就稍显不妥。再比如，中国学生在教材上学到的句型me gustaría...，用以礼貌或委婉地提出请求，但在日常交流中使用，就显得过于严肃，有强装高雅之嫌。

此外，其他因素也会造成语言的多样性，比如时间。语言随着时间不断演变，古代西班牙语和如今的西班牙语在发音、词汇和句法上都发生了变化。

二、多样性的体现

西班牙语的多样性体现在语言的各个层面，语法相对而言变异不大，其次是语音，词汇的差异最为明显。

语音

西班牙语覆盖的区域如此广阔，各地发音的特殊性不尽相同，难以一一总结，此处我们仅对重要的几点进行概述：

ce和ci的发音：除西班牙外，其他西班牙语区，甚至西班牙本土的安达卢西亚地区和加那利群岛，几乎都把/ce/和/ci/发成了/se/和/si/的音，也就是seseo现象。

s 的发音：在西班牙南部的安达卢西亚、加那利群岛及美洲的西班牙语国家，当辅音 s 出现在音节结尾时，s 会弱化或直接缺失。但值得一提的是，不同地区对该现象的接受程度不尽相同。

ll 的发音：除了西班牙卡斯蒂利亚北部以及巴拉圭、玻利维亚、哥伦比亚、委内瑞拉、厄瓜多尔和秘鲁小部分地区还保留 ll 和 y 两个辅音发音的区别，其他地区基本上把 ll 的发音与 y 同化，这就是 yeísmo 现象。

-ado, -ada, -ido, -ida：在西班牙南部以及拉美大部分西班牙语区，-ado, -ido 中的辅音 d 在发音时经常被省略，比如 comprado 变成 /com-pra-o/，partido 变成 /par-ti-o/。

阿根廷 ll 和 y 的发音：前面提到的几种特殊语音现象是多个区域共有的，但 ll 和 y 的特殊发音（类似丁/sh/的音）可以说是阿根廷特有的现象。

除了语音差别外，不同国家或地区的人在语调上也有区别，比如西班牙南部的安达卢西亚地区，美洲的墨西哥、哥伦比亚、阿根廷等国就具有鲜明的地域特色。

词汇

语音、词汇和句法是语言的三个主要组成部分，词汇是语言中最敏感且最容易受到外部因素影响的部分。地域变体在词汇方面有很多体现。首先，西班牙和美洲的西班牙语国家对同一对象可能有不同的命名。比如，"丈夫"在美洲西班牙语中更常用 esposo，而西班牙普遍用 marido。此外，美洲各西班牙语国家对同一对象的命名可能也有不同。

2003 年出版的一本名为《西班牙的西班牙语和美洲的西班牙语》[1]小册子，列出了在住房（80 个）、做饭（60 个）、食品（72 个）、蔬果（49 个）、鞋服（54 个）、服饰（36 个）、儿童世界（22 个）、贸易（39 个）、咖啡馆（20 个）、交通工具（21 个）、汽车（48 个）、行车（35 个）、金钱（33 个）、劳动界（17 个）、职业（40 个）、办公室（51 个）、政策和官方文件（15 个）、医疗卫生（23 个）、教育（21 个）、体育（16 个）、信息和电信（30 个）、动植物（32 个）、如何，何时和哪里（18 个）、短语（21 个）以及注意事项（18 个）共 25 个板块里，西班牙、阿根廷、智利、墨西哥、乌拉圭和委内瑞拉六国在用词和表达上的不同。其中，除了后面三个板块，前面的大多是物品名称，而注意事项基本是美洲禁用的"带色"动词 coger 的用法。

下面我们每个板块举一个例子进行比较：

---

[1] *El español de España y el español de América, vocabulario comparado.*

	西班牙	阿根廷	智利	墨西哥	乌拉圭	委内瑞拉
公寓	piso	departamento	departamento	departamento	apartamento	apartamento
冰箱	frigorífico	heladera	refrigerador	refrigerador	heladera	nevera
热狗	perrito caliente	pancho	hot dog	hot dog	pancho, franckfurters	perro caliente
香蕉	plátano	banana	plátano	plátano	banana	cambur
牛仔裤	vaquero	jean	bluyins, blue jeans, pantalón de merzclila	jeans, pantalón de merzclila	jeans, vaquero	jeans, blue jeans
眼镜	gafas	anteojos, lentes	lentes, anteojos	lentes, anteojos	lentes	lentes
吸管	pajita, cañita	pajita	pajita	popote	pajita	pitillo
滑板车	patinete	monopatín	monopatín	patín del diablo	monopatín	monopatín
集市	mercadillo	mercadito, feria	feria	tianguis	feria	mercado
饭馆, 饭店	restaurante, mesón	restorán, restaurant, restaurante	restorán	restorán, restaurant, restaurante	restorán, restaurant, restaurante	restaurante
房车	caravana	casa rodante	casa rodante	remolque	casa rodante	casa rodante
搭顺风车	hacer autostop	hacer dedo	hacer dedo	pedir un aventón, pedir un raid	hacer dedo	pedir cola
分期	a plazos	en cuotas	en cuotas, a plazos	a plazos, en abonos	en cuotas, a créditos	a créditos, en cuotas
零活儿	trabajo temporal	changa, changuita, laburito	pololo, pololito	trabajo transitoriol, tempora	changa, trabajito, trabajo contratado	trabajo temporal, rebusque, tigre
流动商贩	vendedor ambulante	puestero, feriante	vendedor ambulante	vendedor ambulante	vendedor ambulante	buhonero
圆珠笔	bolígrafo	birome	lápiz de pasta	pluma (atómica)	bolígrafo, lapicera, birome	bolígrafo, lapicero
市长	alcalde	jefe de gobierno, intendente	alcalde	presidente municipal, alcalde, edil	intendente	alcaldía

口罩	mascarilla	barbijo	marcarilla	cubrebocas, tapabocas	tapabocas	tapabocas
(学生作弊)纸条	chuleta	machete	torpedo	acordeón	trencito	chuleta
(足球)守门员	portero	arquero	arquero, guardameta	portero, arquero, guardameta	golero, arquero, guardameta	arquero, portero
电脑	ordenador	computadora	computador	computadora	computadora	computadora
瓢虫	mariquita	bichito de san Antonio	chinita	catarina	san Antonio	mariquita
漂亮	bonito, hermoso, chulo, guay	lindo, hermoso, precioso, copado	lindo, bonito	lindo, bonito	lindo, bonito, divino	lindo, bonito, bello, hermoso
玩得开心	pasarlo bien, pasár(se)lo bien	pasarla bien	pasarlo bien	pasár(se)la bien	pasarla bien	pasarla bien
休假	coger vacaciones	pedir vacaciones	tomar vacaciones	tomar/disfrutar vacaciones	tomarse licencia	tomar vacaciones

此外，跟西班牙相比，美洲西班牙语国家使用指小词的频率要高很多，比如在第八章中提到的哥伦比亚西班牙语对使用指小词词尾-ico有着特殊的偏好，墨西哥和秘鲁对指小词的喜好尤为突出，甚至用在副词 ahora（现在）上，出现了 ahorita 和 ahoritita 的形式。

由于美洲西班牙语词汇跟西班牙所使用的词汇表现出如此的不容小觑的差别，相关学者认为有必要出版一部词典，专门收录美洲特有的西班牙语词汇。2010年，在各国西班牙语语言学院的通力合作下，《美洲词汇词典》(Diccionario de Americanismo) 面世。该词典旨在收录所有美洲西班牙语特有的词汇，并最大限度地详细说明每个释义的地理、社会及文化信息。该词典一共包含了 70,000 个词汇、短语和句子，共120,000 多个释义，这一体量充分反映了地域变体在词汇上的差异。

但需要强调的是，尽管美洲西班牙语有如此多的特有词汇，但对来自不同国家的人们用其共同语言——西班牙语进行交流影响有限，毕竟相同词汇和释义占了绝大部分，也就是说，绝大部分情况下，人们还是使用同一词汇来表达同样的意思。

语法

跟语音和词汇相比，语法就显得非常稳定。语法方面比较突出的变异主要有两个。首先是人称代词：跟西班牙相比，即使是在亲密的家人关系中，拉美很多国家更常使用usted（您），而在西班牙文化中usted一般只用来称呼长者或用于正式场合；此外，在美洲，特别是阿根廷西班牙语中，人称代词tú（你）被vos代替，相应的动词变位也发生变化，这就是voseo现象；第二人称复数vosotros,as（你们）在美洲很多地方完全被第三人称复数ustedes（诸位）所取代。时态方面，当表示在一段还没有结束的时间内已经发生的或者刚刚发生的事情，西班牙习惯用现在完成时，而拉美倾向于用简单过去时。比如：今年我们赚了很多钱。西班牙会说："Este año hemos ganado mucho dinero."，而拉美国家会说："Este año ganamos mucho dinero."

虽然西班牙语的这些变体的使用频率或范围不同，但是它们间并无优劣和对错之分，只是特定场合或地区的使用偏好。相反，正是得益于这种多样性及一直以来的兼收并蓄、与时俱进，西班牙语才能在新时代面前显示出强大的生命力。

第二节 西班牙语的统一性

任何语言都会因地域、社会、文化等因素，产生差别或变体，但这并不妨碍其成为独立的个体，因为在差异出现的同时，一系列措施也在维护和保证其总体的统一性。

一、历史机遇

西班牙语诞生于伊比利亚半岛内陆的卡斯蒂利亚，1492年实现了"三级跳"：随着天主教双王收复伊比利亚半岛，卡斯蒂利亚一跃而成半岛霸主，其语言推广到半岛各地；同年内夫里哈撰写了《卡斯蒂利亚语语法》，确立了卡斯蒂利亚语有别于拉丁语的自己的词法形态和句法结构，内夫里哈在序言中指出，希望《语法》维持语言的统一和稳定，并坚信"语言一向是帝国的伴侣"，在帝国开疆扩土的同时，向被降服者普及胜利者的法律和语言，《语法》正是其认识卡斯蒂利亚语最好的教程；《语法》问世的两个月后，哥伦布在天主教双王资助下，到达新大陆，把具有完整和独立语法的卡斯蒂利亚语带到了更广阔的美洲大陆。16—17世纪，随着西班牙成为欧洲最强帝国，西班牙语也成为欧洲人，尤其是上层人士争相学习和使用的语言，西班牙语语法、语音、正字法研究、词典编纂和教学蓬勃发展，在普及语言的同时，也规范和统一了语言。美洲殖民期间，西班牙人与当地人的共居生活，尤其是通婚和混血，使得西班牙语在土著语言众多的新大陆成功扎根并传播开来。

1713年成立的西班牙皇家语言学院提出了"净化、定型并增添光彩"的口号，先后出版了《权威词典》《正字法》《语法书》等工具书，现代西班牙语自此固定下来。在随后的三百年里，西班牙皇家语言学院致力于保障语音与词汇的正确、优雅与纯正，同时关注语言变化，不断调整以适应其使用者的多样性，从而保证其在西语世界范围内的统一性。

现代西班牙语定型一百年后，即19世纪初，西班牙美洲殖民地掀起了民族解放运动，除了古巴和波多黎各外，各殖民地均获得了独立，并基本形成了今天拉美各国的政治格局。独立后的美洲国家，自觉并自愿拥护西班牙语成为其官方语言，一来是其使用人数众多，二来有助于加强拉美各国间的团结。贝略的《语法》对西班牙语在美洲大陆的统一以及防止与西班牙的西班牙语的决裂，做出了尤其巨大的贡献。独立后的拉丁美洲，从普通民众到有识之士，都把西班牙语看作殖民者留给他们的最珍贵的财富，自觉地维护其统一性，保留其历史和文化价值。当然，语言的统一也有利于拉美国家间的贸易往来，由阿根廷、巴西、乌拉圭、巴拉圭等国组成的南方共同市场，旨在加强经济互补，促进成员国科技进步，最终实现经济政治一体化。该组织成员国除巴西外，其他均为西班牙语国家。如今美洲各国间的西班牙语甚至比西班牙本土的还要统一，这要归功于19世纪美洲推行的政治建设、扫盲运动以及教育普及，这些举措不但推动美洲西班牙语的统一，而且使其书面西班牙语一直与西班牙本土保持高度的一致。

二、语言优势和文学

西班牙语在扩张的过程中，没有经历很大的变异和动荡，除了天时地利人和外，其语言优势功不可没。西班牙学者马努埃尔·穆尼奥斯认为，西班牙语的优点，为其向外拓展创造了有利条件：

• 语音和音位系统比罗曼斯语族的其他语言更简单，法语有32个音素，意大利语和葡萄牙语都是25个，而西班牙语只有18个；元音和辅音的出现比例为2∶3，元音发音准确，不存在模棱两可的现象；音标简单，发音规则容易掌握；语调富有变化，韵律优美，是一种生动美妙的语言。

- 音和字具有高度的适切性。
- 具有规则的、符合逻辑的词汇派生系统。
- 词汇简单；词法及句法规则不太复杂，容易掌握。

简而言之，就是发音规则简单、划一，无须音标；除极个别情况，发音和书写基本一一对应；词汇简单，派生系统规则；语法在罗曼斯各语中最简单。

此外，在与各个语言接触过程中，兼收并蓄了许多外来词，并形成了一些过渡语、杂交语，如中世纪的犹太—西班牙语，美洲殖民早期生成的多个克里奥约语，西班牙加泰罗尼亚和阿拉贡交界的加式西语（西式加语），巴西与周边西语国家交界处的西式葡语（葡式西语），美国南部拉丁裔中间流行的西式英语（英式西语），但都没有从根本上动摇其基础，除人数优势外，其语言优势也不容小觑。

卡斯蒂利亚语自1492年独立于拉丁语，形成自己的语法后不久，即迎来了百年辉煌的文学"黄金世纪"，出现了比肩莎士比亚的文学巨擘塞万提斯，文学创作种类繁多，影响深远；在西班牙语定型的18世纪，西班牙文学再次迎来小高潮；1898年美西战争后，西班牙全面衰败，但文学却出现了与"黄金世纪"相提并论的"白银时代"，知识分子在反思国家复兴之路的同时，给西班牙现代文学带来全面的改革。大洋彼岸的美洲各国独立后，进行了各自独特的文学创作，其中19世纪初的高乔文学、20世纪初的"拉美新小说"蜚声世界文坛。西班牙语国家有五名西班牙作家和六名拉美作家，共计十一人获得诺贝尔文学奖（详见附录1：西语国家的诺贝尔文学奖得主）。

语言和文学相辅相成，语言为文学创作提供了基础，而文学反过来规范了语言，尤其是其书面语。各地西班牙语在日常用语上存在差异，但其书面语却高度一致，得益于官方语言机构维护语言纯正和正确的不懈努力，也得益于其巨大的文学成就。

如今21个以西班牙语为官方语言的国家都设立了西班牙语语言学院，虽然西班牙语不是美国和菲律宾的官方语言，但由于西班牙语在这两个国家的普及，这两国也设立了西班牙语语言学院，这23个学院共同成立了西班牙语学院协会。在各国语言学院的共同努力下，西班牙语学院协会致力于编写权威且与语言使用规范相关的重要著作，为西班牙语语法、正字法以及维护西班牙语的纯洁性做出了卓越的贡献，并通过收录不同地域和社会环境中变化多样的西班牙语，来展现语言的丰富性并维护其整体性。《泛西语国家答疑词典》《新西班牙语语法》以及《西班牙语正字法》便是西班牙语学院协会近年来累累硕果的一部分。

尽管西班牙语存在多种变体，但是所有变体的书写都是一样的，这为西班牙语的统一性奠定了基础；此外，西班牙语从起源至今，已经发展出一套严密、规范的发音、词汇、正字、语法、句法体系，各地学校也严格按照这一套规范来教授学生，更有力地保证了西班牙语的统一。正如卡门·阿吉勒所言："各个教育中心所教授的西班牙语是一样的，各地的语法几乎是一致的，我们各个国家词汇的丰富以及表达的多样使得西班牙更加伟大。"[1]

　　尽管西班牙语在扩张过程中面对不同的挑战，如与多个语言不断接触和碰撞，西班牙和拉美国家相距遥远，语言变异和差异在所难免，尤其是词汇，有学者在近年各地吸收外来词混乱的情形下，甚至悲观地提议直接拿来英语词语，以免造成语言上的分裂；美国出现的西式英语（英式西语）也让学者忧心忡忡，担心西班牙语在英语强势进攻下纯正性不保，但近年，尤其是未来十年里，在美拉丁裔人口的变化，英语和西班牙语在美国的角逐恐怕才刚开始，美国西班牙语的命运也许没有原来人们预测的那么悲观。

---

[1] Carmen Aguirre, "Las variedades del español", *Puntoycoma*, LXIV, pp. 24-29.

附录1　西语国家的诺贝尔文学奖得主

西班牙语国家一共有十一名作家获得诺贝尔文学奖，其中包括五名西班牙作家和六名拉美作家。下面按获奖时间先后介绍各位作家。

一、何塞·埃切加赖 (José Echegaray, 1832—1916)

出生于马德里，是西班牙也是整个西语世界获得诺贝尔文学奖的第一人。他不仅在写作上成就非凡，同时还是一位出色的土木工程师、数学家和政治家。他引进了沙勒几何、伽罗瓦数学理论、椭圆函数等，被认为是西班牙19世纪最伟大的数学家。著名数学家胡里奥·雷伊曾说："对于西班牙的数学界而言，19世纪是从1865年开始的，并由何塞·埃切加赖开启。"他一生中创作了无数作品，直到生命的最后阶段依然写出了二三十卷数学物理书籍。83岁时他说道："我还不能死，完成我的数学物理基本百科全书，至少需要二十五年。"

这样一位数学天才，在文学创作上也颇有建树。何塞·埃切加赖从1865年开始进行文学创作，处女作是戏剧《自然之女》(*La hija natural*)，但当时未能公演。1874年他写了《存根簿》(*El libro talonario*)，被认为是他作为剧作家创作生涯的开始。他一生中有67部戏剧作品被公演，并受到当时观众的热捧，尽管后世评论家大都认为其作品缺乏文学价值。

埃切加赖的代表作有《疯子与圣人》(*O locura o santidad*)、《伟大的牵线人》(*El gran Galeoto*)、《疯狂的上帝》(*El loco de Dios*)、《唐璜之子》(*El hijo de Don Juan*)、《玛利亚纳》(*Mariana*)。他的戏剧多是揭示人、人性、理智与社会、社会偏见的冲突，展示人的精神悲剧；或是反对专制统治，争取自由平等的呐喊。从艺术上看，埃切加赖师承的作家既多且杂，使得他的戏剧既有情节剧、梦幻剧，也有浪漫主义的理想剧、自然主义的历史传奇剧，更有切中时弊的社会问题剧。埃切加赖的戏剧是里程碑之作，上承19世纪西班牙戏剧，下启20世纪戏剧。

1904年，他在马德里被国王和瑞典组委会授予诺贝尔文学奖，震惊了西班牙先锋派文学界。

二、哈辛托·贝纳文特（Jacinto Benavente y Martínet, 1866—1954）

出身于马德里一个著名儿科医生家庭。年轻时的贝纳文特曾在马德里大学研读法律，但他并不怎么喜欢自己的专业，却对戏剧产生了深厚的兴趣。他的父亲恰好是诺贝尔文学奖得主、戏剧家埃切加赖的私人医生，因此贝纳文特能在马德里的剧院多次观赏到精彩的戏剧首演。对戏剧的热爱最终使他放弃学业，先是跟随一个马戏班子去各地演出，后来加入了一个剧团，正式当了演员。在巡回演出中，他广泛接触了社会。他多次游历欧美各国，深受易卜生、萧伯纳、梅特林克等人的现代戏剧的影响。此外，他又很喜爱莎士比亚、莫里哀等人的欧洲古典戏剧，翻译并改编过他们的剧作。1894年，他的剧本《别人的窝》（El nido ajeno）在马德里上演时大获成功，从此便一发而不可收。他一生创作剧本百余部，加上翻译、改编的剧本总计近两百部。

贝纳文特既写喜剧，又写悲剧、儿童剧。剧本的风格和题材也是多种多样的，有风俗喜剧、心理分析剧、情节剧、伦理剧、象征剧等。但最擅长的是社会讽刺剧和风俗喜剧，其中《利害关系》（Los intereses creados）被公认为最成功的剧本，并被改编成电影搬上大荧幕。

贝纳文特对社会的改革和进步持悲观消极态度。他的剧本虽然也揭露、讽刺了社会的丑恶，但他认为文学的作用只是供人消遣而已。他的剧本大都不够深刻，但轻快流畅，饶有风趣，人物对话尤为出色，往往富于哲理意味，寓意深长。贝纳文特是继埃切加赖之后风靡一时的戏剧大师，他以自己的创作取代了西班牙当时流行的已经没落的浪漫主义戏剧。

1922年他的作品《不吉利的姑娘》（La malquerida）获诺贝尔文学奖。获奖理由是："他以适当方式，延续了戏剧之灿烂传统。"

三、胡安·拉蒙·希梅内斯（Juan Ramón Jiménez, 1881—1958）

出身于安达卢西亚的一个红酒商人家庭，大学时依父母愿望学习法律专业，但后来因缺乏兴趣而放弃。

1900年他搬到马德里居住，并在那里出版了他最初的两部作品《睡莲》（Ninfeas）和《紫罗兰之魂》（Almas de violeta），从此开始文学之路。

在文学创作上，希梅内斯经历了三个阶段。第一阶段为1898—1916年，被称为感性阶段（etapa sensitiva）。受到象征主义和现代主义的影响，表现为用对风景的描写来反映诗人的内心世界，但大多并不描写自然风光，而更像是沉醉在一个室内花园里。诗句里充满含糊不清的感情、忧郁和褪色的色彩，十分讲究音韵协调，内容则多为回忆和风花雪月的事。此类代表作有《诗韵》(Rimas)、《悲伤的咏叹调》(Arias tristes)、《远方的花园》(Jardines lejanos)、《挽歌》(Elegías)。这个阶段的后期希梅内斯愈发受到法国现代主义影响，开始向高雅艺术、押韵、古典分节诗如十四行诗等形式发展，代表作有《有声的孤独》(La soledad sonora)、《迷宫》(Laberinto)、《普拉特罗和我》(Platero y yo)、《夏季》(Estío)等。

其中，《普拉特罗与我》是诗人最为大众欢迎的一部作品，文中的普拉特罗是一只小毛驴的名字。它以散文诗的形式，轻轻将读者带到一幅精心描绘的画面中：

> 普拉特罗长得瘦小、多毛、温驯；外表看起来是那么柔软，好像全身都是棉花，没有骨头。只有镜子一样的漆黑眼珠是硬的，像两只黑水晶甲虫。

而《夏季》则是诗人向第二阶段过渡的作品，此时，他已经厌倦了对梦中风景的、怀旧情怀的描写，而是转为追求更真实的世界。

第二阶段被称为精神阶段（etapa intelectual），1916—1936年。诗人第一次到美国的旅行使他有机会接触到诸如叶芝、雪莱等著名英语诗人的诗歌著作，受其影响，诗人对象征着生命、孤独、享受和永恒的大海这个意象产生了浓厚兴趣，并希望借诗歌的美让自身延续下去，因而这个阶段的诗歌更为深刻、美妙、纯粹。代表作有《新婚诗人的日记》(Diario de un poeta recién casado)、《永恒》(Eternidades)、《宝石与天空》(Piedra y cielo)等。

第三阶段被称为自满或真正阶段（etapa suficiente o verdadera），1937—1958年，这个阶段的诗歌基本都是在美国流亡期间创作的。诗人不断复制自身以追求精致和完美，对超越的渴望将他带到了一种神秘主义中，通常与上帝和美分不开。其语言则充满了个人创造的新词。代表作有《深处的动物》(Animal de fondo)、《在另一边》(En el otro costado)、《被渴望和渴望着的上帝》(Dios deseado y deseante)。

由于对诗歌界的卓越贡献，希梅内斯1956年被授予诺贝尔文学奖。

四、维森特·阿莱克桑德雷（Vicente Aleixandre, 1898—1984）

出身于西班牙塞维利亚一个资产阶级家庭，在马拉加度过童年，在马德里完成了大学学业后，在商业学校教授商业法律。1917年在卡斯蒂利亚莱昂避暑时，结识了阿隆索，并经其推介阅读了鲁文·达里奥、胡安·拉蒙·希梅内斯等人的作品，维森特由此对诗歌产生了浓厚的兴趣。

阿莱克桑德雷的诗歌创作分为四个阶段：纯粹阶段、超现实阶段、人类中心主义阶段和老年阶段。

他的第一本书《范围》（*Ámbito*）就属于第一阶段，完成于1924—1927年，并于1928年在马拉加发表。作为一个崭露头角的新人，此时阿莱克桑德雷尚未找到自己的风格。该书以押韵的短诗为主，并充满了浓厚的黄金世纪古典诗的气息。

接下来的几年里，1928—1932年，维森特的创作风格发生了很大的变化。受到超现实主义和弗洛伊德思想的影响，开始创作以《地球的激情》（*Pasión de la Tierra*）为代表作的散文诗，和以《唇剑》（*Espadas como labios*）、《毁灭或爱情》（*La destrucción o el amor*）、《天堂的影子》（*Sombra del paraíso*）为代表作的自由诗。在这些诗里，诗人歌颂崇高的爱情，认为爱是最伟大的自然力量，可以打破一切限制，并批评了试图阻挠爱情的社会风俗。

西班牙内战爆发后，维森特的诗歌开始向靠近现实的社会诗发展，内容上关注普通人民的生活，他们的痛苦和希望，风格上也更简洁和平易近人，这个阶段的代表作有《心的历史》（*Historia del corazón*）和《在广阔的领域里》（*En un vasto dominio*）。而在诗人最后的几部作品如《圆满的诗》（*Poemas de la consumación*）、《知识的对话》（*Diálogos del conocimiento*）中，他的风格再次发生了转变，晚年的经历和接近死亡的紧迫感让他又回到了少年时的非理性风格，但表现得更为平静和镇定。维森特于1984年肠出血送往医院救治，三日后辞世。其最后一部作品《在伟大的夜晚》（*En gran noche*）在他死后的1991年出版。

1977年的10月，诗人被授予诺贝尔文学奖。

五、卡米洛·何塞·塞拉（Camilo José Cela, 1916—2002）

出生于拉科鲁尼亚，1925年搬到马德里居住，大学专业是医学，但他非常喜欢旁听哲学与文学院的当代西班牙文学课程。20岁时西班牙内战爆发，有着保守观念的塞拉设法逃离了叛军区，入伍从军，不久后因伤住院。内战结束后，塞拉并不想从事与大学专业相关的工作，而是进了一家纺织公司工作来糊口，并在那里写成了第一本小说——《帕斯夸尔·杜阿尔特的家庭》（*La familia de Pascual Duarte*）讲述了内战时期，在埃斯特雷马杜拉农村，主人公那充满暴力和粗鲁的人生。小说发表于1942年，开启了西班牙叙事文学新风格，被称为极端现实主义（tremendismo）。从此，塞拉将小说看作一种完全自由的体裁：作者不应当拘泥于任何格式，他的每一部作品都是不同的，写作技巧也是不同的。

1951年，他的小说《蜂巢》（*La Colmena*）由于含有色情片段而未通过西班牙的审查，因而在阿根廷发表。小说讲述的是在佛朗哥政权前期多个人物的人生故事。不久后，佛朗哥政权下的内政部长亲自授权出版了西班牙版本。1982年，它被改编成电影，塞拉也作为编剧和演员参与其中。

1989年，塞拉被授予诺贝尔文学奖，就像授奖词说的那样："他的作品丰富而紧凑，其内敛的慈悲体现了全人类无奈的挑衅眼光。"

六、加夫列拉·米斯特拉尔（Gabriela Mistral, 1889—1957）

智利女诗人，首位获得诺贝尔文学奖的拉美作家。她的原名本是卢西拉·德·玛利亚·德尔·佩尔佩图奥·索科罗·戈多伊·阿尔卡亚加（Lucila de María del Perpetuo Socorro Godoy Alcayaga），加夫列拉·米斯特拉尔则是其笔名，名和姓分别取自她景仰的意大利作家、诗人加夫列尔·邓南遮和法国1904年诺贝尔文学奖得主、作家、诗人弗雷德里克·米斯特拉尔。

米斯特拉尔1889年4月7日在智利文库纳出生，曾在首都圣地亚哥的智利大学、美国纽约哥伦比亚大学等著名学府担任西班牙语文学教授。1922年，她的首部诗集《绝望》（*Desolación*）出版。诗中描写的是爱情悲剧，手法细腻动人，词句质朴、清新，感情深切、浓郁，突破了当时风行于拉美的现代主义诗歌风格。1924年，米斯特拉尔出版了诗集《柔情》（*Ternura*）。之后，米斯特拉尔应邀赴美讲学，回国后进入智利外交部任职。在繁忙的外交公务之余，她仍坚持文学创作。1938年，她出版了诗集《塔拉》（*Tala*）。诗集的题材十分广泛，有歌颂大自然的，有反映印第安人的苦难和犹太民族不幸的，还有描写被遗弃者的困苦的，带着鲜明的民族特色。这一创作倾向对拉美抒情诗歌的发展产生了深远的影响。

她在1945年获诺贝尔文学奖，是拉丁美洲首位诺贝尔文学奖得主，也是至今唯一一位来自拉美的诺贝尔文学奖女性得主。正如颁奖词说的那样："她的抒情作品诞生自强烈的感情，将她的名字变成了整个拉美理想主义诉求的象征。"

七、米格尔·安赫尔·阿斯图里亚斯 (Miguel Ángel Asturias, 1899—1974)

危地马拉小说家，被视为拉美魔幻现实主义的开创者，在拉美乃至世界现代文学史上都占有重要地位。1899年，阿斯图里亚斯出生于危地马拉城，在内地土生土长的印第安居民当中度过了童年和少年时代。1917年开始他在卡洛斯大学攻读法律专业。1920年参加了反对独裁者的起义。1923年从大学毕业，前往巴黎，在索邦大学进修。此时他和超现实主义流派的作家有着广泛的接触，开始尝试写小说与诗歌。在深入研究玛雅—基切文化的基础上，阿斯图里亚斯于1930年写出他的第一部小说《危地马拉传说》(Leyendas de Guatemala)，在欧洲文坛上引起强烈反响。

1932年他完成了代表作《总统先生》(El señor presidente)。在小说中，作者塑造了一个暴君的形象，并对拉美一直存在的军方独裁统治进行了无情的批判。1933年他回到祖国，继续参加政治活动。1944—1954年间危地马拉经历了十年的民主时期，阿斯图里亚斯的创作也进入高峰。1946年《总统先生》得以出版。1949年他发表了描绘土著印第安人悲惨历史的杰作《玉米人》(El hombre maíz)。1954年6月危地马拉发生政变，改革派的雅克布·阿本斯总统被推翻，阿斯图里亚斯被政治流放，在阿根廷侨居八年。1956年，阿斯图里亚斯来到中国参加鲁迅逝世20周年纪念大会。

1967年，阿斯图里亚斯以其鲜活的文学作品，对拉丁美洲印第安人特征及传统的充分表现力，被授予诺贝尔文学奖。

八、巴勃罗·聂鲁达 (Pablo Neruda, 1904—1973)

出身于智利中部小镇帕拉尔的一个普通工人家庭。他出生不久，母亲因严重肺结核去世，2岁时聂鲁达随父亲搬迁至特穆科城。聂鲁达10岁时就开始创作诗歌。1917年，年仅13岁的聂鲁达在《明日》(La Mañana)杂志上刊登了他的第一篇文章《热情与坚持》(Entusiasmo y perseverancia)。1920年，聂鲁达遇到生命中第一位启蒙老师——智利女诗人加夫列拉·米斯特拉尔，加夫列拉在聂鲁达的文学创作上给了他很多帮助，用聂鲁达自己的话说："她让我读到了俄罗斯文学中最伟大的作品，这给我留下了深远的影响。"同一时期，聂鲁达开始在《塞尔瓦奥斯塔尔》(Selva Austral)杂志上刊登短文和诗，为了避免引起父亲的不满，他以自己仰慕的捷克诗人扬·聂鲁达 (Jan Neruda) 的姓氏为自己取了笔名聂鲁达。四年后，聂鲁达凭借诗集《二十首情诗和一支绝望的歌》(Veinte poemas de amor y una canción desesperada) 赢得了巨大的声誉。此时，他的诗中依然读得到现代主义的味道。

聂鲁达一生中最重要的两件事，一是政治，一是爱情。1930年，聂鲁达在爪哇任领事时与荷兰女子玛利亚·哈根纳尔结婚，然而他们在思想上有着很大的差别，因而在维持了九年的婚姻后离婚。1943年，聂鲁达娶了第二任妻子、阿根廷画家卡瑞尔，1955年离异。几年后，聂鲁达遇到了其一生的挚爱，智利女歌唱家乌鲁提亚，1960年，聂鲁达将自己的作品《一百首爱情十四行诗》(*Cien sonetos de amor*) 献给乌鲁提亚，他认为乌鲁提亚跟他最为相似，他们都是智利这块土地上的孩子。乌鲁提亚是他的爱，他的灵感。他们1966年结婚，生活幸福美满。

政治上，1927年，23岁的聂鲁达被智利政府委派出任驻缅甸领事，之后的八年里又先后到过锡兰、爪哇、新加坡、布宜诺斯艾利斯、巴塞罗那以及马德里任职。这期间，聂鲁达出版了《热情的投掷手》(*El hondero entusiasta*) 和《大地上的居所》(*Residencia en la tierra*)，此时，聂鲁达在写作技巧和思想上已经受超现实主义影响，有了一个突破。后来西班牙内战爆发，聂鲁达的朋友、西班牙诗人洛尔卡被谋杀，深受震动的聂鲁达从此投身于民主运动的事业中。他被委派出使法国期间，帮助大量西班牙难民前往智利定居。1942年，聂鲁达写长诗赞扬苏联红军在斯大林格勒的战斗，并在同年加入共产党。

1945年，聂鲁达当选议员，他公开反对当时的总统魏德拉以及被右翼极端分子控制的智利政府，也因此遭到驱逐，在智利躲了两年后，1949年逃往墨西哥。其间，聂鲁达前往苏联并受到了热烈欢迎。在聂鲁达放逐生活的后期，他住在意大利靠近海边的一个小镇上，在那里每天去海边听海，进行创作。当反对魏德拉势力的战斗在智利国内取得胜利，对左翼分子拘捕的命令撤销后，聂鲁达这才回到久别的智利。

1971年，他被授予诺贝尔文学奖。两年后因为白血病，这位伟大的作家与世长辞。

九、加夫列尔·加西亚·马尔克斯 (Gabriel García Márquez, 1927—2014)

哥伦比亚人。童年在外祖父家度过，外祖父是位受人尊敬的退役军官，而外祖母则博古通今，有一肚子的神话传说和鬼怪故事。马尔克斯7岁开始读《一千零一夜》，加上从外祖母那里接受的民间文学和文化的熏陶，于是在童年马尔克斯的幼小心灵里，他的故乡是充满传奇、飘荡幽灵的奇异国度，这也成了他创作的重要源泉。

1940年马尔克斯迁居首都波哥大，1947年入波哥大大学攻读法律，并开始文学创作。在大学期间，马尔克斯如饥似渴地阅读西班牙黄金世纪的诗歌，这也为其之后的文学创作打下了坚实基础。

1947年，马尔克斯的首个故事发表在《观察者报》（*El espectador*）上，并在一年后，开始作为记者为该报工作到1952年。在这短短四年间，马尔克斯共在该报上发表了十五篇故事。首部小说《枯枝败叶》（*La hojarasca*）1955年出版并获得了极好的反响。马尔克斯本人曾说，这是他个人最喜欢的一部作品，因为它是最真诚的且是自然而然完成的。

马尔克斯花了十八个月时间完成了著名的《百年孤独》（*Cien años de soledad*），1967年5月30日，在布宜诺斯艾利斯发行该书的首个版本，一周内便售出八千多册，此后的每周都有新版本发行，并在三年间售出五十万册。直到今天，该书已被翻译成四十多种语言，影响之大，遍及世界多个国家和地区，并且获得数个国际奖项，其中包括最高荣誉——诺贝尔文学奖。

1982年瑞典学院的授奖词这样评论马尔克斯及其《百年孤独》："他的小说以丰富的想象编织了一个现实与幻想交相辉映的世界，反映了一个大陆的生命与矛盾。"

这位伟大的作家在他不惑之年终于得到了世界的认可，提起他的作品，人们便自然联想到魔幻现实主义——将真事隐去，用魔幻的、离奇的、现实生活中不存在的事物和现象反映、体现、暗示现实生活。之所以如此，不仅仅因为马尔克斯的小说创作是魔幻现实主义的，而更重要的是因为魔幻现实主义作为一个文学流派是因马尔克斯的小说而闻名于世的。

1985年他的另一部著名小说《霍乱时期的爱情》（*El amor en los tiempos de cólera*）发表，加西亚·马尔克斯称其为"一个老式的幸福的爱情故事"。1990年，马尔克斯到访中国北京和上海，随处可见的盗版书惹恼了马尔克斯。于是马尔克斯撂下狠话，说死后150年都不授权中国出版自己的作品，包括《百年孤独》。直到2008年，其代理人来到中国，进行为期两个月的考察、评估，中国终于在2010年得到了《百年孤独》的出版授权。之后，《霍乱时期的爱情》等多部马尔克斯作品在中国陆续出版。

2014年4月18日，加夫列尔·加西亚·马尔克斯在墨西哥城去世，享年87岁。

十、奥克塔维奥·帕斯（Octavio Paz, 1914—1998）

生于墨西哥城。父亲是记者、律师，母亲是西班牙移民的后裔、虔诚的天主教徒。祖父是记者和作家，祖母是印第安人，帕斯的童年就是在这样一个充满自由与宗教气氛的环境中度过的。帕斯从5岁起开始学习，接受英国及法国式教育。14岁即入墨西哥大学哲学文学系及法律系学习，阅读了大量古典和现代主义诗人的作品，后来又受到了西班牙"二七年一代"和法国超现实主义诗风的影响，故而他的作品不拘一格，充满多元特征。

1937年，帕斯在尤卡坦半岛创办了一所中学，在那里他发现了荒漠、贫穷和伟大的玛雅文化，《在石与花之间》（*La piedra y la flor*）就是那时创作的。同年他去西班牙参加了反法西斯作家代表大会，结识了当时西班牙及拉美最杰出的诗人们。回到墨西哥后，帕斯积极投入了援救西班牙流亡者的工作，并于1938年创办了《车间》（*Taller*）杂志。1943年获得奖学金而赴美国加利福尼亚大学学习。1945年开始外交工作，并被派到墨西哥驻法国使馆，就是在这一期间他深受法国超现实主义影响，并在1950年发表了《孤独的迷宫》（*El laberinto de la soledad*），一篇关于墨西哥民族身份和思想的人类学散文。帕斯在法国待到1951年，之后的两年分别在墨西哥驻印度和日本大使馆工作。

1953—1959年帕斯回国从事文学创作，后重返巴黎并在三年后被指派为驻印度大使，从此开始了他对东方文化的探索。他潜心研究印度的佛学和中国的阴阳学说，还翻译了数首中国唐宋诗词。

1968年，墨西哥城内发生了骇人听闻的事件。10月2日，就在墨西哥奥运会举办前十天，数千名墨西哥大学生走上街头，手举标语，高呼口号，要求政府放宽对民主制度的限制。为避免这次游行影响奥运会的举办，墨西哥政府命令军队和警察阻止游行。学生们被突然赶到的军队包围起来，军队从四面八方向手无寸铁的学生们开火。广场上血流成河，学生们痛苦的呻吟和哀叫声响成一片。结果，数百名学生被打伤，一千多名被捕，墨西哥政府继而起诉并审判了被捕的学生领袖。帕斯在得知此事后，为了抗议墨西哥政府镇压学生运动而辞去驻印度大使职务。从此他致力于文学创作、学术研究和讲学活动，曾被美国波士顿大学、墨西哥国立自治大学、哈佛大学、纽约大学授予名誉博士。1969年，帕斯结集出版了《东山坡》（*Ladera este*）诗集。

1990年，由于"他的作品充满激情，视野开阔，渗透着感悟的智慧并体现了完美的人道主义"，帕斯被授予诺贝尔文学奖。

十一、马里奥·巴尔加斯·略萨（Mario Vargas Llosa，1936出生）

出生于秘鲁南部亚雷基帕省，从年代上说是离我们最近的一位西语国家诺贝尔文学奖获得者。略萨的写作才能仿佛与生俱来，早在1952年，巴尔加斯·略萨读军校中学四年级时，就写下了他的第一个舞台剧剧本《印加王的逃遁》（*La huida del Inca*），并在1953年，由学校同学组团，剧作者本人担任导演，在皮乌拉市当地剧院售票公演。同年，剧本获得秘鲁教育部颁布的文艺创作奖二等奖。

略萨先后完成了文学与法律学士学位、文学硕士学位，于1957年获得奖学金前往西班牙马德里大学修文学哲学博士研究生，并且在马德里开始创作第一部长篇小说《城市与狗》（*La ciudad y los perros*）。1960年奖学金中断，略萨转往法国巴黎，没有申请到新的奖学金，陷入经济困境的他选择留在巴黎，在法新社西班牙文部和影视公司找到工作，工余时间则继续写作《城市与狗》，1961年完稿，找过好几家出版商，但没有人愿意出版，1962年通过法国西班牙语文学研究者克劳戴·可风的介绍，略萨结识巴塞罗那的出版商卡洛斯·巴拉尔，并得到其赏识与提拔，从此走上职业文学创作道路。《城市与狗》于1963年出版，很快就有超过二十种语言的译本在世界各地出版，也很快遭到秘鲁军政府当局查禁。军政府把1500多册该书在书中故事发生地莱昂西奥·普拉多军事学校广场上当众焚毁，高层将领声称略萨"腐化堕落、包藏祸心""妄想打击和瓦解秘鲁军队的士气和风纪"。

但这丝毫不影响略萨的创作之路，仅仅列举其中几部作品便可见一斑：1965年发表的长篇小说《绿房子》（*La casa verde*），让略萨一举成为1967年委内瑞拉设立的首届罗慕洛·加列戈斯国际小说奖（Premio internacional de novela Rómulo Gallegos）得主。获奖同年，《绿房子》也获得了秘鲁的国家小说奖。1975年，巴尔加斯·略萨亲自将他1973年发表的小说《潘上尉与劳军女郎》（*Pantaleón y las visitadoras*）搬上大银幕，同年，他1967年出版的小说《崽儿们》（*Los cachorros*）也在墨西哥由导演乔治·丰斯改编成电影……

2010年，因"他对权力结构制图般的描绘以及对个人抗争、反叛、失败的精致描写"而获颁诺贝尔文学奖。

附录2　美洲殖民区域划分

在不同地区，西班牙采取不同的殖民制度，对殖民区的命名大致可以分为以下几种：

新西班牙总督区（Virreinato de Nueva España）：主要包括今墨西哥，美国加利福尼亚州、亚利桑那州、得克萨斯州、内华达州、佛罗里达州、犹他州和科罗拉多州、怀俄明州、堪萨斯州、俄克拉荷马州部分地区，亚洲的菲律宾。西班牙对这些地区的控制从1519年持续到1821年。

危地马拉都督辖区（Capitanía General de Guatemala）：主要涵盖今危地马拉、萨尔瓦多、尼加拉瓜、洪都拉斯、哥斯达黎加和美国的新墨西哥州。

路易斯安那州（Luisana）：法国割让而来，西班牙在该地的统治非常短，从1762年至1801年。包括今天美国的路易斯安那州、阿肯色州、俄克拉荷马州、堪萨斯州、内布拉斯加州、南达科他州、北达科他州、怀俄明州、蒙大拿州、爱达荷州、明尼苏达州、密苏里州和爱荷华州。实际上西班牙从未有效地控制过这些地区中的大部分，它们依然听命于自己原来的统治者。

委内瑞拉都督辖区（Capitanía General de Venezuela）：包括今委内瑞拉、圭亚那、特立尼达和多巴哥以及哥伦比亚部分地区。

新格拉纳达总督区（Virreinato de Nueva Granada）：包括今巴拿马、哥伦比亚和厄瓜多尔。

秘鲁总督区（Virreinato de Perú）：涵盖今秘鲁、厄瓜多尔、哥伦比亚、智利和巴西。

拉普拉塔河总督区（Virreinato del Río de la Plata）：包括今阿根廷、巴拉圭、乌拉圭以及玻利维亚部分地区。西班牙从未完全控制过潘帕斯草原、大查科和巴塔哥尼亚等今天阿根廷广阔内陆地区，它们一直处在原住民的掌握之中。

智利都督辖区（Capitanía General de Chile）：也称作智利王国（Reino de Chile），与阿根廷情况相似，西班牙人从未真正控制智利南部地区或巴塔哥尼亚地区。

岛屿领土（Territorios Insulares）：包括今古巴、波多黎各、多米尼加共和国、巴哈马、安提瓜和巴布达、特立尼达和多巴哥、牙买加、圣基茨和尼维斯、巴巴多斯、圣卢西亚等。

西属美洲独立战争后，上述总督区和其他行政区划分不复存在，但却深刻地影响了各新独立国之间的边界和行政区划分。

参考文献

外文文献

Aguilera, Rafael del Moral, *Historia de las Lenguas Hispánicas*, Barcelona: Ediciones B, S.A., 2009.

Aguirre, Carmen, "Las variedades del español", puntoycoma, Nº. 64, pp. 24-29.

Aleza, Milagros; Miguel Fuster y Brigitte Lépinette (eds.), *Quaderns de Filologia. Estudis lingüístics IV: El contacto lingüístico en el desarrollo de las lenguas occidentales*, Valencia: Universitat de València, 1999.

Alonso, A., "Las correspondencias arábigo-españolas en los sistemas de sibilantes", en *Revista de Filología Hispánica*, VIII, 1964, pp. 12-76.

Alonso, Amado, "Introducción a los estudios gramaticales de Andrés Bello" en *Prólogo a Gramática de la Lengua Castellana destinada al uso de los americanos*, por Andrés Bello. *Obras Completas de Don Andrés Bello*. Vol. IV. Caracas: Ministerio de Educación, 1951.

Alvar, M., (Dir.), *Manual de Dialectología hispánica, El español de España*, Barcelona: Ariel, 1966.

Ariza, M., *Manual de fonología histórica del español*, Madrid: Síntesis, 1990.

——, *Sobre fonética histórica del español*, Madrid: Arcos/Libros, 1994.

Arrieta, D., "El Spanglish en la obra de Junot Díaz: instrucciones de uso", http://eprints.ucm.es/20598/1/Arrieta_Junot.pdf

Arroyo, José Luis Blas., *Sociolingüística del español*, Madrid: Ediciones Cátedra, 2005.

Asociación de Academias de la Lengua Española, *Diccionario de americanismos*, Madrid: Santillana, 2010.

Babin, Maria Teresa, *La Cultura de Puerto Rico*, Instituto de Cultura Puertorriqueña, 1973.

Bello, Andrés; Cuervo, Rufino, "Prólogo". *Gramática de la Lengua Castellana*, Ed. de Niceto Alcalá de Zamora, Buenos Aires: Sopena, 1954 [1847].

Beuchot, M., *La querella de la conquista. Una polémica del siglo XVI*, Madrid: Siglo XXI, 1992.

Blas Arroyo, J. L., "The languages of the Valencian educational system: the results of two decades of language policy", *International Journal of Bilingual Education and Bilingualism*, pp. 5, 6, 318-338.

——, *Sociolingüística del español, desarrollos y perspectivas en el estudio de la lengua española en contexto social*, Madrid: Cátedra Lingüística, 2005.

Brown, Jonathan C., *A Brief History of Argentina*, Facts On File, Inc. 2003.

Caballero González, M., *Los helenismos en español*, Múnich: Ludwig-Maximilians-Universität, 2013.

Cano Aguilar, R.(Coord.), *Historia de la lengua española*, Barcelona: Ariel, 2004.

——, *El español a través de los tiempos*, Madrid: Arco/Libros, 1999.

Cano, Rafael, *Historia de la Lengua Española*, Barcelona: Editorial Planeta, S. A., 2013.

Carsten Sinner y Andreas Wesch (eds.). *El castellano en las tierras de habla catalana*, Iberoamericana, Vervuert, 2008.

Celis, B., "Miguel Bloombito: luchando contra Irene en splangish, una cuenta de twitter parodiando el español de Michael Bloomberg se convierte en la inesperada estrella nacida del huracán Irene", New York: en *El País*, 30 Aug. 2011.

Chaunu, P., *Conquista y explotación de los nuevos mundos* (S.XVI), Barcelona: Ed. Labor, 1984.

Comella, Beatriz, *La inquisición española*, Madrid: Rialp, 2004.

Corominas, J., Pascual, J. A., *Diccionario crítico etimológico castellano e hispánico*, Madrid: Gredos, 6 vols., 1980.

Corriente Córdoba, F., *A Grammatical Sketch of the Spanish Arabic Dialect Bundle*, Madrid: Instituto híspano-árabe de cultura. Dirección general de relaciones culturales, 1977.

Corriente Córdoba, F., *Diccionario de arabismos y voces afines*, Madrid: Gredos, 1999.

Cortés Koloffon, A., "El spanglish: la frontera del idioma", en *La jornada semanal*, 2007, p. 657.

Davies, Norman, *Europe: A History*, Oxford: Oxford University Press, 1996.

Del Bravo, María Antonia, *Sefarad: los judíos de España*, Madrid: Sílex, 2001.

Del Moral, Rafael, *Historia de las lenguas hispánicas, contada para incrédulos*, Barcelona: Ediciones B, 2009

Díaz del Castillo, Bernal, *Historia verdadera de la conquista de la Nueva España*, introducción y notas Joaquín Ramírez Cabañas, México: colección "Sepan cuantos" de Porrúa, 2007.

E. Aznar Martínez. *El euskera en La Rioja*. Primeros testimonios, 2011.

Echenique Elizondo, M. T., Martínez Alcalde, M. J., *Diacronía y gramática histórica de la lengua Española*, Valencia: Guada Impresores, S.L., 2011.

Elvira, J., *Orígenes de las lenguas romances peninsulares: del latín al castellano, el catalán y el gallego*, Universidad Autónoma de Madrid en http://www.uam.es/personal_pdi/filoyletras/javel/romances.pdf

Fasla Fernández, Dalila, *El español hablado en Cuba: préstamos vigentes, lexicogénesis y variación lingüística*, Universidad de La Rioja.

Fernández García, M. J., "Portuñol y literatura", Universidad de Extremadura.

Fernández López, Justo, "El español de América" en http://culturitalia.uibk.ac.at/hispanoteca/Kulturkunde-LA/El%20espa%F1ol%20americano.htm

Ferrando, Antoni y Nicolás, Miquel. *Història de la llengua catalana* (en catalán). Universitat Oberta. Barcelona: Ed. Pòrtic, 2005.

FIAPE. V Congreso internacional, "¿Qué español enseñar y cómo? Variedades del español y su enseñanza", *Cuenca*, 2014.

Frago Gracia, J. A., Franco Figueroa, M., *El español de América*, Cádiz: Servicio de Publicaciones de la Universidad de Cádiz, 2001.

Galmés de Fuentes, *Dialectología mozárabe*, Madrid: Editorial Gredos, 1983.

Garatea Grau, Carlos, "Español de América: No una sino varias normas", en *Tras una lengua de Papel. El español del Perú*, Lima: Fondo Editorial Pontificia Universidad Católica del Perú, 2010, p. 281.

García Martínez, B., "La creación de Nueva España", en D. Cosío Villegas et al., *Historia general de México*, México: El Colegio de México, 2009, pp. 235-306.

García, Ángel López, *La lengua común en la España plurilingüe*, Madrid: Iberoamericana, 2009.

Garibay K, Ángel M., *En torno al español hablado en México*, México: UNAM, 1997.

Gómez Torrego, Leonardo, *Manual del español correcto*. Tomos I y II. Madrid: Editorial Arco Libros, 1991.

Gómez, Rosario G., "La hora del 'portuñol'- El Instituto Cervantes amplía en Brasil el programa de enseñanza del español", *El País*, 04/08/2009.

Goyzueta, Verónica, "Brasil, pasión por el español", *ABC*, 16/07/2007.

Grijelmo, Álex, *Defensa apasionada del idioma español*, Madrid: Puntos de lectura, SL, 2006.

Günther Haensch. *Anglicismos en el español de América*. Universidad de Augsburgo, 2005.

Gutiérrez Araus, Mª Luz, Esgueva Martínez, Manuel, García-Page Sánchez, Mario, Cuesta Martínez Paloma, Deza Enríquez Ana-Jimena, Estévez Rodríguez Ángeles, Andión Herrero Mª Antonieta, Ruiz-Va Palacios, Pilar, *Introducción a la lengua española*, Madrid: Editorial universitaria Ramón Areces, 2006.

Hugh, Thomas, *Cuba: the Pursuit of Freedom*, New York: Harper & Row, 1971.

——, *The Slave Trade: The Story of the Atlantic Slave Trade, 1440-1870*, New York, NY: Simon & Schuster, 1997.

Iglesias, Félix, "Discrepancias de expertos sobre el potencial económico del español", *ABC*, 19/10/2001.

Instituto Cervantes, *El español, una lengua viva*, Informe 2014; 2018; 2019.

Instituto Navarro del Vascuence, *La situación del euskera en la comunidad foral de navarra. estudio sociolingüístico*, 2008.

Irigoyen, Alfonso, *Etimología del nombre vasco del vascuence y las vocales nasales vascas descritas por Garibay*, Fontes linguae vasconum: Studia et documenta, 1990.

Kamen, Henry, *La Inquisición: una revisión histórica*, Traducción de María Borrás, Barcelona: Crítica, 1999.

Lapesa, Rafael, *Historia de la lengua española*, Madrid: Editorial Gredos, S.A., 1981; 2011.

Lastra de Suárez, Yolanda, "Lengua española y lenguas indígenas de América" en http://cvc.cervantes.es/lengua/anuario/anuario_10-11/lastra/p02.htm

Limón, G., "El impacto del español sobre el inglés en la literatura chicana", *El español en la Sociedad de la Información of El II Congreso Internacional de la Lengua Española*, Valladollid: 2001.

Lipski, John M., El español de América, Madrid: Ediciones Cátedra, S.A., 1996; (3ed.), 2006.

——, "Variación del español", Serie Cultura Hispánica, Nº. 10, Centro de Estudios Hispánicos Universidad Sofía, Tokyo: 2004.

——, *El español de América en contacto con otras lenguas*, Universidad Estatal de Pennsylvania.

——, *Las lenguas criollas de base hispana*, Universidad Estatal de Pennsylvania.

Lleal, C., *La formación de las lenguas romances peninsulares*, Barcelona: Barcanova, 1990.

Lope Blanch, Juan M., *Investigaciones sobre dialectología mexicana*, México: UNAM, 1990.

López Morales, Humberto, *Estudios sobre el español de Cuba*, Nueva York: Editorial Las Américas, 1970.

——, *La globalización del léxico hispánico*, Madrid: Espasa Calpe, S. A., 2006.

——, *Estudios sobre el español de América*, Valencia: Aduana Vieja Editorial, 2013.

Mártinez Egido, J. J., *Historia de la Lengua Española*, Alicante: Universidad de Alicante, 2007.

Martínez-Fornés, Almudena, "Don Felipe insta a los brasileños a compartir su progreso con toda la sociedad", *ABC*, 25/02/2005.

Medina López, J., "Historia de la lengua española, I-Español medieval". *Cuadernos de Lengua española*, Madrid: Arcos/Libros, 1999.

Menéndez Pidal, R., *El idioma español en sus primeros tiempos*, Madrid: Espasa-Calpe, Col. Austral, (8.ª ed.), 1973.

——, Historia de la Lengua Española (2 Vols.). Madrid: Fundación Ramón Menéndez Pidal, 2005.

——, Orígenes del español. Estado lingüístico de la Península Ibérica hasta el siglo XI, vol. VIII. Madrid: Espasa-Calpe (8.ª ed.), 1976.

Miranda Esquerre, Luis, *La entrada del español en el Perú*, Lima: Juan Brito/ Editor, 1998.

Miren Mateo y Xabier Aizpurua. "Estudios sociolingüísticos de la Viceconsejería de Política Lingüística del Gobierno Vasco", *Noves SL. Revista de Sociolingüística*. San Sebastián: Sociolingüística internacional. Hivern, 2002.

Molero, Antonio, *El español de España y el español de América, vocabulario comparado*, Madrid: Ediciones SM, 2003.

Molina i Diez, Miquel, "Anglicismos" en http://www.avizora.com/publicaciones/literatura/textos/textos_2/0063_anglicismos.htm

Moral Aguilera, Rafael del, *Historia de las Lenguas Hispánicas*, Barcelona: Ediciones B, S. A., 2009.

Morales Pardón, F., *Historia del descubrimiento y conquista de América*, Madrid: Editora Nacional, 1981.

Moreno de Alba, José G., El español en América, México: Fondo de Cultura Económica, S.A., 1988.

——, *La pronunciación del español en México*, México: El Colegio de México, 1994.

Moreno Fernández Francisco, "El español en Brasil" en http://cvc.cervantes.es/lengua/anuario/anuario_00/moreno/p05.htm

Morris, Charles, *Signos, lenguaje y conducta*, Buenos Aires: Losada, 1962.

Núñez, E., "Nace un nuevo dialecto en EE. UU.: el inglés miamense", *BBC Mundo*, Miami: 20 de septiembre, 2013.

Obiols, I., "'El spanglish nace de la necesidad', Ilán Stvans catedrático de splangish", *El País*, Barcelona: 15 de mayo, 2002.

Ortiz López, Luis A., "La herencia arfrhispánica en Cuba: el léxico de origen africano en el español (afro) cubano de hoy", *Papia 10*, 2000, pp 78-99.

Oviedo, José Miguel, *Historia de la literatura hispanoamericana*, Madrid: Alianza Editorial SA, 2007.

Palomero, Josep. "Valenciano y castellano en la Comunidad Valenciana", Rosario: *III Congreso Internacional de la Lengua Española: Identidad y Globalización*, 2005.

Pérez Murill, María Dolores, *Introducción a la historia de América: altas culturas y bases de la colonización española*, Cádiz: Universidad de Cádiz, 2003.

Pons Tovar, M., *Traducción en la corte de Alfonso X*, Anmal Electrónica 29, 2010.

Prieto Osorno, A., "Spanglish, una nación de iguales", *Ómnibus*, 1 de julio, 2005, N°. 4.

——, "Literatura y spanglish", Centro virtual Cervantes, 13 de mayo, 2004, http://cvc.cervantes.es/el_rinconete/anteriores/mayo_04/13052004_01.htm

Quilis Morales, A., *Introducción a la historia de la lengua española*, Madrid: UNED, 2003.

Real Academia Española, «euskera», *Diccionario de la lengua española* (22.ª edición), 2001.

Roldan, J. M., Santos Yangua, J., *Historia de España*, Madrid: Espasa Calpe, 1999.

Rosales, Claudio. "Cien años de señorío de la Gramática de Andrés Bello", *Boletín del Instituto de Filología de la Universidad de Chile IV, 1944-1946*, pp. 247- 259.

Rousset, Emilio, y otros, *Los mozárabes: Una minoría olvidada*, Fundación El Monte, 1998.

Sanchís Guarner, M., "El mozárabe peninsular", ELH, I, 1960, pp. 293-342.

Sanguino Arias (dir.), *Historia de España, desde Atapuerca hasta la transición democrática*, Madrid: Ediciones Dolmen, 2002, vols. 6, 7 y 9.

Sanz, Gabriel, "Brasil empieza a hablar portuñol", *ABC*, 05/08/2009.

Sauer, Carlo, *Descubrimiento y dominación española del caribe*, México: FCE., 1984.

Simonet, F. J., *Historia de los mozárabes de España*, Madrid: Real Academia de la Historia.

Simpson, L. B., *Los conquistadores y el indio americano*, Barcelona: Ed. Península, 1970.

Smith Llanes, Kaly, Hernández Rivera, Grettel, "Poca influencia del idioma chino en el español de Cuba" en http://librinsula.bnjm.cu/secciones/311/puntilla/311_puntilla_2.html

Solà-Solé, Josep María, Corpus de poesía mozárabe; las harǧa-s andalusies, Barcelona: Ediciones Hispam, 1973.

Süeselbeck, Kristen, Mühlschlegel, Ulrike, Masson, Peter, Lengua, nación e identidad: La regulación del plurilingüismo en España y América Latina, Publicaciones del Instituto Ibero-Americano, 2008.

Taylor, P., "Bronzing the Face of American English: The Double Tongue of Chicano Literature", Amsterdam: en T. Hoenselaars and M. Buning (eds.), *English Literature and the Other Languages*, Rodopi, 1999, pp. 255-268.

Urrutia, Hernán, "Concepción de la normatividad en la obra de Andrés Bello" en *Estudios filológicos 3*, 1967, pp. 126-157.

Valbuena, Angel; Saz, Agustín del, *Historia de la literatura española e hispano-americana*, Barcelona: Editorial Juventud, 1951.

Valdés Bernal, Sergio, "Panorámica histórica de las lenguas en contacto en Cuba", Ortiz, F. 1916. *La abolición de la esclavitud en Cuba*. Cuba y América La Habana 2da Época 3. pp. 95-100.

Valenzuela, J., "El cóctel de español e inglés invade las calles de Nueva York por boca de su población hispana", New York: *El País*, 15 de abril, 1997.

——, "Una universidad de Massachusetts crea la primera cátedra mundial del 'spanglish'", New York: El País, 3 de septiembre, 2000.

Vaquero de Ramírez, M., *El español de Puerto Rico historia y presente*, Instituto de Cultura Puertorriqueña, 2001.

Vicentoro. "El 'curioso' castellano de los valencianos", 19 de mayo de 2015. http://www.vicentmarco.com/2015/05/19/modismos-que-delantan-a-los-valencianos/

Wagner, Claudio, "La lengua de la enseñanza y la enseñanza de la lengua" en *Documentos Lingüísticos y Literarios*, No. 24-25, 2001-2002, pp. 71-81.

——, "Las lenguas indígenas de América (lenguas amerindias)", en *Documentos Lingüísticos y Literarios*, No. 17, pp, 30-37. www.humanidades.uach.cl/documentos_linguisticos/document.php?id=350

Wright, Roger. F. Cairns. (ed.) *Late Latin and Early Romance in Spain and Carolingian France*, Liverpool: University of Liverpool, 1982.

Zamora Vicente, Alonso, Historia de la Real Academia Española, Madrid: Espasa Calpe,1999.

中文文献

[英]尼古拉斯·奥斯特勒著，章璐等译：《语言帝国：世界语言史》，上海：上海人民出版社，2011年。

毕井凌：《浅谈西班牙语中的英语外来词》，《外国语言文学研究》，2011年4月，第222—223页。

[美]乔纳森·C.布朗著，左晓园译：《阿根廷史》，上海：东方出版中心，2009年。

陈振尧：《法国文学史》，北京：外语教学与研究出版社，1989年。

陈众议：《西班牙文学：黄金世纪研究》，南京：译林出版社，2007年。

陈众议、王留栓：《西班牙文学简史》，上海：上海外语教育出版社，2006年。

[法]让·德卡拉著，管震湖译：《西班牙史》，北京：商务印书馆，2003年。

董燕生：《西班牙文学》，北京：外语教学与研究出版社，1998年。

郝名玮：《欧洲移民与阿根廷》，《世界历史》1980年第6期。

[英]雷蒙德·卡尔著，潘诚译：《西班牙史》，上海：东方出版中心，2009年。

刘硕良：《诺贝尔文学奖授奖词和获奖演说》，桂林：漓江出版社，2013年。

刘永信等：《西班牙文学选集》，北京：外语教学与研究出版社，1997年。

卢晓为:《西式英语（英式西语）和文学》,《广东外语外贸大学学报》,2017年7月。
卢晓为:《〈唐吉诃德〉发表四百周年纪念》,《外国文学动态》2005年第5期上（总第203期）,2005年10月。
卢晓为:《社会转型时期的"五四运动"和"九八年代"——20世纪初中国和西班牙文学改革比较》,《广东外语外贸大学学报》,2015年3月。
[西]萨尔瓦多·德·马达里亚加著,朱伦译:《西班牙现代史论》,北京：中国社会科学出版社,1998年。
马联昌:《西班牙语与西班牙文化》,衡阳：湖南教育出版社,1999年。
孟广林:《世界中世纪史》,北京：中国人民大学出版社,2010年。
潘光、陈超南、余建华:《犹太文明》,福州：福建教育出版社,2008年。
沈石岩:《西班牙文学史》,北京：北京大学出版社,2006年。
[德]汉斯·约阿西姆·施杜里希著,吕叔君、官青译:《世界语言简史》,济南：山东画报出版社,2009年。
宋兆霖:《诺贝尔文学奖全集》,北京：北京燕山出版社,2013年。
肖宪:《圣殿长存：古犹太文明探秘》,昆明：云南人民出版社,2001年。
谢丰斋编著:《世界中古史：公元5—15世纪的古代世界》,北京：世界知识出版社,2009年。
徐宝华:《哥伦比亚》,北京：社会科学文献出版社,2010年。
徐大明、谢天蔚、陶红印:《当代社会语言学》,北京：中国社会科学出版社,1987年。
徐鹤森:《18世纪法国启蒙运动在欧洲各国的影响》,《江西社会科学》2004年第2期,第133页。
徐世澄编著:《古巴》,北京：社会科学文献出版社,2003年。
许昌财:《西班牙通史》,北京：世界知识出版社,2009年。
杨建民:《巴拉圭》,北京：社会科学文献出版社,2005年。
叶梦理:《欧洲文明的源头》,北京：华夏出版社,2000年。
赵德明、赵振江、孙成敖编著:《拉丁美洲文学史》,北京：北京大学出版社,1989年。
郑书九、常世儒编著:《拉丁美洲文学选集》,北京：外语教学与研究出版社,2011年。
周春霞:《浅议当下古巴通俗西班牙语中的非洲词汇》,《长春理工大学学报》（社会科学版）第25卷第12期,2012年12月,第172—173页。
朱凯:《西班牙—拉美文化概况》,北京：北京大学出版社,2010年。

网络资源

"Del griego al español" en www.sm-ele.com

"Orígenes y evolución del castellano" en
http://www.aytotarifa.com/Aula%20abierta/Lengua%20Castellana/origenesevoilu.pdf

"Aborígenes cubanos" en http://es.wikipedia.org/wiki/Abor%C3%ADgenes_cubanos

"Español cubano" en http://es.wikipedia.org/wiki/Espa%C3%B1ol_cubano

Influencias de otras lenguas: germánico, mozárabe, hebreo (s. V d. C. - s. IX d. C.) en http://www20.gencat.cat/portal/site/culturacatalana/menuitem.be2bc4cc4c5aec88f94a9710b0c0e1a0/?vgnextoid=3885c43da896210VgnVCM1000000b-0c1e0aRCRD&vgnextchannel=23885c43da896210VgnVCM1000000b0c1e0aRCRD&vgnextfmt=detall2&contentid=1174edfc49ed7210VgnVCM1000008d0c1e0aRCRD

El catalán antiguo. Los inicios del catalán (s. VIII d. C. - s. X d. C.) en http://www20.gencat.cat/portal/site/culturacatalana/menuitem.be2bc4cc4c5aec88f94a9710b0c0e1a0/?vgnextoid=77595c43da896210VgnVCM1000000-b0c1e0aRCRD&vgnextchannel=77595c43da896210VgnVCM1000000b0c1e0aRCRD&vgnextfmt=detall2&contentid=9db4edfc49ed7210VgnVCM1000008d0c1e0aRCRD&newLang=es_ES

"Historia del idioma catalán" en

http://es.wikipedia.org/wiki/Historia_del_idioma_catal%C3%A1n#cite_note-textosencatala-5

"800 años de literatura catalana" en

http://www20.gencat.cat/portal/site/culturacatalana/menuitem.be2bc4cc4c5aec88f94a9710b0c0e1a0/?vgnextoid=b619d5e5d74d6210VgnVCM1000000b0c1e0aRCRD&vgnextchannel=b619d5e5d74d6210VgnVCM1000000b0c1e0aRCRD&vgnextfmt=detall2&contentid=4727110e279d7210VgnVCM1000008d0c1e0aRCRD&newLang=es_ES

"literatura en catalán" en

http://es.wikipedia.org/wiki/Literatura_en_catal%C3%A1n

"Minorización del idioma catalán" en

http://es.wikipedia.org/wiki/Minorizaci%C3%B3n_del_idioma_catal%C3%A1n

"Franquismo en Cataluña" en

http://es.wikipedia.org/wiki/Franquismo_en_Catalu%C3%B1a

"Historia del idioma catalán" en

http://es.wikipedia.org/wiki/Historia_del_idioma_catal%C3%A1n#La_dictadura_franquista

"Idioma español en Cataluña" en

http://es.wikipedia.org/wiki/Idioma_espa%C3%B1ol_en_Catalu%C3%B1a#Transici.C3.B3n_y_democracia

"Informe sobre l'audiovisual a Catalunya 2012-2013" en

http://www.cac.cat/web/recerca/publicacions/llistat.jsp?NDY%3D&Mg%3D%3D&L3dlYi9yZWNlcmNhL3B1YmxpY2FjaW9ucy9sbGlzdGF0

"Població segons llengua inicial" en

http://www.idescat.cat/territ/BasicTerr?TC=5&V0=3&V1=3&V3=3162&V4=3566&ALLINFO=TRUE&PARENT=25&CTX=B

"Usos lingüísticos de la población. 2013Población de 15 años y más. Por conocimiento de lenguas" en http://www.idescat.cat/pub/?id=aec&n=1013&lang=es

"Població de 2 anys i més segons coneixement del català" en

http://www.culturandalucia.com/AL-ANDALUS/La_aljamia_o_el_mestizaje_linguistico_en_al_Andalus.htm

"Censo de los Estados Unidos de 2000" en http://es.wikipedia.org/wiki/Censo_de_los_Estados_Unidos_de_2000

"Idioma español en Estados Unidos" en http://es.wikipedia.org/wiki/Idioma_espa%C3%B1ol_en_Estados_Unidos

"Latinos, serán minoría dominante en EU en 2050" en http://www.proceso.com.mx/?p=200908

"Más de 53 millones de hispanos residen en EEUU", Washington: en La Gente, Radio la Primerisima, 11 de agosto, 2013, http://www.radiolaprimerisima.com/noticias/146787/mas-de-53-millones-de-hispanos-residen-en-eeuu

http://zh.wikipedia.org/wiki/%E5%B7%B4%E6%96%AF%E5%85%8B%E8%AA%9E

http://wenku.baidu.com/link?url=-ZF_SnNPfLyZ5YMSdoGYoviMa-Oz4W2jyUIlte2o98jiM4x0eeaoA6cTdvnO0tct5W1vG-B57tVLpYEKlFF2oUQ1jmGKX3xEzyUwbKVGD2u

http://es.wikipedia.org/wiki/Antonio_de_Nebrija#Obras

http://www.antoniodenebrija.org/biografia.html.

http://www.mcnbiografias.com/app-bio/do/show?key=nebrija-elio-antonio-de

http://www.cervantesvirtual.com/obra-visor/sonetos-canciones-y-otros-poemas-en-arte-mayor--0/html/fee6a3de-82b1-11df-acc7-002185ce6064_1.htm#I_11_

http://www.cervantesvirtual.com/obra-visor/antologia-poetica--39/html/ffa6b3fe-82b1-11df-acc7-002185ce6064_1.html#I_12_

http://www.rae.es

http://www.asale.org
http://networkedblogs.com/Dyhw1
http://es.wikipedia.org/wiki/Galicismo
http://dialectos.wikispaces.com/Introducci%C3%B3n+sobre+la+influencia+del+ingl%C3%A9s
www.nobelprize.org
es.wikipedia.org
http://es.wikipedia.org/wiki/M%C3%A9xico#Bibliograf.C3.ADa
http://es.wikipedia.org/wiki/Espa%C3%B1ol_mexicano#Bibliograf.C3.ADa
http://www.guajataca.net/g-tainos.htm
http://puertorico.univision.com/ultima-hora/puerto-rico/video/2014-07-01/influencia-taina-buen-espanol
http://historiadelespanol-w10.wikispaces.com/La+influencia+africana+en+el+dialecto+y+la+cultura+de+Puerto+Rico
http://es.wikipedia.org/wiki/Espa%C3%B1ol_puertorrique%C3%B1o
http://es.wikipedia.org/wiki/Historia_de_Puerto_Rico
http://www.britannica.com/EBchecked/topic/482879/Puerto-Rico/54547/Spanish-colonial-rule#ref515896
http://www.enciclopediapr.org/esp/print_version.cfm?ref=06100604
http://es.wikipedia.org/wiki/Voseo
http://es.wikipedia.org/wiki/Demograf%C3%ADa_de_Argentina#Composici.C3.B3n_.C3.A9tnica
http://es.wikipedia.org/wiki/Composici%C3%B3n_%C3%A9tnica_de_Argentina
http://zh.wikipedia.org/wiki/Argentina
http://es.wikipedia.org/wiki/Argentina
http://books.google.com.hk/books?id=jRUJEzh-vyQC&pg=PA223&lpg=PA223&dq=CONTACTOS+LING%C3%9C%C3%8DSTICOS+Cuba&source=bl&ots=H1oIqeIazv&sig=bAhrdcYWoGiBVYtUVbpN3N1blr8&hl=zh-CN&sa=X&ei=MEpMVOK-HKbImAXmmYHYAw&ved=0CFsQ6AEwCA#v=onepage&q&f=false
http://www.one.cu/aec2011/datos/2.2.xls
http://www.one.cu/sitioone2006.asp
http://www.cubagob.cu/
http://www.lavanguardia.com/cultura/20150309/54428852106/xunta-congrega-al-millar-alumnos-que-estudian-gallego-en-el-bierzo-y-sanabria.html.
http://www.idiomavalenciano.com
http://www.spanish-in-the-world.net/Spain/brasil.php
http://en.wikipedia.org/wiki/Portunhol

其他资源

Constitución Española de 1978.

Instrumento de ratificación del Reino de España de la Carta Europa de Lenguas Regionales o Minoritarias

Ley 10/1982, de 24 de noviembre, Básica de normalización del uso del Euskera